陈书媛

# 妈妈不娇不惯

# 养女孩300个细节

新华出版社

**图书在版编目（CIP）数据**

好妈妈不娇不惯培养女孩 300 个细节 / 陈书嫒著.

北京：新华出版社，2019.9

ISBN 978-7-5166-4834-6

Ⅰ．①好… Ⅱ．①陈… Ⅲ．①女性—家庭教育 Ⅳ．① G78

中国版本图书馆 CIP 数据核字 (2019) 第 181755 号

---

**好妈妈不娇不惯培养女孩 300 个细节**

| 作　　者： | 陈书嫒 | | |
|---|---|---|---|
| 责任编辑： | 孙大萍 | 封面设计： | U+Na 工作室 |

出版发行：新华出版社

地　　址：北京石景山区京原路 8 号　　　邮　　编：100040

网　　址：http://www.xinhuapub.com

经　　销：新华书店、新华出版社天猫旗舰店、京东旗舰店及各大网店

购书热线：010-63077122　　　中国新闻书店购书热线：010-63072012

照　　排：博文设计制作室

印　　刷：永清县晔盛亚胶印有限公司

成品尺寸：170 mm×230mm　1/16

印　　张：18　　　　　　　　字　　数：302 千字

版　　次：2019 年 9 月第一版　　　印　　次：2019 年 9 月第一次印刷

书　　号：ISBN 978-7-5166-4834-6

定　　价：45.00 元

# 前　言

　　养育女儿也许是世界上最甜蜜的事情了。看着她粉嘟嘟的小脸、清亮的眼睛和软软的头发，任何父母都会在顷刻间忘记所有烦恼。然而，这件天生的"贴心小棉袄"也有一个隐患，就是会在父母无意间的娇惯与宠爱中变得我行我素、蛮横自私。

　　女性由于生理原因，在社会上总是处于相对弱势的地位。因此，养育出一个聪明、自尊、自爱、有礼貌、有理想的女儿，就是天下所有父母的重任。可是，该如何划分清楚娇惯与养育之间的界限呢？

　　什么是人格的培养？什么是人格？具体有五个指标：第一条自信；第二条友善，有爱心；第三条有责任感，对家庭、对自己、对他人有责任感；第四条善于自我管理，自己的生活会管理；第五条有抗挫折能力，因为人生一定有挫折，要扛得住。

　　有这五条的孩子，或者有三条，那个孩子就是人格健康，这样的孩子才是真正让你放心的。但是怎样才能养育出这样优秀的孩子呢？很多父母都有这种苦恼：女儿似乎从不在意父母对自己的付出。难道是父母给孩子的爱太少，不能感动他们？还是孩子心高志大，忧国忧民，不屑顾及亲情？抑或是天性使然，根本不懂得尊敬父母？

其实都不是。许多专家认为这正是妈妈爱得过分，爱得不当所致。有些父母，希望孩子快快长大，但在孩子的食谱里，仅仅有五谷杂粮远嫌不够，还要配上种种"营养液"，恨不得把天底下的好东西全部都装进那小小的胃袋中。

有些父母，望子成龙心切，要求孩子门门得满分，兼有多种爱好和专长，如钢琴、绘画、音乐、舞蹈等，想让孩子百科无所不晓，百艺无所不精。焉知拔苗助长，往往适得其反。

有些父母，信奉金钱万能，对孩子的奖惩一概与物质利益挂钩。他们认为世上最伟大的爱，是为后代留下金山银海。

有些父母，在孩子的成长道路上，遍设温室和驿站，替他们抗御风暴，剪除荆棘，又沿途铺上晶莹光洁的大理石，以营造孩子"一路平安"的坦途。

有些父母，关心孩子的生活、健康等知识，却又不关心他们怎样为人处世，忽视了对他们的心灵培养，忘记了要把孩子塑造成一个真正的人。

有些父母，恨铁不成钢，只信奉棍棒之下出人才，导致孩子的心灵受到扭曲。

正是妈妈这种无微不至的爱，使得孩子慢慢地变得骄奢、懒惰、冷漠，不理解妈妈的一片爱心，更不知稼穑之艰难，工作之辛苦，养育之不易，反而认为做父母的就应该为他们服务，心安理得，所以，造成孩子不正常的心态与行为，甚至走上犯罪的道路。

家长是孩子的第一任教师，家长对孩子从小的教育将影响孩子的一生。孩子的教育又取决于家长素质的高低，取决于家庭教育质量的好坏。因此做好家教工作首先是要分清楚爱的界限，然后才能不娇不惯养出好女儿。

# 目　录

## 第1章　细腻女孩的内心世界

# 第2章　不柔弱的小公主

# 第3章　与女儿共同成长

# 第4章　正确的教育模式

# 第5章 不必苛求孩子太完美

# 第1章

# 细腻女孩的内心世界

　　父母要让孩子积极参加各种活动。开始时，可以暗示孩子主动提问、主动要求、主动学习。紧接着，当孩子主动行动了，父母要用表扬、奖励等方法强化孩子的自主观念。孩子主动去做了，不一定成功。父母要激励孩子，告诉孩子："人生不如意事十有八九。"失败了一次不要紧，要保有一颗平常心。

# 孩子的自信如何建立

很多家长总会在无意中把孩子当成模仿机器，认为自己有义务教导孩子自幼年时期开始没体会过的一切新鲜事物。有些知识，比如诗词和拼音，的确是这样的。但更多的情况下，父母们会"教"幼儿画画、捏橡皮泥、搭积木；教孩童唱歌、交友、写日记；教青少年，他们的想法和做法就更多了。这是因为他们习惯认为，孩子的学习能力就是模仿，大人不教就不会。于是，他们喋喋不休地说：宝贝，告诉你，要这样，不要那样；来，跟妈妈一起……他们甚至教孩子玩，譬如玩玩具或玩沙，他们会先示范：看到没，要这样玩，云云。

有位家长说，他们当地的孩子只要到了四五岁，家家户户都会在教小孩认字、画画、捏动物形状的橡皮泥、练习基本数学题。因为很多人认为："大家都教，我家怎么能不教呢？不教的话，我家孩子就会落后呀。"可是这样教了以后，孩子又会是什么反应呢？必然会迎来这个结果：孩子一点都不爱学习了，每天晚上必须由家长监管催促，才能勉强学进去一点儿东西。这种情况下，会有家长知道为什么孩子不爱学习了吗？其实，就是因为这些心急的家长靠着"教"把孩子的学习兴趣给折腾没了。其实孩子天生爱学，爱对万事万物探究到底，是不用任何长辈去教的，长辈也没有资格来教孩子如何靠想象力和天赋创作。

悦悦是个喜欢动脑的孩子，她的妈妈对她的爱好也很尊重，一向让悦悦想画什么就画什么，从不会买一大堆画画教程让孩子画出固定的动物。其他人的家长对悦悦妈妈的做法很不以为然，经常私下议论说："这怎么能行？不教的话，孩子怎么能知道那些知识？怎么知道画画、背诗、英语？"

这些家长的反应是可以理解的，因为曾经很多人看到悦悦的画之后，都惊讶于这么小的孩子没有系统地学习过，也没法画出小册子上固定的动物，居然能自己发挥着画出带着笑脸的云彩、吃着冰棍的小鸭子等。转而他们会问悦悦的妈妈："悦悦妈，这么好玩的动画形象是谁教的呀？是不是孩子上了哪个老师的美术班？"悦悦妈妈笑着说："没有谁教，她自学的呢。"家长们不相信，说："谁信呀，不教孩子能画得这么好？"

孩子到底教没教，家长心里是最清楚的。不仅是画画，别的东西比如走路、骑单车、唱歌、识字、写字等，悦悦的妈妈都没教过。孩子不需要妈妈"教"，成人的"教"只会给孩子锁上一个框框，牢牢束缚住孩子的思维，钳住孩子想象的翅膀。

也许大家会感到疑惑，妈妈不教，孩子怎么会呀？其实，让孩子多去尝试与探索，一切不就自然水到渠成了吗？毕竟，画册上形象死板的动物，在刚被创作出来的时候也是由于画家自由创作的结果呀。

约1岁多的时候，悦悦就对涂涂画画表现出强烈的兴趣。她的妈妈顺势而为，买回画画的纸和油画棒，清理了一张小茶几当画画的桌子。悦悦开始了她的涂鸦之旅。刚开始是乱涂一气，画一些曲线、线团及乱七八糟的线条，这是孩子涂鸦早期的表现，家长不必纠结有没有画出什么名堂，因为孩子只是在感受色彩而已。后来，悦悦不满足于单纯的涂色，开始试着画她生活里常看到的物件，比如桌子、玩具、太阳、杯子、凳子、气球及各种小动物，甚至还有她幻想中的动画形象。

悦悦每次自己画完后，她的妈妈都会请她说说画的是什么。这有助于锻炼孩子的语言组织能力。悦悦有时说是吃了馅饼的大象，有时说是长着牛角的苹果。虽然一点儿也看不出来她画的是什么，不过妈妈仍然试着从她的视角来理解她的"作品"，而不会一味打压孩子说："大象怎么会吃馅饼呢？"之类的话。

没错，大象确实不会吃馅饼，但把它画在纸上的孩子不需要知道这个。家长们要知道，想象力最怕的就是现实世界的限制。孩子天马行空的想象力是不需要理智的评判的。只要孩子愿意想，乐意沟通，对家长来说就是一件好事。如果孩子每说一件事就被家长嘲笑反驳一通，这对孩子的心理是极为不利的。

从那以后，悦悦就一发不可收拾了，画杯子、帽子、太阳、热带鱼、海豚等，两岁多的时候学会了画人。后来除了用油画棒外，她还用水粉颜料画。在这期间，妈妈给悦悦买了大量的绘本，图画、色彩都非常美，不是让她模仿，而是让她接触好的绘画作品，耳濡目染受到熏陶。妈妈还买了一套《凯蒂的名画奇遇》，让她欣赏世界名画。

孩子也许不会像艺术收藏家那样头头是道地点评出一大篇洋洋洒洒的赏析，但名画中的色彩和张力就是他们贴近艺术的方式。这不是为了培养孩子的什么能力，只是让孩子感觉到他们有选择爱好和兴趣的自由，而不是依据父母的标准成长。否则，孩子会被家长的冷水泼得失去所有兴趣。

悦悦3岁的时候，在公园写生，旁边两个约4岁的小孩很感兴趣的样子，围了过来。悦悦给了他们纸和笔，大家一起画起来。小孩子的妈妈在一旁喋喋不休地"指导"，她对孩子说："你看，妹妹画得多好，握笔握得多好，你应该这样握笔。"然后，这位妈妈夺过孩子手中的笔做了个示范，孩子不知所措。这位妈妈满是羡慕地问悦悦妈妈："你的孩子画画很好呀，瞧她那握笔姿势！是不是上了美术班？"悦悦妈妈笑笑说："没有上美术班。"这位妈妈追问："那是你自己教的？"悦悦妈妈说："也没有教，她自己学的。"这位妈妈极不相信地看着悦悦，撇撇嘴没再说什么。悦悦的妈妈知道一时半会儿和她说不清楚，没有继续跟她解释。而那位好奇的母亲继续在自己孩子耳边喋喋不休，孩子满腔的作画热情慢慢消退，草草花了一幅画之后，不肯继续再画。

不仅画画，其他的"本领"也是完全可以让孩子"自学"的。比如数字，1—10的数字可以让孩子计算零食、家具，完全用不着家长郑重地拿着白纸写写画画地算在纸上。高级的教育永远是寓教于乐，让孩子在学习的过程中没有心理负担，会让小孩从小就明白受到尊重的感觉。从另一个方面讲，孩子永远倾向于在吃吃喝喝、玩玩乐乐中轻松地理解新知识，而不是在家长语重心长的教诲下勉强集中精神看一些枯燥的公式。一旦学一个东西反复学不会，即使家长态度再亲和，孩子也会产生挫败感。这对于自信的建立是有百害而无一利的。因此，如果孩子对学习什么展示出了兴趣，一定要及时给予正面反馈。

3岁半的时候，悦悦自己学会了10以内的加法。一次吃饭的时候，悦悦问妈妈："这里有几个饭碗呢？一．4个；二．6个。"她喜欢看巧虎，经常学着巧虎这么提问。妈妈说："选择一，4个。"悦悦接着问："有几个菜碗呢？一．2个；二．3个。"妈妈回答："选择二，3个。"悦悦朝妈妈竖起大拇指，说妈妈答对了。妈妈忍俊不禁，趁机反问她："桌子上有4个饭碗，3个菜碗，4个加上3个，一共是几个碗呢？"悦悦把碗数了数，说："7个。"妈妈说："答对了。"

就是这一次，悦悦理解了"加法"的含义，她触类旁通，学会了10以内的加法。不管妈妈问几加几，她都会把手指头拿出来运算，得出正确答案。

回想以前（现在还有很多幼儿园仍然是这样教的），家长如果想教孩子10以内的加法，是非常费劲的。简单的十个数字，却从2到10，每个都要教一次，并且效果很不理想。譬如5的加法，妈妈就要教1＋4、2＋3；6的加法，妈妈就要教1＋5、2＋4、3＋3，以此类推。还要设计出很多情节去教，譬如小白兔拔萝卜之类的。往往课上到一半，孩子们就失去兴趣了。这种靠老师演示、孩子较少实际操作的教学方法把孩子越教越糊涂，很多大班孩子还搞不清10以内的加法。

不少成人容易犯"好为人师"的毛病，不懂美术的敢教孩子画画，不懂乐器的敢对孩子拉琴指指点点，不懂舞蹈的敢对孩子的舞姿评判一番，英语发音不标准的敢于教孩子说英语……不管做什么，成人总会觉得自己比孩子高明！

孩子有自己的思维方式，家长自以为是的指导越多，越会让孩子丧失自己思考的能力，依赖于大人的指导。一位身在海外的妈妈曾经抱怨，她带着两岁多的孩子在户外玩沙，她发现如果自己不示范，孩子就不知道怎么玩。面对一堆沙泥却手足无措的孩子是多么可怜！他连发掘乐趣的天性都被家长毁掉了。幸好，这位家长及时反思，认为是自己以前对孩子指导过多的缘故，导致孩子依赖于她的意见，连玩乐都有了标准。后来她很希望孩子能用自己的方式去玩，但是孩子不愿意自己去尝试新的玩法了。比如骑单车，孩子骑一下，骑不好就放弃了，不愿意反复去尝试。

# 怎样正确引导价值观

孩子不需要妈妈教，是不是可以什么都不管呢？不是的。如果什么都不管，就如同农民对地里生长的秧苗遭遇了大量的杂草而任其自生自灭一样，那是种不出好庄稼的。

首先，妈妈需要创设一个有准备的环境，这个环境应该自由、宽松、符合孩子的年龄特点。家长要善于发现孩子的兴趣所在，根据孩子那个阶段的兴趣创设环境，简单地说，就是让孩子在适合的时间做适合的事，这个适合就是以孩子的兴趣为标准。举例来说就是，孩子喜欢画画，家长就给孩子提供专业的笔、颜料和纸，不能因为孩子小、怕浪费就买一些便宜的纸，或者为了省钱买一些小张的纸，这样会局限孩子的思维，影响孩子绘画的感觉；孩子喜欢音乐，就给孩子听各种经典的音乐，各种乐器演奏的、各种风格的音乐。再如，某个阶段孩子主动做加法，就要给孩子提供可以摆弄的实物如小棒、石子、小篮子等，让孩子自己摆弄；或者，如果孩子要求独立自理，就要把家里的器具按照孩子的尺寸、高度来设计，比如洗脸台的高度、坐便器或蹲便器的尺寸，书架和桌椅等家具的高度是否便于孩子使用和取放。

悦悦3岁半的时候，突然迷上了舞蹈，一听音乐就有反应。悦悦对音乐的感受力很强，她的妈妈时常播放一些不同乐器如钢琴、笛子、琵琶、小提琴演奏的乐曲，悦悦根据乐曲的高低起伏、节奏翩翩起舞，用肢体语言来表达她对音乐的理解。让家长惊讶的是，她能准确地感受到音乐的情绪，比如平静、悠扬、欢快、激昂。她用不同的动作表达不同的情绪，舒缓的音乐用缓缓地走、柔软地舒展手臂来表达，激昂的音乐用奔跑、快速转圈来表达，欢快的音乐用扭屁股和蹦跳来表达。跳舞的时候，她的神情随着音乐时而抒情，时而喜悦，时而激昂。

虽然悦悦不会用语言来表达她对音乐的感受，但是她用肢体动作把对音乐的感受表达得淋漓尽致！有很多家长习惯性地认为，名师才是孩子学习的最好途径。但是实际上，在孩子刚刚对一件事物产生兴趣的时候就用系统的知识固化技能，只会让孩子厌烦，更会从父母的反映中判定，有名头的东西才是值得尝试的，自己的小打小闹没有意义。这就是孩子可能产生的标签化思想，它把事物的价值都明码标出，让孩子无意间接受了虚荣的价值观。

有一位家长曾在网上抱怨：

我的女儿小迪6岁了，长相漂亮可爱，尽管家里经济条件一般，但我也总是尽自己的力量将她打扮得像小公主似的，邻居也常常夸赞她很乖巧。可是最近，我遇到一个烦恼的事：上周末，小区里几个同龄孩子在一起玩，随口说着自己都去哪里玩过，小迪突然夸海口道："我爸爸带我去日本旅游了，那里有唐老鸭、米老鼠……可好玩了。"我吃了一惊，我们从来没去过日本，这孩子小小年纪不仅虚荣，还撒谎。

还有一次，因为快到幼儿园放学的时间，我忙家务来不及了，就随手拿了一件在家里穿的衣服，然后去接她。谁知，小迪看见我之后，一路上跟我保持着距离，快到家的时候才跟我说："妈妈，你以后不要穿这样的破衣服来接我，不然我就不跟你一起回家了。"我愣了半天才回过味来，孩子这样爱慕虚荣，我要怎么教育她？

虚荣心人人都会有，小小的虚荣心反而不是坏事。但是，作为一个女孩，如果从小就有强烈的虚荣心，就容易被物质欲望淹没，走上一条歪路。没有自尊心的女孩，不仅成年后容易在社会上受到不良诱惑，在恋爱时也容易失去自己的自尊心。很多社会新闻和民间八卦都有这样的事迹模板：女孩从小学习成绩优异，工作单位稳定，收入可观，穿着光鲜，恋爱中遭遇挫折后就一蹶不振，甚至还会不顾颜面找男方大吵大闹，把自己冷静优雅的形象搞得面目全非。究其根本，正是因为这样的孩子对于正确价值观没有概念，她生命中一切成功的事物来源于对权威和高阶层的本能崇拜与肯定，而不是经过思考的自我选择。没有自尊的人，永远也不会过得太好。因为他们根本不懂得什么样的事物和品质才是值得保有的，容易被挫折和表面的浮华扰乱心智。

自尊是自我价值的实现，是自爱自信的前提，是获得幸福的助推剂。而虚荣，是欲望的产物，是自尊的延伸，适度的虚荣并不会对人生造成什么大的伤害，相反还可以刺激人奋发向上。可是，虚荣心一旦过度膨胀或者扭曲，那就会成为剧毒的魔药，让人沉沦堕落。

那么，到底是什么原因导致孩子这样呢？最大的可能：养不教，父之过，肯定是家庭的熏陶。上海、杭州小学竞选家委会事件在新闻界一时大热，原因在于竞选家委会的家长使出浑身解数，纷纷晒出高学历高收入的背景，有名校毕业的博士、研究生，有的洋洋自得地说自己在外企当HR，有的炫耀自己在央企工作……还有的家长在微信群里呵呵一笑，把自家房产都报数一样念叨了一遍。试问，连成年人都如此争强好胜，又怎能指望孩子不在意同龄人的目光呢？成长在这些家庭里的孩子，平时又会是怎样的行为做派？想必不会让人觉得太有教养，多半像暴发户家里的土公主吧。

家长是孩子人生的第一任教师，孩子的很多行为，其实往往是从家长身上习得的。不知道很多父母还记不记得，在孩子甚至不怎么吐字清晰的时候，就会模仿家长的走路动作或者说话腔调了。当时，家长只觉得孩子可爱，却不清楚这种模仿即使在孩子长大后也不会停止。诚然，他们不会再懵懂地学着偷穿高跟鞋、往身上喷香水，但他们会学家长待人处事的方式，甚至吸烟等不良癖好。当然，家长喜欢炫耀资产的社交方式，也会被他们照搬，对待自己想交的朋友，甚至成了获得成就感的畸形手段。如果你的孩子成了这种人，滋味如何？

当家长抱怨孩子非名牌不穿、爱慕虚荣时，首先要反思一下自己在平时的生活中，是否注意以身作则，是否注意价值观的正确引导？如果家长自己平时就在意外表和名牌，那么也就怪不得孩子想要穿得更好，用得更好。

近朱者赤近墨者黑，如果孩子周围有这样的小朋友，这种负面影响也是免不了的。同伴对孩子的影响不可小觑，因为随着年龄的增长，孩子模仿的对象也渐渐从家长转为同伴。我们常说"人以群分"，但其实大多数情况下，是人分群以后通过耳濡目染渐渐趋向同化。特别是价值观尚未定型的孩子，更容易受到所在群体的影响。所以，如果这样的不良影响出现在孩子周围，请立即出手干预。这是身为父母的职责与权利。

不过虚荣也有假警报。有的孩子不是真的攀比，而是希望引起他人注意。从心理角度来说，获得别人羡慕的目光是弥补关爱缺失的好方法。如果父母没有时间经常陪伴孩子，孩子自然会将获得关爱的对象转移到家庭外部，靠着同伴的夸耀与敬畏获得心理满足。这并不是孩子本性差，只是人性而已，所以千万别去斥责孩子品德不好。但是，如果让虚荣心恣意扩大，就会让孩子走上贪图享乐、撒谎欺诈，甚至少年犯罪的道路。

幼儿阶段的孩子，生活经验少，又喜欢做一些自己没有做过的事情来探索世界；知识面很窄，又容易把现实与虚构混在一起（很多孩子会幻想并不存在的虚拟形象陪伴自己）；语言表达能力不强，但想象力又非常丰富。孩子向别人夸自己家的东西如何如何好，自己又去过哪些好地方，其目的仅仅在于引起同伴的注意，久而久之就会形成不尊重事实、爱慕虚荣的习惯。如果您的孩子有这个倾向，可以多多关爱他，让孩子用更平和的心态去接受家庭与家庭、人与人之间的差异。更重要的是要告诉孩子：人的命运是可以由努力改变的，别人有的东西，你也完全可以有机会拥有。

孩子大了之后，社会交往的范围不断扩大，希望得到大家的认同和喜欢，开始在意自己及家人的外貌和物质条件。此外，"爱面子"是中国人普遍存在的一种心理，这些都会或多或少地影响着孩子成长，在大环境下，孩子自然会有盲目的从众性。孩子在知识经验的不断积累中，世界观、价值观逐渐建立，对许多事情开始有自己的见解，在与同龄人交往的过程中，喜欢做第一，喜欢领头，喜欢通过物质来展现自己的实力。

小孩在缺失自信时不会想到如何解决心理问题，他们的处理机制就是靠着虚荣心压过对方，这几乎是所有孩子的本能。很可能在他们最初这样做时，只是为了不让自己丢脸，而不是获得成就感。问题在于，如果父母始终没有插手，他们发现这个方法十分有效且屡试不爽时，虚荣心就会扎根了。也就是说，价值观扭曲的一个很容易被忽视的因素，就是失落感。

孩子在进入幼儿园的第一天，家长和老师都会累得腰酸背痛。连宠物猫到了新环境都会不安，何况是从没离开过父母家人的孩子呢？新环境让他们恐慌、失控，这种心理还会在转到新的学校、进入新的班级后出现。原本熟悉的一切都不存在了，要对陌生人重新社交、重新建立关系网，这是件令人不安的事情。即使是成年人，被强拉去给成千上万个陌生人做演讲，恐怕也会声音颤抖一头冷汗。因此，孩子在新环境中，为了尽快获得认同感，很可能会出现一些让家长感觉莫名其妙的荒谬言论，比如和同学宣称自己以前家住外国、爸爸戴的手表是钻石的、妈妈的香水好几亿之类。

另外一些心理成熟些的孩子不会靠着物质欲望建立价值观，但他们自身的价值观会受到很大冲击。有些家长可能会注意到，原本很出众、备受夸赞的孩子，到了新的学校、新的班级就整天郁郁寡欢，满腹委屈。这很可能是因为，他们发现在新集体里自己只是再平凡不过的一员，自尊和自信受到巨大打击，原本的锐气和上进也被打压了。

遇到这些情况，爸妈可以这样做：首先在心理上确认并承认，无论是成人还是孩子都是有自尊心的。其实，这也是每个孩子成长的阶段都会遇到的问题。虚荣与妒忌是两个概念，家长在对孩子进行教育的时候，要抓住孩子的心理，因势利导，逐步引导孩子追求真正美好的事物，不要随便扣上道德败坏的帽子。

家长更不要鼓励这一点，觉得让孩子四处炫耀也好，至少没人欺负她，孩子也更有安全感。如果一个家长这么肤浅，再有天赋的孩子也会毁在他手上。虚荣心永远带不来真正的安全感，遇到家境更好的人，孩子要么是在震惊中意识到人外有人天外有天，要么是为了颜面继续吹嘘炫耀，要么是干脆抱着比上不足比下有余的阿Q心态肆意玩乐。有这种鸵鸟心态的孩子，面对任何变故都会是最崩溃的那一个。

最重要的是，虚荣对于他们自身真正的进步是有很大的阻碍的。虚荣心强的孩子在个性成长中，经常会出现各种问题，如为了满足其虚荣心而经常说谎，情绪不稳定，不认真学习，缺乏意志力等。

虚荣心强对孩子来说无疑是一种可怕的坏习惯。因此，家长在日常生活中，要注意调整教育方法，让孩子养成良好的生活态度，远离爱慕虚荣。如果孩子的虚荣心已经很严重的话，家长要寻找导致孩子爱慕虚荣的原因，才能知道怎样去帮助自己的孩子。

平时就要多留意观察孩子的言行。家长应在平时多留心，仔细观察孩子的行为表现，敏锐地捕捉孩子的心理动态。不妨和孩子心平气和地谈话，迂回地提问并不失时机地表达出家长的想法，有利于孩子心悦诚服地接受家长的引导，也能让孩子更深刻地认识到爱慕虚荣的危害之处。同时，家长也要以身作则，坚定立场。想要孩子有正确的行为，家长必须有正确的示范，对周围的人事物也要有正确的评价，引导孩子建立正确的价值观。如果孩子提出无理要求，要坚决拒绝，父母不要一方护、一方管，这样会使孩子觉得有机可乘。对待孩子的每一次任性，都要以同样的态度来解决。而不是有时限制孩子，有时放纵孩子，使孩子无所适从。

要为孩子建立一定的行为规范，特别是在用钱方面，要让孩子了解家庭的经济状况，和孩子共同协商，要让孩子有机会通过劳动来获得自己想要的东西。当孩子提出购物的请求时，要提醒孩子，只有真正需要和喜欢的东西，才有必要买，如果只是因为"别人有我也要有"就去花大钱，那是很没有个性的行为。如果孩子想要买名牌，可以，但与普通牌子的同等衣物的差价必须从孩子自己的零用钱里出，孩子可以自己选择是由家长出钱购买普通牌子，或者自己贴钱买名牌，从中学会理性消费。

帮助孩子树立一个正确的价值观，也就是对荣誉、地位、得失、面子要持有一种正确的认识和态度。千万别做那种指着路边清洁工说："你不好好学习的话，以后就得扫大街了"的无礼家长，这不是正确的引导和刺激。何况，每个劳动者都值得尊重，社会上的每个人都有自己的分工，让你扫地你都未必扫得比他干净。别让你的孩子成为那种看人下菜单的油嘴滑舌，这样的人在周边人心里是什么形象，家长应该心里也有数。

一个人应该有一定的荣誉感，但面子不可没有，也不能强求。不卑不亢、落落大方，只要待人有礼，品德良好，即使是贫困者在古代也被奉为君子。如果"打肿脸充胖子"，过分追求荣誉，显示自己，就会使自己的人格受到歪曲，成为别人嘴里的嘲笑对象。人的一生可追寻的事物多得很，别让孩子的眼界被金钱禁锢，引导孩子注重精神和心理需求。无论家里经济条件好坏，都应该培养孩子艰苦朴素的习惯，不要盲目攀比，有必要的话领孩子去自己工作的地方看看，让孩子也体验到家长的辛苦与不易。

此外，家长可以多在孩子面前展示自己的才能，如烹饪、缝纫、绘画、唱歌、手工艺制作等，注重在实际生活中对孩子进行审美教育，注意自己的外表形象，包括行为美和语言美，但更要注重内在的心灵美，善于在实践中提高自己在孩子心目中的地位，让孩子打心眼里认同自己。要消除孩子过强的虚荣心不是一朝一夕就可以实现的，家长只有自己的言行在生活中一点一滴地给孩子作出正确的示范，并且通过恰当的机会让他感受到虚荣心过强所带来的烦恼和痛苦，这样循序渐进的办法才能从根本上纠正孩子爱慕虚荣的错误心态。

# 了解孩子深层心理

悦悦的妈妈正在工作，突然手机铃声大作，是思思妈打来的。她说："你快来吧，悦悦在这里哭，伤心得不得了。"悦悦妈妈问："是怎么回事呀？你们能解决的话，我就没有必要去了。"思思妈说："解决不了，你快点来吧。"

事情的经过是这样的：悦悦、乐乐和思思在卧室玩，过了一会儿，悦悦出来了。乐乐和思思在屋里将门反锁，悦悦去敲门，乐乐和思思在里面唱："不开不开就不开，妈妈没回来。"悦悦说："是小兔子妈妈呀，快开门吧。"乐乐和思思还是不开门。悦悦到客厅看了一会儿电视，乐乐和思思还是不开门。悦悦外婆说："悦悦回家吧。"乐乐打开门，一看悦悦没回家，又把门关上了。这个过程中，悦悦就有些不高兴了，但是还没有哭。

后来，乐乐在屋里抱思思，不小心把思思摔到地上，思思哭起来了。乐乐打开门，拿了三盒旺仔牛奶出来，一盒给思思，一盒给自己，说另一盒要收起来留着明天自己吃。乐乐奶奶叫她拿一盒给悦悦，乐乐不肯。悦悦去拉乐乐的手说："乐乐，我和你是不是好朋友呀？"乐乐甩开了悦悦的手，悦悦就开始哭了。

乐乐奶奶说："乐乐，你要是不把牛奶给悦悦喝，阿姨下次不会让你到悦悦家去了。"乐乐听奶奶这么说，不高兴地打奶奶，仍然不肯给悦悦牛奶。悦悦外婆说："悦悦，外婆带了钱，去给你买一盒旺仔牛奶好不好？"悦悦哭着说："不好，外面的牛奶不好喝。"悦悦执意要乐乐的牛奶。

思思妈说完这些后，把电话给了悦悦。电话里传来悦悦的哭声，她泣不成声地说："……妈妈，我要……旺仔牛奶。"说完这一句，悦悦哽咽着话都说不出来了。悦悦妈妈说："你等着妈妈，妈妈就过来。"放下电话，她换衣服出门。

悦悦妈妈给悦悦的社交规则是：自己的东西自己支配，别人的东西要经过允许才能拿，别人不愿意不可强求。悦悦懂得这一点，在外面从来不乱拿或乱要别人的东西，如果想要别人的东西，她都会先询问，如果别人不同意，她会坦然接受拒绝。可这一次为什么在乐乐不愿意的情况下，她仍坚持要乐乐的牛奶呢?

这位家长分析,悦悦拒绝到外面买牛奶,说"外面的牛奶不好喝",这表明她在意的不是牛奶,而是乐乐的友情。一直以来,她把乐乐当成最好的朋友,在她的心目中,乐乐的位置非常重要。有次思思和乐乐抢玩具,思思打了乐乐,悦悦毫不犹豫地冲过去帮乐乐。与其说悦悦是一定要拿到乐乐的牛奶,不如说是一定要得到乐乐的重视和友谊。在她看来,乐乐和思思躲在卧室里不开门,把她关在外面,这就是在孤立她。而乐乐给思思牛奶,居然不给悦悦牛奶,这意味着乐乐更喜欢思思,不像以前那么喜欢悦悦了。这让悦悦有种被人拒绝的挫败感,在感情上一下子难以接受。

其实,人的一生中总是会遇到诸多拒绝,让孩子体验一下拒绝是一件好事。对于三岁多的孩子来说,她完全可以做到这两点:第一,有勇气拒绝别人;第二,坦然接受别人的拒绝。这两点是非常可贵的心理品质,前者意味着有自己的个性,敢于说"不",不盲从;后者意味着一种坦然、平和的心态,面对拒绝,能坦然接受,不会因为别人的拒绝而嫉恨。

很多人是忍受不了别人的拒绝的,被人拒绝后会产生一种挫败感、嫉恨感。有些成年人,由于完美主义和强迫症心理作祟,一旦遭到别人的反对或者拒绝,他就垂头丧气,觉得别人是在全盘否定自己,不敢面对结果,也不敢表达意见。心胸狭窄的人,还会衍生出别人都看不起他的厌世感。对于这样的人来说,与人相处是一种负担,因为他要顾及别人的意见和心理。

经常有"男友求复合不成,报复女友"或者"求职者面试被拒,纠缠公司闹事"的新闻见诸报端,这些人其实就是缺乏"坦然接受拒绝"的心理品质。人与人相处,其感情也是充满变数的,友情和爱情都是如此。那些遭遇感情打击就想不开而采取极端行为的人,缺少坚强的内心和豁达的胸怀,他们无法坦然面对别人的拒绝,容易钻牛角尖,走死胡同。

孩子未来的人生路上一定会遇到各种各样的拒绝,包括熟悉的和不熟悉的人的拒绝,以及来自于友情和爱情的拒绝。在孩子幼年时体验一下来自于好朋友的拒绝,遭遇一次好朋友的孤立,未尝不是一件好事。引导得当,孩子完全可以以平常心来看待朋友的"背叛"。当然,在遭遇朋友拒绝的时候,首先还是应该积极想办法赢得友谊,如果经过努力后还是不能赢得,也要以平常心来坦然面对。

出门的时候,悦悦的妈妈带了两本故事书,因为她知道悦悦和乐乐都喜欢看故事书。来到乐乐家，一上楼梯，大大小小一群人都在楼梯口等着。当时的情形是这样的：悦悦挂着泪水，满脸委屈和伤心；乐乐手里握着一盒牛奶，脸上毫无表情。

悦悦妈妈什么都没问，只是笑着和三个小朋友打招呼，然后举起手中的书本说："阿姨给你们带了很好看的故事书哦！"悦悦接过故事书，乐乐看见故事书，两眼放光，伸手欲拿。悦悦本能地把书藏到身后面。悦悦妈妈故意大声说："故事书是悦悦的，乐乐也想看，怎么办呀？"乐乐迟疑着缩回手，不知该怎么办。

这时，悦悦主动把两本故事书递给乐乐。乐乐接过故事书，把手里的牛奶递给悦悦。悦悦接过牛奶，破涕为笑，蹦了起来，委屈和伤心瞬间烟消云散。乐乐也开心起来，对悦悦说："我来帮你插吸管吧。"边说边把吸管插了进去递给悦悦。悦悦开心极了，拿着牛奶又笑又跳。

孩子看事物的角度和成人不一样，他们做任何事情都没有绝对的恶意。比如这件事情，乐乐和思思绝对不是有意来孤立悦悦，可能只是闹着玩，也可能是一时兴起，就和孩子偶尔会想象某个家人是大怪兽一样，无关情感，只是娱乐心理。孩子会有各种各样的奇思妙想和固执坚持的标准，有的小孩还给自己定了规矩："我喝水的杯子必须是蓝色的。"所以，不要用常人的眼光看待孩子间的争执，他们可以毫无理由地做出各种事。

家长不要以成人的眼光来揣测孩子，不要过早介入，那样除了加深孩子之间的矛盾之外毫无益处。当孩子遭遇"拒绝"和"孤立"时，成人要保持平常心，如果成人带上情绪，对着孩子一顿斥责："你怎么对我家孩子这么小气？"或者当场拉走孩子："没关系，我们回家玩，妈妈回家给你拿好喝的。"孩子会在心里坐实"朋友不喜欢我了"这件事，也会更加惯性依赖家长，认为"跟着妈妈才不会难受"，不敢再和外界接触。

宽广的胸怀使孩子能与人友好相处，斤斤计较会让孩子失去朋友，变得内心不快乐。成人要宽容地对待别人家的孩子，这样自己的孩子才能学会宽容。解决问题才是最终目的，家长要创造机会，鼓励孩子积极想办法解决。坦然接受拒绝是一种优秀的心理品质，家长要抓住机会适时引导孩子建立这一品质。

经历了牛奶风波后，悦悦渐渐能接受来自于乐乐的拒绝了，比如乐乐的玩具或故事书不借给她看，她坦然地接受，不哭也不闹；乐乐有时跟思思黏在一起，关系很亲密，悦悦也没觉得有什么，不嫉妒不伤心。有一次，乐乐和另一位孩子打得火热，悦悦也凑过去，拿故事书给她们看，她们不看，两个孩子跑得远远的，故意把悦悦落在后面。悦悦也没闹脾气，而是自己乖巧地坐下看书。

后来，悦悦仍然把乐乐当做最好的朋友，不过，她似乎懂得了：任何人都有权利拒绝她的要求，包括她最好的朋友、最亲的亲人。

当孩子遭遇"拒绝"和"孤立"时，成人要保持平常心，如果成人带上情绪，孩子会更加容易受伤害。适当地让孩子体验被拒绝的感觉，引导得当，孩子完全可以以平常心来看待"被拒绝"。让孩子懂得：自己不可能事事都顺心如意，更不会因此失去家人和朋友对自己的关爱。

# 孩子哭该怎么应对

悦悦在小区花园排队等骑木马，木马上有一位十岁左右的男孩在玩。悦悦等了好一会儿，见男孩没有下来的意思，就着急地问道："哥哥，你还要玩多久啊？"男孩看都没看她一眼，说："还要玩很久很久。"悦悦急了，眼泪在眼眶里打转，"我也想骑木马了。"男孩不理她，继续自顾自地玩。

悦悦见他根本不理会自己，还说要玩很久很久，忍不住哭了："我要玩骑木马，妈妈，妈妈要玩骑木马！"悦悦妈妈安慰她说："你再耐心等等吧，哥哥这么大了，知道公共的玩具要轮流玩的，等一下会让给你玩的。"没想到男孩大声接茬，"还要玩很久很久，我偏要不让给她玩！"

这下炸锅了，悦悦大哭起来，泪水决堤而下，既委屈又愤怒，她边哭边喊："我要骑木马！妈妈，我要骑木马！"悦悦妈妈蹲下来把悦悦揽在怀里，轻轻拍她的背，柔声说："悦悦今天排队等了这么久，很耐心。你等了这么久，哥哥还是不让给你，看得出来你很难过。"悦悦点点头。

妈妈接着说："哥哥霸着玩具不和别人轮流玩，这样不对。要不你再跟哥哥商量商量？"悦悦再次哽咽着问男孩："哥哥，给我玩一下好不好？"男孩仍然说："不行，我还要玩很久。"这个回答让悦悦彻底失望了，再次大哭起来。

旁边一位家长看不下去了，让自己的孩子把木马让了出来，笑着对悦悦说："小朋友，到这边来骑吧，别哭了，哭了就不乖了。"悦悦妈妈笑着说："没关系的，哭一下没什么。"家长很惊讶地看着妈妈，"啊？让孩子就这么哭啊，你可真狠心。"

很多家长心疼孩子，护女心切，觉得孩子哭了就是在折磨自己，赶紧采取措施让孩子止住泪水。可惜，这就让孩子没了体验负面情绪的机会。哭并不是软弱，哭只是正常情绪中的一种，不是坏事，就和口渴了要喝水一样。自婴儿起，哭就是孩子表达内心需要、宣泄情绪的方式。孩子不会说话的时候，饿了、困了、害怕了、不舒服了、要妈妈了等生理和心理需要都会用哭来表达。等孩子长大一些，会说话了，生理需要如渴了、饿了、不舒服等会用"说"的方式表达，而内心的情绪如愤怒、伤心、害怕、委屈、生气仍然会用"哭"来表达和宣泄。成人伤心、愤怒的时候不是也会哭吗？如果此时你的亲人无比理智地对你来一句"别哭了，有什么好哭的"，你会不会很失望？纵然心中还有千言万语，你还会找他诉说吗？

孩子有哭的权利，情绪是需要宣泄的，也需要大人的共情。这也是悦悦妈妈最先说了一句"看得出来你很难过"的原因。这句话的意思是：我知道你为什么哭，我理解你。如果一味惯着孩子，立即满足孩子的要求，小心孩子会用眼泪要挟家长，把哭泣作为自己的武器。

很多家长是惧怕孩子哭的，只要孩子哭，他们就会习惯性地说"不哭，不哭"，并且想出各种办法比如逗孩子、转移注意力等，试图让孩子止住哭泣。有的家长是不喜欢孩子哭的，只要孩子哭，他们就会"命令"孩子"别哭了""不许哭"，试图利用家长的权威来止住孩子的哭泣。有的家长甚至把"哭"和孩子的品质牵扯到一起，一旦孩子哭，马上给孩子戴上一顶"没出息"的帽子。他们认为哭不是件好事，并威胁说"不喜欢哭脸的孩子"。

如果不良的情绪不及时宣泄掉，积累过久会生病。哭是最好的宣泄情绪的方式。对于孩子来说，他们不会写日记，不会找朋友诉说，不会其他的任何一种宣泄情绪的方式，只有"哭"最简单最直接，是孩子唯一的宣泄方式，哭完了就平静了。

孩子哭的时候，不要给孩子"止哭"，首先要和孩子产生共情，接纳他的情绪，然后弄清楚孩子哭的原因并去除。孩子的需求满足了，或者不良情绪宣泄掉了，自然就不会哭了。当然，对于孩子"要挟"式的哭，可以不予回应，但前提是你彻底读懂了孩子，确定他是在要挟。

需要说明的是，"不止哭"意在接纳孩子的情绪，不代表鼓励孩子遇事就哭。尤其是对于已经会说话的孩子，更应该鼓励孩子用语言来表达自己的需要和情绪，而不是动不动就哼哼唧唧、哭哭啼啼。在实际操作中，家长们要审时度势，拿捏好分寸。

简单来说，如果孩子是受了惊吓或委屈，生病不适等情况，哭泣是难免的，就不该要求孩子抑制心理上的不适感；如果孩子的哭泣是为了达成自己的心愿，比如晚些睡觉、买玩具、挑食等，家长就十分有必要让孩子学会用更理智、更积极的方式表达需求。

孩子哭的时候不要给孩子"止哭"，而是要让孩子宣泄不良情绪，孩子自然不哭了。"不止哭"意在了解孩子的哭不是"要挟"，而是宣泄的情况下，让孩子尽情哭，并不是无原则地鼓励孩子哭。关键点在：家长要理解孩子。

# 怎么和孩子良性沟通

悦悦和苗苗、乐乐、思思一起爬小区里的一座小山，几个小朋友在一起玩得非常开心。午饭的时间到了，妈妈该回家了，悦悦舍不得和小朋友分开，热情地邀请小朋友们到自己家吃饭。悦悦挨个去邀请，三个小朋友都欣然接受了悦悦的邀请，孩子们都不想和小伙伴分开。

三位家长反应不一，思思妈妈非常痛快地答应了思思的要求；乐乐奶奶犹犹豫豫，劝说乐乐回家吃饭，不过在乐乐的坚持下还是妥协了；苗苗妈妈坚决不同意。苗苗妈妈起初是笑着劝说苗苗先回家吃饭后再和悦悦玩，苗苗不干，她就"威胁"苗苗说："那你一个人去悦悦家。"苗苗说"好"，头也不回地就要跟着悦悦走。苗苗妈妈生气地说："要是你不讲理，那妈妈下次再也不带你出来玩了，把你关在家里。"苗苗毫不畏惧。

见这些招数都无效，苗苗妈妈又想出一招——"利诱"，指着路边的小超市说："听话，到超市给你买糖吃。"苗苗眼皮都没抬，说了句"那你去买"之后继续跟着悦悦走。苗苗妈妈没辙了，让了一小步说："那妈妈带你到悦悦家玩5分钟就回家好不好？"苗苗说："好。"

到了悦悦家之后，几个小朋友先去洗手。手还没洗完，苗苗妈妈就催促苗苗说："5分钟到了，咱们该回家了。"苗苗屁股还没落座，哪里肯回家呢？苗苗妈妈威胁恐吓一番没用，火噌噌噌就上来了，使出杀手锏，扔下苗苗摔门而出。苗苗委屈地哭了两声，但并没有动作，她的妈妈刚出门，她便停止了哭泣。

过了一会儿，苗苗妈妈重新敲门进来，眼睛瞪着苗苗说："苗苗，跟妈妈回家，你要讲理。如果你不讲道理，下次妈妈再也不带你出来玩了。"苗苗不肯妥协。悦悦妈妈把苗苗妈妈拉到一边说："孩子怎么不讲理了？她只是想和小朋友玩，仅此而已。"苗苗妈妈说："我还不是不想让她养成不好的习惯，一玩就玩疯了，不想回家了。贪玩的习惯可不好。"悦悦妈妈苦笑了："现在又没有到晚上睡觉的时间，有那么严重吗？如果是到了晚上睡觉的时间还赖在别人家，那就真应该带走，可现在孩子只是和小朋友正常交往呀，为什么要阻止呢？"

悦悦妈妈苦口婆心的劝说并未说服苗苗妈妈，她坚持要把苗苗带走。她把苗苗斜抱在身上，强行把苗苗带出门。苗苗撕心裂肺地大哭起来，一边用力挣扎，一边大喊："不回家，我要在悦悦家玩！"下楼的时候，苗苗妈妈没忘笑着对悦悦妈妈说："不好意思，麻烦你了。"悦悦妈妈无言以对。

苗苗妈妈尽管知道孩子胆小，也想去改变孩子，但最终却没能扭转自己落后的观念。她利用身高体重的优势强行带走了孩子，哪怕心爱的孩子拼尽了全身的力气，反复地哀求，她也未能心软。苗苗只不过是要和同伴多待一会儿，不愿意和同伴分开，这是孩子正常的社交需求，被妈妈以"建立良好习惯"的名义给掐掉了。

苗苗挣扎着被妈妈扛下楼，这个孩子的内心被压制着。父母这样的行为值得妈妈思考：这到底是谁不讲理？孩子在成人面前是一个弱者，成人仗着自己身高体力的优势，利用孩子依赖自己的心理来胁迫孩子，达成自己的意愿。这样做的恶果是：你与孩子的心灵距离越来越远，孩子要么抵触你，和你对立；要么屈从了你，而变得卑躬屈膝。这是你想要的结果吗？

案例里的苗苗很明显已经厌倦了妈妈的威胁和严厉，她想做的只是多玩一会，又不是多么严重的事情，何必那么抗拒呢？家长如果有自己的顾虑，也要给孩子一定的自由选择权利，诸如告诉她："一会儿姥姥要到家里做客，所以你现在去其他小朋友家里玩不太好，姥姥看不见你会伤心的。"让孩子有自己的考量，有知情权，而不是单方面的压迫，这样的沟通才会有效。否则，按照苗苗妈妈的用词习惯，苗苗能和她妈妈有多亲近？简直就是被胁迫长大的。

不良沟通的另一种表现就是把孩子当成傻子吓唬。

苗苗一直比较胆小，不愿意和不熟的小朋友玩，这几个小朋友里面，她只跟悦悦玩，不跟思思和乐乐玩。苗苗害怕未知事物，比如月亮、小鸭子、小乌龟等，不敢参加游戏，尤其是有"坏蛋"角色的游戏，比如大灰狼抓小白兔之类的游戏。她也不敢玩游乐场的大型玩具。苗苗妈妈不明白为什么孩子会这么胆小，其实是给孩子的自由不够，限制和保护过多所致。苗苗的外婆和妈妈以恐吓的方式教育她，并且用"不要摘花，要不保安叔叔会来抓你"之类的话指导她建立行为习惯。只要解除过度的保护，不过分限制，给孩子足够的自由，苗苗一定会逐渐变得胆大的。

为什么保安也能成为家长嘴里的负面角色？只从保护生态、爱护花朵的角度来教导孩子不要伤害植物，有那么难吗？不良沟通，让世界在孩子的眼里都变了个样子：处处都是警戒线，没有明确的规则和必要，为了达到目的最好偷偷摸摸。遵守规则不是因为美德，而是为了不让自己惹麻烦。

很多人都感叹当今的城市家庭邻里之间太冷漠，楼上楼下、隔壁邻居都可能不认识。而孩子天生是最热情的，最没有隔膜的，他们很快就能跟陌生人熟络起来。妈妈经常可以看到，压根儿不认识的俩孩子，在外面碰到了，很快就可以玩到一块。这是因为孩子没有任何戒心，没有顾虑，彼此真诚。成人则顾虑太多、对人设防，表面客气、内心疏离，所以，成人世界远不如孩子的世界纯净而温暖。但是，不会沟通的家长，不仅会毁掉孩子的社交，连性格都有负面影响。

# 如何读懂孩子情绪

一个阳光灿烂的上午，悦悦和小伙伴苗苗在小树林边玩，她们随着音乐一起自编自舞，动作笨拙但很可爱，两个人跟着节奏，扭呀、蹦呀、跳呀，别提多开心了。孩子的这些动作实在是太可爱了，悦悦妈妈赶紧抓拍下来这一幕。苗苗妈妈边看视频边笑。苗苗好奇地问妈妈："你在看什么呀？"苗苗妈妈说："看你笑得那么丑，真逗！"苗苗满脸的笑容瞬间消失了，眼泪在眼眶里打转。悦悦妈妈赶紧说："苗苗才不丑呢，你们跳得真好，好漂亮啊！"苗苗妈妈并不是真的认为苗苗丑，她只是在打趣孩子。但孩子不懂得大人的玩笑，他们把大人的玩笑或捉弄当成真的。

不懂得孩子，可能会给孩子带来无意的伤害和痛苦。苗苗妈妈很爱孩子，但她不了解孩子"会把玩笑当真"这一心理特点，无意中就把苗苗给伤害了。

悦悦妈妈也曾经因为不懂孩子差点儿伤害了悦悦。悦悦2岁的时候，妈妈带她逛街，刚到商场一会儿，她就吵着要回家，怎么哄都不行。她当众大吵大闹，引得众人围观。那天，悦悦妈妈本来计划要买几件衣服的，没想到刚到商场，什么都没来得及买，孩子就闹脾气，实在不想就此回家。商场里面到处流光溢彩，好吃、好看的东西很多，女儿怎么就不喜欢呢？悦悦妈妈感到纳闷。悦悦妈妈问悦悦："是不是哪儿不舒服？"悦悦说不是。悦悦妈妈又问："是不是肚子饿了，要回家吃饭？"她摇摇头，接着拽着妈妈往外面走，闹着要回家。悦悦妈妈说："要不，再陪妈妈10分钟，等妈妈买一件衣服就回家。"悦悦冲她大吼："不！就是不！我就是要回家！"她高分贝的尖叫声把周围的人都吓住了！

众目睽睽之下，悦悦妈妈有些恼火，差点儿就要发火了。最终，理智还是占了上风。悦悦妈妈调整好情绪后，把悦悦带到一个人少的角落，蹲下来平视着悦悦说："悦悦，妈妈是在和你商量，你轻声一点妈妈也能听得清楚。"悦悦没有说话。

悦悦妈妈接着问："你是不是觉得家里比这里好玩？"悦悦点点头。悦悦妈妈蹲下来抱住她，发现从她的角度看去，都是大人们的腿！这对一个孩子来说实在是太乏味了！

悦悦妈妈突然感到愧疚，看着悦悦的眼睛说："你只是看到了大人们的腿，你觉得逛街一点都不好玩。"悦悦使劲点点头，止住了哭声。悦悦妈妈说："那和妈妈回家吧。"悦悦破涕为笑。妈妈庆幸克制住了内心的冲动，倘若把她训斥一番，她该是何等委屈，对她的伤害又会有多深！

很多家长是80、90后，但喜欢忆苦思甜的做派和以前的人没有区别，总是觉得现在的孩子吃好喝好玩好、上好学校、穿漂亮衣服、住好房子，简直生活在蜜罐中，太幸福了。但难道当年你没有特定的苦恼和不便吗？现代人不用钻木取火了，也不用住在山洞里了，不是照样有一大堆人得抑郁症甚至自杀的吗？拿社会发展程度判定痛苦，实在是天真又愚蠢的想法。孩子就是孩子，他们的心灵永远敏感，一定要小心说话。你不小心得罪上司顶多被炒鱿鱼，但你要是对孩子说错话，她的世界观都会因此扭曲。

不懂得照顾孩子情绪的家长，会引发怎样可怕的后果呢？没错，连杀人案都会由此引发。自从开放二胎之后，很多新闻都有报道哥哥姐姐杀死自己的弟弟妹妹之类的。国内开放二胎政策后不少家庭积极相应政策，而也有不少家庭遭遇了不少困扰，先前有媒体报道了小女孩以死相逼阻止父母生二胎。其中一个案子，家中的哥哥与妹妹发生一点小争执后，用木棍猛击妹妹头部并将其淹死，事后投案自首说明原因，令不少二胎父母感到了前所未有的恐惧感。

而这一切的起因，可能只是好事的亲戚或者父母逗弄自己孩子时候说的"有了弟弟/妹妹之后就不要你了""以后再也不给你买好吃的了，都给你弟弟/妹妹买""你看你弟弟/妹妹多乖，多懂事，你怎么不知道学学？"如果有读者不相信的话，大可联系自己身边非独生子女人士的性格或者经历想一想，如果他们是在这种家庭氛围里长大，到底受过多少委屈。有些成人喜欢逗弄孩子，骗孩子说"不爱你了"，这种话对孩子真是巨大的打击！

晓晓5岁的时候，在弟弟出生1个多月以后的某天，突然跑过来问她的姑姑："姑姑，你说妈妈还爱不爱我呀？"姑姑问："你怎么会这么问呢？你妈妈当然还爱你啊，和以前一样爱你。"晓晓眼眶里噙着泪，轻轻地说："可是，姨妈说，妈妈生了弟弟，以后只爱弟弟，不爱我了。"看着她心事重重、又担忧又惶恐的样子，姑姑心生怜爱，连忙把她搂在怀里说："姨妈是故意逗你的，这样做是不对的，她不应该这样逗小孩子。姑姑可以保证，你妈妈和以前一样爱你。对了，姨妈是什么时候跟你说的呢？"晓晓说："是家里来了100个人那天。"姑姑猜她应该是指她弟弟做满月酒那天，家里来了很多客人。于是姑姑问："是不是弟弟做满月酒，家里来了很多客人那天？"晓晓说："是的。"

姑姑问孩子的妈妈是否知道这件事，孩子妈妈说确实有这回事，当时她对晓晓说，自己是爱她的，后来她就没在意了，没想到这么多天，晓晓还对这件事情耿耿于怀，这二十来天里，她心里该是怎样的一种煎熬啊？姑姑领着晓晓去找她妈妈，在她妈妈的再三保证之下，晓晓还是半信半疑。所幸的是，经过姑姑提醒后，后来一段时间，晓晓的妈妈特别注意给晓晓关爱，以行动证实了妈妈对她的爱没变，晓晓才释怀了。

不少有两个孩子的家庭有类似的苦恼，就是老大特别嫉妒老二。他们喜欢和老二抢东西，凡是老二有的，他一定要有，哪怕自己根本用不着；喜欢攻击老二，趁大人不注意的时候，迅速攻击，有的下手还特狠；和老二抢妈妈，在妈妈照顾老二的时候，老大闹着也要妈妈照顾。这些行为体现的是孩子对父母之爱的不确信，他们觉得，以前他是家里人关爱的焦点，而老二出生之后，大家的焦点转移到老二身上，或多或少忽略了他。他小小的心里产生了一个巨大的问号：是不是爸爸妈妈不爱自己了？巨大的不安让他对老二产生强烈的嫉妒，他认为就是这个小婴儿抢走了他们的爸爸妈妈，抢走了他的爱。他甚至以攻击和破坏行为来验证父母是不是爱他。

有的家长一着急，在老大闹的时候，尤其是攻击老二的时候，忍不住大打出手，这样一来，老大就更加失望了，攻击行为更频繁，对父母更加不信任。如果父母对孩子的嫉妒行为予以接纳和理解，反复告诉孩子"爸爸妈妈和以前一样爱你，只是由于弟弟（妹妹）年龄小，不能照顾自己，更加需要爸爸妈妈多照顾他（她）一点。"并且时常亲吻、拥抱孩子（而不是等到孩子出现感情饥渴了再来安抚）。孩子验证了父母还是如以前一样爱他，内心的恐慌就会解除，心里也就释然了。

不要觉得只是"开个玩笑而已"，这只是大人们的感觉，孩子的感觉不是这样的。如果一个玩笑，当事人不觉得好笑，那就不叫玩笑。好的物质条件在孩子们眼中并不是那么重要，咱们这代人小时候只有游戏机，手机不上初高中都不常见，现在小孩上小学都习惯用手机了。你吃一顿烤肉，你爷爷和你回忆家里穷吃野菜的事迹，你会大为感恩吗？不会。因为时代趋势就是这样，惯性且广泛的物质条件不具有情感价值了。同理，孩子也是这个逻辑。别和他们强调如今的生活条件是多么优越，他们最需要的是成人尤其是父母的"懂"。如果家长不懂自己的孩子，孩子就不会觉得幸福。

大人不懂孩子，会把孩子推得很远，爆发亲子战争。一位妈妈曾经抱怨，"总是把最好的留给孩子，可他好像并不领情。他要什么我都给他买，玩具堆在屋里都放不下，可是他每次玩不了多久就扔到一边了。没过多久又闹着买新的，买回来又不爱护，好好的玩具玩不了几次就坏了。我还不能说他，一说他，他就对我大喊大叫，动不动就哭闹，搞破坏。有时我下班回家，想休息一会儿，看看报纸，他就在旁边捣乱，把报纸撕掉或者把我从沙发上挤开，搞得我不得安宁；还特别逆反，'不'字常挂在嘴上，讲什么都不听，偏要和我对着干！这孩子真是让我们家抓狂！"

这位妈妈不懂得孩子，如果她懂得孩子，了解孩子这些看起来"不可理喻"的行为背后的原因，她便不会抓狂了。这个孩子平时由外公外婆带，爸爸妈妈陪伴的时间不是太多。为什么妈妈看报纸的时候孩子要不断捣乱？那是因为一天没看见妈妈了，他希望妈妈能陪他一起玩，而妈妈不懂，他只好通过捣乱来获得妈妈的关注。

为什么孩子闹着要买玩具而买回来又扔一边？这是因为孩子容易被新鲜事物所吸引，当时很喜欢不代表会长久喜欢，如果家长无节制地给孩子买玩具，孩子便不会珍惜，因为越容易得到的东西就越不懂珍惜，所以他不爱护玩具；孩子和大人对着干，是因为大人的教育方式简单粗暴，孩子的父母和外公都喜欢威胁、恐吓甚至打他，大人的简单粗暴往往容易将孩子逼向逆反。

不懂得孩子，就不能给孩子真正的爱。有一些妈妈，喜欢句句不离"别人家的孩子"。在比较中，当着孩子面说某某小朋友好棒，会唱歌、跳舞、画画、背诗、算术，她家的什么都不会，羡慕之情溢于言表，她丝毫不顾及孩子的感受。请这些家长好好想一想，别人家的孩子能行，但你家的不行，你凭什么怪孩子？

有的妈妈在孩子一岁多想尝试自己吃饭时嫌孩子笨拙，把饭撒得到处都是，夺过勺子自己喂，不给孩子练习的机会；待孩子稍大些，又怪孩子不会自己吃饭，不得不追着到处喂。其实，学习本身就是一个缓慢的过程，成年人考驾照，不也有需要重复练习的时候吗？孩子们的注意力更容易分散，肢体控制也相对笨拙，家长一定要耐心对待，尽到教育的义务，而不是单方面推卸责任。还有一些家长，看到孩子想去玩沙玩水就会禁止，担心孩子弄脏弄湿。有的父母见孩子把玩具或者工具拆开便会不分青红皂白先责骂……其实，孩子每做一件事都会有他们的理由，很多在妈妈看来"离经叛道"的事情，是他们内心成长的需要。孩子的任性和叛逆并不是天生的，是家长不懂得孩子、误解了孩子逼出来的。由于不懂得孩子，妈妈让孩子承受了太多的痛苦！

现在的孩子，物质方面的条件都不错，但大多数孩子并不幸福，这种不幸福的根源就是：感受不能得到认同。当某些家长在抱怨孩子不听话、逆反、倔犟、胆小的时候，要扪心自问：我懂孩子吗？他的一哭一笑一举一动，他断断续续的不完整的话语，他淘气的行为……是否都出于某些情感经历造成的目的？不被大人理解的孩子是痛苦的，只有懂孩子，才能给孩子幸福和快乐。孩子的视角和成人是不一样的，在成人看来有趣的东西，他们不一定会喜欢；成人认为不足为奇的东西，他们可能饶有兴趣。父母和孩子间的"战争"往往就是因为看待问题的角度不同而爆发的。家长们喜欢以自己身高体重的优势、控制一切的优势来压服孩子，孩子觉得非常痛苦和委屈，只是他们不会用语言表达。

读懂孩子是学会真正爱孩子的第一步，只有走进孩子的心灵，多花时间陪伴孩子，细心观察他们的一举一动，试着去理解他们言行背后的内心世界，了解他们的内心需求，才能让孩子得到真正的幸福。否则，不论妈妈提供多么周到的照顾，孩子也不会幸福。

成年人眼中的"幸福"在孩子们眼中并不是那么重要，他们最需要的是成人尤其是父母的"懂"。大人不懂孩子，就会错怪孩子，就会不切实际地要求孩子，会把孩子推得很远，爆发亲子战争。蹲下来，跟着孩子的视线看他的世界。大人会发现，孩子和大人对着干，是因为大人的教育方式简单粗暴。

然而，不是每一个孩子都可以成为精英。虽然每个家长都希望自己的孩子能够出人头地，甚至自己也幻想自己也能一鸣惊人，但大多数家长读到初中就什么奖状都没得到过了，顶多是个参与奖。这个世界上如果人人都是潜力无穷的精英，普通人又成什么了？满世界都是科学家、宇航员、音乐家、舞蹈家，没人当农民和工人，大家吃什么、穿什么、住什么？在家长的殷殷期望、层层重压之下，往往事与愿违，孩子不仅成不了精英，反而连正常人都成不了。于是乎，很多家长都会感叹，这孩子怎么了？家里人实在是费尽心思、竭尽全力地来培养他，他怎么就这么不争气呢？

这实在是在意料之中，"物极必反"，这是自然规律。过度追求精英教育，就会痛失精英。急功近利往往会无功而返。世风浮躁，做任何事情都含着功利心，教育也未能幸免。社会上很多教育机构抓住家长的这种望子成龙的心理，大肆吹捧精英教育，实在是害人不浅。

有的孩子在谈自己的理想时说"长大了要当农民""长大了要当厨师""长大了要当卖冰棍的"……这个时候很多父母会觉得：怎么能当农民、厨师、甜点师？要志存高远，当精英，不要当凡人。可是，面对现实吧，世界上有不少收入不菲的名厨，无论什么职业，只要做到高水平，一样可以不平凡。世界能够和谐是因为多种动植物的存在构建出了平衡的生态圈。社会能够和谐是因为心存不同志向的人各司其职。何况，孩子们的理想多半是对现实生活的即时映射，比如某些孩子如果注意到家人生病，就会有"当医生"的理想；看到蛋糕店的大姐姐性格温柔，就会有"当糕点师"的理想。只要他们产生相关理想的立意是阳光、积极的，家长就没必要为此忧心，更不用以成年人做"职业规划"的惯性思维评判孩子的心愿和理想。

家长"望子成龙、望女成凤"的心理当然无可厚非。然而，并不是每个孩子都能成为精英，也不是只有科学家、世界冠军等才是精英。这样的教育方式只能让孩子养成好高骛远、不求实际、追功逐利等习惯。

教育孩子，家长要保持平常心，也要让孩子保持平常心。有时候是"无心插柳柳成荫"，孩子小时候的梦想并不一定是长大后的事业道路，有的孩子随着眼界增大，理想能一分钟变一次。趁此鼓励他多学习、多见识才是正事，别一味忧心忡忡地担忧他理想职业有哪些不足。说句实话，如果你的孩子从小立下的志愿在长大之后也没任何改变，那你应该高兴才是。毕竟，这种意志力和决心是相当可贵的性格特质，连特意培养都很难培养出来的。

尊重孩子的情绪，也要能从对方角度看问题。比如，如果一个人告诉你他不知道什么是蓝色，你肯定觉得他蠢透了。不过，可能他是色盲，他对红和蓝的概念天生就是和大多数人相反的。再比如，你需要向一名盲人描述什么是黄色，你要怎么讲？而对于孩子来说，很多陌生事物都是新奇可怕的，所以，不要用你的习以为常和自我标准，影响到孩子的心情。

你了解孩子吗？是否足够信任她？孩子真的不是妈妈们想的那么简单！有多少潜力是妈妈们没有发现和挖掘的啊！让孩子自己成长吧，去探索自己的生活。如果说人生有惊喜，这也许就是妈妈人生最大的惊喜。在孩子的成长过程中，几乎每天都给家长带来惊喜，家长要善于观察孩子，理解并尊重他们的心情。

# 女孩的感情特征：对任何事情都过度敏感

很少有人能让幼龄时期的女孩觉得这人对她好，因为在她心目中，每一个人都怀有恶意、带有敌意、存心不善，每个人都处处对她吹毛求疵。她尤其相信她的老师专门跟她鸡蛋里面挑骨头，所以，她常常会回家跟爸爸妈妈讲，老师如何虐待她，如何对她不公平。作为孩子的父母，你最好不要相信她的这种故事。

幼龄时期的女孩总以为别人不喜欢她，也总是担心别人会不喜欢她："那些家伙肯定要取笑妈妈给我挑的衣服。"她每每会闷闷不乐、郁郁寡欢，易于伤感。而最突出的特点是，这个年龄的孩子，不论是男孩还是女孩，个个都是"小担心"：什么都值得她们担心。甚至，她担心原子弹、战争、龙卷风，以及家里会不会没有足够的钱用了。

七岁的小同学会担心等到上二年级的时候，功课会不会太难了，对她的要求会不会太高了。七岁的小姑娘会担心老师是否不再喜欢她了，别人也是否都不再喜欢她了。除此以外，她还担心自己的身体，任何一点点小病小痛，她都会以为是不是自己得了什么大病。哪怕多打了几个嗝，她也会有可能觉得这是她快要死了的征兆。她同样也担心跟她亲近的人会不会死掉。

幼龄时期的女孩满心担忧，也满心惧怕。这个时候能让她感到害怕的事情，恐怕是她前前后后的这几年中最多的了。她甚至害怕一些根本就不曾发生过的事情，比方说，害怕自己上学会迟到。比这要现实一些的惧怕也有，比如说，怕黑。深夜里的静寂，会被她诠释为不祥的静寂；挂在椅子上的一件衣服，也有可能会被她当做一个贼、一个鬼、一个妖怪什么的。

不过，另一方面，幼龄时期的女孩却又变得不再害怕以前曾经害怕过的事情了，例如去看牙医、去游泳。不少七岁的小朋友这时已经有能力应付一些让人提心吊胆的场景，例如，一个七岁小姑娘暑假的时候自己搭飞机去了一个地方。妈妈问她害不害怕，她这么回答："害怕，可是，要是想去奶奶家玩，我就必须做些让人害怕的事情。"

幼龄时期的女孩不但有很多让她担心和害怕的事情，而且还有很多让她觉得自己"倒霉"的事情。有个小女生就曾经这么对妈妈说："我怎么总是这么倒霉？为什么倒霉的事情总是要落到我身上？"她在这里所说的如此"倒霉"的事情，原来无非是到了该她上床睡觉的时候了。

还有，幼龄时期的女孩往往很强烈地认为爸爸妈妈更爱她的兄弟姐妹，而不怎么爱她；爸爸妈妈更多的是为兄弟姐妹做事情，独独不为她做什么。

有一个故事十分典型：爸爸替五岁的弟弟把自行车修好了，七岁的姐姐忍不住去找妈妈发牢骚："爸爸从来不修我的自行车，弟弟从来不替爸爸做什么事情。这个家里从来就没有谁帮我做过任何事情，从来没有谁在乎过我，我还不如去当别人家的孩子。"妈妈让她去车库里看一看，也许爸爸把她的自行车也修好了。小女孩坚持道："没有！他才不会帮我做任何事情，他从来没有帮过我。"而实际上，爸爸也已经把她的自行车修好了。

能体现女孩心情的典型表情，是孩子要么拧着眉头，要么嘴角朝下撇着。眼眶很容易就红了，不过她会努力忍着不让眼泪落下来，因为当众落泪在她看来是件很丢脸的事情。幼龄时期的女孩很容易陷入失落之中，真是"人生不如意常七八九"。如果玩得不开心了，她每每会独自向隅，喃喃自语道："不玩了。"在家里，一个七岁的孩子冲回自己的小屋把门摔上，是很常见的事情。她还有可能威胁你说要离家出走。这跟孩子四岁时候的"离家出走"很不一样。四岁的时候，孩子是因为对外在世界的那份热望与向往，使得她想要往外跑；但是，现在已经七岁了的她，却只不过是想借此逃避苦恼而已，她以为这样就能逃离那些让她觉得难以忍受的事情。

# 女孩天生喜欢思考

幼龄时期的女孩变得更有耐心听讲，也往往是个好学生（当然，要在她能力范围之内）。她喜欢读书，也喜欢听家长或老师给她读书；她喜欢看电视、跟人商讨问题，也喜欢靠她自己把事情做出来。一个有点难度、需要动脑筋的问题，在幼龄时期的女孩眼里可以是一项有意思的挑战，而不像她在六岁的时候那样往往有畏难情绪。

假如成年人能够愿意接纳孩子过于敏感的感受，宽容孩子常常出现的沉默、郁闷、易于伤感的情绪，并且充分享受孩子的这份安静与内敛所带给成年人的愉悦，那么，七岁其实完全可以是一个安宁祥和的年龄段。

从某种程度上来说，幼龄时期的女孩生活在思考的世界之中，左思右想。如同她的手总是要不停地东摸摸西碰碰，以便通过手来感知她遇到的一切东西一样，她的大脑也总在不断地整理、不断地思索。她吸收进去的东西远比她回馈出来的东西要多很多倍，而她的思维活动也远比她表面上显露出来的要繁密得多。她甚至可能会对着镜子自言自语。这个年龄的孩子，仿佛是在竭力通过对外在世界的观察，通过对她吸收了的东西反复思量，来界定她自己是谁。

幼龄时期的女孩这时候实际上已经表现出了一种细微的、全新的、正在成长的独立感。比方说，遇到什么困难，以前她会更希望有人来帮她解决问题；而现在，她至少会愿意尝试由自己来克服困难。不过另一方面，在大多数情况下，不论男孩还是女孩，都不会显得特别具有冒险精神。她更愿意停留在自己熟悉的层面上，而不太会对新奇的东西跃跃欲试。

也许幼龄时期的女孩最让成年人感到能松一口气的地方，是她变得越来越讲道理，越来越愿意（当然，是在她心情比较好的时候）听听别人怎么说，然后站在别人的角度来看待事情了。因此，即使她现在偶尔输掉了某场竞赛也不会轻易大发脾气了。不过，七岁并不是一个富于幽默感的年龄，如果你想通过几句插科打诨来扭转局面的话，那么效果显然不如在孩子其他年龄段那么明显。

幼龄时期的女孩在心智上的一个突出特点，是她往往倾向于陷在某件事情或某种情形之中拔不出来，不完成不罢休，或者不满意不罢休，除非有人出来制止。站在成年人的角度来看，常常会觉得孩子在一件事情上付出的时间太多了，做得太过头了。比方说，在家里的一面墙上没完没了地练球、一口气看好几个小时的书或者电视。不少家长曾经感慨说，幸亏一本书分成了好多个章节，也幸亏电视节目到时候就完了，否则的话，她们简直就没有办法能让孩子放下书，或者离开电视机。你要让幼龄时期的女孩开始做什么事，不算很容易；但是她一旦开始做起来之后，你想要让她停下来，只怕更不容易。

幼龄时期的女孩现在已经更清晰地意识到了自己是一个人。她不算是一个唯我独尊只会想到自己的人，但她很喜欢沉浸在自我的小天地中。她首先是从各种所见所闻中汲取一些印象和感觉，然后在自己头脑里反复思量，以此构筑并强化着有关自我的意识，到了八岁的时候，这种意识便会脱颖而出。那时候，她就会凭借着她崭新的装备（自我意识），走出七岁的自我小天地，走到大千世界中去，看看她这个自我到底能做些什么。因此，现在七岁的她正忙于发现、改进、强化她的自我意识。这时，能够有机会独处，做她想做的事，这可是非常珍贵的时间。所以，幼龄时期的女孩喜欢能有她自己的房间，让她可以退缩在里面，守护她的内心世界。

有些幼龄时期的女孩的自我意识与她的身体已经有了较强的联接。她开始觉察到那是她自己的身体，从而不再愿意让别人看到，尤其是异性。假如学校里的厕所没有小隔门，她情愿不去上厕所。这时的她甚至也不愿打针的医生、护士碰到她的身体。

幼龄时期的女孩的另一个典型特征，是对自己做事的高标准严要求。她会认真对自己的事情负责，什么都想要做到满意为止。不少妈妈反映她们的七岁小朋友太在乎完美，太惧怕失败。不论是男孩还是女孩，在这个年龄段都往往对自己要求过高，恨不能每张拿回家的卷子都是100分，任何一点小错误都让她觉得羞耻。也许正是这种希望自己能够完美的心态，使得幼龄时期的女孩在课桌上用橡皮擦用得太频繁，有些老师干脆把七岁龄叫作"橡皮擦年龄"。想要把什么事情都做得恰到好处，这实在不容易。男孩子往往更善于开头，向一个个新的目标进军；而幼龄时期的女孩却往往更善于把一件件的事情做完。

另一个和过去不同的地方，是遇到矛盾冲突的时候，六岁的小家伙会寸步不让，直到战胜对方。而七岁的小少年却可能从矛盾中抽身而退，默默嘟囔一句"不公平"或者"赖皮"，独自离去。这也是幼龄时期的女孩的典型特征之一，她遇事往往倾向于退却。

# 女孩更重视隐私空间

幼龄时期的女孩想要一个属于她自己的位置或者空间。这既可能是具体的物理空间，比方说餐桌上、汽车上属于她的座位；也可能是她在家里、学校里用良好的行为表现所获得的地位。而兄弟姐妹们之间的纠葛，则使得她在家里更想有一块属于自己的小地方。

孩子在意她在家里、学校里的个人位置和空间，这其实跟她现在对空间的兴趣很有关系。幼龄时期的女孩喜欢确认某个东西的具体位置，尤其是她自己，她总想知道自己站在什么地方。而另一方面，幼龄时期的女孩对时间的兴趣，倒是有相当大的个体差异。不过，大多数的幼龄时期的女孩已经会认表了

（她渴望能有自己的手表），甚至可能喜欢自己计划一整天的时间安排。她显然已经能清楚地意识到在一件事情接一件事情的过程中时间的流逝。

总而言之，七岁的年龄是一个比较沉静的、好思索的年龄。孩子这时候的沉静、退缩以及不那么暴烈的脾气，既有好的一面也有不好的一面。妈妈们首先要注意到并且能够去尊重孩子越来越多的自我控制，包括对她的身体、她的思想、她的脾气、她的声音、她的暴躁的控制；家长更要理解，孩子要控制这么些东西，需要花很大的精力，因此也就很容易疲累。所以家长需要呵护孩子，不要让她对自己的要求太高了。

还有，成年人和幼龄时期的女孩相处的时候要留心，七岁的典型性格使得成年人对待孩子的时候应该比其他年龄段更谨慎，切不可以按孩子表面上显现出来的样子对待她。如果你能始终记得孩子沉静表面的下面是她微妙的、复杂的各种感受，那么你和她的相处就会更融洽一些。孩子在六岁的时候，她的矛盾与冲突主要是跟妈妈争执哪些事情要做，哪些事情不要做；而现在，她的矛盾与冲突更多是她心里的自我冲突，她想要达到自己的高标准，想要有好的成就、好的表现和出色的能力。

虽然在父母看来，幼龄时期的女孩太不快乐了一些，太觉得生活中处处都不如意。但是，孩子会渐渐长大，能让她觉得快乐的日子也会随之慢慢多起来。她的疲累感会逐渐减少，她的精力也会逐渐旺盛起来。做父母的要把握好自己和孩子相处的尺度，既要对孩子的抱怨表达适度的同情，又不必太把这些抱怨当回事。她的老师不见得就真像她说的那样不公平；她的朋友不见得真就有多么恶毒；她的兄弟姐妹也不见得真就对她有多么的不怀好意、故意要弄她。

不论任何人告诉你说，你的孩子将可能有些什么样的行为，你都不必把这些话太过当真。孩子的成长，会在和顺阶段与不和顺阶段、内向阶段与外向阶段之间来回交替。所有普普通通的寻常孩子，她们的成长都会沿着一定的行为模式不断变化。和顺的阶段之后往往跟着不和顺的阶段，而孩子在成长到一个更进一步的、更成熟的和顺阶段之前，往往会先经历一段不和顺的阶段。同时，在一个行为趋于内向的阶段（或者年龄段）之后，取而代之的往往是一个趋于外向的阶段。

一个孩子在成长的过程中，自然会反复经历大脑发育的迅速与缓慢的不同阶段，这种不同阶段的变幻，甚至有可能表现出一些征兆。大脑发育缓慢的阶段，往往相对应于孩子进入内向行为模式的阶段。而脑电波的低点轨迹，也有一定的可能和孩子能量成长的低谷相吻合，也就是和孩子的内向阶段相吻合。

简而言之，孩子走向成熟的历程，会在和顺阶段与不和顺阶段之间来回交替，在内向阶段与外向阶段之间来回交替，这是完全可以肯定的事实。只是，妈妈没法保证每一个孩子具体会在哪一个时刻进入哪一个阶段。妈妈也同样没法保证每一个孩子具体会偏于多内向或多外向。比如说，有些孩子似乎永远都生活在不和顺阶段之中，哪怕是按常规应该处于平和的阶段或者年龄段，她也照样很跟自己过不去，跟周围的人都很难相处。而另一些孩子，哪怕来自于同一个家庭，却天生就似乎更多地生活在明朗与快乐之中。与此相类似，有些孩子似乎总是显得沉默、矜持、疏远，而另一些孩子则似乎总是显得开朗而且外向。

毫无疑问，每一个孩子都有她自己的个性和她对自我的感知。这其中有很多因素，既包括她自己的性格特征，也包括每个人都怎么看待她、对待她，更包括她认为这个世界怎么看待她、对待她。请注意，每一个不同的年龄段都会有不同的行为特征。有不少家长证实，尤其是当孩子的行为跟她们的预期大相径庭的时候，对可能发生些什么事情知道得越多，越不容易陷入焦虑。幼龄时期的女孩的性格总体特征是沉静、有自我控制的，所以在与人相处的时候，能够开始为他人着想，渴望得到朋友和老师的认同，整体关系比以往更加和谐融洽。与老师的关系带有较强的个人感情色彩；母女关系一如既往的友善，同时又不再紧密纠缠，亲子关系比较放松；不论男孩和女孩，对父爱的渴望增强，父亲的形象更加高大了；祖孙情深，兄弟姐妹关爱友善，只是常常和与自己年龄相近的兄弟姐妹因为争宠而闹矛盾。

七岁年龄段的母女关系，既不像六岁的时候那般矛盾与冲突不断，也不像八岁的时候那般紧密得让人有些透不过气来。六岁孩子以她自己的小宇宙为中心，一旦生活有什么不如意她会拿妈妈当撒气筒；八岁的孩子则对妈妈有太多的索求，令妈妈难以招架。

而七岁的时候，亲子之间要相对放松得多。大多数情况下孩子和妈妈相处都比较融洽，亲子之间的关系比六岁的时候要更为友善、更少争执。妈妈们提到自己的幼龄时期的女儿时往往会说："她现在乖多了"。这其中一部分的原因，可能在于妈妈开始对孩子放手，孩子也开始对妈妈放手了。这种双方的相互放手令彼此都变得轻松了很多。妈妈的要求变得更少了，孩子的回应也变得更合理了。

# 女孩更渴望情感回应

幼龄时期的女孩需要妈妈倾听她的许多冤屈，需要妈妈同情她的苦恼，需要妈妈在她倒霉的时候予以鼓励与支持，更何况她偏会常常容易"碰"到很多的倒霉事。她需要妈妈安抚她心里的恐惧，舒缓她心里的焦虑，解决她许许多多的（既可能是真的也可能是假想出来的）困扰。当然，幼龄时期的女孩也需要跟妈妈争执几句："可是，妈妈，凭什么我必须要做呢？"

悦悦一家三口逛超市。悦悦一进超市就兴高采烈、手舞足蹈，一边好奇地到处看看、摸摸，一边像小鸟一样唧唧喳喳说个不停，脸上洋溢着快乐。不一会儿，妈妈正在看货架上的商品，悦悦爸走过来眉飞色舞地对妻子说："刚才悦悦差点跟别人走了，那个人穿着跟我差不多的衣服，也推着购物车，悦悦准把他当爸爸了！"

真是太可爱了，夫妻俩哈哈大笑起来。笑着笑着，悦悦妈妈忽然觉得有什么不对劲：咦，那只快乐的小鸟怎么不出声了？她转过头一看，悦悦趴在购物车上，小脸涨得通红，眉头皱得紧紧的，眼睛盯着地板，一副闷闷不乐的样子。莫非是父母刚才的行为惹她生气了？悦悦妈妈赶紧说："悦悦，爸爸妈妈不是嘲笑你，也不是责怪你，是觉得你可爱才笑啊。"她爸爸也忙安慰她。可是他们越说，悦悦越不高兴，小脸憋得通红，对超市里的任何东西都不感兴趣了，任凭怎么逗她她都不笑了。莫非是不舒服？悦悦妈妈摸她额头，不发烧呀。悦悦爸说："算了，妈妈随便买点东西早点回去吧。"

走出超市，悦悦看到肯德基，说要去吃肯德基。悦悦妈妈跟她解释钱在超市都已经花光了，不能去了。她没有闹，情绪好多了。上了公交车，她活跃起来，又开始唧唧喳喳说个不停。妈妈趁机问："悦悦，刚才你不高兴是不是因为爸爸妈妈说你跟别人走啊？"她点点头，妈妈终于弄清了原因。

孩子出生后到一岁多，只有初级情绪，比如快乐、悲伤、愤怒、恐惧等；到了两岁左右，孩子就出现了次级情绪，比如害羞、尴尬、内疚等；随着年龄的增长，还会出现嫉妒等更为复杂的情绪。显然，悦悦发现自己认错人后感到尴尬，而父母的说说笑笑让她更感难堪，觉得很"掉面子"。很多时候，妈妈以为孩子不懂什么，在孩子面前说话肆无忌惮，并不考虑那样会让孩子产生什么样的感受，对孩子有何影响。那真是大错特错，哪怕是婴儿也是有各种情绪的！

很多家长特别在意自己的"面子"，却不注意孩子的"面子"。有些家长特别喜欢"人前教子"，比如每次碰到熟人，家长总会督促孩子：快叫人呀！倘若孩子没叫人，家长觉得自己太没面子，当众教育起孩子：快叫人，不叫人是没礼貌的孩子。其实，当众教育孩子是对孩子的一种羞辱。对于孩子来说，此时他内心的羞愧程度不亚于妈妈成人当众被人教训一样！

如果当众教育孩子，孩子会觉得面子扫地，毫无尊严可言，就算你说的是对的，孩子也不会听了。有的家长则口无遮拦，在孩子面前随便说话。

有一次悦悦在外面画画，雯雯跑了过来，带着笑意看着悦悦画画，很感兴趣的样子。妈妈笑着问："雯雯，你也想画画吗？想画就和悦悦一起画吧。"雯雯的外婆随口说："她会画什么呀，别浪费纸了！"外婆这句话把雯雯深深地刺痛了，雯雯脸上的笑意一下子不见了，一副非常黯然和窘迫的样子。这时的雯雯心里的感受是什么呢？外婆的轻蔑让孩子觉得：我真差劲，居然不会画画，就算画也肯定画不好。轻飘飘的一句话对孩子自尊、自信的伤害和打击是深远的。

有的家长觉得孩子是自己生的，好像是自己的私有物品，可以随意支配、随便打骂。在现实生活中，妈妈经常可以见到家长打骂、惩罚孩子，打完还振振有词：打孩子是为孩子好！教育孩子就是惩罚孩子，孩子是不打不成材，棍棒下面出人才！这种观念是非常可怕的。

获得尊重是儿童的基本权利。孩子不是父母的附属品，他是一个独立的个体，应该获得成人的尊重。一个高自尊的孩子才会自爱、自信，而一个低自尊的孩子会认为自己不好，怀疑自己，丧失自信。而且，尊重是相互的，如果妈妈不尊重孩子，那么妈妈也将无法获得孩子的尊重。作为父母，不要小看孩子的"面子"，你今天不给孩子"面子"，明天孩子就不会给你"面子"。

孩子也有"面子"，父母应该知道孩子"不懂开玩笑"，父母开玩笑时，他们会当真且尴尬。父母不要在人前教训小孩，哪怕孩子当众犯错，因为当众教育孩子是对孩子的一种羞辱。有的家长则口无遮拦，在孩子面前随便说孩子这不行、那不行，也会伤害孩子的自尊心。孩子是父母生的，但不是父母的私有物，不能随意打骂、支配，获得尊重是孩子的基本权利。

　　孩子六岁的时候，如果亲子之间有了冲突，大多数情况下孩子会宁死不屈跟妈妈对抗；可是到了七岁，她却多半会抽身而退，小声嘟囔几句"欺负人""坏透了""不公平"。顶多她可能在离开之前来一句顶撞："凭什么要听你的？"这差不多就是她对你抗拒的最顶点了。更多的情况下是你七岁的小姑娘或者小小伙会默默地站在那里，看上去无限伤心。不过有时候幼龄时期的女孩也有挺倔强的一面，也会为了达成她的愿望而不惜跟妈妈闹翻。实际上，孩子表达情感时的激烈程度，有时候确实不再像是一个孩子的行为。这种情况不仅仅会发生在某件具体事情的分歧上，也会发生在一个纯理论性话题的争论中。

　　幼龄时期的女孩对妈妈往往比较友善，而且大多数幼龄时期的女孩都愿意原谅妈妈的小错误（八岁的时候却不见得能原谅了）。亲子关系的主旋律是熨帖的、带有同情心的，而且大多数情况下不会过于紧密纠缠。

　　幼龄时期的女孩和妈妈之间的关系可以非常友好。她说到她和妈妈一起做什么事情的时候，会喜欢用"咱们"这个词，而且她本来就喜欢和妈妈一起做事情。她不但喜欢和妈妈一起出去东走走西看看，也喜欢妈妈给她读一段书听。有些幼龄时期的女孩会给妈妈写一些非常友善的留言条，祝福妈妈健康或者快乐。

　　幼龄时期的女孩往往很为自己的妈妈感到自豪。不过，在公众场合下，她每每又会变得很矜持，尤其是妈妈到学校里来的时候。这个年龄段的孩子有一个很特别的一点，那就是她很在乎妈妈怎么看待她。六岁孩子最在乎的是妈妈替她做的、和她一起做的事情；八岁孩子更在乎的是她给妈妈的感觉是什么。可是，在七岁这个充满思考的年龄，她最在乎的则是妈妈的想法。不少妈妈都曾经蛮惊讶地听到她的孩子跟别人说话时会引用自己的劝告："她说，'我妈妈常说要耐心些，不要太焦虑'。"

　　遗憾的是，和过去相比，爸爸已经很难出现在孩子的生活中了。尽管妈妈当中许多人如今仍然认为双亲家庭是理所当然的事情，但是，即使是在传统的双亲家庭之中，需要去上班的爸爸也很少有时间陪伴她们的孩子。这实在是很糟糕的事情，因为不论是男孩还是女孩，随着孩子越长越大，她们都会越来越需要爸爸，需要爸爸的陪伴，需要享受和爸爸在一起的快乐，

　　父亲的形象会影响女儿择偶观。女孩子往往在情感上更需要爸爸，而且对来自爸爸的训斥格外敏感。她甚至有可能会嫉妒爸爸对妈妈的关爱。男孩也好，女孩也好，当她们需要寻求家庭以外的讯息的时候，都更愿意去找爸爸问，而不是找妈妈。即使在电脑还没有出现以前，不少妈妈已经常常用这么一句话来把孩子撵走了："去问你爸爸去！"尽管妈妈心里其实知道，爸爸也不

一定就知道答案。

尽管现在肯定不能算是已经过了打架的年龄，但是幼龄时期的女孩和兄弟姐妹打架的频率比平常要少很多。不论是男孩还是女孩，她既有可能退缩到自己的小屋子里去，也有可能坚守阵地打上一架；她既可能克制自己不发火、嘟囔几句就算了，也有可能来一通拳打脚踢。

跟两岁以下的小宝宝相处的时候，她很可能展露出自己最温和的一面，伸出胳膊环绕着、呵护着小宝宝。而小宝宝则显然很信任她，放心地享受大哥哥或者大姐姐的关爱。（不过，大哥哥刚刚抱过、"关爱"过他的两岁小妹妹之后，很可能转过身到一边去悄悄发牢骚："才不喜欢她呢，她会掐人。"）如果小宝宝才出生不久，幼龄时期的女孩很可能喜欢去抱抱她、给她喂奶瓶、用小推车推着她玩。但是，如果弟弟妹妹和她年龄差不多，她就该拿出嘲笑、斗嘴、逗弄、打人等这一套来了。

对小弟弟妹妹最满怀热忱的时候还没有到来。许多幼龄时期的女孩会对家庭中将增加成员的事感到困惑，有抗拒心理。

> 有这么一个小姑娘，在她毫不留情地嘲笑妈妈要生小宝宝了之后，问道："为什么你们还要生一个宝宝？"
>
> 她的妈妈随口回答："因为你说过你想要一个小宝宝呀，可以和你一起吃一起玩。"
>
> 小姑娘愣了："啊？我怎么会那么说呢？我不想把自己的零食给别人吃！"

幼龄时期的女孩一方面对很年幼的弟弟妹妹十分友善，另一方面对比自己大好几岁的哥哥姐姐也非常好。她敬仰他们，吹捧他们，在他们关注到自己的时候由衷地感到满足。五岁的孩子拿妈妈的话当令箭，六岁的孩子拿老师的话当令箭，幼龄时期的女孩则拿她哥哥姐姐的话当令箭。

但是，她却常常会跟与自己年龄相近的兄弟姐妹闹矛盾。最主要的原因之一，是她总担心对方会占她的便宜、会比她得到更多的好处。尤其是分东西的时候，七岁龄应该是什么都能让她觉得"不公平"的高峰期，她总以为别人得到的份额比她的更大。

孩子还在六岁的时候，每每会故意去招惹她的兄弟姐妹，挑起是非；到了七岁的时候，这种行为则少了很多。而且，因为这个年龄有神情恍惚、心不在焉的特征，她倒是常常就忘记了刚才胸中的恨意，忘掉了要"报仇"这回事。

针对幼龄时期的女孩对弟弟妹妹忽冷忽热的行为，妈妈经常听见父母们这么说，"姐姐会跟妹妹斗嘴，可是又觉得妹妹很可爱"，"姐姐会保护妹妹，可是她也会欺负妹妹"。虽然两个年龄很相近的孩子总归要常常打架，用父母的话来说，"就跟小猫小狗在一起一样"，但是，她们之间却很少出现关系一直很僵的状况。不论怎么说，总体上七岁的年龄段应该算是对兄弟姐妹最好的时候了。

# 孩子该如何与同龄人相处

尽管孩子之间不可避免地会时常打上一架，不过这其中也不见得就没有任何益处。兄弟姐妹之间的打斗行为，指的是血亲手足之间的关系。而针对因再婚而形成的"过继"兄弟姐妹之间的关系，不消说你也能想象得到，她们之间的口角、争执、以及相互不容，绝大多数情况下带有夸大问题的色彩。这需要等再婚家庭稳定下来，进入某种表面上的和平关系之后，才会好转。

现在的家庭和过去的家庭已经有了很多的不同。有的孩子生活在双亲家庭之中，有的生活在单亲家庭之中。有些孩子和继父继母生活在一起，还有些孩子和养父养母生活在一起。但是，不论是哪一种家庭结构，不论这个家庭是不是一个最理想的家，幼龄时期的女孩都会对自己的家带有深厚的感情。

家，还有家里的亲人，对幼龄时期的女孩来说非常重要。她们大多以自己的家庭为自豪，觉得自己的家比别人家更好，哪怕有时候实际情况并非如此。大多数的幼龄时期的女孩不但会以父母和兄长为自豪，而且会对家庭、亲人、甚至国家这样的概念变得非常在意。

她们绝大多数都很在乎自己在家庭中的地位，在乎自己和其他家庭成员之间的关系。当她内心阳光明媚的时候，幼龄时期的女孩所做的事情真就是一个家庭成员应该做的，她可以承担起相当一部分的家务责任。许多幼龄时期的女孩都会愿意帮忙做些日常家务，尤其是洗菜、拿碗、烧水、递毛巾，等等。当然，通常来说，没有哪个幼龄时期的女孩肯一下子做这么多的事情；但是，每个幼龄时期的女孩都可能去做这些事情当中的某些事情。

孩子帮忙做家务，往往免不了会三天打鱼两天晒网。尽管她可能愿意跟你商量怎样通过帮你做家务来挣钱，不过这个年龄的孩子对这一招并不是太感兴趣，因为她这时挣钱的动力远没有她长到八岁时那么大。

可是，因为幼龄时期的女孩惯有的多疑和妄想，她又常常会坚持认为她不是家里的人。她会坚信她是捡来的孩子，而且还会威胁说她要离家出走。但是多数情况下，幼龄时期的女孩是热爱自己的家并引以为豪的，而且她还会极力守护她在家庭中的地位.

大多数的幼龄时期的女孩特别喜欢全家出游，而且在这种场合下她会表现得格外好。在公众场合下，幼龄时期的女孩往往比她小时候表现得更得体。

幼龄时期的女孩和祖父母之间的关系，和以前一样，仍然是温暖的、和美的。只不过孩子对祖父母的爱仍然还带有些自私色彩：她会告诉你，她喜欢他们的原因，是因为他们会给她好东西，而且会带她出去玩。这时大多数孩子也都相当清楚，爷爷奶奶会比爸爸妈妈更娇纵她一些。当然，人们还是常常可以看到孩子对祖父母一定程度的尊敬。幼龄时期的女孩表现出对爷爷奶奶的一种真诚的爱，不但是因为爷爷奶奶会给她好处，而且更是因为她也很喜爱爷爷奶奶本身。另一方面，随着孩子越来越懂事，言谈举止越来越像个小小的成年人，爷爷奶奶对孩子的感情也开始出现新的成分：她们越来越能真正欣赏自己的小孙孙了。

孩子和朋友之间的友情，不但跟孩子在一定年龄段之内的行为特征有关，而且更主要跟每个孩子的基本性格、家庭、邻里、学校有关，在某些情况下也纯粹跟运气有关。有的孩子身边有可能从来都环绕着一帮朋友；有的孩子却很不容易找到哪怕一个朋友，而假如这唯一的朋友离去了的话，要再找个新朋友就更难了。不论怎样，对大多数孩子来说，朋友是生活中非常重要的一部分，她们的对话中常常出现这样的语句："我的朋友如何如何"。

总体而言，和六岁的时候相比，七岁小朋友之间的争执和打架已经少了很多。不过，这并不意味着孩子之间的玩耍就一定融洽，即使是一对一的玩耍都不见得能有多和谐，更别提一群孩子一起玩了。如果小朋友之间有了矛盾，幼龄时期的女孩往往以她招牌性的退却行为独自离去，而不会像六岁的时候那样决不退让，让拳头说话。当然，由于幼龄时期的女孩不再那么争强好胜，不再那么在乎任何游戏都非赢不可，孩子之间的玩耍自然会比前些日子融洽许多。

虽然这个年龄的孩子最关心的毫无疑问仍然是自己的成功或者快乐，但是，她至少已经开始留意朋友的神态和反应了。虽然她不可避免地要去担心别人会不会对她不好，不过她自己已经不太会去招惹别人了。

幼龄时期的女孩经常会几个人结成一个小团伙，共同对付其他孩子，尤其是许多男孩子会遇到被大孩子欺负的麻烦。只是，幼龄时期的女孩的小圈子不很固定，常常以散伙而告终。身在小团体里，孩子既可能会担心自己的地位，也可能会害怕遭人排挤、被人讨厌。最让她受不了的是小团伙里的其他孩子对她的嘲笑。男孩子虽然还是常常会陷入半玩笑半恼怒的扭打和混战之中，但是总的来说，小玩伴之间很少还会像六岁时候那样直接对打或者对骂。

当小朋友之间闹不愉快时，幼龄时期的女孩往往不再像六岁时那样需要你的陪伴，反而是你别去打扰她也许更好。还有，如果她没什么朋友你也不需要操心，她自然会有很多办法自得其乐，优哉游哉。

# 女孩的个性意识觉醒

七岁的小男生和小女生之间的关系，每个孩子都很不一样。有的孩子之间可以随意玩，完全不分什么男生女生；不过，有的孩子则继续彼此黏黏糊糊，谈论些什么爱啦之类的，最后还可能谈到结婚。某位妈妈曾问一个女孩子有没有特别喜欢一起玩的异性小伙伴，她这么回答："要是我长大之后也能像爸爸妈妈一样和他结婚就好了？"

不过，另有一些孩子却相反，开始变得不再愿意跟异性孩子一起玩。小男生对小女生的排斥比小女生对小男生的排斥要更厉害一些，有的男孩干脆完全不允许女孩子来打扰他，甚至有少数小男生对小女生充满了排斥。有个七岁男孩子告诉妈妈说，他有一个朋友，故意不让任何女孩有机会参与他们的游戏。就是这个男孩子，他还故意气她姐姐，给她取了个外号叫"大木头"。他却断然否认姐姐的指责，辩白说："我要是真的很生她的气，肯定会叫她'笨蛋'，才不会是什么'大木头'呢。"

对六岁的孩子来说，老师的话就是圣旨；如果老师的做法和父母的做法不一样，那么肯定只有老师的做法才会是"正确的"。因为老师是个相对陌生的长辈，更神秘更可信。不过，六岁孩子和老师的关系，既不像幼儿园或者小学学前班时期的那般亲昵，也不像到了七岁时那般亲近。老师与六岁孩子之间的师生关系，其实是建立在各种教学用具以及课堂活动之上——数数认字、剪剪贴贴等。

与此相反，老师与幼龄时期的女孩的师生关系，却变得相当带有个人感情色彩。人们常常说，这个年龄的小男生小女生几乎个个都崇拜他们的老师，甚至常常是一种爱慕。幼龄时期的女孩只愿意要她们自己的老师来上课，不愿意要代课老师；哪怕做一点点鸡毛蒜皮的小事，她也要去请求老师的准许："从这里开始吧？""现在就开始？"正因为如此，一个孩子在学校里是否快乐、是否学得好，很大程度上取决于她跟老师之间的关系。

这个年龄段的孩子变得很有人情味。孩子与孩子之间的个人感情、孩子与老师之间的个人感情，都比过去浓郁了许多。小学生们都愿意站在老师的身边，喜欢拉着老师的手，向往着跟老师之间能有一份与众不同的特殊感情。她们尤其喜欢自己的老师年轻漂亮，而且打扮时髦。父母们确实需要留心孩子接触到的女性老师是什么性格和教学风格，因为女老师更容易令孩子们联想到母亲，她在孩子们心目中的地位太重要了。不过另一方面，虽然七岁的男孩和女孩可能很喜欢、很依赖自己的老师，但是，以七岁小朋友的招牌性格，却又很可能回家后有一大堆的牢骚，说老师如何不讲理、如何不公平。请父母注意，这种牢骚话的绝大部分你都可以充耳不闻。幼龄时期的女孩和老师之间的另一个小矛盾，是她往往不愿意痛痛快快接受老师的批评指正，而且还振振有词："其实我就是这个意思嘛""我本来就打算这么做的"。

等到了八岁的时候，许多老师只需要使一个眼色，就可以影响自己的学生了。但是，面对现在幼龄时期的女孩，老师不但需要使眼色，而且还需要配上一些词句，甚至还要配上距离的效果：老师离那个需要纠正的孩子越近，对孩子说话的效果就越好。

幼龄时期的女孩一如既往地喜欢带些小东西给老师，不过频率比起六岁的时候有所下降。如果孩子送来的小东西看上去比较值钱，那么老师最好能问问孩子是哪里得来的，因为幼龄时期的女孩难免仍然会把妈妈的东西拿来送给老师。这个年龄段的孩子也喜欢从家里带些东西来学校，向老师炫耀一下她的小财宝。不过，幼龄时期的女孩却并不是一个合格的小邮差，所以，不论老师还是父母，都不能依赖孩子向对方传递信息。

从总体上来看，幼龄时期的女孩的健康状况比六岁的时候要好很多。人们越来越懂得良好的饮食营养对孩子的重要性，"正确地养育孩子"对提高幼龄时期的女孩的健康状况显然有很大的作用。她们的日常作息更加有规律了，自控力和独立性增强，这让家长们省了不少心。七岁属于比较安静的年龄段，因此妈妈可以看到，孩子宣泄紧张情绪的程度，和六岁的时候相比，也缓和了很多。在面对压力的时候，孩子们更喜欢精神排忧法，让自己的精神忙碌起来，也会通过把玩一些小东西来宣泄紧张情绪。

幼龄时期的女孩在餐桌上的表现，还谈不上有多完美。她依然有可能会把嘴塞得满满的，狼吞虎咽；而且还依然会含着满嘴的食物说话。好在她不再轻易从椅子上掉下来，也不再频频打翻牛奶杯子了。借用一个妈妈聊到她的七岁女儿时的话，那就是："现在她在餐桌上惹人生气的时候比以前少多了。"

由于这个年龄的孩子比六岁时明显安静了许多，七岁的"小食客"不但可以好好坐在那里吃饭，甚至还有可能对餐桌上的闲谈表露出一定的兴趣来，既愿意听听别人的对话，也愿意聊聊自己的事情。不过，有的孩子也可能这时变得相当沉默寡言，和以前相比话少了很多。

若是外面有点什么动静，七岁"小食客"的注意力很容易就能被吸引过去。如果父母允许的话，她会频频跑到窗户跟前，看看外面到底有些什么事情。回到餐桌边来的时候，这个年龄段的孩子手里往往还拿着她刚刚正在玩的东西。

饭前洗手依然需要有人提醒，而且，幼龄时期的女孩变得不那么愿意了："不洗不行吗？"餐巾她也不太愿意用，不过偶尔还是会用那依然折叠整齐的餐巾抹一下手指头或嘴巴。

这个年龄的孩子使用筷子、勺的熟练程度，比起六岁的时候又进步了不少，也很少再用手抓东西吃。不过，她用筷子夹小型食物的时候，仍然有可能需要用手指头帮忙戳一下，把食物推上去。如果父母在此时提供帮助，多半会被拒绝；这是女孩们在试探自己的能力阶段。

# 第2章

# 不柔弱的小公主

乐观需要父母的培养和精神上的支持。父母不仅要尽量在孩子面前表现出乐观，营造出快乐的气氛，更重要的是要真正拥有一颗乐观的心。快乐的父母会直接熏陶孩子，父母乐观处世的实例是孩子最好的教科书。让孩子接触各类事物，接触的事情多了，见多识广，心胸自然就开阔，悲观思想便不容易产生了。

# 注意培养责任感

　　某天，几个小朋友在游乐场玩，琪琪不小心碰到了头，哇一声哭了。外婆假装打游乐设施，"外婆打玩具，宝宝不哭。"琪琪哭声不止。外婆急了，"别哭了，下次不走这里就不会撞到了。"说完拉着琪琪的手欲离开这个"是非之地"。悦悦看见了，弯着腰从玩具下面钻了过去，对琪琪说："我没有撞到！"言下之意是告诉琪琪，要像她这样弯着腰从玩具下面过，就不会被撞到。

　　孩子碰了头，家长却要打玩具替孩子出气！玩具杵在那儿可是一动没动，它有什么责任？生活中这样的家长不少见，孩子摔倒了，家长打地板；孩子撞到凳子，家长就要打凳子……仿佛打了地板、玩具和凳子就能让孩子消气。打完后便是躲开，并不积极想办法如何避免下次的错误。殊不知，家长的无心之举对孩子的负面影响是深远的。在孩子的成长过程中，每一个错误都是历练和学习的机会，在错误中，孩子得以学习到如何解决问题、避免错误再次发生。很多家长意识不到这一点，唯恐孩子出现错误。一旦出现错误（失误），就如同琪琪的外婆一样，对错误退避三舍。更可怕的是，他们把引起错误的原因推到"玩具""凳子""地板"等物件上！这又给孩子传递了一个极坏的信息：这不是我的错，是别人（别的东西）的错，我不必为这个错误负责任。这样的直接后果是：出错以后，孩子不会从自己身上找原因，而是把责任推卸到别人身上或别的物件上。他们长大后凡事不会从自己身上找原因，遇挫便会怨天尤人。

　　有一个男孩，小时候是这样长大的：他要是摔了跤，他奶奶总是走过来一把抱起他，心疼得不得了，又是吹又是摸的，然后把地板狠狠地踩上几脚！和哥哥打架了，奶奶总是护着他，不管他是不是有理。他的童年就是在家人的纵容和溺爱中度过的。等到他三十多岁了，却还是一事无成。

　　他在生活、工作中处处碰壁，因为从来不懂得反思自己，成了恶性循环。有一次，他的摩托车因没上锁，放在家门口被偷了。他大发脾气，怪家人不给他提醒，导致他的摩托车弄丢！如果有人告诉他或者帮他锁上了，摩托车就不会丢了！

　　当孩子面对"错误"和"失败"的时候，是让孩子"推卸"责任、消极

43

逃避，还是引导孩子积极想办法解决？答案不言而喻。当琪琪被撞到后，悦悦马上就想到了解决的办法，这是多么好的一件事情呀，这比家长反反复复提醒"小心碰头"要好10倍！因为这是孩子自己想的，不是大人教的，这说明她从别人的失误中发现了问题，并通过自己的思考，想出了解决办法。

再讲一个悦悦的事例。有一天，悦悦妈妈正在看书，突然听到悦悦哇哇大哭，妈妈过去问："悦悦，怎么了？"悦悦满脸痛苦，带着哭腔说："被门夹手了！"妈妈一看，可不是，食指卡在门缝里！还好不是太严重。妈妈蹲下身，轻轻帮她把手指拔出来，摸摸被夹的手指，吹吹气。妈妈对悦悦说："一定很痛吧？"悦悦点点头哭得更凶了，梨花带雨的样子让人生怜！妈妈也很心疼，不过妈妈知道这是成长道路上必须经历的小插曲。妈妈拍拍她的背轻轻地说："哭吧，哭出来就没那么痛了。"悦悦哭了一会儿慢慢平息了。妈妈问她："悦悦，你想一想，要怎么样开关门才不会夹到手啊？"悦悦很茫然。

妈妈提示，"比如手抓着门把手就不会夹到，你试试。"妈妈边说边示范关门，悦悦试了一次，果然没夹手。她一下来兴趣了，反复开门关门，终于想出另一个办法：可以用手推门的中间部位。妈妈朝她竖起大拇指，"悦悦自己想出了办法，真是太棒了！下次知道怎么开关门了吧？"悦悦点点头，破涕为笑了，一副很有成就感的样子。

有位妈妈曾困惑地问教育专家，她的孩子3岁了还不会一个人下楼梯，如果大人不牵着，孩子就会因踏空而摔跤，为什么这样呢？教育专家问："你是不是因为孩子摔倒过就不让孩子独自下楼梯呢？"家长说，确实是这样。教育专家说："你不和她一起分析总结踩空的原因，反而不再给她练习下楼梯的机会，她又如何学会独自下楼梯呢？"

成人都知道"吃一堑，长一智"，为何在孩子犯错误时不愿让他们长这"一智"呢？无论你和孩子强调多少遍要远离蜜蜂，她也未必清楚，但如果被蜜蜂蜇了哪怕一次，孩子下次见到蜜蜂也会躲得远远的。纸上得来终觉浅，绝知此事要躬行。成年人如此，孩子更是这样。

有上进心的年轻人常说，跌倒了可以重来，失败是成功之母，为什么不让孩子通过自己的失败品尝成功呢？孩子逃避、没有责任感，跟大人一样，是他们在害怕、胆怯，没有对的经验和好的心态面对现实。失败让孩子的心胸狭窄，很少尝试自己把某件事做成功，让他们性格懦弱，遇事逃避、躲闪。人生从来不是通途，有点挫折、教训，会让孩子以后的路途好走。如果家长帮助孩子从挫折和失败中找到方法和自信，人生有些"路"就全部在他们心中了。人生路上谁没有失误？失误不要紧，关键是能从失误中反思，总结经验教训，避免重复相同的失误。

在孩子的成长过程中，每一个错误都是历练和学习的机会，在错误中，孩子得以学习到如何解决问题、避免错误再次发生。

一天晚上，一位妈妈领着约5岁大的男孩急急匆匆穿过小区花园的石子路。忽然，男孩不小心摔了一跤，妈妈回过头扶起孩子，大声呵斥道："怎么不小心点，这么大了，走路都不看路的！自己摔的，还好意思哭！"因为天色暗，旁人看不见男孩的表情，但是听得出男孩哭声里的委屈和愤懑。

更多的家长是不能忍受孩子犯错的。一次，小区的齐齐妈向悦悦妈妈抱怨，齐齐真是越大越不懂事了，原来尿湿裤子都会告诉大人的，现在尿湿了都不会说了。而且，被大人发现尿湿后，她会讨好地对大人笑，或者转移话题。悦悦妈妈问齐齐妈："是不是孩子尿湿后大人批评过她，让她产生了恐惧和紧张心理？"齐齐妈说："外婆因为她总是尿湿很烦躁，骂过她。"悦悦妈妈说："那就对了，本来孩子尿湿裤子很正常，孩子对大小便的控制能力较差，往往感觉到要拉就已经拉出来了。外婆的责备让齐齐感到紧张、害怕，尿湿后因为怕挨骂不敢告诉大人，她害怕大人不高兴，所以来讨好大人。这让孩子很紧张很压抑，长期这样不利于心理健康。"齐齐妈连忙点头赞同。

在孩子的成长过程中，会有各种失误随时发生，家长不同的态度会导致不同的结果。指责、羞辱和粗暴会令孩子陷入恐惧、压抑和仇恨；包容、理解和鼓励会让孩子心存感激，反思自己，避免下一次失误。

那么，孩子犯错后，妈妈具体该怎么处理呢？要做到三点：一是包容孩子的错误；二是想办法补救，无法补救的，应让孩子承受自己的错误行为带来的自然结果；三是引导孩子想办法避免重犯类似错误。

悦悦在客厅喝牛奶，妈妈在卧室上网。忽然听到杯子坠地的声音，妈妈本能地大声问："怎么啦？"悦悦略带哭腔地说："对不起……"妈妈走到客厅一看，牛奶泼得到处都是，流了一地，而悦悦坐的小椅子上也成了个小水洼，悦悦整个屁股坐在牛奶里。悦悦满眼都是泪水，满脸的惊恐和内疚，"对不起，妈妈，我不是故意的。"

妈妈的心一下子变得柔软起来，悦悦喜欢喝牛奶，现在牛奶撒了，她喝不到了，这对她就是最大的惩罚了！而且她还要担心妈妈是否会责怪她呢。妈妈连忙把她搂在怀里，拍拍她的背，轻轻地说："没关系，妈妈知道悦悦不是故意的，对吗？"悦悦点点头。妈妈接着说："小时候也打翻过杯子呢，不过，妈妈要把弄脏的地方清理干净，然后还得想个办法，要怎样才不会把杯子打翻呢？"悦悦擦干眼泪跑到厕所拿拖把，笨拙地把地板拖干净了，而妈妈把桌子、椅子给抹干净了。接下来是想办法的时间了，妈妈在杯子里盛满水，悦悦端坐在椅子上，把杯子放在桌子上，试了好几次，终于知道要一只手握住杯子的把手，另一只手辅助扶稳杯子才不会打翻。

悦悦看见橱柜上的蜂蜜，踮起脚去拿，蜂蜜是刚买回来的，相对她来说太重。悦悦一边拿一边说："我要吃蜂蜜。"话音还未落，她一只手没拿稳，瓶子掉到地上，摔碎了。悦悦看着满地的蜂蜜和玻璃碎片，镇静地跟妈妈说："我没拿稳，我把它打扫干净。"这是她用行动在表达她的歉意和该负的责任吧。妈妈蹲下来看着她的眼睛柔声说："需要妈妈帮忙吗？"悦悦说不要。妈妈说："要想想，要怎样拿才不会打破蜂蜜瓶子呢？"悦悦略作思考，说："要两只手捧着才不会打翻瓶子。"妈妈说："这真是个好办法，下次就这么拿。"妈妈说这句话的时候，悦悦好像习以为常了，因为每次悦悦无意犯错的时候妈妈都会给她宽容。不怕孩子犯错，但是每次犯错后都要想办法，避免下次又犯相同的错误。后来妈妈在悦悦的同意下和她一起把地上的玻璃碎片和蜂蜜打扫干净了。

牛奶事例就是按照前面所提到的三点来处理的，错误发生后，案例中的妈妈都是先包容孩子，安抚她的紧张情绪。由于牛奶打翻之后无法补救，直接就是让悦悦承担相应结果——没有牛奶喝了，而不是再来一杯。最后是想办法避免下次犯同样的错误。到后来，悦悦打翻瓶子撒掉蜂蜜的时候，她已经知道该怎么做了。其实，别说是一杯牛奶、一瓶蜂蜜，悦悦曾经不小心摔坏过妈妈的手机，妈妈都没有责备过她。凡是无意犯下的失误，妈妈都会包容她。而就是在这样的包容之下，悦悦基本上没有重复犯过同样的错误。譬如她一直用瓷碗吃饭，打破过一个碗之后，她学习到"陶瓷是易碎"的，从那之后总是小心翼翼地拿碗，每餐吃完饭后收碗，都是轻拿轻放，很少打破碗。

孩子的错误在成长过程中随时可见，需要妈妈包容、安抚、鼓励，切忌指责孩子。对于一个有自尊的孩子来说，如果他知道自己错了，心中已经充满了后悔和内疚，这时父母的理解和宽容会让他心存感激，他会主动反思自己。如果此时父母予以指责甚至打骂，孩子会觉得羞辱、难堪。指责会吞噬掉孩子心中的愧疚，使其对错误变得心安理得，甚至会激起孩子的逆反心理，往后故意犯错，就是要和家长对着干。指责还会让孩子为了逃避犯错而不敢尝试，有的孩子犯错后为了逃避打骂，甚至学会了撒谎！更大的恶果是让孩子失去自尊，久而久之，孩子会成一面"重锤也敲不响的鼓"。

还有一类错误其实是需要妈妈家长去给予支持的，那就是孩子的探索行为。幼儿园很多家长说，孩子最喜欢捣鼓冰箱、电视机、DVD等电器，把遥控器及电器上的按钮都弄坏了，怎么打骂都不听。妈妈对他们讲，这是孩子对电器好奇，想看看里面是怎么回事，这是孩子的一种探索行为，应该支持。家长粗暴地阻止了孩子，其结果是留住了电器等，但失去了孩子探索世界的兴趣和求知的欲望，得不偿失呢。最好的办法是家长和孩子一起探索，陪着孩子把那些东西拆开，再组装，说不定一个小发明家就此诞生呢。

对孩子的错误应该分开来看，如果是故意犯错，比如朝人吐口水、虐待小动物、攀花折枝等，要引导孩子辨别是非，弄清什么是对什么是错，知道自己错在哪里，给孩子时间慢慢改正；如果是不小心造成的失误，比如吃饭打碎碗、走路摔跤、损坏东西等，孩子已经知错，心中会紧张和内疚的，妈妈要多包容甚至宽慰，并且帮助孩子分析导致错误的原因，想出避免犯错的办法；如果只是探索行为，比如捣鼓各种电器、玩具、用具，把它们拆开，这是孩子在探索和学习，妈妈不要阻止，最好和孩子一起探索。没有失败哪有成功？孩子就是在一次次的错误中学习和成长的，怕孩子犯错，妈妈就无法放手。所以，妈妈要端正自己的思想，告诉自己：不怕孩子犯错！

孩子犯错了，父母指责、羞辱和粗暴会令孩子陷入恐惧、压抑和仇恨；孩子犯错，父母的包容、理解和鼓励会让孩子心存感激，反思自己，避免下一次失误。对于一个有自尊的孩子来说，如果他知道自己错了，心中已经充满了后悔和内疚。孩子犯错误，如果是因为探索行为，其实也是需要妈妈家长去给予支持的。

# 如何培养注意力

朋友带孩子来悦悦家玩，小客人很活泼，一到家就和悦悦玩到了一块。但是悦悦妈妈发现他特别坐不住，活像一只小猴子，上蹿下跳。他对屋里的一切都充满兴趣，一会儿玩一下积木，一会儿摸一下娃娃，一会儿拿起一本书……他对每一样都感兴趣，但对每一样的兴趣都不会超过3分钟。整个屋子里的东西都是他的目标，在手里拿着这一个东西的时候，同时又被下一个目标所吸引。

悦悦妈妈问朋友："你的孩子有没有一项活动能兴趣持久一点呢？"

朋友说："暂时还没发现，他最喜欢去公园喂鸟，但也只是玩一会儿就嚷嚷着要走。有一次在公园捞鱼，刚开始的时候，他非常兴奋，嚷嚷着要捞鱼。可他爸爸交了钱，他却捞了不到两分钟就奔向另一个玩具。他不管玩哪个玩具，都不会超过3分钟。"朋友对于孩子坐不住有些担忧，害怕他以后上学也坐不住就糟糕了，那老师讲的课哪能听进去啊。

悦悦妈妈问朋友："孩子坐不住的首要原因就是孩子的专注行为被随意打断了。是不是你们以前随意打断过孩子呢？"

朋友说："孩子2岁半以前是在乡下由奶奶带大的。老人根本没有'不打断孩子'的意识。比如孩子聚精会神在玩积木，到了要吃饭的时间，奶奶就会打断孩子，催促孩子吃饭。反正不管孩子在做什么，奶奶都随意以'喝水''小便''吃饭''叫人''出门'等为由打断孩子。"接着，朋友也反思了自己，他们同样不懂，以为小孩子做个没什么大不了的事情而已，在孩子专心玩的时候，他们打断孩子也是经常发生的。

悦悦妈妈说："那就是这个原因了，如果你想要孩子坐得住，那么首先就要保护孩子的专注行为，不随意打断孩子。"

专注是一种优秀的品质，专注力越持久越好。很多伟大的科学家和有卓越成就的人，性格迥异，唯有一点相同，那就是他们都拥有超常的注意力。家长们是希望孩子专注的，但是总在不知不觉间破坏了孩子的专注。他们对待成人的专心工作可能会小心翼翼，不去打扰，但是对待孩子，他们丝毫没有想过打断孩子可能造成的恶果。下面这个例子就是讲述成人是如何在不经意间打断孩子的专注行为的。

悦悦3岁的时候，和晓晓一起到小区花园遛鸭子。她们一会儿把鸭子放到小溪里游泳，一会儿带小鸭子在草地上跑步，一会儿把小鸭子装在小篮子里提着到处晃荡，玩得不亦乐乎。这下引来很多小朋友屁颠屁颠跟在后头，他们对这只小鸭子表现出极大的兴趣。有一个2岁的男孩，好像刚刚学会走路（后来他爷爷证实了这一点），走路还不太稳，一心想来提小篮子，悦悦把装着小鸭子的篮子递给了他。

小男孩接过篮子，很开心，提着篮子蹒跚地跟在悦悦后面走。那个篮子的高度差不多是他身高的三分之一，他必须很小心地把它拎起来，否则篮子会蹭到地上。而且，他刚刚学会走路，平衡能力差，他必须很小心地调整身体的平衡才不至于摔倒。他紧紧地提着篮子，小心翼翼地走着，好像是唯恐提不好篮子，摔着了小鸭子。他目不斜视，脸上的神情特别专注。这对一个蹒跚学步的孩子是一项多么了不起的工作呀！

可惜这美好的一刻被男孩的爷爷打断，爷爷催促男孩把篮子还给悦悦。小男孩哭了起来，悦悦妈妈知道这是他弱弱的抗争。悦悦妈妈对孩子的爷爷说："不要紧的，让他继续，随便孩子玩多久。"爷爷听悦悦妈妈这么说，暂时停止催促。可没多久，老人家又忍不住了，不断地催促小男孩把篮子放下，并强行把小男孩抱了起来。悦悦妈妈不知道老人家为何要这么做，也许他觉得篮子是别人的，让孙子玩了这么久过意不去吧，于是千方百计地让男孩把篮子还给悦悦。

小男孩爆发了，小脸儿憋得通红，大哭起来，小拳头雨点般砸向爷爷。见这阵势，爷爷束手无策了，喃喃地说："你怎么能打爷爷呢？听话，跟爷爷回家。"小男孩在爷爷的怀里拼命挣扎，大声尖叫不肯回家。悦悦妈妈知道这是孩子在遵循自己的内心需求，他要验证自己的手和腿的力量，他在学习平衡和走。他在和爷爷抗争，以哭闹和发脾气的方式表达不满。

悦悦妈妈走上前，轻轻地对男孩说："宝宝还想提小篮子是吗？"小男孩点点头。悦悦妈妈对爷爷说："还是让他玩一会儿吧。"爷爷无奈地答应了。男孩拿到篮子后马上平静了，小心翼翼地拎着篮子，蹒跚地向前走去……

很多孩子专注的行为被家长随意打断、随意阻止，孩子内心需求得不到满足时所表现的种种抗争，比如尖叫、哭泣、打家长等，细心的人能感觉到孩子的专注行为被肆意打断的那种痛苦。儿童的正常发展源自专注于某项工作，但是大多数成人不了解这一点，他们常常无意中打断了孩子的专注行为。常常在孩子专注地玩沙时，家长会大呼"回家吃饭了"；孩子正入神地用积木搭高楼，客人来了，家长催促着孩子打招呼……

悦悦妈妈对悦悦的专注行为保护得很好，从来不随意打断她。只要悦悦在专注地做一件事情，譬如画画、看书、玩水、玩沙、玩积木、琢磨某一件器具等，任何人都不得去打断她。就算马上要吃饭、马上要睡觉、马上要出门、马上要吃药，妈妈也会等待她做完。悦悦的注意力非常持久，她看书、听故事可以持续1个小时以上，平时不管干什么，只要是她感兴趣的，都可以持续比较长的时间。亲戚朋友来悦悦家，最为惊叹的就是悦悦的专注力，他们称从来没有见过这么小的孩子能聚精会神这么长时间。他们问悦悦妈妈有何秘诀，悦悦妈妈说没什么，就是不随意打断她。

悦悦妈妈"不打断孩子"的这一原则被悦悦吸收到内心深处去了，她懂得自己有"不被打断"的权利，如果碰到有人打断她，她会对别人说"请不要打断我"。并且，她还懂得替朋友维护"不被打断"的权利。

有一次，悦悦爸的同事严叔叔带着孩子恺恺来妈妈家玩。悦悦非常开心，领着恺恺一起看故事画本，并且还声情并茂地讲给恺恺听，两个孩子都很认真很专注。大概过了半个小时，严叔叔说要走了，于是在旁边提醒恺恺。悦悦突然抬起头很严肃地对严叔叔说："恺恺还在看书，请不要打断他。"看着悦悦一本正经的样子，悦悦妈妈忍俊不禁，严叔叔更是哈哈大笑着说："哇，悦悦说得对，叔叔受教育了！"说完，严叔叔噤声了，恺恺得以专心致志地看故事书。

是啊，不要打断孩子。如果有规则，应该在孩子开始看书之前和他讲明，一旦开始了看书，成人就不应该随意打断他。就算要走了，如果大人有事非走不可，也可以把孩子先留下来，稍后再来接孩子。

悦悦妈妈的一个朋友听从了妈妈的建议，保护孩子的专注行为，不随意打断孩子。短短几个月时间，她孩子的注意力就能持久一些了，可以从头至尾看完一部80分钟长的舞台剧（注意，不是动画片），这在以前是她想都不敢想的。

专注是一种优秀的品质，专注力越持久越好。不随意打断孩子，是给孩子的行为以尊重和理解。

一旦孩子养成了集中精神的好习惯，以后听课、学技能时自然也会认真。尊重孩子的任何一种专注的活动，需要家长从内心尊重孩子的自主能力，而不能抱着"只是孩子而已，能有多重要？"的观念。孩子画画，可以妈妈将其视作画家在作画；孩子观察动植物，将其视作生物学家在研究；孩子拆装玩具，将其视作工程师在工作；孩子往水里扔不同的东西感受沉浮，将其视作科学家在做一项重大的实验……如果家长这么做，你的孩子一定不会坐不住，你一定会收获一个专注沉静的孩子。

# 听话到底是不是优点

　　很多家长来幼儿园接孩子，喜欢问老师"孩子今天听话吗"，赞扬别人家的孩子时则说"你家孩子真听话"，批评自家孩子则是说"你怎么这么不听话"。在很多家长看来，听话的孩子就是好孩子。孩子听话多好，多省心，一点也不会惹麻烦。

　　"听话就是好孩子，不听话就是坏孩子"！悦悦妈妈从来不要求女儿悦悦"听话"，也从来不用"听话"二字来褒扬她。相反，这位妈妈害怕她太听话。自从悦悦会说话以来，是妈妈听她的话，而不是她听妈妈的话。她的衣食住行、吃喝拉撒都由她决定，吃什么、穿什么、喝什么，到哪儿去玩、和谁玩、怎么玩，完全由她自己做主。她喜欢说"不"，妈妈喜欢说"好"。在很多人眼里，她不那么听话，但是她绝对讲理，不会胡搅蛮缠、撒泼耍赖。她有主见，有个性，敢于说出自己的看法，不人云亦云。

　　"听话"从某种意义上来说，意味着无条件服从、不发出不同的声音、不能有不合"规矩"的行为。"听话"就是一副精神枷锁，牢牢地套住了孩子！很多按照"听话"标准带养出来的孩子，他们温顺乖巧，让家长省心，但是他们不能自主、盲从、怯懦、谨小慎微。不仅不该为他们的听话而欢喜，相反，应该为他们的听话感到惋惜。

　　悦悦妈妈5岁的小侄女晓晓就是一个听话的孩子。一次，悦悦模仿电视节目中穿着裙子跳舞的姐姐，把裤腿挽至膝盖。晓晓也学样把裤腿挽了起来。悦悦妈妈看见了笑着说："晓晓也是学跳舞的姐姐吧？真漂亮，奶奶快来看呀。"晓晓突然脸色一变，慌忙把裤腿放了下来。悦悦妈妈想她可能是担心奶奶看了会生气，因为在很多成人看来，大冬天卷起裤腿这种行为是不应该的。

　　悦悦妈妈问晓晓："你是担心奶奶看见了不高兴吗？"她点点头。悦悦妈妈说："只要你愿意，你就可以把裤腿卷起来。"但是无论悦悦妈妈怎么说，她再也不肯卷起裤腿来学跳舞的姐姐了。就算奶奶不在场，晓晓仍然不能自主，成人的"规矩"已经控制了她，她已经被成年人的思维影响了，她当不了自己的主人。

　　还有一件让妈妈最为心痛的事。晓晓拿到了一个玩具，悦悦看见了也想玩。那时悦悦还只有两岁多，还未建立"先拿者先玩、后来者等待"的规则意识，她试图去抢晓晓手中的玩具。两人争夺起来，悦悦夺不过，大哭。晓晓看见悦悦哭了，连忙把玩具递给悦悦，怯怯地走开了。悦悦妈妈一直在旁边观察，希望她们能自己商量解决这个问题，但是看到这种情形，悦悦妈妈不得不介入。

悦悦妈妈走过去对悦悦说："这个玩具是谁先拿到的？"悦悦边哭边说："晓晓先拿到的。"妈妈说："那你觉得应该谁先玩？"悦悦哭着说："我就是要先玩。"妈妈从悦悦手里拿过玩具，递给晓晓说："这是你先拿到的，就应该你先玩。"晓晓不敢接，只是怯怯地看着悦悦，好像是在担心悦悦不高兴。

悦悦妈妈把玩具放在桌子上，微笑着对晓晓说："你玩吧，本来就应该你先玩，不用管悦悦，这件事是她不对。"说完，悦悦妈妈转身带着悦悦到卧室和她单独谈话，强调规则并安抚其情绪。

待到妈妈出来，悦悦妈妈发现晓晓仍然坐在沙发上发呆，那个玩具放在桌子上没动！看到这一幕的时候，悦悦妈妈心里难受极了，她把晓晓搂在怀里，问："你怎么不玩呢？"晓晓默不做声。悦悦妈妈说："你是看到悦悦哭了，怕她不高兴吗？"晓晓点点头。但晓晓的父母却一副很欣慰的样子。

在强势的大人或不讲理的小孩侵犯自己权益的时候，晓晓的反应是忍气吞声和违心地屈从。晓晓的父母则认为这是孩子听话，他们不觉得孩子有什么不对劲。其实这是多么不正常啊！她怯懦、压抑、谨小慎微，甚至有些战战兢兢，时时刻刻看他人脸色行事。她已经失去自我，完全受制于人。这就是典型的听话标准下成长起来的孩子。

悦悦则是在自由平等的氛围中成长的孩子，遇到同样的事情，她的反应跟晓晓截然不同。譬如碰到别人阻止她或者要求她做什么，如果她不愿意，她会勇敢地说"不"；如果别人试图说服她，她会坚决拒绝，并说"我不想那样做"。

悦悦吃完一碗饭后，外婆还想让她多吃点，欲再给她盛。悦悦说不想吃了。外婆劝说："再吃点吧，吃多点长得高。"悦悦看着外婆认真地说："外婆，我不想再吃了。"外婆就不好意思再勉强她了。悦悦完全不必担心对方不高兴，也不必看别人的脸色行事，她能够听从自己内心的声音，按自己的意愿说话和行事。

"懂事"意味的是顺从，不是什么好品质！懂事听话方便了大人，却打乱了孩子的安宁！如果孩子连自己的想法和性格都不能有，以后会受尽欺负，因为任何一个态度强硬的人都会让她不知所措！

所有听话的孩子都是被成人长期压制而练成的。家长们喜欢利用权威压服孩子，经常听到这样的话从家长口中蹦出："听话，不许……""看某某多听话，就你这么淘气！""叫你怎样就怎样！""你应该这样……"家长们还喜欢把自己的意志强加在孩子头上，比如给孩子买衣服，家长总是挑自己喜欢的颜色和款式，不管孩子喜不喜欢；教孩子学这样、学那样，不顾孩子有没有兴趣；教育孩子的口头禅就是"听话……乖一点"，一定要孩子屈从于自己。有的家长甚至担心，如果从小不管严一点，让孩子听话一点，孩子长大后就管不住了。

学校也喜欢把孩子打造得听话点。现行的传统教育就总是在身体和意志上控制孩子，不给孩子自由。一所宣传个性化教育的国际幼儿园曾经有这样一幕：小朋友刚起床，围坐在桌子边准备吃午点。生活老师端上一盘梨子，小朋友们伸手欲拿，班主任老师严肃地呵斥："老师请你们吃了没有？"小朋友们见状，伸到半路的手赶紧缩了回来，老老实实坐在桌子边等候。过了一会儿，这位老师可能觉得"时机"成熟了，下了指令，"小朋友请吃！"待老师下令，小朋友方才伸手拿起梨子吃了起来。

类似的情节妈妈不陌生，曾经在别的幼儿园目睹过无数次。在那里，小朋友做什么事情都必须经过老师的允许，否则就会被制止和呵斥。"老师请你们吃了没有"的潜台词就是"老师没请，你们就不能吃"，这句话可以延伸成"老师没允许，你们就不能做"。体现的是老师的权威，即凡事都要经过老师允许，否则就是不对的。他们期望的是孩子们对指令作出统一的回应，而不是尊重孩子们的内心想法。这样的老师几乎遍及每一个幼儿园，这样类似的言论随处都可以听到。

过于听话顺从的孩子心理是软弱的，长期的压抑会导致人格的缺陷。不听话不代表就一定会品格恶劣，不听话顶多说明孩子敢于表达自我想法。如果在成长过程中太过顺从，听话的孩子往往压抑了太多的内心需求。这种压抑会导致两个极端，一是在压抑和沉默中爆发，某一天遇到导火索，就会采取一些极端行为；二是在长期的压抑中丧失了个性，只知道逆来顺受，彻底成为一个没有思想和灵魂、任人摆布的傀儡。

经常平日里有老实听话的孩子离家出走或在青春期后性情大变，游手好闲新闻见诸报端。本以为完满教育培养出这样的孩子真是一个悲剧，这是失败的教育！父母到底需要什么样的孩子？听话？顺从？不惹事？按照规划一步步走完人生路的安排，真的可靠吗？可惜，偏偏不少学校和家长评判一个孩子是不是好孩子，标准就是：听话＋成绩好。

当然，有人可能会认为，上面的例子是比较极端的，妈妈的孩子绝对不会那样。但是那些极端例子的家长一开始是否料到会是这样的结局呢？倘若他们一开始就料到是这样的结局，还会要求孩子一味地听话吗？一个没有独立个性、不能主宰自己的人是可悲的，小时候被父母控制，长大被别人控制，无论怎样都逃脱不了悲剧的命运。

有的家长可能会感到疑惑，要是不强求孩子听话，那孩子岂不是会无法无天？不要孩子听话，指的是家长不要利用自身的权威压制孩子，强迫孩子听话。如果家长理解了孩子，其要求和孩子的内心需求一致的时候，孩子是非常乐意顺从的。家长要尽量去理解她，倾听她内心的声音。妈妈先听她的话，然后才是她听妈妈的话。实际上，这种"听话"，是孩子听她自己的话。

孩子没有好坏之分，只有个性的不同。"听话"不等于好孩子，万事都听话的是奴隶，肯定不是正常的孩子；"不听话"也不等于坏孩子。妈妈可以要求孩子讲理，而不应该要求孩子一味地听话。孩子首先是一个独立的个体，他们有获得身体和意志上的自由的权利。作为父母，不应该要求孩子言听计从。过于听话等于盲从，孩子将失去自己的个性，失去独立的思考，今天被父母主宰，明天被别人主宰。

一个没有自由意志、不能独立自主的人是不能掌控自己的人生的，只能被人奴役。一个被奴役的人是不会幸福的，一个被奴役的民族是没有希望的。教育孩子，首要的就是尊重孩子，让孩子独立自主。作为父母，妈妈应该从小就在孩子的心灵中播撒自由、独立的种子。这样做的意义从小处讲，是播种孩子幸福的人生；往大处讲，是种下了国家和民族振兴的希望。

# 小心维护孩子感受

孩子其实是最勤奋、最好学的，他们天生愿意尝试、热爱学习。只是妈妈很多时候阻碍了他们尝试的行为，剥夺了他们学习的机会，而做着这一切的时候，妈妈浑然不觉。

　　一天下午，悦悦妈妈正在忙碌家务，突然听见从外间传来悦悦的哭叫声和外婆的斥责声。悦悦哭着找到了妈妈，小脸憋得通红，两行眼泪淌成小河，神情特别委屈。妈妈停下手头的事，蹲下来问："发生什么事了，告诉妈妈好吗？"悦悦抽泣着断断续续说："外婆……打……打了我，妈妈。"妈妈拍拍她的背，"外婆打你是她不对，她为什么要打你呢？"

　　原来事情经过是这样的：悦悦和晓晓想把一台小风扇抹干净，就去厕所用盆接水，晓晓不小心把裤子弄湿了。外婆看见了，斥责她们总是给自己添麻烦（已经换了好几套衣服），就把晓晓拉开，不准她们接水。

　　悦悦觉得外婆阻碍了她们，于是就过去推了外婆。外婆觉得小孩不能打大人，就用力度很小的动作"回击"了悦悦。妈妈安抚好悦悦后，带着她和晓晓来到厕所，示范如何接水就不会弄湿衣服。她们小心翼翼地接了水，并没有弄湿衣服，然后小心翼翼地端到客厅，找了两块小抹布开始抹风扇。妈妈又示范如何拧抹布，强调要把抹布拧干，不滴水了才可以开始抹，不然会弄得到处是水。孩子们非常专注地拧抹布、抹风扇，抹完风扇又把家里的所有家具器具抹了一遍！她们一趟一趟拧抹布，爬到凳子上抹门，蹲下来抹沙发，钻到茶几下面抹茶几底，是那么专注，那么开心。孩子们拧抹布拧得不那么利索，弄得客厅地板上到处是水，但最后她们自己拿拖把把地板拖得干干净净。

　　这是悦悦第一次抹家具器具，妈妈从头至尾拍摄下来了，事后，外婆看了开心得不得了，说没想到她们抹家具器具那么专注！当然，外婆也意识到自己的简单粗暴了。


　　案例中外婆的行为就是阻碍了孩子，她的理由是"孩子给我添了麻烦"。很多家长都会嫌孩子给自己添麻烦而去阻止孩子的行为。比如孩子想要自己吃饭的时候，妈妈担心孩子把饭撒得到处都是，难以收拾饭桌地板；孩子出门想自己走，妈妈嫌他太慢，怕耽误时间，不如抱着、背着省事；孩子想自己穿衣服的时候，妈妈嫌他太慢又穿不好，还不如直接给他穿上；孩子想要洗衣服、拖地板、打扫卫生的时候，妈妈会担心孩子弄脏弄湿衣服，增加洗衣服换衣服的负担；孩子想要洗碗，妈妈会担心他们洗不干净，还可能打破碗，到头来还要妈妈重新洗……

　　其实，孩子从两岁左右自我意识萌芽以后，就开始喜欢自己做一些事情，挂在口头的一句话是"自己来"，还对某些成人的工作比如拖地、洗衣、洗碗、炒菜等发生了兴趣。他们事事都要插一杠子，刚开始往往帮倒忙。但是，妈妈非常欢迎她参与其中，孩子需要通过做这些事情来发展自己。

有一次，悦悦妈妈吃完饭，在客厅看电视，突然听到厨房传来锅碗瓢盆的声音。刚开始悦悦妈妈还以为是悦悦爸在洗碗，抬头一看，他正坐在旁边看报纸呢，那是谁在厨房洗碗？悦悦妈妈疑惑地往厨房走去，原来是悦悦在洗碗！她踩在小板凳上，神情非常专注，一只手拿着油乎乎的碗，另一只手拿着抹布，在水龙头下面冲洗着。

孩子照顾自己也好，打扫卫生、照顾环境也好，只要孩子有热情去参与，家长就要支持，并提供适合的条件。孩子刚开始做这些事情都笨手笨脚，经过多次练习后，孩子才能做好。在此阶段让孩子学习做一些家务，孩子也将养成勤快的习惯。如果因为嫌麻烦就阻止了孩子，那么就阻断了孩子学习的机会，同时也让孩子变得懒惰，只会衣来伸手饭来张口。

有的家长因为担心孩子的安危而阻止孩子。

有一次悦悦在爬杆，爬到很高的地方，已经高过成年人站立时头的高度，旁边的露露爸爸善意地提醒悦悦妈妈"别让孩子爬那么高，小心摔下来"。悦悦妈妈说没关系的，我在旁边保护着呢，再说孩子有保护自己的本能的。

像露露爸爸这样的家长多如牛毛，尤其是一些老人，唯恐孩子磕着碰着，孩子跑快一点，家长大喊"慢一点，会摔跤"；孩子站高一点，家长会说"那样危险"；孩子看见一条毛毛虫想摸摸，家长吓唬孩子说"毛毛虫咬人"……结果使孩子以为周边处处有危险，胆小怕事，不敢尝试新事物，失去好奇心、求知欲和学习的兴趣。

有的家长担心孩子的冷暖，害怕孩子生病而阻止孩子。孩子穿衣服有些慢，家长担心孩子受凉，夺过来帮孩子穿；孩子运动一下，家长喊"歇一会儿，出汗了会感冒"；孩子踩踩水，家长喊"别踩，会弄湿鞋"；孩子雨天、雪天想出门玩，家长说"太冷了，不要去"……结果妈妈的孩子如温室里的花，脆弱不堪，经不得一点风吹雨打。

孩子天生是最勤奋、最好学、最大胆、最勇敢、最坚强的，他们敢于冒险、敢于尝试所有的事情，只是家长很多时候阻碍了他们尝试的行为，剥夺了他们尝试和练习的机会。当孩子长大后，当家长抱怨孩子不会自己吃饭、什么都不想干、既懒惰又自私、不爱学习、胆小和脆弱的时候，家长是否想过这一切都是家长自己造成的呢？

尊重长者，孝敬父母是中华民族的传统美德。但是，这种美德在一些独生子女的身上却很少表现，常常可以看到这样的家庭生活镜头：吃过饭后孩子扭头看电视或出去玩耍了，父母却忙碌着收拾碗筷；家里好吃的东西，父母总是先让孩子品尝，孩子却很少请父母先吃；父母身体不适，孩子却很少问候。凡此种种，令人担忧。

有无孝敬父母的习惯，不单单是子女对父母的关系，其实是一个人能否关心他人的问题。在家里能养成孝敬父母的好习惯，进入社会，才有可能做到关心同事，才有可能对祖国忠诚，对国家和社会负责。

50多年前的一个夏天，酷热难熬。东方某小国一位12岁的瘦弱少年，正气喘吁吁地砍伐着粗大的树木。持续一个星期的卖命，他得到的报酬是5角钱。一接到这点血汗钱，这个孩子发疯似的奔下山去，冲进商店，举着这张被汗水浸透的纸币为妈妈买了一把篦子和一面镜子，接着走几十里山路向家赶去。当母亲知道这两样东西的来历时，心如刀割一般，看着身旁又黑又瘦的孩子，眼泪如断线的珠子滚落了下来……这位7岁丧父，受尽磨难，但却非常懂得孝顺的孩子，在50多年后，成了这个国家的第13任总统。

孩子的孝敬观需要父母的培养，怎样培养孩子孝敬父母的好习惯呢？家教专家骆风提出了四点建议：

第一，要建立合理的长幼有别的家庭关系。即指全体家庭成员(包括子女)之间首先是平等的。父母要尊重孩子的独立人格。尤其是在处理孩子自己的事情时，一定要充分听取他们的意见，尽可能按他们合理的意愿办事。同时，家庭又是一个整体，不能各自为政，总要有人当家长，来"领导"家庭，管理指导家庭全体成员的生活。

父母是家庭生活的供养者，而且有丰富的生活经验，自然应当成为家庭的核心和主事人。未成年的孩子应当在父母的指导帮助下生活、学习。现在，不少家庭的孩子是"小太阳"，家长变成了围着孩子转的月亮、侍从，这就为孩子形成以自我为中心的"小霸王"性格提供了土壤，更谈不上培养孝敬父母的好习惯了。因此，妈妈要让孩子明白自己与父母的关系，知道父母是长者、是家庭生活的主事人，而不能颠倒主次，任孩子在家里逞能胡闹。

第二，要让孩子了解父母为自己和家庭所付出的辛苦。现在不少孩子不知道父母工作情况，不知道父母的钱是怎样得来的，只知道向父母要钱买这买那，认为父母给孩子吃好、穿好、用好是天经地义的。这样的孩子怎么会从心底里孝敬父母呢？为此，父母应当有意识地经常地把自己在外工作和收入的情况告诉孩子，说得越具体越好，从而使孩子明白父母的钱来之不易。不过，这里的"具体"指的不是汇报自己的工资、加班费、奖金等，而是工作的流程、细节，和每个月家庭开销中的必要支出。自然，孩子会逐渐珍惜自己的生活，也会从心底里产生对父母的感激和敬重。

第三，要从小事入手训练培养孝敬父母的行为习惯。教育子女孝敬父母的一般要求是：听从父母教导，关心父母健康，分担父母忧愁，参与家务劳动，不给父母添乱。要把这些要求变为孩子的实际行动，就应当从日常生活小事抓起。如关心家长健康方面：要求孩子每天要问候下班回家的父母亲；当父母劳累时，孩子应主动帮助或请父母休息一下；当父母外出时，孩子应提醒父母不要遗忘东西或注意天气变化；当父母有病时，孩子应主动照护，多说宽慰话，替他们接待客人等。孩子应承担必须完成的家务劳动，哪怕是吃饭时摆筷子。根据孩子的年龄、能力、学习情况，合理分配，具体指导，耐心训练，热情鼓励。这样不但有利于孩子养成家务劳动的习惯，也有利于孩子不断增强孝敬父母的观念："父母养育了我，我应为他们多做事"。

家长很多时候会嫌孩子给自己添麻烦而去阻止孩子，结果是孩子把自己的父母当外人；因为担心孩子的安危而阻止孩子，结果是孩子以为周边处处有危险，胆小怕事，不敢尝试新事物，失去好奇心、求知欲和学习的兴趣；因为担心孩子的冷暖，害怕孩子生病而阻止孩子，结果是妈妈的孩子如温室里的花，脆弱不堪，经不得一点风吹雨打。父母还会因为所谓的成人间的客套和规矩阻碍孩子，造成孩子与小伙伴们的交往障碍。

第四，要以身作则，父母本人要做孝敬长辈的楷模。孩子对待父母的态度，直接受父母对待长辈态度的影响。有一个故事是值得借鉴的。

从前有一对中年夫妇对年迈的父母很不孝顺，他们把老人撵到一间破旧的小屋里居住，每顿饭用小木碗送一些不好吃的东西给老人。一天，他们看到自己的孩子在雕刻一块木头，就问孩子刻的是什么，孩子说："刻木碗，等你们年纪大时好用。"此事使这对中年夫妇猛然醒悟，把自己的父母请回正屋同自己一起居住，扔掉了那只小木碗，拿出家里最好吃的东西给老人吃，小孩也因此转变了对他们的态度，从此一家三代和睦相处。

可见，父母的榜样，对孩子的影响有多大。现在，中年夫妻冷落自己父母的情况并不少见。有些中年夫妻不仅不照顾自己的父母，反而千方百计"刮"老人们的财物，谓之"啃老族"，这就给自己孩子的影响更不好了。因此，妈妈不但要管好自己的小家庭，还要时刻不忘照顾年迈的父母亲，决不能添了孩子就忘了父母。如果说平时因居住地较远，工作较忙不能和老人朝夕相处，那么在节假日要尽量抽时间带上孩子去看望老人，帮老人做些家务，同老人共享天伦之乐，尽一份子女应尽的责任和义务。如此日长时久，孩子耳濡目染，潜移默化，就会逐步养成尊敬长辈、孝敬父母的好习惯。

培养孩子孝敬父母的习惯，还有一个看起来平常，但很重要的问题，就是要淡化孩子的生日意识，让孩子知道：自己的生日就是"母难日"。在为孩子过生日的问题上，妈妈有些当父母的走入了误区：一年又一年，花很多钱为孩子过生日，把孩子放在餐桌的首席上，供着、哄着。这不利于孩子的成长。

日本孩子就称自己的生日为"母难日"，过生日时请母亲吃饭，向母亲鞠躬。因为自己出生之日，正是母亲最痛苦、最艰难的日子，也是父亲最担心、最紧张的日子。做了妈妈和爸爸的都有亲身体验。其实，把生日称为"母难日"的说法，源于中国，在元代就有记载。现在重提"母难日"只不过是为了教育孩子孝敬父母，逐渐形成孝顺的观念。

维护感受也包括家庭中的无形影响，比如脏话。有些成年人把爆粗口当成习惯，没有顾及孩子的感受。一个三观正的孩子听到脏话首先是压抑、沉默，然后就会开始学习了。说脏话就是不在乎他人感受的行为，如果家长不懂，孩子就更不会懂了。

有时在公共场所看到一些长得白白胖胖、漂漂亮亮的天真可爱的孩子，谁都会从心底里滋生出一股爱怜之情。如果孩子开口就是满嘴脏话的话，那马上就会使人感到惊讶和讨厌，真是徒有其表，不知孩子的爸爸妈妈是怎么教育的。所以家庭管教严厉的父母初次听到孩子说脏话，确实会大动肝火，为此会严厉责备孩子。但是，父母亲还需冷静下来，考虑该如何禁止孩子说脏话，切不可以同样的方式反骂孩子，这样只能适得其反，因为孩子会觉得你们大人也在骂人嘛！

不过学说脏话的行为也要分情况对待，有些孩子只是出于好奇心而学舌罢了。其实3岁前的孩子突然间讲脏话或骂人，大多数是无意识的。他们根本还不明白这些脏话的真正含义，只不过是从小朋友或成人口中学来的，觉得好玩，现买现卖罢了。但父母应立即纠正，不能让孩子习以为常，否则大了再纠正就不容易了。

# 如何培养孩子独立

常有家长说，孩子一遇到困难就哭，比如玩积木、拧瓶盖什么的，只要弄不好，就会大发脾气，开始大哭。这样的反应绝大部分的孩子都有，由于孩子解决问题的能力不足，很多日常小事如穿衣、提鞋、玩积木等，对于孩子都是巨大的困难和挑战。大多数孩子碰到困难的时候都会哭，这时候他们的内心感受是：觉得自己无法做好这件事情，有种无力感。他们在为自己的心有余而力不足气愤、发泄。只要孩子在哭的时候没有停止尝试，这就是很好的，这比不哭但不愿再做半点尝试而直接放弃要好。

这时，大人要做的是安慰他，告诉他做不好是因为他还是个小孩子，力气不够，手还不够灵巧，等他多多练习就会的。孩子慢慢会明白他做不到不是因为自己不够好，只要多多练习和时间够长的话，他最终能成功。

悦悦起初学着自己穿鞋，一只已经穿好了，另一只穿了很久却怎么也穿不进去，她小脸憋得通红，大哭起来。悦悦妈妈走过去说："宝宝别急，妈妈告诉你怎么穿。"便帮她把鞋穿上了，这一下悦悦哭得更厉害了，"不要妈妈穿，自己穿。"边哭边使劲把鞋蹭了出来。妈妈意识到自己这样处理不对，不应该帮她穿鞋。

妈妈真诚地向她道歉，并退到一旁静静地等，看悦悦怎么解决。悦悦起初还是哭，一边哭一边使劲儿穿鞋，穿了好一阵，终于穿上了，她大喊："穿好了！"破涕为笑，眼眶里还噙着泪水，小脸儿却笑得像绽放的小花！笑意里充满得意、自豪和满足。

孩子只有利用自己的力量克服困难，成功地做好某件事，才会获得自信心。如果孩子没有要求，别人自作聪明的帮助只会让他觉得失落。很多家长意识不到这一点，他们都会在孩子做不好某件事情的时候，不假思索地上前帮助，或是干脆替孩子做了。不仅家长，就连有些老师也有这方面的失误。这时，家长应该尽快了解事件详情，以帮助孩子更好地解开心结。

王雨涵去早教中心上课的时候，幽幽老师拿出七八张大图片。有太阳、金星、天王星、地球、月球等。首先老师说出每张图片的名称，之后叫每个小朋友指出相应的图片（锻炼宝宝的记忆力）。叫到王雨涵的时候，老师让她指出地球，雨涵找了一会儿没有找到。老师给予了提示后并等待了一会儿，可雨涵还是没有找到。后来，老师直接拿起来告诉雨涵说："这个是地球啊。你来摸摸它。"

等雨涵回到妈妈身边的时候，妈妈发现她撇着小嘴就要哭出来了，不过硬憋着没让眼泪掉下来。妈妈抱起了宝宝安慰了一小会儿。过了一会儿，她又像以前一样和老师一起走红线、一起玩游戏了。也有其他宝宝没有找到相应的图片，不过那些宝宝没觉得怎么样，一样笑哈哈的。为什么只有王雨涵会有这种反应呢？难道是她的自尊心太强，或是因为父母在生活中无形地给她什么影响了？

这个事例其实和悦悦穿鞋的事例一样，尽管老师给她时间了，但还是不够，因为孩子在意的是"寻找"的过程，她需要经过自己的努力寻找找到目标，而非老师直接告诉她。老师这么做，在她看来就是对她的否定，那一刻她的心中充满了挫败感，所以她才会哭泣。

为何别的宝宝碰到同样的情形没觉得怎样，一样笑哈哈的呢？其实在最初的时候，每个孩子遇到困难时，都有一种强烈的内心需求：想通过自己的力量去思考、探索、克服，哪怕这个过程历尽千辛万苦。所以孩子碰到成人在提供不必要的帮助时，他们会反抗会哭泣，雨涵和悦悦就是这样。但是如果成人长期给予孩子不必要的帮助，孩子就会依赖于成人的帮助，不去尝试、不去探索，更不去自己思考了，遇到困难直接找大人求助，自己不会解决。这种情形才是令人担忧的。

有一位旅居德国的中国妈妈曾经问专家："孩子总是不愿意去尝试新事物，不知是何原因？譬如骑单车，骑两下不会骑，他就不骑了；拧水龙头，拧一下拧不开，他就不拧了。"专家问她："是不是你提供的帮助和指导太多了？"

有些成人意识到了不必要帮助的弊端，但是有时候克制不住帮助孩子的冲动，尤其是看到孩子做某些事情完成得很糟糕或是让妈妈胆战心惊的时候，就会情不自禁地对孩子施以援手。比如当孩子笨拙地提起裤子，裤子没有整理好的时候，家长会情不自禁地想帮孩子把裤子整理好；又比如孩子颤颤巍巍跨小水沟似乎又跨不过去的时候，家长忍不住一把把孩子提起来，帮他跨过去。这样其实破坏了孩子独立完成一件事情的完整性，给孩子传递的信息是：孩子什么都不会做，什么都做不到，要在大人的帮助下才会成功。

尊重孩子所做的努力，尊重孩子的劳动成果，哪怕这个结果不太完美，甚至有些糟糕。

悦悦不到3岁的时候，第一次自己洗澡。她先把澡盆从阳台拖到厕所接水，然后换上拖鞋，脱掉衣服，因厕所没有扶手，她只好扶着妈妈小心翼翼地跨进澡盆。接着，拿毛巾洗头发，低着头，手艰难地伸到头上，但怎么努力都只能洗到头部一半的地方，最终前半个头洗湿了，后半个头还是干的。接着她开始洗澡，先洗洗脖子，再擦擦腋窝，再在肚子上、腿上象征性地擦了几下便大呼："洗完了！"妈妈拿了条浴巾给她，她裹着浴巾满脸兴奋地奔了出来，大喊："我会洗澡了！"

这个澡其实一点都没洗干净，后半个头还是干的呢，身上也就是象征性地擦了几下，手上的污渍都没有洗掉！但是悦悦的那种自信、满足及成就感让妈妈感动，妈妈如果给她重洗一遍，肯定能把她洗得更干净，但是她的成就感和自信心恐怕也会被洗得烟消云散吧！

在孩子看来，不必要的帮助等于成人在对他说：你不行，妈妈帮你。这样，他不会认为你在帮助他，他感觉到的是你的不信任和轻视。孩子只有通过自己一次次错误和失败的尝试进而解决问题后，才能得到自豪感和成就感，从而建立自信。这比成人对他泛泛地说"你真棒"要有用得多。

成人无原则帮助小孩的三个负面影响：一是让孩子变得缺乏自信，觉得自己没用；二是剥夺了孩子自己解决问题的机会，长此以往，会使孩子懒于思考、懒于自己寻求解决问题的办法，凡事向大人寻求帮助，丧失自己解决问题的能力；三是不独立，依赖成人，遇到困难就退缩。

因此，妈妈要停止一切不必要的帮助。当孩子遇到困难时，不要过早介入，按捺住想伸出援手的冲动，先在旁边观察，耐心等待，看孩子怎么解决。如果孩子哭闹，这是正常的，说明孩子想自己解决而不是放弃。这时，要鼓励孩子自己找出解决问题的办法，轻轻地和孩子说："这个有些难，但妈妈觉得你能行。"允许孩子犯错，允许孩子失败，正是一次一次的错误让孩子从中总结出正确的办法。

当然，并不是什么情况都不要帮助。当孩子经过努力尝试难以达到目标，并且主动向你请求帮助的时候，还是应当适当介入，给予孩子应有的支持。

孩子遇到困难就哭，他们在为自己的心有余而力不足气愤、发泄。只要孩子在哭的时候没有停止尝试，父母鼓励孩子就好，不要去帮。孩子只有利用自己的力量克服困难，成功地做好某件事，才会获得自信心。家长还可以在孩子成功解决问题之后引导孩子思考：起初难以克服困难的原因是什么？自己又是怎样发现诀窍的？如果下次再发生类似的情况，应该怎样应对？当孩子从自主解决困难的过程中获得成就感的，会更乐意积极思考解决问题。

# 孩子也需要尝试失败

"不能听从自己内心的声音"，这是很多成年人的通病。许多成人都会非常在乎别人的眼光，做一件事情的时候，不是问问自己内心深处的声音，而是首先考虑别人会怎么看、怎么想、怎么评价，真正做到"走自己的路，让别人说去吧"的人很少。这导致他们活着的意义居然是"别人眼里的自己"，而非做自己！

为什么大多数成人那么在乎别人的眼光，不能听从自己内心的声音呢？其源头在童年。性格形成于幼年，如果一个人在幼年时期从来没有自己做过主，从来没有按照自己的意愿做过事，长大后他们必然毫无主见。如果在童年时期，成人给过孩子太多的评价，尤其是不客观的评价，就会导致孩子丧失客观认识和评价自己的能力，依赖于外界对他的评价。这是这些成年人不能"听从自己的声音"，在乎别人眼光的深层原因。

孩子天生是不会在乎别人眼光的，他们来到这个世界，无知无畏，会有很多惊人之举，才不会管人家怎么看怎么想。是成人，慢慢让孩子活在了别人的眼光里。

社区有个孩子叫玉玉，平时是外婆带，妈妈一有时间也会陪她。玉玉家人的教育方式堪称目前大多数城市家庭的代表，他们希望孩子乖巧听话，要有礼貌，见人叫人；安全第一，唯恐孩子出意外，倘若孩子摔跤会心疼大半天，内疚自责不已；不准玩水、玩沙、玩皮球等一切他们认为会弄伤孩子的东西；饮食起居等方面精心照顾，担心孩子生病，衣服总比别的孩子多一件，身上永远是干干净净的；吃喝拉撒玩、交友等一切都由大人决定，孩子没有自主选择的余地。

他们喜欢控制孩子。小朋友都在玩沙，玉玉也想玩，外婆阻止，"不能玩，会弄到眼睛里。"玉玉还是要玩，于是被外婆强行抱走，玉玉大哭不止。看到悦悦在玩滑板车，玉玉跃跃欲试，外婆说："你太小，还不能玩，会摔跤。"悦悦到干涸的景观河滩里玩，玉玉也想去，外婆阻止，"沟里危险，别去。"玉玉想到小伙伴家里去玩，她的妈妈不让，"该回

63

家吃饭了，下次去。"可下次呢，仍然不让玉玉去。

有一次，玉玉不愿意和小伙伴分享零食，外婆强行替他分走一半，玉玉大哭，外婆呵斥玉玉，"你怎么这么小气！"还有一次，小伙伴邀请玉玉到她家去玩，玉玉高兴地答应了。玉玉妈以马上要吃饭为由阻止（虽然对方一再表示欢迎玉玉到他们家吃饭），玉玉很想去，哭着央求妈妈，但是妈妈不为所动，讲了好多诸如"别人家要吃饭了，妈妈不能允许你打扰别人"的道理。玉玉大哭，跟在小伙伴后面追，小伙伴也大哭。玉玉妈上前拦腰抱住玉玉，活生生把两个好朋友给拆散了。

每次玉玉碰到熟人，外婆和妈妈都会让她问好。遇上别人和玉玉说话，如果玉玉回答得稍慢一点，玉玉妈或外婆就会替玉玉回答或者教玉玉回答。小伙伴邀请玉玉，"玉玉，来一起烧烤吧。"玉玉还在想要不要烧烤，外婆就抢先回答了，"玉玉，快说'好'呀。"玉玉鹦鹉学舌般说道："好。"

他们喜欢随意评价孩子，给孩子贴"标签"，这些评价是他们的主观臆断，并非客观评价。譬如玉玉不愿意和小朋友分享自己的东西，他们说玉玉"小气""自私"；玉玉不敢玩游戏，他们就说玉玉"胆小鬼"……

在玉玉的家人看来，小孩子就是要听话、懂礼貌、爱干净、守规矩。她们压制了孩子的很多正当需求，比如到伙伴家串门、玩沙玩水玩球、探究未知事物等；剥夺了孩子的正当权利，比如支配自己物品的权利、交友的权利。他们没有给过孩子身体和心灵的自由，在他们的潜意识里，孩子就是他们的附属品，必须听从于他们，他们无时无刻不在控制着孩子的身体和心灵。他们大多数时间都在伤害着自己挚爱的孩子，而他们却觉得是为了孩子好。

玉玉的家人实施的就是控制教育，玉玉想玩沙的时候，她内心的声音是"要玩沙"，外界的声音是"不许玩"；想玩滑板车的时候，她内心的声音是"想玩"，外界的声音是"不能玩"；她自己的物品不愿意与人分享的时候，她内心的声音是"不要和别人分享"，外界的声音是"你必须分享"……成人这种无处不在的控制教育就好比时时刻刻逼着孩子在两条路之间做出选择，孩子内心的声音说"左边"，外界的声音说"右边"，孩子到底是走左边还是右边呢？刚开始，孩子以哭闹进行激烈的抗争，但哭闹被家长视为不听话，哭闹也抗争不过。一次次的抗争失败后，孩子不得不屈服了。

在这种教育之下，原本开朗的玉玉变得脆弱、被动、没主见、盲从、特别在乎别人的看法。她喜欢盲从，别人怎么说，她就怎么说；别人怎么做，她便怎么做。她经常屁颠屁颠地跟在悦悦后头，悦悦怎么玩，她便怎么玩；悦悦怎么做，她也怎么做；悦悦怎么说，她也怎么说。哪怕悦悦的行为是错误的，她也跟着学。

玉玉自己一点儿也没有主见，譬如玩开火车的游戏，别的小朋友都分配好了角色，玉玉站在一旁手足无措。悦悦妈妈问她想扮演什么角色，她迟疑了半晌，不知道该选择哪个角色。外婆替她回答说当售票员，悦悦妈妈再次问她："有司机、乘客、售票员，你乐意当什么？"可玉玉依然说售票员。平时被大人安排惯了，她没有自己选择的机会，这一次让她自己选择，她也不知道该怎么选择了。她自卑、敏感，特别在乎别人对她的态度。

一次，玉玉、思思等几个小朋友在悦悦家玩。正玩得开心的时候，悦悦爸回来了，思思和玉玉都争着叫"叔叔"，悦悦爸笑着和她们打招呼，叫了一声思思的名字，没有叫玉玉，只是冲她笑了笑。这是由于思思来悦悦家比较多，悦悦爸认识，而玉玉第一次来悦悦家，他不知道玉玉的名字。这么件小事大家都没认为有什么不妥，但是玉玉在意了。她原本玩得很开心，经外婆多次催促都不愿回家，但是见叔叔只叫了思思的名字，没叫她的名字，她就突然要求外婆带她回家。外婆还调侃说玉玉自尊心很强，这么点小事她觉得难过了。

大家起初有些惊讶，后来仔细一想，这件事放在玉玉身上是非常符合她性格的，她自卑，所以需要通过别人对她的态度来获得信心。悦悦爸叫了思思的名字，没叫她的名字，在她看来，悦悦爸是不喜欢她的。别人的这种"不喜欢"对她是个不小的打击，乃至在一个月后，她再次遇到悦悦爸，还是非常抗拒。那次悦悦爸热情地和她打招呼并且邀请她，"玉玉，上我家玩好不好？"玉玉听闻此言，脸色大变，边哭边拉着外公走开，"不到悦悦家，我要回自己家！"显然，玉玉还对上次悦悦爸没有叫她名字耿耿于怀。

这件事情说明玉玉非常自卑，如果是一个自信的孩子，根本不会在意这么一个小细节。好比一个大人，如果他自信，哪怕别人真的不喜欢他，也顶多只会引起他一时的不快，不至于造成打击；如果他自卑，别人的不喜欢足以令他沮丧，甚至一蹶不振。

玉玉很在意别人对她的看法和评价。悦悦穿了一条新裙子，臭美地对玉玉说："看，我穿了新裙子，很漂亮吧？你没穿新裙子，不漂亮。"玉玉哭了，"悦悦说我不漂亮！"大半天都闷闷不乐。又一次，玉玉穿了一条漂亮裙子，悦悦说："哇，玉玉好漂亮哦。"玉玉笑逐颜开。她还经常跑到别人面前，"索要"表扬和赞美，得到表扬后便喜不自胜。

玉玉家人的教育方式在目前绝大多数城市家庭中都存在，他们一方面控制孩子，一方面抱怨孩子或软弱、或没主见、或胆小。他们总是试图改变孩子，但是，他们从没意识到问题不在孩子，而在于自己。好的教育就是让孩子自由地发展，按照孩子自己的意愿成长，让孩子做自己，而不是做成人期待的那个孩子。令人遗憾的是，绝大多数成人都不让孩子做他自己，而是让孩子做成人心中标准的好孩子。

有一次，悦悦和晓晓在小溪里玩"烧烤"游戏，一个2岁左右的男孩走过来，对悦悦的游戏似乎很感兴趣。男孩的奶奶追过来，下了禁令："不许下去，里面脏！"看到小男孩疑虑的眼神，奶奶解释说："姐姐她们大一些，不怕脏，等你大一些再下去玩。"男孩眼巴巴地在岸边瞅了近半个小时，脸上是那种很复杂的表情。他很渴望下到小溪里面，但是被奶奶的"禁令"所压制，看得出来他的内心很矛盾，这种矛盾纠结的心情折磨了他许久，直到悦悦和晓晓上来才结束。

期间，悦悦妈妈试图说服男孩的奶奶，让孩子下去。悦悦妈妈说："这里面不危险，也不脏，可以让孩子玩，别太限制孩子了，他都纠结了大半天了。"男孩奶奶的回复是"孩子下去后就管不住了"。然后转过头不看悦悦妈妈了，好像不愿意再和悦悦妈妈多说半句。悦悦妈妈知趣地闭嘴，是啊，毕竟不是自豪的孩子，哪有发言权呢？

但是这个男孩喜欢跟着悦悦，也许是觉得悦悦的玩法很新鲜，他很好奇。悦悦妈妈在一旁观察了一下，接下来的20分钟里，奶奶对男孩的指令多达十几次，几乎平均每分钟要下一次指令！

譬如悦悦扔垃圾，男孩好奇地跟着悦悦，奶奶大喊："别去，快回来"；男孩拿一根长的枯枝玩，奶奶说："把树枝弄短点，小心扎瞎你自己眼睛"；男孩拔杂草"炒菜"，奶奶找了一根大一些的草交给孩子："这根草大一些，用这个玩"……男孩在奶奶的干预之下，什么都玩不尽兴，让人在旁边看着都觉得难受。这就好比一个成人在试图完成某一项工作的时候，有一个比你强势的人时刻对你指手画脚，搞得你晕头转向、不知所措，甚至连你都怀疑自己，是不是自己真的太蠢？

在这样的控制教育之下，孩子没有自主的机会，丧失了自主的能力，他们开始不信任自己。家长们在不知不觉中控制孩子，对孩子指手画脚、发号施令，强迫孩子做他不愿意做的事，让孩子屈从于成人。他们"诲人不倦"，总是试图教孩子，让孩子鹦鹉学舌。面对成人的控制，孩子曾经试图反抗，但是每次都被强压下来，幼小的他们怎么拗得过高大、有力、攥着一切权力的成人呢？反抗不成之后，孩子就会出现两个极端：强势的孩子变得叛逆，弱势的孩子变得畏缩和怯懦、自卑。

这些弱势的孩子在父母的安排和控制下，按照父母铺好的道路按部就班走下去。他们的吃穿住行被父母安排和包办，上哪所学校由父母决定，甚至连在哪里上班、找什么样的对象都由父母操办。他们上学后，会成为一群乖巧听话、对父母和老师言听计从、会读书的孩子；走入社会，他们是那个对领导和上司言听计从、人云亦云、随波逐流、没有批判和质疑精神、权利意识淡薄的群体，他们失去思想、失去个性、墨守成规、不敢冒险、不敢创新。他们凡事都会顾虑别人会怎么看、怎么想，而不注重自己的内心感受，这样让他们感到痛苦但又无能为力。他们没有强大的内心力量，自卑、敏感和脆弱，表面听话、内心压抑，别人的态度和评价对他们会产生致命的影响。他们可能是好妻子、好丈夫、好员工、好公民，但是如果稍有打击，他们就会难以承受，他们的内心从来不曾真正快乐过，因为他们无法做自己，他们总是生活在别人的眼光里。

当孩子的身体和心灵都能获得自由，他可以按照自己内心的驱动去做每一件事，经过一次次尝试、挑战、成功，他就能获得成就感和满足感，强大的内心力量会随之而来。

每一位家长都想让孩子有个幸福的未来，但不少家长陷入了教育的误区。如果你想让孩子幸福快乐，那么很简单，让他听从他内心的声音，让他做自己！从现在开始，不要试图去操纵他、控制他、左右他。让他成为自己的主人，让他按照自己的意愿成长；让他决定该穿什么，该买哪件衣服、哪个玩具；让他决定该吃什么，而不是一个劲地夹菜到他碗里，或者劝说他要吃这个要吃那个；让他决定要和谁玩，要到哪里玩，让他决定要参与什么活动。不要随意去评价他，就算评价，给孩子的评价也必须是客观的，并且尽可能少。

"不能听从自己内心的声音"，这是妈妈很多成年人的通病，其源头在童年。孩子天生是不会在乎别人眼光的，他们来到这个世界，无知无畏。如果一个人在幼年时期从来没有自己做过主，长大后必然毫无主见。在童年时期，成人给过孩子太多的不客观评价，会导致孩子丧失客观认识和评价自己的能力，依赖于外界对他的评价。如果成人压制了孩子的很多正当需求，就等于剥夺了孩子身体和心灵的自由。

成人一方面控制孩子，一方面抱怨孩子或软弱、或没主见、或胆小，其实这原因都在成人自己。让孩子自由发展，让孩子按照孩子自己的意愿成长，让孩子做自己，而不是大人期待的那个孩子。

# 怎样说教才最有效

有一天，有人问悦悦的妈妈："您教育孩子最大的感受是什么？"悦悦妈妈想了想，说："最大的感受是好多孩子在被糟蹋。"对方笑着问："此话怎讲？"

悦悦妈妈说："很多父母会生不会养，把孩子扔给老人，很少陪伴孩子，孩子成了有父母的孤儿；还有很多家长不懂孩子，不知道孩子的心里在想什么，只是根据孩子表面的行为来判定孩子，孩子非常痛苦，或屈从、或尖叫、或哭泣、或逆反。可家长觉察不到孩子的痛苦，指责孩子'不听话''任性'。在这种时候，妈妈会为这些孩子感到惋惜。有人可能会说，你这是谬论，在危言耸听。做父母的谁不想让孩子健康快乐地成长，又有谁想糟蹋自己的孩子呢？但是，这是一个残酷的事实，很多家长确实在糟蹋自己的孩子，只是他们浑然不觉。"

不少年轻父母在孩子出生之后，带几个月后（有的甚至刚满月）就把孩子扔给了老人，自己乐得逍遥自在。

有一对夫妻都是硕士，但在教育孩子这方面却没有达到"硕士"的水平，觉得年轻人干好工作最重要，带孩子是件很简单的事，交给老人就行了。他们的教养方式非常落后：注重知识灌输，不到1岁就教孩子识字；不注意孩子良好习惯的培养，让孩子边玩边吃饭，肉类由大人嚼碎了喂给孩子吃；给孩子吃好穿好玩好，但很少陪孩子。

童年的经历是多么重要，父母必须陪伴孩子。但他们听不进建议，既不反对，也不采纳。他们的朋友想：也许是他们内心觉得不以为然，只是碍于面子不说什么。这孩子实在是太可爱了，我想帮助他们，帮助孩子。

孩子1岁以前，朋友经常和他一起玩。孩子长得很漂亮，脸上总是洋溢着笑意，到客人家时，好奇地这里摸摸那里看看，天真可爱。大约半年后，这个朋友再次看到了孩子，当时已经是1岁8个月，他的脸上没有了笑容，总是眉头紧锁，看见陌生人，一个劲地往爷爷身后退。客人想拉拉他的手，他把手往后缩，眼神里满是胆怯。

那天是周日，客人去的时候，他的父母并未在家陪孩子，而是在外面打牌。孩子跟着爷爷，在偌大的客厅里看电视，爷爷话不多，和孩子没什么交流，屋里死气沉沉的。孩子蹒跚着走到门口，指着门口小声喊"妈妈"，客人跟过去，蹲下来问他："宝宝是要找妈妈？"孩子点点头，眼睛扑闪扑闪地望着这扇紧关着的大门。小小年纪的他知道妈妈是从这里出去的，他要从这里去找妈妈。

看着那小小的、孤单的身影，客人说不出心里是什么滋味。在这个装饰豪华的房间里，孩子吃的、玩的、用的，随处可见，大都价格不菲。但是最珍贵的东西他没有——那就是爸爸妈妈的陪伴。周一到周五，妈妈要上班，周末应该可以陪陪孩子吧？可是妈妈宁愿奋战在麻将桌上，也不愿意花时间陪陪孩子！孩子一点都不快乐，他还只有一岁多，便不会笑了。

"会生不会养"的现象非常普遍，大多数父母把孩子生下后，带孩子的重担就落在了老人或者保姆身上，有的甚至把孩子扔在老家。有一位妈妈，孩子2岁半了还不会说话，孤僻，几乎不和别人交往，医生怀疑是非典型孤独症，但也不敢确诊，这位妈妈急得不得了。实际上，正是因为这个孩子平时和自己的姥姥待在一起，很少与同龄人交流的原因，造成了他社交能力差、不愿结识新朋友的性格特点。无论家中的长辈体力再好、再有耐心，也不应该把孩子的社交圈、生活圈限制在自身周围。如果孩子不会与同龄人相处，长大之后可能会变得更加孤僻，甚至自私。因为他们习惯了来自长辈的关爱与呵护，不会明白如何与立场相近的人相处。孩子整日与老人相伴，成了父母双全的孤儿！如果父母不陪伴孩子，孩子会产生被抛弃的感觉，失去安全感。安全感是心理健康的基础，就好比一栋高楼的地基，没有地基，高楼怎么能建起来？父母自己不带孩子，孩子迟早要出问题的。

大多数家长还是把孩子带在身边，但是他们不懂孩子。哲哲是悦悦的小伙伴，聪明活泼，2岁半的时候就能弄清楚10以内的数字，而悦悦在他那个年龄的时候连1、2、3都数不清。哲哲很喜欢跳舞，家长们经常看见他跟着社区舞蹈队在广场上跳舞，动作颇有神韵，节奏感很强，他跳得非常投入，经常一跳就是半个多钟头。哲哲非常热情，每次看见悦悦妈妈就像碰到亲人，大喊着"阿姨"像一只快乐的小鸟一样飞过来，扑到妈妈的身上。每次遇见悦悦妈妈，都要缠着悦悦妈妈做游戏。这么可爱的孩子在悦悦妈妈眼里就是一块绝佳的璞玉，稍事雕琢便会大放异彩。但是在家人的控制之下，这块璞玉愈来愈暗淡了。

在哲哲不肯回家的时候，他的妈妈威胁、利诱、假装抛弃……用尽种种方法胁迫孩子，以期让他听话。哲哲妈曾经担忧地对其他家长说过，哲哲没有主见，喜欢模仿别人，干什么都喜欢跟别人学，没有自己的想法。她没有想到，正是她这种教育方式导致孩子不能自主。父母总是试图强迫孩子屈服于自己，孩子怎么可能会有主见呢？

后来，哲哲慢慢变得胆小和畏缩了，不敢在广场上跳舞，躲在暗处跳；越来越听话了，对大人言听计从，大人指东不敢向西。眼神也呆滞了许多，完全失去了小时候的灵气。一天，悦悦妈妈碰到哲哲的妈妈，她担忧地说哲哲居然不会保护自己了，有时遇到别人抢他的东西，或者打了他，他只知道哭，连向成年人求助都不敢。

3岁的美美是个可爱的小女孩，友好而礼貌，悦悦很喜欢和她玩。美美是由外婆带，外婆的教育方式是非常传统的，她容不得美美"不听话"。家长们时常看见她呵斥美美，把美美驯服得乖乖的。有一次，美美在外面和悦悦一起玩沙，美美不小心弄脏了衣服。外婆一顿劈头盖脸的责骂："怎么这么不小心！你知道衣服有多难洗？瞧悦悦怎么没弄脏？就你这么笨手笨脚……"美美怯怯地望着外婆，不知该如何是好，那种怯怯的眼神真是令人心痛。

美美和小伙伴玩的时候，外婆亦步亦趋地跟着，时不时干涉一下。美美喜欢跟悦悦玩，悦悦也喜欢美美，经常邀请美美来家里玩。美美很想来，有一次甚至跟着悦悦跑上了楼，直接到了悦悦家门口，但是美美的外婆不允许，尽管悦悦热情邀请，尽管美美哭着哀求，外婆还是把美美强行拉走了，还连连向悦悦道歉，悦悦和她的妈妈不知道她为何要这样做。

有一次，悦悦邀请了好几个小朋友到家吃晚饭，其中包括美美。悦悦伏在美美耳朵边说："美美，到我家玩去，好吗？"美美满脸开心地说："好啊。"然后美美一直和悦悦手拉手往回家的路上走。走到分岔路口，外婆对美美说："美美，你下次再到悦悦家去，好不好？"悦悦妈妈笑着对美美说："你想不想到我们家玩？你自己决定，想玩可以去的。"美美怯怯地看了一眼外婆，小声说："不去了。"

最终，美美没能去悦悦家，跟着奶奶乖乖地回家了。美美已经不会自己做决定了！在大人长期的压制和操控下，孩子学会了看大人的脸色行事，学会了揣测大人的心理。他们害怕大人不高兴，于是压抑住内心深处的声音——他们心里的声音是"想去"，但实际说出来的却是"不去"。

当孩子在家长面前不能放松，要说违心的话，做违心的事，他们能感到快乐吗？

在这世上，不知有过多少"亮亮爸妈""哲哲妈"和"美美外婆"这样的家长，他们从事着各行各业，文化程度高低不同。唯一相同的是：他们都在"糟蹋"孩子。他们对待孩子的请求，或忽略、或压制、或强迫、或操控，他们误解着孩子，不知不觉中"糟蹋"着孩子，带给孩子无尽的痛苦。做这一切的时候，他们浑然不觉，还以为给了孩子幸福的生活。而这些孩子，原本可以成长得更优秀、更幸福，但在家长们错误的"爱"和控制之下，他们的个性及优秀品质正在渐渐消失，他们的心灵越来越不快乐。

而事实是童年的经历对孩子非常重要，父母必须陪伴孩子。这样就造成了父母不了解孩子。一些孩子为了得到父母的关注和交流，或尖叫、或哭泣、或逆反，结果得来的却是成人指责孩子"不听话"、"任性"。父母误解着孩子，不知不觉中"糟蹋"着孩子，带给孩子无尽的痛苦。

# 别让孩子产生错误依赖

有一天晚上，悦悦妈妈要到朋友家谈点事，因为她和这位朋友很熟，对方的孩子在悦悦家玩，所以悦悦妈妈想带着悦悦一起去，顺便送朋友的小孩回家。出门前，妈妈问悦悦："我和爸爸要去思思家谈一件重要的事情，你是和妈妈一起去，还是留在家？如果你去的话，只能和思思玩，不可以打扰爸爸妈妈。"悦悦说要和爸爸妈妈一起去，并答应不会打扰妈妈。

到了思思家，悦悦想玩"白雪公主"的游戏，悦悦妈妈说："我现在有事，你可以找叔叔（思思爸）玩。"过了一会儿，悦悦又跑过来，说想听故事。悦悦妈妈说："你答应过不打扰的，但是爸爸现在忙完了，你可以要爸爸给你讲。"悦悦去找爸爸，她爸爸也在聊着天，没顾得上理她。

悦悦妈妈和朋友谈得正酣，悦悦突然把手中的书砸到她脸上！书的硬角扎着了悦悦妈妈的脸，一阵钻心的痛！悦悦妈妈捂着脸，半晌说不出话。悦悦妈妈的大脑紧急运转：为何悦悦会做出这样野蛮无礼的行为？是关注她太多让她以自我为中心了，还是今天没人给她讲故事而恼羞成怒的偶然行为？不管怎样，这种行为是不对的，必须好好处理，不然后果很严重。朋友说："悦悦，你把你妈妈打伤了。"悦悦马上坐到了她妈妈的身边，小手抚摸着妈妈的头。悦悦爸说："快向妈妈道歉。"悦悦妈妈慢慢抬起头，悦悦爸惊呼："真的被打伤了，都破皮了！"悦悦看了，感觉到事态严重，小声地说了声"对不起"。

　　妈妈把悦悦抱在腿上，不掩饰自己的伤心难受，"你打了妈妈，妈妈真的很难过，也很生气。打人是野蛮的行为，是不对的。来之前妈妈和你说过，妈妈是来谈事的，你不可以打扰妈妈。现在，你要么跟爸爸回家，要么和爸爸到一边玩去，你自己选择。"悦悦想了一下，说要和爸爸回家，和妈妈道别后就回家了。

　　事后，悦悦妈妈反思了很久，一定是妈妈某些地方做得不妥，才会导致悦悦做出这样的行为。第一个原因，以往可能过多关注她了，她有些以自我为中心，这一次没有人关注她，在她的再三要求下，还是没人陪她玩游戏，也没人给她讲故事，她恼羞成怒了；第二个原因，以前她也有对家长发过脾气，虽然当时家长表现得很难过很生气，但是只要她道歉，马上就可以获得原谅，没有让她承担后果。每次犯错后说句"对不起"就行了，一句"对不起"成了万金油，她无须承担任何责任。

　　其实，悦悦很在乎他人的感受，看见别人伤心难过了，她心里也不好过。在她"伤害"（比如攻击和发脾气）的时候，她的妈妈没有让她承担过相应的自然结果，这样传递给她的信息是：别人的伤心、难过、生气都是暂时的，妈妈总是会原谅她，大家都会无条件地宽容她所有的错误，所以她屡次犯错。

　　想彻底改正她这种无礼行为，肯定要排除这两个因素。现在妈妈要做的是让她承担自然结果。这个自然结果是什么呢？假如是一个成年人打了妈妈，妈妈会是什么样的反应？妈妈一定会很生气，一时半会儿不会轻易原谅他，并且妈妈会不理他，直到他意识到自己的错误，有诚意地向妈妈道歉，并且保证不会有下次。就是说这个自然结果有三种可能：第一种是被打者很生气；第二种是被打者不会再和打人者友好交往；第三种是可以友好交往，但是需要打人者做出承诺，保证不会再发生类似情况。

　　所有的父母都是爱自己的孩子的，理所当然不会和孩子"记仇"，悦悦妈妈就是这样，就算当时真的生气，也是事情一过就立即原谅了孩子。这样的后果就是孩子无所顾忌地伤害父母，冲父母乱发脾气，甚至打父母。

　　要解决这个问题，必须要把自己的真实感受告诉孩子，不要那么快就轻易原谅她。毕竟，即使做父母的不会和自己孩子计较，以后孩子进入学校等新的集体时，肯定也得不到他人的包容和喜爱。我们常说自私的人心态极端可笑，调侃他们"以为地球绕着自己转"，就是因为这类自私者总以为自己的不妥行为总能得到谅解。

晚上妈妈回家的时候，悦悦已经睡着了。第二天早晨，妈妈在电脑前码字，悦悦醒了，她喊妈妈，妈妈没理她，继续打字。悦悦喊了很多遍，妈妈仍然不理她。悦悦沉不住气了，光脚下床拉着妈妈的袖子说："妈妈喊了你很多遍了，你为什么不说话呀？"

妈妈板着脸说："生气。"

悦悦异样地看着妈妈，"为什么呀？"

妈妈看着她的眼睛，"你说为什么呢？"

悦悦想了一下，"哦，我昨天打了你。"然后理直气壮地说，"可是我说了对不起了呀。"

妈妈情绪低落，"可是妈妈还是生气，还是伤心。"

悦悦冲妈妈笑，"对不起，下次我不打你了。"

若是往常，到这一步妈妈就被她逗笑了，"尽释前嫌"，但是这一次妈妈不吃她这一套，"光说对不起，光说下次不打，没有行动是不行的，妈妈要看到实际行动。"

悦悦有些急了，她看着妈妈的眼睛再次保证，"下次真的不打你了！"

妈妈说："好，妈妈相信你一次，但是绝对不可以有第二次！"

悦悦说："好。"

妈妈说："伤口还疼呢。"

悦悦想了一下，说："那我给你包扎。"说着拿来些布条给妈妈"包扎"。结束后，她拉着妈妈的袖子到卧室，"我和你说句悄悄话。"她趴在妈妈耳边轻轻地说："对不起。"伸出手抚摸妈妈的"伤口"，"这样好点吗？"

这是她在设法补救呢！这正是家长想看到的：做错事后想方设法补救，这说明孩子真正意识到了自己的错误，真诚地道歉，有实际行动，不是轻飘飘地说一句"对不起"就完事。趁着这次机会，妈妈还提出"不仅不能打人，而且不能乱发脾气"，要求悦悦一并改正，悦悦欣然应允。

很多家长和妈妈一样，是舍不得和孩子"记仇"的，孩子在自己面前发脾气也好，孩子打自己也好，家长是断然不会和孩子有"隔夜仇"的，不说隔夜，就连隔一个钟头都不会。如果妈妈希望孩子将来是一个有独立人格、敢于担当的人，妈妈在孩子小时候起就应该把他们当做一个独立的、能承担责任的个体，他必须学会为自己的行为负责。妈妈必须给孩子为自己负责的机会，譬如因他们的不当行为而造成的自然结果。很多家长试图纠正孩子的种种不良习惯和行为，尝试过多种方法都无效。打骂、惩罚让孩子逆反或屈从，说教让孩子嫌烦，频繁提醒让孩子产生依赖……其实方法很简单，就是让孩子承担其行为带来的自然结果，这比任何说教都管用。

家长们习惯于给孩子收拾残局，孩子在外面惹事或者犯错，家长忙出面摆平。这种给孩子"擦屁股"的事情做多了，孩子就习惯于家长替他负责，永远也学不会为自己的行为负责了。

那什么是自然结果呢？就是孩子的行为直接产生的结果，比如孩子不好好吃饭，自然结果是挨饿；外出游玩前拖拖拉拉，自然结果是缩短游玩时间或者不能外出游玩了；孩子对别人不友好，喜欢攻击他人，自然结果是他将失去朋友，受到群体的冷落；损毁了别人的东西，自然结果是必须修复或赔偿；孩子睡懒觉，自然结果是上学迟到，挨老师批评；孩子少穿衣服，自然结果是感冒生病……如果妈妈对孩子表明自己的态度：你有选择和尝试错误行为的自由，但同时你也必须接受和承担行为的自然后果。那么这个让孩子承担自然结果的效能就会显现：孩子将学会替自己的行为负责。实践表明，孩子们都能够从错误中及时吸取教训，并且很快地纠正错误行为。

很久以前，有个男孩非常调皮，某日心血来潮搞恶作剧，把停在小区的车刮破了十几辆。妈妈获知了这件事，没有给孩子讲大道理，只是带着孩子到十几位车主家一一道歉，并承诺赔偿。而很多车主其实不知道自己的车是被谁刮破的。也许在很多人看来，这位妈妈傻——如果别人不知道，溜之大吉都来不及呢，她却反其道行之，送上门给别人赔钱。其实这位妈妈是有大智慧的，她要让孩子懂得：做错事就要补救，要为自己的错误行为负责。否则，如果孩子成人后投机取巧，不就糟了吗？一个负责任的孩子和十几台车的修车费相比，哪个更值钱？这是个不言自明的道理。

承担自然结果不是惩罚，但比惩罚的效果要好一万倍。父母被孩子打了，因为所有父母都是爱着自己的孩子的，不会和孩子记仇。有些父母一笑了之，有些一开始很生气，但很快就淡忘了这件事情。这样的后果就是孩子无所顾忌地伤害父母，冲父母乱发脾气，甚至打父母。家长们习惯于给孩子收拾残局，孩子在外面惹事或者犯错，

家长忙出面摆平。这种给孩子"擦屁股"的事情做多了，孩子就习惯于家

长替他负责，永远也学不会为自己的行为负责了。正确的做法应该是：父母必须要把自己的真实感受告诉孩子，不要那么快就轻易原谅孩子。这样孩子将来才会是一个有独立人格、敢于担当的人。

# 别对孩子言而无信

一对夫妻带着孩子上朋友家玩，临走的时候，孩子突然说要到楼下的理发店去理发。夫妻劝说孩子！你的头发这么短，不需要理。孩子不干了，哼哼唧唧地闹着要理发去。他的妈妈十分纳闷，孩子的头发实在是很短，为什么他非得剪头发呢？后来才突然意识到他们来的时候，孩子在楼下看见一个理发店，觉得很新奇，说要进去理发。妈妈想让孩子快点上来，就随口答应说回去的时候再去理。妈妈以为过一会儿孩子就会忘了这件事，谁知这时又想起来了。

怪不得孩子这么坚持要去理发，尽管他的脑袋上实在没有什么可理的了。可对孩子来说，大人答应了的事情他都会信以为真，他会一直要求大人践约的。朋友对妈妈说："既然你已经答应了孩子，就要说话算数、兑现诺言，不能出尔反尔。不然孩子下次不但不会相信你了，还会学会不守承诺，他会觉得大人可以说话不算数，那他也可以说话不算数。要不，当初你就不要轻易答应，随便许诺。"

有些家长由于种种原因，喜欢随口给孩子许诺，许诺后却不兑现诺言，反而劝说孩子向自己妥协。

悦悦4岁的时候，悦悦妈妈和好友约定次日带孩子一起去公园玩，头天晚上，妈妈把这个计划告诉了各自的孩子。第二天，天气异常炎热，好友来电话说因为天气太热，不去了。还说孩子正因这件事在闹别扭。悦悦妈妈说："这不是你孩子胡闹，而是你言而无信。你都答应了孩子要去公园，现在又不去了，是你出尔反尔，还倒打一耙怪孩子，哪有这样的理？"好友笑笑说："可看到这毒辣的太阳，我就不想出门，干脆拿玩具枪分散他的注意力了。"她的孩子10岁，不知这注意力能分散多久，能否彻底消除他心目中妈妈"言而无信"的形象。但那天，悦悦妈妈还是带着悦悦顶着烈日去了公园。

悦悦妈妈从来不在悦悦面前随口许诺，"言出必行"在家是不成文的规矩。每一次答应悦悦一件事情之前，悦悦妈妈都会先想想，这件事情妈妈能办到吗？如果不能，就不能随口答应，而一旦答应了，就要兑现。记得有一次早上刷牙时，悦悦的牙膏没了，妈妈随口说了一句："悦悦的牙膏没了，今天给你买牙膏去。"可是她那天忙了一天，把买牙膏这件事给忘了。到了晚上，悦悦刷牙时，想起了这件事，她歪着头看着妈妈说："今天你答应给我买牙膏的。"妈妈这才想起来，连连道歉，"对不起，妈妈把这件事忘了，要不妈妈现在去买？"那时已经晚上10点，外面下着大雨，妈妈跑到外面去买牙膏，买了牙膏回来的时候，妈妈全身淋得湿透。

只要答应了孩子，除非自己病得爬不起来，否则不管是什么情况，都要兑现承诺。这条原则是明智的家长一直遵循的。由于家长信守承诺，悦悦也非常信守承诺。

有一次，妈妈买了两件棉袄，在征得悦悦的同意后，要把其中一件送给晓晓，悦悦打电话告诉了晓晓这件事。不过由于晓晓回了老家，棉袄一直放在家里，没送出去。一天早上，起床的时候，悦悦不肯穿原来的棉袄，说那些棉袄没有帽子都不好看，要穿米奇那件有帽子的。

米奇棉袄还没有洗，家里也没有其他有帽子的棉袄。悦悦急得哭了。妈妈忽然想到准备送给晓晓的那件棉袄是有帽子的，悦悦一定会喜欢。反正悦悦冬天还只买了一件棉袄，正好穿了这件就不要再买了。于是妈妈把那件棉袄拿了过来问悦悦："愿不愿意穿这件？如果愿意穿这件，妈妈再买一件送给晓晓姐姐便是。"没想到悦悦看了一眼，说："不穿，这件是送给晓晓姐姐的。"妈妈问："你喜欢这件棉袄吗？"悦悦点点头说喜欢。妈妈说："你喜欢的话就穿吧，妈妈再买一件送给晓晓姐姐。"

悦悦哭得更大声了，边哭边说："说过要送给晓晓姐姐的，悦悦不穿。"那一刻妈妈真的很震撼，看得出来，悦悦其实很喜欢这件棉袄，只不过她已经亲口答应要把它送给晓晓，怎么能说话不算数又拿回来自己穿呢？所以就算这件棉袄还没送出手，她也要信守承诺。

妈妈的言出必行不仅潜移默化地教会了悦悦信守承诺，也赢得了悦悦对妈妈的信任，为自己树立了很好的"威信"。悦悦对妈妈有着高度的顺从，凡事只要妈妈交代清楚，她必定做到。比如有一次妈妈动手术，在医院住院5天。那5天里妈妈不能陪她，妈妈事先和悦悦交代清楚，妈妈生病了，要去医院做手术，需要离开悦悦5天，5天之后妈妈病好了就可以回来陪悦悦了。那天去医院的时候，外婆还在路上，悦悦被妈妈托付给邻居带。离开时，悦悦轻松地和妈妈说再见，妈妈住院的5天里她很想妈妈，便自己打电话给妈妈，但是她没有闹情绪。妈妈想，她之所以表现如此良好，是因为自己信守承诺，从来不食言，从来不哄骗她，她非常信任妈妈。

有的家长认为孩子小，骗一骗没什么，过后就会忘记。可事情并不是这样的。以前，幼儿园的一个孩子，刚上幼儿园时特别不适应，每天都哭着不肯去。这家是爷爷奶奶接送孩子，每天送孩子上幼儿园真是个苦差，因为孩子就是不肯出门。爷爷奶奶好话说尽后再没有办法了，于是骗孩子说是到院里玩，不上幼儿园。骗了几次后，孩子不肯再上当受骗了，哪儿也不去，这下老人没辙了。

家长找到教育专家，问教育专家该怎么办。教育专家说："在孩子看来，爷爷奶奶答应带他到院里玩的，怎么一出门又是上幼儿园来了？你说孩子还会相信大人的话吗？他当然不肯出门了。你们只要和孩子实话实说就行了。这种欺骗不仅不会被孩子忘记，还会在孩子的心中留下阴影，觉得大人不可信，让他更加难以适应幼儿园生活。"

欺骗孩子还会误导孩子：骗人是被允许的。欺骗孩子的恶果就是失去孩子的信任，由此孩子也会不信守承诺。《曾子杀猪》是一个大家耳熟能详的故事，生动地说明了父母信守承诺是何等重要。

曾子的夫人到集市上去，他的孩子哭着闹着要跟着去。夫人对其子说："你先回家待着，待会儿妈妈回来杀猪给你吃。"她刚从集市上回来，曾子就要捉猪去杀。她就劝阻说："只不过是跟孩子开玩笑罢了。"曾子说："可不能跟他开玩笑啊！小孩子没有思考和判断能力，要向父母亲学习，听从父母亲给予的正确的教导。现在你欺骗他，这是教孩子骗人啊！母亲欺骗孩子，孩子就不再相信自己的母亲了，这不是实现教育的方法。"于是曾子就杀猪煮肉给孩子吃。

有家长认为，对孩子要"恩威并施"，方能树立威信，这无疑是错误的。让孩子顺从不是靠家长的威严来压服，应该是孩子内心深处认可妈妈的决定，愿意服从。所以，威信一定不是靠威严来树立的，而是靠"信任"来树立的。偶尔，悦悦也会提一点不合理的要求，比如吃饭之前想吃点零食之类的。妈妈说："这个肯定不行，其中的原因你是知道的，不用妈妈多讲了吧？"悦悦见妈妈说"肯定不行"，就会知趣地妥协，因为她知道她再说也没有用处，妈妈是说一不二的。

　　成人对孩子说过的每一句话，孩子都会信以为真，所以，在孩子面前妈妈要慎重许诺，一旦许诺，就应该兑现承诺。妈妈做到言出必行、信守承诺，孩子才能做到说话算数，不要赖皮。如果孩子喜欢耍赖皮，一定是家长或者其他成人曾经食言，没有很好地践约。

　　家长要求孩子诚实守信、说过的话要算数，但是有时候家长自己对孩子的承诺却一拖再拖，最后甚至直接不兑现。这些家长认为孩子小，骗一骗没什么，过后就会忘记。可事情并不是这样的。

　　既然家长已经答应了孩子，就要说话算数、兑现诺言，不能出尔反尔。不然孩子下次不但不会相信家长了，还会学会不守承诺，他会觉得大人可以说话不算数，那他也可以说话不算数。要不，家长就不要轻易答应，随便许诺。家长的言出必行不仅潜移默化地教会了孩子信守承诺，也赢得了孩子对家长的信任，为自己树立了很好的"威信"。让孩子顺从不是靠家长的威严来压服，应该是孩子内心深处认可家长的决定，愿意服从。

# 别对孩子太过挑剔

　　睡前刷牙的时候，悦悦在外婆的牙刷上挤好了牙膏，然后接了一杯水，把牙刷放在杯子上。做好这一切，悦悦满心欢喜地告诉外婆，"外婆，我帮你挤好牙膏了！"外婆走过来一看，数落她说："哎呀，挤了这么多牙膏，真是太浪费了。"其实牙刷上的牙膏只不过一厘米长，退一步说，就算是牙膏糊住了整个牙刷那又有什么呢，她乐于服务他人、帮助他人不是很可贵吗？悦悦有些黯然。妈妈赶忙上前说："悦悦可以帮外婆挤牙膏了，很不错。"悦悦眼睛里闪过一丝亮光，兴奋地说："我还可以帮妈妈挤牙膏。"

　　同样一件事情，外婆看到了它的反面，而妈妈看到了它的正面。从不同的角度去看，其结果是完全不同的，对孩子的影响也就差之千里了。

　　妈妈看看这几句话带给孩子的不同感受：

　　"挤了这么多牙膏，真是太浪费了！"——我浪费了牙膏，我干得不好！

　　"悦悦可以帮助外婆挤牙膏了，真不错。"——我可以服务别人了，我很能干。

　　家长看到事件的积极一面，给孩子鼓励，带给孩子的感受是"自己是能干的、进步的，妈妈说我做得很好"；家长看到事件消极的一面，否定孩子，带给孩子的感受是"我是差劲的"。

　　善于发现优点和进步的家长，孩子的优点会越来越多，进步会越来越大；总是盯着缺点和不足的家长，孩子的缺点会越来越多。遗憾的是，家长往往容易看到孩子的缺点，对孩子的优点却视而不见。

　　悦悦妈妈一位朋友非常羡慕她能把悦悦教育得这么好，觉得自己的孩子没有悦悦这么能干。她的孩子叫星星，比悦悦小1个月。据悦悦妈妈观察，这个孩子其实有很多优点。那是在一次聚会上，悦悦妈妈第一次看见星星。妈妈一大群人在公园烧烤，公园里大约有几十张烧烤台，前来烧烤的人们几乎占满了这些台子。悦悦母女和其他家长分了3个台子。

　　星星从另一个台子上拿来两个橘子，一个给自己，另一个给了悦悦。别看这只是一件小事，对于一个3岁的孩子来说，是很了不起的。首先，星星没有要爸爸妈妈帮他去拿橘子，而是自己去拿，到一个陌生的环境中能镇定自若尽快找到自己需要的东西，这是一种能力；其次，星星不仅给自己拿了橘子，还不忘记给悦悦拿一个（这是星星和悦悦第一次见面，应该说是新朋友），这说明星星乐于助人，并且能主动和他人交往。

　　像星星父母这样的家长，对孩子的优点和长处视而不见，不是他们不想去发现，而是他们不会观察孩子，发现不了。而有的家长则是性格所致，对孩子的要求很高，很苛刻，孩子做对了事情，就视若无睹，认为是应该的，却不允许孩子有做得不好的地方。有一个家长，每次见到其他家长就会抱怨，说孩子没有主见、不懂得坚持、叛逆等，总之浑身都是缺点，似乎孩子一点都不听话，处处和他们作对。其实这个孩子活泼开朗、讲理、友善，有很多优点。妈妈把孩子的优点一条条给她列出来，她却并不认同，不以为然。她对孩子要求很严厉，从来不允许孩子犯错，如果孩子稍有失误，她会很严厉地责备孩子，把孩子否定得一无是处，后来孩子真的越来越逆反、越来越不听话了。

　　没有人喜欢被否定，孩子也是如此。试想，当你在单位上班，若主管总是看到你不足的地方，经常挂在口头，指指点点，对你的成绩却视若无睹，你将会是怎样的感受？会积极工作还是消极怠工？会不会觉得受了职场压迫，心情郁闷？你会发自内心地服从这位主管，还是憋足劲找机会逃离这个地方，谋个更好的职位？答案不言而喻。

　　要让孩子的优点越来越多，最好的办法就是发现他们的优点，并给予肯定。但是注意，不是"夸奖"，而是"肯定"。"夸奖"是对孩子的评价，夸得太多对孩子有负面影响，这一点前面说过；"肯定"不是对孩子的评价，是表示你看到了孩子的优点或者做出的成绩，你客观地描述事实即可，不需加上评价。没有哪个孩子是不喜欢被肯定的，一个孩子面对肯定，会越来越有信心，发展得越来越好；如果面对否定和指责，就会沮丧和挫败，甚至破罐子破摔。

有的家长可能会有疑问，可孩子真的是有缺点呀，难道也要忽略吗？是的，要忽略。很多家长想改变孩子的缺点，做法是不断地提醒。谁知越提醒越糟糕，缺点不但没改掉，反而越来越明显，家长困惑不解。其实道理很简单，每一次对缺点的提醒都是一次强化，等于你在告诉他"你有这个缺点"，孩子又怎么会不牢牢记住自己的这个缺点呢？

有一句话说得好："生活中不缺少美，而是缺少发现美的眼睛。"同理：孩子身上不缺少优点，而是妈妈缺少发现优点的眼睛。愿天下的父母都练就一双火眼金睛，多发现孩子的优点，忽略孩子的优点。

忽略并不是不尽责，而是在心理上让孩子摆脱思维定式：我是一个有缺点的人。学过外语的人都知道，积累词汇量最简单有效的方法就是重复背单词。记语法也是这个道理。当脑海里形成了固有的记忆，知识点就自然而然被牢牢掌握了。所以，你越提醒孩子，孩子越会习惯性地展示缺点。他们甚至可能会渐渐认为自己就是父母口中的样子。

对孩子的缺点，应该忽视；对孩子的优点，应该给予肯定。很多人会有疑问：说一下不就行了吗？如果不说教，那怎么教孩子呢？

    一个三岁多的女孩喜欢把脚踩在椅面上，她的妈妈在旁边提醒，"宝贝，把脚放下去。"女孩把脚放下。没过多久，女孩又把脚踩上去，妈妈又提醒，"宝贝，不能把脚放在椅子上，妈妈说过多少次了，鞋子太脏，待会儿椅子不能坐了。"女孩条件反射似的又把脚放下，可没过多久，女孩的脚又踩上椅面了……

有个5岁男孩胆子较小，不敢冒险，不敢玩游乐场的任何一种游乐玩具。他的妈妈觉得这样不像个男孩，男孩就应该敢于冒险，敢于挑战。某日，一家三口到公园玩，妈妈鼓励男孩去玩公园的游乐玩具，男孩不敢。妈妈再鼓励，说："你是一个男子汉，要勇于冒险，你看人家小女孩都敢玩，要不，爸爸妈妈陪你一起玩？"男孩还是没能鼓起勇气，妈妈失去耐心，强行让孩子玩了一次。男孩在痛苦和恐惧中玩了一次，后来更加不敢玩大型玩具了……

以上是两位妈妈"纠正"孩子缺点的两幕情景，妈妈们的道理都没错，可是教育效果却很糟糕：女孩照样踩椅面，甚至踩得更频繁；男孩照样胆小，甚至比以前更加不敢冒险。为何给孩子说理却说不通呢？面对孩子的缺点或不良习惯，妈妈该怎么办？

说教是最没效果的一种教育方式。成人喋喋不休的说教让孩子感到反感，要么孩子会公然作对，对大人的说教不理不睬；要么是表面服从，内心却很抗拒，所以不能从根本上解决问题，这是说教无效的原因。对孩子的"缺点"或"不良习惯"，一次次的说教实际是在提醒孩子：你胆小，你踩椅面。这样反而会强化孩子的行为。

好的、有效的教育是不露痕迹、"润物细无声"的。有人讲过这样一件事：

女儿图图2岁10个月，胆子比较小，有点偏内向型。对不熟悉的人和环境，开始表现得比较羞怯，玩上半天才会熟识起来。比如说，这个周末带她去儿童乐园，里面的小朋友很多，其实她很喜欢里面的东西，但就是有点怕，不敢去玩。等过了半天，兴头才表现出来。这个时候要有大人陪着。如果有别的小朋友来玩，她就会主动跑到家长身边。平时，在小区坐滑梯也是这样，如果有很多小朋友在玩，她就不愿意上去滑，不会和别人争抢。

图图在幼儿园并不开心，老师说她在幼儿园一直不太吭声，也不主动去和小朋友玩，也不喜欢幼儿园的玩具。和一两个小孩子玩的时候，挺好的，就是集体活动不太乐意（妈妈估计她很想参加，但是不敢参加，或者不知道怎么参加）。图图语言表达能力不错的，但就是不太爱说话，只有老师问她的时候，她才说。

家长对孩子保护得比较多，遇到孩子和同伴发生冲突会立即介入。而幼儿园老师由于害怕孩子被抓伤对家长不好交代，也是一发生冲突就立即介入，所以孩子几乎没有自己解决问题的机会。如果孩子的玩具被抢，因为拉不下面子去说别人，图图妈的做法是让孩子谦让，这种"不公正"的做法让孩子觉得委屈和受伤害，因而变得更加退缩。

专家建议图图妈给孩子创造真实的社交圈子，大人少介入，相信孩子有自己解决的能力。小朋友抢孩子的玩具时，要鼓励孩子想办法拿回来，不要顾及面子，维护规则的公平最重要。同时不要在孩子面前说"胆小"之类的字眼，也不要急于让孩子主动和别人交往，以免给孩子压力。细心观察孩子，发现孩子"胆大"的行为时及时肯定。

1个月后，专家看到了图图妈的反馈："今天我带图图去玩，3个小朋友一起在玩滑梯，图图表现很好。当前面的小朋友准备躺在滑梯上睡觉时，图图有些着急，但她没有像往常一样，向我求助或者自动退下来，而是在那里跺脚，以提醒她的小同学（同一个班的孩子）。一会儿，在另一个孩子奶奶的招呼下，那孩子自己滑下来了，图图也很顺利地滑了下来。"这点变化，给图图妈妈带来些惊喜，图图在与同伴的交往中，逐渐摸索出自己的方式，变得大胆些了。

但这种改变是一个比较漫长的过程，有时候家长会失去耐心，告诉孩子"应该自己去做！应该敢和他人说话"……但效果并不好。也许，家长可以做的是相信孩子，并给予更多的交往机会，关注她好的一面，忽略她弱的一面。时时提醒孩子"你应该这样""你应该那样"，等于在暗示孩子"你这样不行那样不好"，这是在打击孩子的自信心，往往孩子就会成为自己所说的那个样子，妈妈还是要多培养自己的耐心，欲速则不达。

图图妈是一个有悟性的妈妈，她意识到了必须"关注其好的一面，忽略其弱的一面"，这样好的一面被强化，好的一面的"面积"便会越来越大，覆盖掉弱的一面。反之，如果时时提醒孩子"你不要这样，不要那样"，弱（坏）的一面被强化，弱（坏）的一面的"面积"会越来越大，覆盖掉好的一面。

家长们应该有这样的感受，当孩子出现打人、吐口水等"不良"行为后，如果家长大惊小怪、或哈哈大笑、或气急败坏、或一番说教，总之只要家长给予了强烈的关注，孩子就会越来越起劲，哪怕家长厉声喝止，孩子也会继续其恶作剧似的行为。如果家长忽略他的行为，就当没看见，孩子搞两下，索然无味便罢休了。

幼儿园有一个五岁多的女孩芳芳，只要闲下来就喜欢吮手指，经常把手指咬出血。她妈妈急得不得了，想了很多办法，讲道理、打骂、涂苦药水、戴手套等，都改不了这个习惯。有一天她妈妈碰到专家，发愁地说："这孩子什么都好，就是喜欢吃手，手都啃出血了，这可怎么办呀？"专家对这位妈妈说："孩子吃手是表象，本质是缺乏安全感，要完全纠正这个行为，就要让孩子建立良好的安全感。你的惩罚措施都是对孩子行为的一次次强化，不仅没有效果，反而会加强她的行为。"

芳芳妈说："那怎么才能改掉她这个坏毛病呢？"专家说："首要的肯定是建立安全感，这个命题很大，父母需要通过学习，深入了解孩子的内心，给孩子真正的爱和自由，让孩子和你们建立良好的依恋关系。碰到孩子吃手的时候，不要指责，不要提醒她'别吃手'，轻轻拿开她的手即可。然后以她感兴趣的活动来分散她的注意力。平时找事给她做，不让她有闲下来发呆的时候。如果孩子的注意力集中在有趣的活动上面，就会减少吃手的行为。不要当着孩子的面议论她的这个习惯，以免强化她的行为。养成一个习惯容易，要改变一个习惯难。改变一个习惯需要一个漫长的过程，不是三两天可以改变的，你要有足够的耐心来等待。"

悦悦妈妈的小侄女晓晓喜欢一边捻头发，一边做吸吮状，这个习惯导致她形成了"地包天"，即下面的牙齿包在上面的牙齿外面（正常情况是上牙包在下牙外面）。经过牙齿矫正后，医生叮嘱，必须改掉吸吮的习惯，不然换牙时还会形成"地包天"。晓晓的这个习惯本来不是太严重，仅仅是在显得无聊的时候偶尔为之。她妈妈心情急切，唯恐晓晓的"地包天"再次复发，每当晓晓捻头发的时候，她就大声喝止"别捻头发""怎么又捻头发了"，有时还打晓晓的手。在家长的"监督"之下，晓晓越发紧张，捻头发的次数越来越多了，从以前的偶尔为之发展至时时刻刻都举着手捻头发！

说教是最没效果的一种教育方式。成人喋喋不休的说教让孩子感到反感，要么孩子会公然作对，对家长的说教不理不睬；要么是表面服从，内心却很抗拒。

如果妈妈想要改变孩子的某个弱点或不良习惯，一定要记住"教育无痕"四个字，不要对孩子进行说教，说教太多孩子听不懂，就算听懂也接受不了。不要提醒，因为每一次提醒都是一次强化。妈妈要忽略掉孩子不好的一面，善于发现孩子好的一面并给予大大的关注，这样好的一面就会慢慢放大，覆盖掉不好的一面，孩子的缺点和不良习惯将慢慢改变。

## 如何让孩子听懂道理

悦悦妈妈和朋友带着孩子到餐馆吃饭，他们的孩子星星聪明活泼，长得很帅气。上菜之前，服务员先上了一小碟花生米，星星爬上桌将整碟花生米拖到面前，倒在自己碗里。星星妈非常尴尬，对星星轻声说："不要倒在自己碗里，这样别人就没得吃的了，妈妈帮你把花生米放回去吧。"星星不听，抓着花生米往嘴里塞。星星妈妈接着说："花生米吃太多不好，容易拉肚子。快把花生米倒回去。"星星仍然不理睬。妈妈"威胁"道："再不倒出来，妈妈要打你了！"星星无动于衷。

吃饭了，星星把小块米饭放进水杯，再倒上水，接着夹了一些菜放到杯子里翻来覆去地玩，把两个杯子倒来倒去。星星妈妈还是先温和地讲道理，"星星，吃饭就要专心，不能玩菜……星星，这样边吃边玩不对的，你看悦悦姐姐都是一心一意地吃饭……星星，你要好好吃饭，不然就长不高……"道理说了一箩筐，星星当耳旁风，自顾自地玩着。星星妈妈逐渐失去耐性，"威胁"道："再不专心吃饭，妈妈真的打你了！"对妈妈的威胁，星星好像有了"免疫力"，仍然专注地玩他面前的饭菜。星星妈妈彻底失去耐性，顺手拿筷子在星星的手上敲了两下，星星哭开了……最后，不得已由星星爸爸出场，抱着星星喂饭。吃饭的时候，星星突然打他妈妈，"你这个讨厌的妈妈！你刚才打我！"

有些家长感到疑惑："为什么好好和孩子讲道理，他就是不听呢？其实我一点也不想打孩子，可是孩子的不讲理把我的耐心完全磨掉了，让人忍无可忍……"

实际上，孩子的注意力十分有限。任何能让他们感到新奇的玩乐方式都非常有吸引力。所以有时并不是孩子充耳不闻，而是他们玩得太专注了。如果你讲的道理太多了，孩子接收不了这么多的信息，所以他听不进去，只当耳边风。唠唠叨叨讲多了，对孩子来说只意味着一件事：我想玩，但爸爸妈妈不让我玩，真烦人。会引起孩子的抵触情绪。行动胜过语言，只跟孩子强调简单的规则，然后用行动告诉孩子该怎么做。比如吃饭的规则是：自己坐在餐桌边专心吃饭。那你现在可以对孩子说，吃饭时必须专心，不能边吃边玩。你应该采取的行动是：要求孩子要么专心吃饭，要么不吃，妈妈收掉碗，其后果是孩子得挨饿到下一餐。

如果孩子经过你的提醒后还在玩饭菜，你就要果断地收掉碗，体现你维护规则的坚决。同时你要做到真的要等到下一餐才给孩子吃东西，让孩子为自己的行为承担后果。整个过程你必须是温和的态度，不带情绪，如果带了情绪，孩子会认为你在生气，故意惩罚他。而前面独占花生米的情形，家长只要和孩子说明一点：这是大家的花生米，你没有权利独占，你必须和大家一起分享。

其他的话都是多余的了，诸如"花生米吃多了会拉肚子"的理由没有讲到点子上，太多的道理孩子是不能接受的。你强调两到三遍规则，如果孩子还不把花生米归位，你可以强制把花生米归位，不管孩子是不是哭闹。如果他哭闹，你就让他哭，不必阻止，你尽管吃你的花生米。这样他会意识到哭是他的权利，家长不会阻止，但是也不会因为他的哭闹而妥协。花生米是大家的，必须由大家一起分享。

孩子不是生来就不讲理的，星星和悦悦不同，是因为妈妈的教育方式不同。很多不讲理的孩子，他们对父母的"道理"置若罔闻、我行我素。家长们深感头疼，惊呼"为何孩子会如此不听话""这孩子怎么这么任性"……其实，孩子的任何一种状态都是有原因的，其深层次的原因是家长长期对孩子采取压制、粗暴或者溺爱的教育态度所致。压制、粗暴或溺爱是"因"，任性、不讲理是"果"。聪明的家长对待孩子的态度是尊重、理解和放手，所以其孩子明理、懂事。教育如同种植，栽的是什么花，结的就是什么果。

在一个自由宽松的环境里，当成人的指令和孩子的内心成长需要相吻合的时候，孩子就会顺从；而当成人的指令和孩子内心成长需要相冲突时，孩子就会反抗。过孩子"玩水"的这件事，由于妈妈们不同的处理方法，相应的结果也不同。

伟林妈妈说："女儿2岁7个月了，我说什么话她都不听。为什么你家孩子那么听话呢？比如昨晚弄饭的时候她非要玩水，我就给她说，现在天气很冷，如果衣服打湿了，妈妈要给你换，容易感冒。她还是不听，当然衣服打湿了，我给她换了衣服，要求她停止玩水。她还是不听继续玩。我实在忍不住骂了她，她就哭个不停。这种事情很多，我都不知道该怎么来对她。"

对于伟林妈妈的疑问，媛媛妈这样说："我家媛媛跟你家宝宝差不多大。我妈从不干涉媛媛玩水，冬天也这样。每次她要自己洗手（其实也就是想要玩水找个借口而已），我就说，好吧，自己去洗，但是注意不要弄湿衣服。媛媛每次自己进卫生间，玩半天然后出来告诉妈妈说，妈妈，你看，我没弄湿衣服。我一看，果然没弄湿。妈妈有时候太低估孩子的能力了，还有，克服不了怕孩子冻坏的担心。媛媛从来没有因为玩水挨冻而生病。孩子不傻，冬天她不会玩很长时间，如果时间太长我会稍微提醒一下，她就会很自觉。你越干涉，她会越想玩，因为担心你不让玩，她会想方设法地把时间延长，并且由于心慌，很容易弄湿衣服。其实洗手这事，婆婆和老公开始并不理解。老公现在理解了，婆婆还是不放心。婆婆在家时，媛媛会偷偷地去开关水龙头，然后一不小心衣服就湿了，婆婆更加不允许。我在家的时候，都是不干涉的，媛媛手一脏了就跑去洗，洗之前征求一下妈妈的意见，妈妈会告诉她'没关系，去洗吧'。这就是带养人的不同，孩子的行为也会不同。没有哪个孩子是天生听话的，妈妈也不需要一个听话的孩子。悦悦'听话'，是因为悦悦妈给了她最大程度的自由，她的行为得到了尊重，并且有规则。媛媛也是这样。"

两位妈妈对待孩子"玩水"一事的处理截然相反，伟林妈妈是制止，结果是越制止，孩子越要玩，激发了孩子的逆反心理，以致事事和妈妈作对；媛媛妈则是支持的态度，结果是孩子"听话"，并遵从妈妈的要求"不弄湿衣服"。

另一位妈妈非常赞同媛媛妈的观点，她说："我养孩子的方式跟媛媛妈一模一样，想法都一样。我的宝宝快2岁了，可以说是很'听话'。别看'听话'，但是她很有想法、主见和自制力，很会想办法解决问题，达成目的。别看这么小，有时候爷爷奶奶都要听她的，带起来很省心。我的一个原则就是给予了足够充分的自我决定权和选择权，但是会告诉她做了各种选择后可能产生的结果。当然，前提是家长说的是真实的事实，既不夸大也不缩小。当她做了错误的选择并产生结果时，正好印证了家长提醒过的话，她下次做的时候就会做出正确的选择。这样，体现出来好像就是孩子真的很'听话'，家长说过的不好的、危险的事她不会去做，或者'按照家长的提醒'去做。其实她的'听话'是遵从了自己内心的选择，只是家长的期望与她的选择合二为一了。"

从小孩"玩水"事件中，不难看出他们的教育观。伟林妈妈是传统的观念，担心孩子弄湿、冻着，限制和阻止孩子，对孩子不信任不放手。不难推测在其他事情上，她也是以这样的方式对待孩子。所以，她招致了孩子的对抗，孩子很不"听话"；媛媛妈和第三个妈妈桑妈则是以信任、放手、理解、支持的态度对待孩子，收获的是孩子的"听话"和懂事。因为"玩水"是孩子内心成长的需要，成人如果阻止，孩子就会反抗；成人如果支持，并提出"不弄湿衣服"的合理要求，孩子就会顺从。所以与其说孩子是听成人的话，不如说是听她自己的话。

再举个例子，如果一个孩子拿着玻璃杯小心翼翼地倒水，这时成人担心打坏玻璃杯，阻止孩子，那么孩子一定会反抗，因为他需要通过用玻璃杯反复倒水来发展他的手部动作，"倒水"这一行为是孩子此刻内心成长的迫切需要，就和年轻人迫不及待想创业实现自我价值的需求一样强烈。如果家长抱以理解和支持的态度，只要求孩子在洗手池或其他固定的地方倒，中途不打断，结束后要求孩子收拾整理和清扫，孩子会愉快地顺从。

如果像星星这样，起码的规则都不能遵守，就算家长讲的是对的也不顺从，一定是限制过多，引起了孩子的逆反，所以他什么话也不听，就算你说得对他也不听。还有一个原因，可能是家长在教育孩子的过程中毫无规则，或者有规则但并未严格遵守。一方面没有足够的自由，一方面也没有建立相应的规则，这是很多孩子"不讲理"的原因。

所以，在讨论这个话题的时候，妈妈有必要先区分清楚，家长不是要孩子"听话"（盲从，对成人说的一切言听计从），而是要孩子"讲理"（遵守必要的规则）。妈妈事先就应该弄清孩子的哪些行为是合理的，哪些是不合理的。判别的标准在前面说过，就是只要孩子的行为"不伤害自己、不破坏环境、不妨碍他人"，妈妈就应该视他的行为为合理要求。这一点，很多家长自己是糊涂的，比如有的家长不准孩子玩水玩沙（合理），但允许孩子摘花折枝（不合理，破坏环境）；不准孩子自己拿碗自己盛饭（合理），却允许孩子光吃零食不吃饭（不合理，伤害自己）；不准孩子在家用颜料画画，担心弄脏（合理），却允许孩子在公共场所乱涂乱画（破坏环境）；不准孩子饲养小动物（合理），却允许孩子抓公园池塘的鱼（破坏环境）；由于客套，不准孩子到小朋友家吃饭（只要别人邀请，合理），却默许孩子打断别人的专注行为比如玩玩具、画画（不合理，妨碍别人）。大部分家长自己都是糊涂的，无法分清什么是合理什么是不合理，哪种行为该支持，哪种行为该阻止，在不该阻止的时候阻止了，该阻止的时候却无所作为，孩子"不讲理"就是自然而然的了。

那么，哪些规则是孩子必须遵守的呢？下面是一位懂教育的家长和孩子约定的必须遵守的规则：

第一，吃饭必须在餐桌边专心吃，不玩、不看电视，如果上顿饭没吃必须等到下一顿开餐，中途除喝水不能吃别的东西，饭前不可以吃零食。

第二，饭前便后要洗手，外出回来要洗手。

第三，自己的物品自己支配，别人的物品未经允许不可以拿，公共的物品先拿到先得，后来者等待。

第四，用过的物品必须及时归位。

第五，不能有攀花折枝、踩草坪等损坏公物、破坏公共环境的行为。

第六，不打扰在进行活动的他人，不破坏别人的劳动成果。

第七，不能有打人、骂人等粗鲁行为。

这些规则不是约束孩子一个人的，是约束全家人的，父母必须和孩子共同遵守每一条规则。在平等的氛围下，孩子乐于接受和遵守以上规则。孩子内心是渴望界限的，如果成人能把界限划清楚，并要求自己和孩子共同遵守，孩子是愿意遵守的。

有家长会问，如果孩子真的是不讲理，那该怎么办呢？先来看看哪些是不当的处理方式。面对孩子的不讲理，说教和打骂是大多数家长经常采取的方式，这两种方式都是无效的教育方式。说教让孩子厌烦和抵触，打骂则是"以暴制暴"，让孩子学会以粗暴的方式解决问题。很多家长是先说教，说教不成再打骂。长期这样对待孩子，孩子要么变得很"皮"，刀枪不入，任你怎么说教和打骂，依然如故；要么孩子变得逆反，虽然家长讲得对，但就是要和家长对着干；要么变得畏缩，孩子畏惧于家长的打骂，表面服从，内心抗拒，怨气积压到一定程度，会如火山般爆发。

还有一种极端的方式就是溺爱，不管孩子提出什么样的要求，家长都会答应。有时候家长刚开始拒绝，但是拗不过孩子的央求和哭泣，最终向孩子妥协。这样，孩子自然会蛮横不讲理、任性而为。

家长还存在一个误区，就是喜欢用"语言"来说服孩子，讲好多好多看似正确的道理，而忽略用"行动"告诉孩子应该严格遵守规则。很多家长对于规则的建立和强调是模糊不清的，比如星星妈就是这样，说了很多道理，把孩子的心都搞乱了，孩子不知道哪个才是规则。丝毫没有行动，"光打雷不下雨"，孩子根本没有机会来对自己的行为负责，孩子从来没有体验过自己不守规则会是什么结果，当然孩子对"道理"会置若罔闻了。

对孩子阐述规则，必须言简意赅，不要加太多条件限制，便于他们更好地理解。比如吃饭的规则是"自己坐在桌子旁专心吃饭"，这个规则就包含了3个意思：一是必须自己吃；二是吃饭必须坐在桌子旁边，不能到处走动；三是吃饭必须专心，不能边吃边玩。和孩子讲明规则后，要停止一切多余的说教。如果妈妈想要孩子严格遵守规则，"行动"比"语言"重要一万倍。

遇到孩子不讲理时，最好的处理方法是：保持平静，接纳孩子的感受，用简洁的语言强调规则，温和而坚定地拒绝孩子的不合理要求，给孩子发泄情绪的时间，耐心等待孩子的情绪平复，让孩子体验自身行为的自然结果。

　　一次，马上就要吃午饭时，悦悦看见柜子上的饼干，央求要吃。妈妈说："知道你现在很想吃，不过妈妈约定好了的，零食必须在饭后吃，饭前不可以吃零食。"

　　悦悦哼哼唧唧地和妈妈撒娇，反正就是要吃饼干。妈妈不为所动，继续在厨房炒菜，只是强调零食必须在吃过饭后再吃，饭前不可以吃，因为饭前吃零食会影响正餐。其实这个规则悦悦是知道的，以前也是遵守的，不过孩子毕竟是孩子，偶尔被馋虫勾起，不能自律也很正常。

见妈妈如此坚决，悦悦有些愤怒，开始哭起来，一边哭，一边说："我要把你的手切掉！要吃掉你！"（进入3岁后，孩子会发现语言的威力，经常在生气的时候用"恶毒"的语言来发泄心中的怒火）看到这个小家伙就算如此愤怒也并不强行拿饼干吃，妈妈有些想笑，但妈妈忍住了。妈妈知道她已经懂得吃零食的规则，不用多说了，她需要时间来发泄怒火，平息心情。妈妈把饭菜端到桌子上，妈妈猜测她可能暂时没心情吃饭，于是自己先吃了。

悦悦继续哭泣，边哭边说了很多"攻击"妈妈的话，她用这种方式来发泄对妈妈的不满。妈妈接纳了她的愤怒，在一旁静静等待。在悦悦平静下来后，她妈妈说："如果悦悦不讲理，妈妈是不会买零食回来的。但是妈妈知道悦悦一直是很讲理的，所以妈妈非常相信悦悦，买零食回家来，还放到悦悦拿得到的地方。"悦悦嘟嘟囔囔回了一句："下次我也不给你买板栗了！"她居然记得妈妈最爱吃糖炒板栗。接着她又说："哼，你不给我买零食的话，我自己买。"这家伙余怒未消。妈妈故意逗她，"可是，你没钱呀。"悦悦说："我单车里面有钱。"说着她走到小单车面前，从单车尾箱里掏出了1块钱。妈妈彻底被她的天真逗笑了。

悦悦拿着钱，走到妈妈面前，态度来了一个大转弯，"这是给你买板栗的。"妈妈心里一热，把她拥在怀里，"悦悦心里记着妈妈最爱吃板栗，还要给妈妈买，你对妈妈真好，妈妈很感动。"悦悦露出了笑容，依偎在妈妈怀里。妈妈伸出手，"悦悦，妈妈和你还是不是好朋友？"悦悦握住妈妈的手，使劲摇了两下，大声说："是的。"妈妈笑着说："那咱们可以吃饭了吗？"悦悦点点头，洗了手开始吃饭。一场"战争"结束了，"战后"，妈妈当然没忘狠狠地表扬悦悦是"遵守规则"的好孩子，是"讲理"的小姑娘。

还有一次，也是因为"吃"。逛完超市出来，悦悦买了一根热狗，边走边吃。吃到还剩下三分之一根的时候，热狗掉了。看着掉在地上的热狗，悦悦急了，眼泪汪汪地说："妈妈，我还要热狗。"还没吃完的美味居然掉了，这真够恼火的！妈妈蹲下来，看着悦悦的眼睛说："你一定很恼火。"悦悦哭出声来，"我不管，我就是要热狗。"妈妈温和地说："你还没吃够，还想吃热狗？"悦悦说："对，妈妈快点，再去买一根。"妈妈说："知道你还想吃，不过妈妈约定过，一次只买一根。"悦悦恼怒地向妈妈咆哮，"就是要热狗！我要把你切成一片片的，把你吃掉！"在大街上发生这一幕，偶有路人侧目。妈妈幽默地说："你要把妈妈切成肉片，做成热狗？"悦悦险些被这句话逗笑，但是余怒未消，"就是要把你切成片。"不过声音小了很多，并且迈开脚步朝前走去，但不是朝超市的方向。妈妈暗笑，她已经妥协了。妈妈试探性地问："回家？"悦悦说："好。"妈妈拿出在超市买的薯条递给悦悦，"你还有薯条。"悦悦接过薯条，笑了，像一只快乐的小鸟向前走去。妈妈注意到，她只是把薯条拿在手上，其实并没有打开吃。

对孩子的"不讲理"，还有一种轻松的方式应对。

悦悦有时喜欢拖拉，比如早上起床、洗脸、刷牙要磨蹭大半天。妈妈多次提醒，她不理不睬，妈妈的怒火险些要爆发，最终忍住了。妈妈换了一种方式，以一种特别的声音模仿牙刷的口气大声喊："是小鱼牙刷，悦悦姐姐快来呀，小牙刷我想和你做朋友哦。"悦悦赶紧跑过来刷牙。

有时，悦悦把屋里翻得一片狼藉，让她收拾整理，她不为所动。妈妈便模仿玩具的口吻说："快听，是玩具宝宝在说话：悦悦姐姐，地上好凉呀，可以送我们回家吗？"一听此言，悦悦会赶紧把玩具收拾好。孩子就是这样，她愿意为牙刷、玩具做事，她就是不愿意为家长做事。每一个人都不愿意别人对自己指手画脚，孩子也是这样，他不愿意接受家长的指令，他只愿意听从自己，这样的状态才是正常的。如果一个孩子完全对成人俯首帖耳，那才不正常。

要孩子讲理，大人们就要做到给孩子自由、建立简单规则、言出必行、不乱发脾气。那天，晓晓对姑姑说："姑姑，我最喜欢你，也最愿意听你的话。"姑姑问她："为什么呢？"晓晓说："因为你不骂人、不生气、说话算数，你又不管我，不会告诉我必须做什么，我觉得和你在一起很轻松。"她总结得多么好啊！

没有一个孩子生来不讲理，其深层次的原因是家长长期对孩子采取压制、粗暴或者溺爱的教育态度所致。压制、粗暴或溺爱是"因"，任性、不讲理是"果"。

在面对孩子的"不讲理"时，最关键也最难做到的是保持平静的情绪。只要家长的情绪失控，怒火上升，事情就会变得糟糕。其实，家长对孩子大发脾气，只是发泄了自己的情绪，同时给孩子示范了什么是"不能自控"、什么是"暴躁"、什么是"任性"。试想，家长都这样不能自控、这么暴躁，孩子又怎能不暴躁，又怎么能不任性呢？有的家长说，妈妈知道发脾气不好，但是妈妈只要面对孩子的无理取闹就会抓狂，妈妈就会变得不能自控，每次发完火后妈妈又很后悔和自责，不知有什么办法可以做到不发火。这样的家长一方面是不懂得孩子的心理，另一方面是自己的自控能力不够。家长都不能自控，孩子又怎能不任性呢？这样的家长必须加强自身修养，提高自律能力，别无他法。

# 全职妈妈伴随成长

很多妈妈问过这个问题："孩子目前是老人带，老人的观念和妈妈不一样，对孩子的限制过多、保护过多，妈妈想全职带孩子，可是又有种种担心，担心以后找工作困难、担心生活质量下降、担心和社会脱节、担心家人朋友不理解等，真是很纠结呀。"

有没有办法做到工作、带孩子两不误呢？如果只是把孩子养活大，这个问题好办，让爷爷奶奶或外公外婆带或请个保姆就可做到；但如果要把孩子教育好，恐怕难以做到两全其美。

要教育好孩子，主要带养人的素质非常重要。首先，她必须人格健全、心智成熟、品行端正；其次，要拥有科学的教育观，掌握科学的教育方式，懂得儿童心理，了解孩子的内心；最后，她还需要广泛的知识面，较深厚的文化底蕴。试问，以上这几点有几位老人和保姆能达到呢？不可否认，有少数文化素质较高、思想开明、学习能力较强的老人能做到。

有这样一位老人，退休前是大学老师，性格开朗、思想开明、为人和善。更为可贵的是，她特别勤学好问，一看见妈妈，就和妈妈聊孩子的教育话题，自己有哪些做得不够的，经常进行反思。

如果有幸碰到这样的爹妈或公婆，那得恭喜你，你只需下班后多陪陪孩子，也许真的可以做到工作、孩子两不误了。但这样的老人毕竟是凤毛麟角，大多数老人传统观念根深蒂固，很难接受一种新的教育理念和教养方式，绝大多数老人停留在"吃饱穿暖"的阶段，教育方式与年轻的父母们相冲突。很多家庭因为孩子的教育问题，甚至爆发两代人的家庭战争。而保姆的学识和素质就更加难以胜任教育孩子的重任了。

0—6岁是孩子性格形成的关键期，这个阶段（尤其是3岁前）教育的重要性在前文提到过多次，这里就不再赘述。如果妈妈花上3年的时间来陪伴孩子成长，这样的"投资"一定是世界上最划算的一笔投资，它收获的将是孩子幸福的一生。令人遗憾的是，很多家长看不到这一点，他们想的是趁着年轻好好赚钱，创造好的物质条件，给孩子一个衣食无忧的环境。还有的家长是事业型的，认为事业成功才能实现个人价值，如果中断自己的事业来带孩子，自己的人生价值从何体现？

每个人的价值观都不一样，所追求的东西也不一样，随之而来所做的取舍也不一样。很多父母在孩子的生命最初几年没有意识到教育的重要性，忙着事业、忙着赚钱，把孩子扔给老人或者全托在幼儿园，到头来却发现孩子出了各种问题，不得不花大量的时间和精力去补救。这就好比让一个人生了病，然后再去给他治疗，病得轻的，花时间、花精力、花钱还可以治好；若是患上重病，任你花多少钱也治不好了！

第一个故事，是一个的士司机的故事。

一次，一家三口在公园玩过后搭乘的士回家。在车上，悦悦看见路旁的交通标志比如"禁止鸣笛""限速60"等标志，一个个指认。出租车司机看见了，问悦悦多大了，怎么认识这么多标志。悦悦告诉他3岁半了。原来司机的孩子和悦悦一般大，他说他孩子比起悦悦可就差远了。说到教育的话题，他感慨万千，讲了他的故事。

他以前在深圳做生意，妻子在深圳当报关员。孩子出生后，一直由爷爷奶奶带，最初是在老家留守，后来请老人到深圳带过2个月。由于老人特别不适应深圳的生活环境，根本不跟外界交流，他担心长期这样会让老人憋出毛病，只好让老人带着孩子回了老家。

孩子两岁多的时候，问题暴露出来了：她非常任性、蛮横，说要什么就要什么，不达目的不罢休；无节制地吃零食，尤其是糖果，前面两个门牙都被虫蛀没了；无节制地玩电脑游戏、看电视；在家是霸王，到了外面却胆小如鼠……夫妻俩意识到问题的严重性，毅然放弃了在深圳的高薪工作，在长沙买房，他开起了的士，妻子则全职带孩子，来"补偿"孩子。

司机感慨，"以前一年的收入有几十万，现在全家就靠我开的士糊口，每年只有六七万的收入，但是我丝毫不后悔。我已经错过了孩子的成长关键期，现在，我不想再错过了。人生在世，要那么多钱干什么，一家三口在一起，孩子能健康快乐地成长，一切就够了。"说罢，他转头问妈妈，"现在孩子三岁多，我来做这一切，还来得及吗？"

教育专家说："当然来得及，不过需要一个较长的过程。所有的不良习惯、不良性格一旦形成了，再去纠正都需要一个漫长的过程，少则几个月，多则一年甚至更久。不过，你们是非常明智的，能够及时发现问题，下这么大的决心舍弃高收入来陪伴孩子，亡羊补牢，为时未晚。"

第二个故事是关于一个房地产公司经理的。他孩子5岁半，他坦言他们非常重视教育，平时也是老人带，老人的教育方式和他们的不一样，他想只有全托才能保证教育的一致性，于是在一所民办幼儿园全托了2年，后来转到一所公办幼儿园日托。孩子最大的问题就是逆反、犟，不管你说什么，他都要和你对着干，什么都是"不"。经理问："是不是孩子进入了叛逆期啊？"教育专家说："孩子在两岁左右进入人生的第一个叛逆期，那时自我意识萌芽，开始有了自己的主张，喜欢说'不'。到了五岁多，不是叛逆期了，应该是你们的教育方式出了问题，引起了他的逆反所致。"经理说："他喜欢咬手，有时候皮都咬掉了，又红又痛，不管他妈妈怎么说，他就是改不掉。"教育专家说："这就是孩子缺乏安全感的表现。你给孩子放全托是极其不妥的，孩子必须在父母身边，和父母建立良好的依恋关系，他只有能信任父母，才有可能信任环境、信任旁人，建立安全感。你为了保证教育的一致性把孩子送全托是非常得不偿失的，本来完全可以通过别的方式比如看书、沟通、夫妻一方全职带孩子等来保持教育的一致性。再说，孩子白天在幼儿园，晚上你们多陪陪，老人们接触孩子的时间就很少了。"

经理连连称是，问道："孩子五岁多了还能改变吗？"妈妈说："要抓紧了，过了6岁，性格关键期就结束了，到时很难改变。"

这两个故事的家长都是在孩子生命的最初几年没有给孩子高质量的陪伴，他们不约而同地把孩子扔给了老人或是幼儿园，万幸的是，他们及时发现问题，还有时间来"修复"孩子，只不过要付出更大的代价和花更多的时间和精力。更加不幸的是很多孩子在小学甚至中学才发现问题，如网瘾、厌学、自卑自闭、性格孤僻、逆反、离家出走等，到那时，家长千方百计想要改变，有的甚至把孩子送到行走学校"改造"，但由于已经过了孩子的性格形成关键期，要改变已经很困难了！

有人会说，这一代人不都是这么长大的吗？不也好好的？其实仔细观察他自己及周围的人，他们也许拥有高学历、好工作、高收入，但这不代表他们的心智健全，他们或多或少有各种性格或心理缺陷，比如自卑、没主见、怯懦、狭隘自私、暴躁、敏感多疑、胆小、不能自控、不独立等，真正心智健全、内心强大的人很少很少。

英国有一句谚语："那双摇动摇篮的手就是那双摇动世界的手。"看一个民族有没有希望，就要看她的教育，一个民族的命运其实是掌握在母亲手中的。所以，全职带孩子是非常有必要的。

不过，全职妈妈千万不要当成保姆型的。妈妈见过不少全职妈妈，她们的教育观和教育方式与老人相差无几，重心是管着孩子的吃喝拉撒，毫无心思进行教育。她们和大多数老人带孩子没多少区别，保护过多、限制过多、不放手、不懂孩子。她们对孩子缺乏耐心，脾气大得吓人，根本不懂得孩子内心需要什么，不爱学习，不爱思考，喜欢抱怨"孩子究竟是怎么了"。这样的全职妈妈带出的孩子和老人带出的孩子差别不大。

当全职妈妈，心态也是非常重要的，千万不要有"牺牲"的想法。因为一旦有了这样的想法，你的心态就会失衡，觉得为了孩子，自己失去体面的工作、失去稳定的收入、失去自己的社会圈子，生出很多怨气，带着这种怨气是教育不好孩子的，教育孩子需要平和的心态。这种失衡的心态甚至还会引发夫妻间的矛盾，影响婚姻的稳定。全职带孩子，不是自我牺牲，只是妈妈作为母亲应该履行的职责。每一位妈妈在准备辞职带宝宝之前，都要先认识到这一点，否则会埋下心理失衡的隐患。

当全职妈妈，家人，尤其是老公的理解是非常重要的。如果老公不理解、不支持，认为你在家吃闲饭，要靠他养活，从而轻视你，这样会让你非常抑郁。其实，全职妈妈就是一种职业，这门职业不是在家做做饭、搞搞卫生、带带孩子就行了，是要通过努力学习、用心感悟、不断总结和分析才能胜任的，如果仅是前者，保姆就可胜任，完全不必当全职妈妈。全职妈妈的任务是艰巨而伟大的，成功的全职妈妈收获的是孩子幸福的一生，其意义是任何职业都不能与之相比的！因此需要提醒一下所有的爸爸们，要意识到全职妈妈的重要性，千万不要轻视当全职妈妈的老婆，要看到她劳动的价值，要尊重、理解和支持她！

在目前这样一个生活压力大的社会环境下，"要不要当全职妈妈"是一个沉重的话题。很多家庭靠一个人的收入养活不了全家，而大多数妈妈担心复出后找不到好工作，这些都是现实的问题，妈妈们要仔细权衡，考虑成熟再做选择。

如果政府能提高保障，并给予母亲（或父亲）全职带孩子一些政策上的支持，比如延长产假至一年或更长；在母亲全职带孩子期间停发工资，但保留其职位；免去全职带孩子家庭的税赋；提高家庭收入，等等，解除全职妈妈的后顾之忧，那么有更多的妈妈将迈入全职的行列。儿童是国家的未来，国家是否强大，民族是否能振兴，与妈妈的下一代的整体素质息息相关。如果国家重视早期教育，鼓励父母亲一方全职带孩子，这将是中华民族最大的幸事。

是否做一个"全职妈妈"，还得看妈妈的素质和教育理念。如果一个妈妈，她有广泛的知识面，较深厚的文化底蕴，拥有科学的教育观，掌握科学的教育方式，懂得儿童心理，有健全的人格、成熟的心智、端正的品行；并且，她在孩子慢慢长大的过程中不会经常对孩子说"为了你，妈妈付出了……""牺牲了妈妈的事业……"等，这样的妈妈可以考虑做一个全职妈妈。如果这个妈妈的教育方式跟老人的育儿方式没什么差别，重心是管着孩子的吃喝拉撒，毫无心思进行教育，那最好不要选择"全职妈妈"。

# 隔代教育的分歧

现在大多数孩子由老人照顾，只要是老人带孩子的家庭，几乎都会碰到和老人沟通的问题。老人们坚持着老一套的方法带养孩子，无法落实年轻家长的教育理念。家庭成员教育态度、方式不一致，教育效果就会大打折扣甚至毫无效果。家长们迫切期待能有改变老人教养方式的"秘籍"。

有一位家长抱怨说："女儿一直不好好吃饭，她吃饭的状态是：大人追着喂，她一边玩一边吃，或者一边看电视一边吃，大人不喂就不吃。我下决心要培养她良好的吃饭习惯，跟女儿约定规则：吃饭一定要在餐桌边吃，不可以到处走动，不可以做其他任何事情，而且要自己吃，不能喂。事先我跟婆婆和老公做了详细的沟通，他们很不以为然，觉得小孩子喂喂饭没什么大不了的，反正总不能饿着吧。我跟他们灌输了'小孩子是饿不坏的'观点，他们不认可，但是在我的强烈要求下，他们答应和我配合，培养女儿良好的用餐习惯。结果是：女儿上桌后，磨磨蹭蹭，扒拉两口之后就下桌了（这个过程中，婆婆在旁边几次跃跃欲试想喂，但是被妈妈用眼神制止了）。妈妈问女儿你吃饱了吗？女儿说吃饱了。妈妈说，那好，必须到下一餐才可以吃东西，中间除了喝水不能吃任何东西。女儿答应了。没想到女儿刚下桌，婆婆就拿着饼干出来了，不顾妈妈的反对，喂给孩子吃。妈妈气晕了！婆婆竟然说，哪有你这样的妈妈，要饿自己孩子的。由于婆婆的不配合，至今女儿吃饭仍然靠喂，边玩边吃。"

这位妈妈的事例具有代表性，大多数家长都遭遇过同样的苦恼，就是由于老人的不配合，导致无法一致教育孩子，影响孩子的性格和习惯的养成。

孩子的性格会受带养人潜移默化的影响，谁带他最多，受谁的影响就最大。如果不希望孩子传承古板长辈的性格缺点，那就坚持自己带着孩子。同时，要懂得利用一切机会，试图改变老一辈的旧观念。改变老人尤其是性格固执的老人的观念是非常不容易的，也是一个漫长的过程。

教育的最终目的都是引导孩子向善向美，有道德有本领，分歧主要是出现在方法上，那么到底什么才是好方法，正确的方法，判断的标准是什么？不是新与旧的冲突，不是年老与年轻的冲突，而恰恰是被忽略的孩子的选择，适合孩子的，孩子喜欢并易于接受的，能达到教育孩子目的的就是好方法。

所以不如把选择选择权交还给孩子，这样做的好处，一方面是孩子乐于接受自己选择的，另一方面也在培养孩子的主见和责任感。大部分人认为孩子太小，没有选择判断能力，这种观念是有偏差的，孩子在母腹中出来的第一秒就能分辨所见之人的情绪，所以，孩子比我们想象的更有能力的多，所以相信孩子的判断力。当然一些咀嚼喂食等影响身体健康的行为则要由年轻的父母与老年人沟通，相信只要老人明白了，也不会弃孩子的健康而不顾。

在养育孩子这件事上，年轻父母往往趋于理性，老人，则是趋于感性的，他们疼爱孙辈，往往愿意尽量去满足孩子的愿望，因此，隔代教育的矛盾自然是一出接一出，而沟通就显得格外重要，试试下面这10条。

1.私聊

当我们和老人产生矛盾后，首先要注意找准组合，才能事半功倍。如果是与爷爷、奶奶沟通，那就请爸爸出马；如果是与姥姥、姥爷沟通，就请妈妈出马。

而且，不要把问题搬上台面，一定要找没人的场合私聊。这样，即使老人意识到确实是自己的做法欠妥，也更容易坦诚以对。此外，在沟通之初，年轻父母要尽量先表达对老人的感谢和关爱，再慢慢切入正题。

2.说事实

当发现老人对孩子有溺爱现象或不妥当的教育方法时，我们要顾及老人的自尊心，最好从侧面提醒，说话只说事实，而不带批评或任何让老人马上改变自己做法的要求。切不可当众驳斥老人，那样只会伤了老人的心，还让矛盾更加恶化。

3.找对理由

在养育上和老人产生分歧时，不要在问题表面争论不休。如果有科学依据，不妨将反驳的理由建立在此基础上。这样既体现了对老人尊重，又容易让老人接受建议。如果你的理由有根有据，老人一定也愿意改变自己的做法。

**4.把握时机**

教育孩子讲契机，说服老人也要讲时机。如果对方此时心情愉悦，或是正好碰上孩子出现这个问题，建议和意见易于被老人接受;如果气氛、场合不对，说服则易遭遇反击，最终问题没有解决，还导致不欢而散。

**5.曲线救国**

和老人在养育中发生隔代教育重大分歧时，万不可针锋相对，否则问题解决不了，大家的关系还会恶化。当下媒体中专家讲育儿知识和方法的节目很多，可请老人一起看。专家的指导更有说服力，便于老人接受。凡事给对方台阶，大事才能化小。

**6.老幼兼顾**

年轻父母想说服老人时，往往站在对孩子好的角度去说，但这样的说法容易让老人产生逆反心理：难道我是故意对孩子不好吗?因此，在和老人讨论养育问题时，不妨老幼兼顾，多站在老人角度上想问题，也许事情更容易解决。

如果遇到强势的老人，你可能无法说服他，他也不会承认自己有错误，那么就不妨以柔克刚，让老人体会到因为自己的让步而使你不再为难，他们会很有成就感。

**7.转移引导对象**

有很多事，矛盾的焦点并不在老人身上，也许只是导火线由老人引发。那么就要冷静一下，掐断导火线，回过头去找真正的矛盾焦点。

**8.常谈心**

平时多与老人交流，不要总说孩子的事，多多沟通生活中其他的事也能加深彼此的感情，利于在双方有矛盾时相互理解和宽容。

**9.善意的谎言**

很多矛盾，有时候只需一个玩笑、一个善意的谎言就能轻松解决。尤其是对于物质上的矛盾，不少老人都是一路节俭过来的，当看到为孩子花费过高时，会觉得不值。此时不妨来个善意的谎言，使其安心。

比如，给孩子用稍贵些但是品质高的用品时，不妨跟老人把价格说得便宜一些，或者尽量说是打折、特价、单位发的、朋友送的等等。

**10.冷处理**

对于老人在育儿上的一些错误做法或说教，有时候不必争个面红耳赤，冷处理反而效果更好。年轻父母可以按照自己的想法去做，对老人的指责、不满权当没听见就好了。不过，适当的时候，撒撒娇，表示自己很无奈什么的，老人的气也就消了。

由于生活条件所限，很多年纪大的老人受到的都是来自上一代粗暴的教育方式。这些冲击对他们造成了不小的伤害，于是他们就会本能地复制这种方式对待其他孩子。同时，我们应该承认，有些祖父母很懂育儿经验：不仅对孩子的身体发育了如指掌，能从容应对头疼脑热，更可贵的是对孙子宠爱适度，不娇纵，有利于培养孩子良好的生活习惯、活泼开朗的性格。这些都是隔代教育有利的一面。但现实生活中，能够做到后一方面的老人并不多。

从人类血脉相承的角度看，"隔代亲"是一种十分深厚、细腻而又难以言表的感情。看到自己的孩子有了孩子，多数老人简直乐糊涂了，别说孙子要玩具，就是星星月亮，如果能摘下来，他们都愿意给！有的老人年轻时在子女身上投入的精力较少，能让孩子吃饱穿暖有书念就不错了。现在清闲了，生活条件也好了，就产生了补偿心理，要把对子女欠缺的爱在孙子身上找补回来。长期如此，确实如大多数家长所说：会把孩子惯坏的！

还有些老人迷信朋友圈的各种带娃秘籍，甚至会给孩子喝各种乱七八糟的保健品。在他们自己看来，这是为了孩子好，孩子的父母不同意，他们还会伤心、生气。有位新手妈妈曾经在网上诉苦：

> 我家孩子刚满三岁，公婆两人平时比较信赖保健品，吃东西从来不舍得买，我们全家每顿一个菜，但她却最近买了很多来路不明的理疗产品，而且在理疗店里花了1万块买了很多喝的益生菌，回来想让我和老公和孩子跟他们一起喝，说是调整肠胃的，说了很多好处，我和老公从来不信这些东西，没同意喝，而且当时警告我公婆，千万不要给孩子喝。可是最近被我发现婆婆背着我俩偷偷地给孩子喂，我发现了问婆婆，她说已经喝了两个月了，亲奶奶不会害孩子，于是我就跟她顶撞了几句。我认为大人吃无所谓，吃不好吃不坏，可是一个三岁的孩子，为什么要让她调理肠胃呢，自然生长提高自身免疫力不就可以了，老公因为我顶撞婆婆跟我闹别扭，可我就是认为婆婆太过分，为什么不让做的事情总是偷偷地做。真是令人生气。我该怎么处理？

这个网友话中的婆婆觉得儿媳妇不领情，生气了。然而在现实生活中，情况往往更棘手：有的婆婆甚至会故意在儿子面前为此事哭诉。婆媳关系自古以来就是麻烦事，现在又牵扯到孩子的利益，实在是令人为难。遇到这种情况，当妈妈的不仅要有手腕，还得有极高的情商解决：

首先是真诚与老人沟通，认可他们对孩子的关心。然后，引导他们相信权威医院的力量。这一点，如果是外祖父母，请妈妈出面；反之请爸爸出面。态度温和，肯定老人的辛苦和功劳，并指出乱吃东西的隐患：保健品的医疗价值不高、保健品市场缺乏监管、违规保健品企业屡屡被查处。对方如果迷信这类养生谣言，你也最好以毒攻毒，给朋友圈转上十多个来路不明的保健品把孩子吃出病的新闻。

老人就和职场上喜欢摆资格的人一样，全部的底气来自于年龄和时间的沉淀。他们喜欢在自己熟悉的领域获得肯定，更希望自己拥有的信息是别人都想不到、接触不了的。那么什么能推翻这两点呢？就是专业。要让他们意识到，没错，可能你吃盐真比我吃的饭多，可是三十岁以下的手术医生多得是，您早已不是三十多岁的青年，但更不是医生，可能连给孩子绑个绷带都不利索。朋友圈告诉了他吃维生素ABCDE能大补，也能告诉他乱吃一通能把人吃成休克。家人不是敌人，即使长辈做错了事，也不要正面冲突。如果处理不当，只会越来越偏离我们的目的。

隔代亲还有一个明显的缺点：孩子脾气暴躁，情绪控制能力差，将来很难适应集体生活；"要啥给啥"不可能长久，总有一天祖父母满足不了孙子的要求，他会认为长辈无能，不爱他了，甚至会恨家人；索取成习惯，难以培养孩子的责任感和奉献意识；老年人的体力和精力不再旺盛，无法让孩子感受到同龄人的快乐，他们保守陈旧的思想也容易限制孩子看待世界的方式。不要奢望一次劝说奏效，家长可以在老人心情愉快时多说几次，大部分老人都会有所感悟。

很多家庭的老人不是不能改变，只是缺乏一个契机，妈妈要让老人用心来感悟教育之道。至于如何做到这一点，每个家庭的老人性格各不相同，需要针对其性格来"对症下药"，这就是年轻父母们必须做的功课了。

和老人沟通的小提示：坚信自己，孩子是妈妈的，妈妈有决定权；豁达一点，不跟老人着急上火，把老人当孩子看，不和他们计较；了解老人的成长经历，分析他的性格形成原因，包容和接纳他的性格，包括缺点（因为很多人的想法其实都来源于自身经历）；不硬碰硬地对峙，冷静下来再沟通；眼见为实：抓住生活中的事例分析更有说服力；及时鼓励：老人如小孩，丝毫进步都需要及时肯定；换位思考：理解老人的辛苦，看得到他们做出的努力，付出的辛勤劳动，并说出你对他们的感激；不给压力：老人转变是一个漫长的过程，需耐心等待老人的转变。

"隔代养育"所带来的最大缺点未必体现在孩子的身上，更体现在家庭成员之间的关系上。毕竟，从某个角度上看，隔代养育本身所造成的对孩子的负面影响，未必比隔代养育所导致的家庭矛盾对孩子的负面影响更大——这事为很多人所忽视，但是我们必须承认，这种事情在众多由爷爷奶奶、外公外婆抚育孙子孙女、外孙外孙女的家庭中上演着。

　　行为应当发自于对孩子的关爱，而非发自于对自我角色的阐释。在育儿的过程中，无论是哪个层级的长辈，都不应当单纯的从阐述自身爷爷奶奶或者爸爸妈妈的角色的角度去实施关爱，而应当让行为更接地气，着落在孩子这一第一需求点上。其实，这就是另一个角度上的"发乎情，止乎礼。"多想想在自己的角色里面不能做什么，而非能够做什么，有时候，手不能伸太长。

　　每个人一生的智力和心理水平的轨迹，就像向下开口的抛物线。出生的时候在抛物线的最底端，这时候通过学习和家人的陪伴，有着一个不断成长的过程，此时抛物线是向上的，并且在人达到壮年的时候达到顶峰。然而人过壮年，智力和心理水平就会逐渐跌落甚至童稚化，从而开始走下坡路，此时就处于抛物线的右侧部分。而"421家庭"（即"四个老人、两个大人、一个孩子"）中出现隔代亲现象的时候，两个大人，也就是孩子的父母都是在人生抛物线的顶峰（或顶峰附近的位置）成家立业，而新生的孩子则处于抛物线的上升部分。

　　此时，孩子和父母有着较大的差距，而其智力和心理水平，却更接近已经处于下降期的爷爷奶奶外公外婆。这就很好解释了为什么有的时候孩子更亲祖辈而非父母，因为他们有很多相似的地方。另一方面，由于祖辈的年龄关系，他们比年轻的我们更注重当下，而非未来。由于对于未来的潜力大多已经在壮年消耗殆尽，对于未来的期望大多只在养老问题，相比之下他们更关心当下每天过的如何，也比我们更关注天气怎么样，吃饭吃什么的问题，这也就是为什么父母会经常奚落我们为图方便、乱吃快餐的原因。

　　在这种更注重当下的价值观之下，祖辈很容易更注重孙辈的当下，而很少是年轻父母所焦虑的未来。所以他们更在乎的是孙辈目前过的是否高兴，活得累不累，吃得好不好，而孙子孙女对于课业重负的抱怨，就会在祖辈眼中无限放大、成为坏事，继而埋怨儿女让孙辈辛苦。就这样，年轻父母所看重的未来，和老人所关注的当下，成为老人和年轻父母之间隔代教育冲突的焦点。

　　对于我们这一代父母而言，孩子现在活得累、过得苦，我们会觉得自己曾经也是这么过来的，这是对自己下一代未来的投资，苦一点累一点无妨。可是，年幼的孩子目前还意识不到这一点，他会更欣然接受来自祖辈的祖护，从而进一步深化祖孙同盟，祖辈需要孙辈陪伴，孙辈需要祖辈庇护，从而促进了隔代亲的形成。隔代亲，谁最亲？那么，在诸多隔代亲中，爷爷奶奶，外公外婆谁更亲呢？

　　早在上世纪80年代，来自加拿大多伦多地区的研究者，约克大学的利特菲尔德（C.H.Littlefield）和西安大略大学的拉什顿（J.P.Rushton）对丧子家庭的调查就发现，当孩子夭折之后，老人之中最伤心难过的是外婆，其次是奶奶和外公，悲痛程度最轻的是爷爷。普通人都知道"爱之愈深，痛之愈切"的道理，而这一早期研究暗示疼爱孩子最多的是外婆。

同时，在后期针对祖孙关系的研究中，研究者也会更多地利用外公外婆的相关数据进行研究。而实际上，流行歌手周杰伦为外婆写同名歌曲《外婆》，还有他在接受媒体采访时频繁提到自己的外婆等等也在向大家暗示着这一结论。2009年美国卢瑟学院（LutherCollege）的比绍（D.I.Bishop）等人，调查了200多名美国大学生，发现他们跟外婆的互动最为频繁，跟爷爷的交往最少，在彼此的亲密程度上也有类似现象。2年之后，芬兰赫尔辛基大学的坦斯卡伦（A.O.Tanskanen）等人，对英国4000多名青少年的一项调查也发现，老人对孩子的投资，无论是在物质还是在时间方面，外婆都高居榜首，其次是奶奶，接着是外公，最后是爷爷。对于这个结论，也许你也会有同感。但你可曾想过，为什么一般情况下都是外婆最疼你？进化心理学家给出了一种可能的解释：这跟双亲身份的确定性差异有关。

由于外婆处于双重女方的地位，母性也是双倍的，而基因则会使母子或母女呈现出相似的特征，比如身体状况、进食习惯，甚至是下意识的肢体动作。也就是说外婆亲你可不是没有来由的。另外，外婆的女性角色也起到了一定的因素，比如次亲的是奶奶而不是外公就能看出，而女性相比男性在家庭中更能表现出对家人的爱意，所以比起爷爷和外公，奶奶就显得更为有亲和力，也更容易吸引孙辈亲近。

还有一点，在部分女方住在男方家的案例中，特别是孩子是男孩时更为突出。因为男孩也会和父亲表现出程度不同的相似性，于是对长辈来说，孩子的存在不仅本身是种惊喜，更会让他们回忆起自己孩子幼年时的伶俐可爱。总之，孙辈就是祖辈眼中双份的心头肉，对孙辈十分关爱也是很正常的。不过宠爱过度必然会娇纵孩子，所以做父母的有必要注意他们对孩子造成的影响。

"隔代亲"现象由来已久，在如今越来越多的421家庭中，由于独生子女的特殊地位，隔代亲的现象愈发严重。然而随着抚养孩子的成本越来越高，对于现在孩子的要求也越来越高，所以如果妈妈是职业女性，而爸爸常年工作在外，那么很多孩子从小都会由爷爷奶奶、外公外婆，或者保姆阿姨一手带大，这自然就给了祖孙两辈远超亲生父母的相处时间。不过，虽然父母工作忙碌、无暇顾家，但他们对孩子的教育往往是靠学习技能来补充。为了孩子的未来，很多家长乐于替孩子物色各种特长班，这和祖辈的惯性思维不符合，难免让一部分祖父母们看在眼里、疼在心上。

看着孙儿为学习紧锁眉头，他们居然就忘了，自己曾经也是这么要求孩子学习和努力了。那么，究竟是为什么，让曾经对我们非常严厉的父母，对于孩孙却忘记原则、忘记竞争，经常替他们打抱不平、说他们压力大，变着法子帮孙辈减压呢？所以隔代爱，还是隔代害？终究是某些长辈和某些晚辈教育理念上的冲突。虽然说最好的解决办法还是父母自己带孩子，但是根据统计数据统计，在我国城镇有近七成的孩子跟着爷爷奶奶，平均数值是67.4%，隔代教育目前已成了绕不开的话题。关于隔代教育的矛盾，其实最后都集中在喂养，管教，早教和安全这几个问题上。

临床发现，由祖父母喂养的幼儿，更易出现挑食、偏食等不良习惯。还有专门针对中国隔代教育的研究说，相比于自己带孩子的父母，由祖父母带的孩子，更容易出现肥胖。通常情况下，老人会在儿童营养学上有很多老旧的误解，比如"胖孩子才最健康""孩子胖说明我照顾得好"或者"肥胖是成年人的病，和孩子没关系""食物的脂肪越多，营养就越高"。而且，他们也会由于不自知，而给孙儿买太多垃圾食品、高糖零食。同时，祖父母由于心疼孙儿，还会在过度喂养的同时，不让孩子插手家务劳动，从而更为增加孙辈的肥胖机率。

以上种种营养不良、幼年肥胖等现象，都和老人迁就孩子的饮食习惯有这莫大的关系。然而父母更为担忧的是，老人给孩子养成的偏食，挑食习惯一旦养成，便很难改善。另一方面，由于缺乏婴幼儿的专业知识，对于特别年幼的孩子，老人习惯自己吃什么，孩子跟着吃什么，比如给不满一岁的孩子吃过量的盐（因为有些地方觉得"吃盐长力气"）。甚至孙儿生病时期，有些老人也会习惯性地使用土方土法，而不是第一时间求医，导致特殊时期孩子营养的不均衡，甚至得病。

这种饮食习惯、医疗态度上的不科学，也是很多新时代年轻妈妈们无法接受的。因此，孩子饮食起居种种方面的观念差异，都是婆媳关系恶化的导火索之一。管教方式：不少老人管教孩子都倾向于两种极端，过严或者过松。前者喜欢什么事情都要督促孩子，经常检查孩子的行为。依据传统的管教方式，希望孩子按照大人所计划好的线路去成长，一切行动听指挥，从娃娃抓起，并灌输给孩子"听话才是好孩子""孝顺才是最重要的事情"。在孩子犯错或者反对家长指挥的时候，他们倾向于棍棒教育，而非"同情、理解和科学说教"。后者则是无原则地溺爱孩子，放任孩子的行为，孩子有错不指出、家长一管就翻脸。

而年轻父母大多受到现代教育的影响，会更尊重孩子，适当给予孩子自由的空间，在做人原则、道德标准和尊重他人等方面，会对孩子设立底线和相应的惩罚机制，不会让孩子无法无天、失去教养。对于管教的度，孩子的亲生父母确实比老人把握得更准。

一旦父母和祖父母达成共识，基本就可以转入父母报班，爷爷奶奶负责接送的模式。安全问题在安全问题上，年轻人就会比老人大胆得多。他们会主张孩子应该多接触大自然、多尝试新鲜事物，所以在孩子的随意探索过程中，只要没有什么危险，年轻父母们不太会立即阻止。而老人则会小心得多，甚至可能会过度谨慎。他们会在意识中放大人贩子的出现机率，也会过于担心孩子的探索会造成伤害，或者弄脏衣服。

因此，当看到淘气的幼童爬上爬下、疯跑疯玩的时候，他们可能就会跟在后面阻止孙儿。久而久之，就限制了孙辈们的正常探索，这也是年轻父母容易耿耿于怀的地方。除了对安全方面的分歧，老人对孙辈的照料，还有一点会让年轻父母较为担心。

一方面，由于孩子活泼好动，容易在上学途中、外出游玩时做出危险举动。另一方面，祖辈由于身体机能的退化，眼神不好容易看丢孩子，或者腿脚不灵便无法追上孩子，这两方面就会导致孩子发生危险时，老人很难及时阻止或者进行施救。而危险一旦发生，孩子受到伤害，就会使老人很容易陷入自责，有些甚至会因此得上严重的心理疾病。

隔代教育已经成了绕不开的话题，但是这一场第三代的教育，显而易见需要两代人的共同努力，而在隔代教育上达成共识，则是解决隔代教育问题的第一步。隔代教育舍什么，留什么？舍溺爱，留真爱父母应该让老人明白，迁就孩子、讨好孩子的行为，并不是真的爱孩子。而更为科学的育儿经验，需要父母自行消化之后传授给老人，和老人一同探讨育儿方式，这也是孩子对父母知识反哺的一部分。

如果面对双方分歧时，孩子父母能带着耐心，向老人讲清楚其中利弊，而不是指责在前，相信老人一定会欣然接受的。舍旧观，留经验老人很容易迷信，也容易相信土法。对于他们数十年的观念，完全舍弃可能不太现实，这些植根于他们价值观中的事情，很多都是舍弃不掉的。我们做为他们的儿女、孩子的父母，对于老人的旧观念、封建意识，可以不要求完全改造，而是尽量做到不去让错误观念影响孩子，或者在某些不伤害孩子的事情上，用传统文化的观念去解释给孩子听。

当然，成年人之间也要懂得不贴标签，不扣帽子。老婆跟老公抱怨婆婆，"你看你妈，就知道惯着孩子，要什么就给什么，一点教养技巧都没有，这把孩子娇惯坏了可怎么办。"这就是贴标签。有的妈妈带孩子是新手，给孩子裹得严实了点，长辈看到了劈头盖脸就骂："你想把孩子捂死呀？！"这就是扣帽子。贴标签，是用尚未发生的事实否认了他人当下的行为；扣帽子，是巧妙地在情感上陷人于不仁不义。这些话语的潜台词都是"我才是真心真意与拥有能力对孩子好"，却充满了对他人的攻击性与伤害。否认观点时，切不可否认情感。

老一代和青年一代有代沟，观点相左必不可免。养育子女的复杂过程中，两难的抉择过后总有取舍———一方被另一方否定，谁都有败下阵来的时候。养育子女的过程中，家长们难免犯错。当否认他人的错误观点时，千万不要否认了他人的真挚感情。比如"你这老婆，这点小事都想不到，对孩子真是不上心。"这种"没想到"更可能是经验缺失导致的，而不是"不上心"导致的，这种批评如果传进当事人的耳朵里，是对真情实感的巨大否定。

小时候祭祖，如果小孩子在祭祖用的桌子边上玩耍，老人就会以"惊扰祖先的魂"去唬住孩子。我们可以不去用鬼神说吓唬孩子，而是以"这是破坏仪式，破坏传统，对风俗文化不尊重"为由，来教育孩子。其实，老一辈的生活经验、利益习惯，以及看待世界的态度方式，都是非常好的，甚至很多老人在孩子闲暇之余，传授给孩子的中国传统文化知识，乐器以及字画等等。这对孩子培养民族认同，自我探索都有很好的帮助。

隔代教出的孩子很容易和父母隔阂，有一部分原因，来自于祖辈们已经脱离那种激烈竞争的社会环境，他们的心态相对比较平和，加上老年人具有儿童似的心理，这就使得他们特别喜欢小孩子，跟孙儿建立比较融洽的关系。而当孩子脱离爷爷奶奶后，年轻的父母们往往处在一个竞争激烈的环境，生存压力比较大，很容易将工作当中那种紧张的情绪带回家，或者将竞争的惨烈过度灌输给孩子。这不仅会造成不太和谐的家庭氛围，也会让小时候轻松惯了的孩子很不适应，在带去过多的心理压力的同时，又导致了孩子和父母之间的隔阂。

过于轻松和过于紧张，对孩子成长都没有好处，这需要父母把控家庭氛围、调整对孩子的预期。在隔代教育造成的矛盾中，需要孩子父母和家中老人相互理解、相互帮助。一方面，年轻父母除了应该给老人提供科学有理的新知以外，见缝插针的陪伴孩子也是很有必要的。我们在前面不少文章中，都已经强调了孩子早期父母陪伴的重要性，这点上是爷爷奶奶无法取代的。

另一方面，爷爷奶奶、姥姥姥爷也一定要教孩子学会爱父母，强调教育孩子学会包容父母、理解父母，更不应说父母任何一方的坏话。如此一来，在脱离隔代教育之后，孩子才能更好地接受父母。强调父母重要性有很多种方法，比如强调父母爱爷爷奶奶，让孩子推己及人，或者强调孩子某些东西出自父母之手等等，这些方法都能在潜移默化中，培养起父母在孩子心中的形象，帮助父母成为孩子的榜样。

当下社会，一个孩子的教育成就，早已不再是一代人努力的结果，有时候是几代人财富、地位、资源积累的结果。无论有什么隔阂，相信大家最终都是为了孩子好。如果大家都能基于这一点去协商，那么无论是隔代教育的质量，还是家庭关系的构建，都能使彼此之间的冲突减少、矛盾淡化。希望以后，"等你做了父母，才能真正通过孩子感受到彼此的心"这一句话，将不再是个谎言。

在养育子女的过程中，不管隔代人抑或初当父母的人，付出了多少，做对了多少，又做错了多少，是为了留有我们血脉的一个小生命健康快乐的成长。这成长来的艰辛，对他/她自己，以及对这个家庭，都称得上是考验。隔代养育纵然缺点多多，但是大家毕竟都是革命同事，给孩子营造一个和美的家庭氛围。

# 给孩子买什么样的玩具

一次在思思家玩，悦悦对思思的中英文学习机发生了兴趣。这种学习机有很多张卡片，内容有日常用品、颜色、车辆、各种职业的人物形象等图片，每张图片都用中文和英文标注。使用方法是先插上卡，孩子用手点，学习机就会发声，比如点到"红色"的图片，学习机就会说"红色"，点到"红色"的英文单词，学习机就会说"red"。学习机还有测试的功能，可以检测孩子是不是掌握了。具体办法是，学习机提问："小朋友，请问'红色'的英语怎么说？"此时孩子必须点"红色"的英语单词"red"才算正确，学习机发出语音回应"恭喜你，答对了"，如果点"红色"的图片，学习机就会说"又错了，真可惜"。

悦悦玩了一会儿，得到的答复总是"又错了，真可惜"，因为她根本不认识英语单词，而要让这个学习机说"答对了"，就必须认识英语单词，注意是"认"，不是"读"。这个中英文学习机根本不需要孩子"读"英语，只需"认"英语。同样，思思得到的也是"又错了，真可惜"。倒是悦悦妈妈这个不精通英语的人，仅仅因为认识字母，每个都可以点对。这真是一场不公平的测验！

悦悦妈妈觉得问题严重了：这个东西不仅不能帮孩子，还会害孩子！害处一：儿童学习英语应该强调口语，强调"读"，而不是"认"。只要给孩子适合的语言环境，比如家里有人说英语，或生活在英语环境中，哪怕孩子一个字母都不会认，孩子自然会说英语。而这个机器只会让孩子认，不会读。害处二：打击孩子的自信。哪怕孩子会说相应的英语，但孩子不会认字母，她得到的就是一遍遍的"答错了，真可惜"，这真是让孩子感到沮丧和挫败！害处三：摧毁孩子的学习兴趣。没有成就感，只有挫败感，孩子能有学习兴趣吗？

悦悦妈妈把这几点和思思妈说了。思思妈说："难怪这个学习机买回来没多久思思就不感兴趣了，听你这么一分析，真是有道理。"悦悦妈妈说："可不是，赶紧别让思思玩这个了，下次也别随便给孩子购买早教产品。"

现在市面上的早教产品有很多，大部分看图识字的书，上面是图画，下面是相应的文字，比如上面是一幅月亮的图片，下面写着"月"字。编者这样设计的意思是让孩子通过图片来记住文字，其实这是一个很大的错误，孩子只记住了图片，文字却忘掉了。直接的后果是，如果把图片和文字一起出示，孩子每个字都"认识"，一旦把图片遮住，可能就很多字又不认识了。

把简单的事情变复杂就是坏的教育。识字就识字，孩子对某个字产生兴趣的时候，告诉她这个字的正确发音及含义就行了，根本不需要拐弯抹角想这么多方法。"大道至简"，好的教育方法是简洁的。再如看图识动物、植物、车辆等，这些是根本不必要的，要认识这些，妈妈不如直接把孩子带到动物园、植物园和大马路上，那里不是都有需要认识的东西吗？难道实物不比图片更逼真？

悦悦两岁多的时候问妈妈，米是从哪里来的，当时没有办法带她到农村看稻田，于是妈妈给她看水稻的图片，看农民种田的画面，还费了很多口舌解释米是农民伯伯把稻谷的种子播到田里，然后发芽、长苗、抽穗、成熟，收割后是谷子，谷子去壳后就成了米。悦悦听完后似懂非懂，过后又会问妈妈米是从哪里来的，妈妈又不厌其烦地解释米的"前世今生"，悦悦始终不明所以。后来的暑假，妈妈带着女儿去了一个小山村，在那里，悦悦看到了金灿灿的稻田，看到了稻穗，看到了黄澄澄的稻谷，妈妈趁机和悦悦说米的来历。悦悦恍然大悟，从那以后再也没问过米是从哪里来的。看千万次稻谷的图片，不如看一次稻谷的实物！

市面上有一种沙画，就是那种用粗粗的线条画出的各种形象，然后让孩子用五颜六色的沙子涂颜色。小区一个孩子，画沙画比较多，每次作画，必须用粗粗的线条先画轮廓，然后再涂色，就算用颜料作画也要如此。粗线条画轮廓已经在孩子的心中根深蒂固了，他一定得用线条画轮廓，否则就画不出来。另外还有涂色书，也是画好的一张张有轮廓的图，让孩子涂色。这种书不是不能买，但是最好经常换。否则孩子太习惯同一种形象的艺术作品，会丧失创造力。

晓晓上幼儿园大班，课本的下面有两行田字格，还有整页都是田字格的，叫什么描红，就是下一页是打印好的汉字，上面一页纸是半透明的，孩子照着下面一页的字一笔一画描着写。晓晓密密麻麻写了好多页，妈妈问她认不认识这些字，她摇摇头说不认识。悦悦妈妈跟她妈妈说，这样"描"字对小孩来说没有什么用，会浪费孩子的时间和精力、打击孩子写字的兴趣的。这样的教材，对6岁以前的小孩是不合适的。

还有一些书，让孩子给小动物和它们喜欢吃的食物连线，或者把小动物喜欢吃的食物贴到它跟前。编者的意思是让孩子了解各种动物的生活习性。这是典型的"灌输式教育"，把孩子当做容器，成人往里面塞知识。要让孩子了解小动物的生活习性，让孩子直接饲养小动物就可以了，孩子在饲养小动物的过程中，自己会发现动物喜欢吃什么；不能饲养的动物，家长可以带小孩去动物园观察，也可以跟孩子一起看《动物世界》等介绍动物的节目，这不是比成人直接告诉他要好得多吗？

一些音像制品也容易让孩子习惯重复，却不能真正地理解知识点。所以，一定要把这种教材结合生活，灵活地让孩子领悟。一位6岁的小女孩得意地告诉大家，她会背加减乘除法口诀了，说罢就开始背诵起来，果然背得非常流利。待她背完，有人笑着问："3乘9等于多少呀？"女孩快速回答："18。"在场的大人们哈哈大笑起来。女孩替自己辩解，她会背、会写、会读，就是不会做（题目）。一位家长说："你可以暂时不会背、不会写、不会读，你只要会做就行了。"接着妈妈问了几个10以内的加法题，女孩要通过扳手指头才能答出，而同龄的孩子大多是不需要扳手指头了的。光记住不理解，这种口诀记住又有什么用呢？一位家长问女孩的妈妈，孩子是跟谁学的，她妈妈说是看碟学的。

还有一些早教机构让家长惯于依赖，却不知孩子不可能通过每个月上几次早教课就可以改观的，而是在家长潜移默化的影响下得到改变。所以好的早教中心，其教育对象应该主要是家长，而不是孩子。悦悦爸的一位同事，非常重视早教，但不知该如何下手。她千挑万选找了一家早教中心。这家早教中心上课是专门针对孩子的，上课过程中不允许家长陪同。悦悦妈妈看了一下早教中心上课的资料，都是知识方面的，比如"沉浮""水变成冰"等等。悦悦妈妈跟她说："对孩子来说，这些知识性的东西原本就不是最重要的，孩子的性格、心理、习惯等更重要。况且这些知识性的东西，完全可以通过在日常生活中家长和孩子一起做实验获取，在这个过程中，孩子可以观察、发现和思考。

这些东西根本不必搬到课堂上，搬到课堂上的效果还不如孩子在家亲自动手实验呢。就算早教中心教育方法很好，如果单纯只靠早教中心每个月上几次课，家长不和早教中心配合，也不会有什么教育效果。"所以从这个层面来讲，这家早教中心不让家长陪同上课就是不可取的，这跟普通幼儿园或培训班之类的没什么区别。

再来说说玩具。很多家长都给孩子买很多玩具，比如车子、枪、机器人、奥特曼，各种会说话、会眨眼睛、会唱歌的洋娃娃，昂贵的电动摩托车、电动汽车等。往往买回去几天，孩子便对这些玩具不感兴趣了，扔到一边，没过多久又要求买新的玩具。如此反复，买一大堆玩具，真正能持久感兴趣的却不多，浪费钱不说，害处还挺多。害处一：孩子不能对玩具维持持久的兴趣，三分钟热度后就扔到一边，不利于孩子的专注力。害处二：对于不喜欢的玩具，孩子就不会爱惜，而且因为很容易得到新的玩具，孩子会不懂珍惜，不仅不珍惜玩具，甚至会发展到不珍惜任何东西。害处三：无限制地买玩具让孩子不知道适度，不懂得自律。害处四：物质的过度满足让孩子不懂得体恤父母，造成责任感缺失。小时候闹着要父母买玩具，大了可能会闹着要父母买房子、车子。

玩具不是不能买，但是一定要买参与性强的玩具，参与性强的玩具孩子会反复琢磨，玩很久都不会生厌。譬如积木类玩具，这类玩具变化很多，只要孩子想得到的物品，几乎都可以拼插出来，可以培养孩子动手能力、思维能力、创造力。还有运动器械类的玩具，如单车、滑板车，能锻炼运动能力以及手、脚、脑、眼的协调能力，并且发展孩子的动作，增强体质。

五花八门的早教产品、图书及玩具让家长眼花缭乱，但是真正符合孩子心理特点的产品不多，家长们挑选的时候要仔细甄别，谨慎购买。如果买得不好，不仅浪费钱，还会误导你的孩子。

# 该为孩子投入多少金钱

继"房奴""车奴""卡奴"之后，突然流行一个词："孩奴"。有一部电视剧就叫《孩奴》，它赶的时代热点就是很多年轻父母都声称养孩子的负担很重。据报道，有位"80后"准妈妈居然因为恐惧当"孩奴"而患上抑郁症。一时间，不少年轻的准爸爸准妈妈们对即将迈入"孩奴"队列有些恐惧。

《孩奴》以四对夫妻分别遇到的不同生子育子问题为基本视角，折射出当下部分家庭畸形化的教育现状，反映出人心的迷失。一个家庭就是一个小社会，四对夫妻组成了意识形态、性格特征迥然不同的大世界。

养孩子到底贵不贵？养育孩子的金钱可能比一个花钱大手大脚的月光族都要夸张。诚然，买个尿不湿、奶粉，即使对品牌再挑剔也花不了多少，但是孩子的教育成本是免不了的，也是各类有眼界的家长的投资重点。

> 有网友分享自己的经历说：孩子进入两岁后，幼儿园和兴趣班开始成为主要投资，我不是虎妈，但希望孩子尽可能多的接触各种有趣的项目，了解这个世界有多少好玩的事物，然后自己决定想要追求什么爱好，所以女儿现在玩儿着学的项目包括钢琴，芭蕾和网球（没错，都是花钱的爱好）。然而这一切都没有将作为母亲投入的时间与精力计算进去。我先生算是不错的爸爸，可以分担家务，一个人带娃也不会出问题，但是在孩子发烧，需要整宿整宿监控体温时，爸爸一个人是靠不住的。此外，社会也没有对母亲和孩子予以多少支持，这一点光是看看公共场所提供了多少哺乳室，从用人单位有多么不愿意招聘育龄女性就能略知一二。

出生率的降低会导致整个的养育体系完全奢侈品化。这种奢侈品化不仅仅是价格的方面，还有精力方面，从而影响有生育的适龄人口。这个时候给予鼓励生育的政策，不管给多少钱都只能继续加剧养育市场的奢侈品化，进而降低未来的生育率。比如说教育，因为所有的教育目标和希望都在一个孩子身上，即使家里只有20万，也不惜借钱凑30万给孩子选择重点中学。这就是为数众多的家庭的现状：愿意支付超出家庭所有储蓄的代价来为孩子选择中学。

一个家庭如果是多子女，就绝无可能为孩子支付这么高的价格，否则老二考不上怎么办？如果大多数的家庭都是多子女，那么整个教育市场结构将完全不同，将像我们大多数产品的市场一样，虽然奢侈品仍然存在，但只是小部分人面对这种选择，大部分人不需要直面奢侈品市场。再比如说婴幼儿的哺育，其实我们每个人都面对食品安全问题，但我们的选择往往是，一边骂地沟油一边吃烧烤，或者一边骂垃圾食品一边吃方便面……这就是平价市场的逻辑，其关注重点往往是方便和性价比。

我们都看到了庞大的奶粉进口和代购市场，在大城市条件好些的家庭，甚至所有的婴幼儿穿用都非进口不买……每个人都在用自己的物质上限在支付婴幼儿的哺育；这就是奢侈品的逻辑，在接受范围内，为一点好的可能，支付翻倍的价格。很多即将育龄的姑娘，假使还有5年准备期，也有在这个特殊的环境中养育子女的额外成本。

例如，家里要用高端空气净化器和水处理器，选择幼儿园时也要考虑是否有配套设施，比如很多家长需要劳心劳力购买国外奶粉，而且需要注意的一点是，在这方面的投入上中产阶层和工薪阶层是没有差异的，每个妈妈都希望孩子用上不会过敏的纸尿布，喝到不会患上营养不良的放心奶粉，这就意味较低收入的家庭只能压缩其他方面的消费。

一个北京妈妈拿亲身经历来举例：孩子一岁多，奶：母乳，到10个月直接转牛奶，没有头疼奶粉的事，一个月牛奶花销在200—300块左右，其实三元也很好，价格可以减半，或者混着喝。如果全买进口奶粉一个月似乎要上千。尿布：用的中等价格纸尿裤，一个月在200元左右。吃：其实孩子只能吃辅食的时间很短，也就几个月，粥啊面条什么的都可以替代，大人吃什么剁碎一点喂给孩子就可以。我家也买了辅食机，基本没用，比较浪费。奶瓶两个足够，那么多花里胡哨的牌子和功能，其实就平价最好。几乎不买零食，偶尔抓一小把无糖的麦片圈，孩子一个一个抓能吃好一会儿，或者一块苹果，半根香蕉，一条蒸软的胡萝卜什么的。衣服／玩具：很多都是人送的，给孩子买衣服花销很少，这方面要省也不是不可以。玩具亲戚朋友送的都玩不过来了，我不喜欢孩子玩具太多。其他一次性投资婴儿用品—这些还是要买好用的，贵一点总比不好用扔了再换强。婴儿背带重要，几百块钱到一千就能买到很好的，近的地方就骑车，因此买了一个自行车座椅，很便宜，汽车座椅当然就要贵很多。

推车需要一个，婴儿床一千以下也可以搞定，简单好看。阿姨／托班—我家是两个不坐班的全职父母，两人带孩子时间基本对半分，所以没有耽误工作和两人的收入，没麻烦老人没请月嫂也没请保姆。小时工从之前的一周一次涨到一周三次，偶尔帮看孩子。孩子一岁送了托儿所，目前一周两个全天，我们能有比较大块的时间安排工作，剩下时间轮流陪孩子。

教育—从幼儿园开始到高中毕业，公立校便宜但问题多多，国际学校贵的二十万一年也有，这个问题现在想想就头疼，还是等等再说。兴趣班—孩子还没有到上兴趣班的年龄，但个人对兴趣班有些偏见，我总觉得孩子早期的兴趣爱好可以和父母配合起来，我和先生都喜欢音乐，三人经常在家唱歌跳舞听音乐，如果真想学钢琴学吉他，我们自己也可以教教，一起玩，认真了再请老师也不迟。

其他的不花钱的爱好也很多，读书，养花养草，做瑜伽等等。旅行：

之前两口之家就每年旅行3-4次，生了之后也还是一样，孩子一岁，跟着我们已经旅行三次，出差两次。两岁之前孩子的机票很便宜，几乎可以忽略不计，两岁后要买儿童票。酒店的话，一个孩子10岁之前不用特别操心多余花销。

　　之前我们出去旅游喜欢住好酒店，现在更多airbnb，要不再好的酒店（除非套房，那个还是住不起），孩子一睡我俩就只能上阳台或进厕所聊了。这样算起来，除了托儿来说，其他都不是大钱。

　　很多人觉得养孩子不必太过讲究，只要孩子平安健康，有上进心就好。只可惜，没有父母会甘心孩子屈居人后。即使孩子没感觉，你这个做父母的，心里也会同样纠结。所以，为什么说教育成本是最值得投资，却也是最没上限的花钱项目呢？因为孩子的未来的可能性是无穷大的，但发掘这种可能性的机遇，却要靠父母的金钱支撑。

　　有一位母亲曾经自我解嘲：

　　奶粉+尿布+阿姨，每个月存点钱，都留着他学习用了。逛街血拼的日子，一去不复返了。现在就爱逛母婴店。虽说穷有穷的养法，富有富的养法，我自己是做不到给孩子次一等的生活的。当然，以身作则，潜移默化的教育，才是王道。可是，孩子身处的环境里，很多东西都是要靠经济实力来保证质量的。现实的社会，这就是最直接最冰冷的公平吧。在小区里，有天我看到一个中学生在练跳远，指导她的估计是北体大的学生，对付初升高考试吧。她的小教练一直在问这个孩子去过哪些国家，孩子念出了二十几个国名，我只能长叹一声说，我长这么大连护照都没有，真美慕你们。这就是一个血淋淋的现实例证，是的，养育子女就是这么一个高投入但未必高产出的事业。

　　由于养育孩子的支出是夫妻双方需要共同承担的，因此，对于孩子的投资，父母都要意识到这个事情带来的影响。孩子出生前两年不怎么花钱，最大的问题不是钱，是时间，是有质量的陪伴。工作时心无旁骛地工作，下班后抛开手机专心致志陪孩子玩，什么事都在于量力而行，没有必要去比较他人。有人早餐两百，有人二十，有人则两元，早餐成本多少？量力而行就行！

　　幼儿班之前，大约就是饮食衣物之类的开支，丰俭随意。幼儿班的价格与水平良莠不齐。小学、初中、高中、大学，国内还是国外？赞助婚房还是赞助创业？赞助全款婚房还是首付？

花费多少，跟自己对于各种信息处理的理性程度，成正相关！自己的知识要够丰富，有一颗求知的心，在这个信息大爆炸的年代，快速获取知识不是问题。理性地对待商家的宣传、亲友的议论、自身的情感等，会发现其实用不了多少钱，最大的付出就是陪伴。一些先天的疾病、意外事故等，只能接受的客观因素是没法的，虽然是少数。家长自己有主见，会学习，可以节省很大一部分开支。很多精英阶层家长最大的痛苦正是每天东奔西走，最后反而是保姆陪伴孩子的时间最多，他们还没想清楚自己和孩子想要什么。

在悦悦妈妈的开销中，外出游玩居各项费用之首。这项仅指周末在市内及近郊各处游玩的费用。只要天气比较好，悦悦妈妈几乎每个周末都会带悦悦出去玩，大多是公园、博物馆、近郊等地，接触大自然，在游玩的过程中开阔了视野。

由于大多数公园免门票，悦悦妈妈只要支付交通费、吃饭及游乐场的费用。妈妈去游乐场的次数不多，而且悦悦懂得节约，每种游乐设施只玩一次，知道适可而止。其次是买书及绘画材料的花费。给悦悦买书，她的妈妈是比较舍得花钱的，买的基本都是原创图画书，外国作者写的占绝大多数。

亲子阅读对孩子益处多多，爱看书的孩子大多比较专注、爱思考，多听故事能增加孩子的词汇量，提高孩子的语言表达能力，所以这项开支是非常必要的。画画的工具、纸和颜料需要购置，妈妈买的都是比较专业的纸和笔。悦悦喜欢画画，纸和颜料用得飞快，所以这项费用紧随其后。

悦悦妈妈到小商品市场去批发水粉纸和颜料，那些店老板听说是给悦悦买，眼睛瞪得有铜铃那么大！他们觉得不可思议，给这么小的孩子买这么专业的纸和笔，这不是浪费吗？他们说从来没有人给这么小的孩子买过这种专业的作画用品。有些家长确实是这样，给孩子买玩具舍得花钱，但是给孩子买画画的纸很舍不得，总是认为孩子反正不怎么会画，买太好的也是浪费，所以要不就是买小张的，要不就是买廉价的复印纸，有的家长甚至让孩子画在废旧纸张上。但这一点因人而异。至少对悦悦妈妈来说，这项开支是非常值得的。

排在第三位的是奶粉。对奶粉的选择第一就是安全，孩子的智力与遗传的关系最大，其次是后天的教育，至于靠吃某个奶粉或营养品变聪明，基本不太可能。营养保健品悦悦妈妈从来没有给悦悦买过，任何营养都可以从天然食物中获得，只要给孩子吃各种各样的新鲜、健康食物，种类尽可能杂，保证营养均衡就足矣。

排在第四位的是服装花费。悦悦妈妈给悦悦买的衣服不多，每个季节最多更新3套，夏天由于天气炎热容易汗湿，多买2套替换。这个冬天妈妈只给悦悦买了2件棉袄。悦悦最贵的衣服不超过400元。对于衣服鞋帽，妈妈只要认为用料达到安全标准，穿上去美观舒适即可，不追求名牌，更不和别人攀比，以免造成悦悦的虚荣心理。

第五项是医疗费用，包括打疫苗和生病上医院的费用。疫苗是必需开支，必须要打。

不要听信那些"疫苗无用"的谎言，也许确实有不打疫苗仍然终生健康的孩子，但那只是幸存者偏差而已。人类花了无数心血与金钱研制出的疫苗是为了让我们的后代更健康，不是让脑子空空的不称职父母头脑发热闲着没事抵制玩的。即使你孩子周围没有得病的孩子，病毒也是永远存在的。

90年代，我国还有上千儿童患病的脊灰爆发事件，而且还有好几起，都是因为疫苗监管不到位造成的——当地很多人不以为然，根本没让孩子打。脊髓灰质炎又称小儿麻痹，90～95%的感染者后无症状出现，只是看起来跟感冒肠胃炎类似，发热，头疼，呕吐，便秘。其中1%～2%的患儿会留下肢体残障。

60年代初期，我国每年约报告脊灰病例20000～43000例。1965年开始在全国逐步推广糖丸后，脊灰的发病和死亡急剧下降，70年代的发病数较60年代下降37%。1989年夏，在江苏省与山东省交界地区大规模爆发脊髓灰质炎流行，江苏邳州和山东郯城爆发了一次小儿麻痹症疫情，1328名儿童成为肢残患儿，严重者躯干畸形，下肢瘫痪。想一想挺可怕的，一千多个家庭的命运一个夏天就改变了。

第六项是玩具开销，其中部分花费是办了一张玩具出租的年卡，没用完。实际上悦悦在2009年买的玩具仅是1辆滑板车、2盒积木、1只小狗布偶和10块各种颜色的纱。大家会奇怪，一年的玩具居然只花这么点钱呀，真是不可思议。悦悦一直以来对大多数玩具都没有持久的兴趣，比如几百上千一辆的电动汽车，悦悦一次都没有玩完就不想玩了，还有什么保龄球、遥控汽车之类的，凡是参与性不强的玩具，悦悦只过了最初的新鲜劲便把它们搁置一边了。只有积木、拼图等参与性强、变化较多、可以发挥创造力、需要动脑筋思考的玩具，悦悦才有持久的兴趣，玩过一次又一次。大多数孩子喜欢真实的东西，并不喜欢假的玩具。玩具只是大人们想出来的、自以为孩子会喜欢的东西。很多孩子对玩具都缺乏持久的兴趣，三分钟热度过后便搁置一边了，造成极大的浪费。

在物价飞涨、教育产业化的大背景下，家长的负担确实越来越重。但是，有些负担是家长加在自己身上的，有些钱根本没有必要花。

有一个家长，除了孩子上幼儿园，她还给报了早教班。一次性交了2万元，平均每节课要花掉100多块钱。为了负担孩子昂贵的早教费用，她除了固定的那份工作，还做了3份兼职，搞得自己早出晚归地忙这几份工作，根本没有时间陪孩子，更没时间学习。

为了每周2节早教课，却牺牲掉陪孩子的大量时间，这真是舍本逐末！上早教班不等于早教，早教不等于上早教班。要教育好孩子，必须先完善好自己，否则，让孩子上再好的早教班也是没有效果的。反之，若是家长自身的素质比较高，掌握科学的教育方式，哪怕孩子没有上一天早教班，孩子也可以教育得很好。早教是以家庭为主，不是每周上几次早教课就能解决的。即便孩子上了早教班，家长也要努力提升自身的素养，与早教中心配合保持一致的教育方式，这样才能达到最佳效果。此外，家长完全可以通过看书学习提高自己的教育水平和能力，同时完善自身的性格和人格，这些是花不了多少钱的，但是必须花时间、花心思。

养育儿女本来是一件天经地义的事情，不存在"奴"不"奴"的。现在物价飞速上涨及教育产业化，确实加大了养育一个孩子的成本。但是，很多家长的心态和观念是有问题的，比如"只买贵的，不买对的""只有一个孩子，吃的用的都要最好的""家中大部分开销给了孩子""自己省吃俭用，孩子的钱不能省"……这样的观念是会害了孩子的，什么都要最好的、盲目攀比，会让孩子学会虚荣；父母省吃俭用，孩子吃好穿好会让孩子变得自私，认为自己享受一切是理所当然，不懂得体恤父母赚钱的艰辛；家中大部分开销都给了孩子，得来太容易会让孩子产生优越感，不懂得珍惜和感恩。

"穷人的孩子早当家"，这句话有一定道理，很多贫穷家庭出来的孩子敢于担当、意志坚强，小小年纪就是家中的顶梁柱。所以说不是花大把的钱就能把孩子培养好的，育儿过程中如何花钱，把钱花在哪些地方是有智慧的。该花费时要花费，该节省时要节省，一定要量力而行。比如奶粉费钱，可以纯母乳喂养，既营养又省钱；纸尿裤贵，可以用旧的纯棉衣服、被单裁成尿布，更加舒适透气，只要勤快洗即可；辅食完全可以自己做，根本无须买现成的；早教班和兴趣班没必要上，家长自身加强学习，有心感悟，这比上任何早教班都要好。这些都是妈妈在育儿过程中实施的省钱方法，大家可以借鉴。

不过，最为关键的还是家长的观念和心态。大家要意识到：花大把的钱可以把孩子养大，但不一定能教育好；花少量的钱也可以教育好孩子，但前提是要花大量的时间、精力和心思。

# 如何巧妙提出要求

和孩子相处的最佳技巧，是遵照孩子本身的特点和天性来选择最有效的管教方式：预先限定、及时提醒、适时督促。但是，要想和幼龄时期的女孩相处得好，最有效的办法不再是那些"技巧"，而是父母跟孩子之间良好的互动与亲子关系。具有创意的"回馈"是最佳方法，引导孩子更正面地看待事情，培养正确的价值观。当然，如果要纠正孩子的不良行为，最有效、而且也可能是最为容易的方式，是让孩子知道你期望她怎么做，并且正面强化其良好行为，也就是所谓的"行为纠正法"。

和孩子相处的最佳技巧，毋庸置疑，是遵照孩子本身的特点和天性来选择最有效的管教方式。妈妈都知道，幼龄时期的女孩最典型的特征，是她做事拖拖拉拉、要做的事情转眼就忘，而且她很容易被分散精力。

假如说，你的幼龄时期的女儿正在看电视，而你想要她出去倒垃圾。她不会愿意放下看了一半的电视去做令人讨厌的家务。顺便提一句，无论孩子在做什么事情，你要她帮忙做件家务，七岁的她都会觉得你讨厌。怎么办呢？第一步，你预先提示她："等看完了那段节目，请你去把这筒垃圾倒掉。"

但是，你肯定知道，不用等到节目结束，她一转眼就会把你的话忘掉。因此，第二步，你需要提醒她："现在你的节目已经看完了，该去倒垃圾了吧？"大多数情况下，孩子这时候会愿意去完成你交代的任务（当然不乐意的情况也不算少）。好，现在她行动了，却可能还有一个问题：她去倒垃圾的途中，没准儿就被什么东西吸引住了，因此这第三步，就是你还得出去看看她到底倒没倒。

这还真不如你自己去倒掉省事得多。但是，大多数人都认为，让孩子承担一定的家务对孩子"有好处"，而且教育专家们也提倡父母这么做。实际上，不论做什么事情，孩子都需要你提醒了再提醒，而且父母最常听到孩子抗议的一句话往往就是："你怎么不告诉我！"六岁的孩子可能需要你给她三次机会才能把事情做好；八岁的孩子则可能只愿意接受你含蓄的提醒或暗示，比如说，不要提醒孩子"你该去洗手了"，而是简单一个字，"手！"就好了；可是，真正做完事情却需要你提示她、提醒她、督促她，而且最好明确到每一个步骤。

六岁的孩子往往容易被你的一些特殊"管教技巧"所"收服"，其实连不少成年人也都很吃这一套。但是，你的典型幼龄时期的女孩，却反而不怎么吃这一套。你的许多"杀手锏"，孩子现在却眯都不眯，甚至有本事反过来"以汝之矛攻汝之盾"。比方说，针对执拗而又反复无常的孩子，你这样的说法常常能立竿见影："在妈妈数到十之前，必须马上去房间睡觉。"可是，这种命令式口气会让孩子心生不满，继而效仿，比如用同样的口气跟你说："在我数到十之前，你去给我拿巧克力吃。"

因此，要想和幼龄时期的女孩相处得好，最有效的办法不再是那些"技巧"，而是父母跟孩子之间良好的互动与亲子关系。要做到这一点，著名心理学家海姆·吉诺特博士很提倡的一个做法叫作"回馈"，而且这种做法目前广为盛行。

假如说，你孩子放学回家，告诉你她的同学们都欺负她。按照吉诺特博士的建议，你可以简单地重复一遍孩子的话："哦，你觉得同学们都讨厌你，而且还欺负你。"这一句简单的回馈，应该能让孩子明白，你听到了她的话，而且你理解了她的想法。不过，这一句话有两个可能的毛病。其一，有时候这会让孩子听了更生气："这不就是我刚说过的话吗！"其二，你的这句话对孩子没有任何指导意义。虽然这句话表达了你在倾听，也表达了你对孩子的同情，但是，这句话却并不能引导出任何正面的行为来。

如果你能把"回馈"这一功夫再用得稍微带点儿创新，以正面的行为或者心态来引导孩子，那么哪怕总是阴云蔽日的七岁小黏糊，也有可能被你带动起来。比如你可以这么说："看来你觉得同学们都讨厌你，而且欺负你，是怎么一回事？"你这么一问，孩子很有可能会告诉你，有些同学给她取了个外号什么的。听明白之后，你就可以跟孩子说说，面对别人给她取外号这件事，最好的做法可以是些什么。

孩子有时会因急需关注而越说越夸张，甚至编造事实。因此，家长不可一味太顺着孩子的心思往下说，不可滥用同情。教育专家再三强调：一方面你不要去否定孩子的看法，也就是说你要接纳孩子对事情的不同感受；另一方面你也要引导孩子更正面地看待事情。

举个例子来说，如果你要求孩子做一点简单的家务，而孩子却抗议你说："你怎么总是让我做家务！好烦啊！"那么，你与其直接驳斥回去，或者跟她讲一番要承担家务责任的大道理，或者来一段冗长的故事，说你小时候何止是真的要做所有的家务，而且还要踏着冬雪，步行去上学……倒不如你这么简简单单地来一句要见效得多："哦，看来你觉得所有的事情都是你做的。咱们要不要商量商量，怎么把家务重新分派一下，你才会觉得更公平一些？"

虽然大多数孩子都喜欢被夸奖，但是作为一种激励方法，夸奖对女孩的激励效果要弱一些。有些时候，反倒是你提醒孩子从别人的角度来看待问题，更能让孩子有动力去做你要求她做的事情。因为，幼龄时期的女孩已经开始意识到别人也会有别人的感受。

所谓的管教，并非仅仅是对孩子错误行为的惩罚。真正合理的管教，应该以帮助为要，促成孩子以某种合适的方式去说去做，从而逐渐成长为一个能够自我约束的、说话做事都妥当的、成熟的成年人。

一个孩子有可能因为过于惧怕失败而不肯做任何尝试，而且，她还会把所有的精力都用来替自己做狡辩。万幸的是，妈妈可以采取一些合适的做法，来帮助孩子从这种状况中一定程度地解脱出来：鼓励孩子去感受任何细小的成就所带来的喜悦，而不是一味在乎输赢、一味求胜；教导孩子明白，要达到任何一个大目标都不是一件容易的事情，都需要日积月累地努力去获取所必需的技能。教导孩子明白，追求完美没有什么不好，但应该追求的是尽量完美的水平，而非追求自我完美。

要追求自己做到最好，是可取的；但若要追求自己做一个完美无缺的人，却非常不现实；鼓励孩子为她自己的努力和成就感到自豪和欣慰，而不要一味去寻求她人的表扬；教会孩子学会把对追求巨大成就的偏好仅仅看做是一种偏好，而不要把它看做是生命中不可或缺的东西；鼓励孩子平静地面对自己的失误，从中汲取经验，下次努力做得更好；但是大可不必为自己的每一个失误而自责；最好能鼓励孩子学会自嘲自解。正如她可以觉得别人的失误滑稽好笑一样，她也完全可以把自己的失误当做笑料。

如果你要求六岁的孩子做件什么事情，她会直接顶回来，"不干！""我就不去，你试试看！"可是，如果是幼龄时期的女孩，她现在不太这么做了，相反，她更可能这么回应你："为什么偏要我做呢？"

这时，你不妨回敬她："因为妈妈就是要你做。"七岁的小朋友可以受得了你这样的回答，这个年龄的孩子一般来说不太对这些搪塞刨根问底。当然，如果你觉得孩子是真的想要知道原因，那么告诉她好了。问"为什么"其实主要是孩子跟你争辩的一种途径罢了，因为孩子这时候就是喜欢什么都要跟成年人争上几句，你跟她提一句什么要求之后，最常听到的回应就是"可是，妈妈……"好在这么小的孩子跟你的争辩还十分容易摆平。还有一个比以前显得更容易的地方，就是有的时候你只要表面上威胁说让她回屋里去"冷处理"，而不需要真的让她像小时候那样回去冷处理，就能解决问题了。有些孩子甚至只是被爸爸或者妈妈看了一眼，就已经知道收敛了。

你跟孩子之间的交流，或者是你对孩子提出什么要求，最最首要的一点，是你必须保证你的孩子听到了你的话。然而，七岁小家伙常常还真的就没听见你说什么，这使得不少父母曾经怀疑孩子是不是真的耳朵聋。其实，孩子只是没注意到你罢了。因为，七岁的小朋友常常深深地沉浸在自己的世界之中，不知不觉就把自己同外部世界隔绝开来了。

所以，在你想当然地以为孩子已经听到了你的话之前，你应该先跟孩子再确认一下："你听见妈妈说的话了吗？"这时你常常会发现她并没有听见。如果觉得你的小姑娘或者小小伙简直成了"习惯性耳聋"，那么你也许需要换换平常跟孩子说话的方式，比方说，有的时候故意很大声，或者故意很小声，每每能有成效，要不你就真拿一个摇铃来也行。

有一定的灵活性，也就是说有时候你对孩子让个步，也能使你更容易和孩子沟通。比方说，假如你天天都要提醒孩子："记得穿上毛衣，胶鞋，戴上手套"，而孩子每次都这么回嘴："为什么我不穿就不行呢？"那么，也许孩子真的就不需要，你不妨也就真的偶尔来这么一句："哦，好吧，你觉得不需要就不穿吧。"

比这更好的做法，是在每天没完没了地对孩子指手画脚之前，先反省一下你舌尖上想都不想就冒出来的话是否真的都有必要。在有些情况下，妈妈应该避免做的事情，和妈妈应该去做的事情，是同等的重要。大多数儿童专家都会建议你，不要反反复复用同一种"招数"对待孩子。好钢用在刀刃上，越是你不常使出来的招数，越是能对你的"习惯性耳聋"的孩子起作用。

假如你要订立一个规矩，比方说不可以打人，否则的话就如何如何，那么一旦孩子动了手，你该怎么管教她你就要真那么去做，而且要当即就做。假如一个孩子不断地做些不该做的事情，她显然是要告诉你什么，因此，倾听孩子非常重要。孩子需要界限，如果没有界限，孩子则不知道自己站在什么地方。

要纠正孩子的不良行为，最为有效的、而且也可能是最为容易的方式，是让孩子知道你期望她怎么做，并且正面强化其良好行为。

"行为矫正"的核心有四点：1）辨别哪些行为应该纠正；2）前后一致地贯彻你的要求；3）让孩子看到什么样的行为是你所希望的；4）记录并让孩子看到自己的进步。

1.在你不希望看到的行为出现之前，就设法改变局面。比方说，假如你注意到孩子们总是在晚饭之前半小时左右开始打架，也就是孩子们往往在饿了、累了的时候脾气暴躁，那么，最好在下午4点半的时候给孩子吃一些有营养的东西，或者干脆让孩子们在正式开饭之前先吃饱肚子。

2.让孩子承受她自己的行为后果。操作起来也很容易。比方说，月月没有把她的自行车拿回家来，不但违反了你给她定下的规矩，而且自行车还被人偷走了，那么行为后果就是：不再给她买自行车。

3.让孩子远离"争端"。例如，你的幼龄时期的女孩常常和她的六岁妹妹因为电视频道而打架，那么，你不应该听任她俩争执，而是由你出面安排她俩各自看电视的时间表。

4.假如试了各种方法孩子都还不肯听，父母往往会在这种时候去惩罚孩子了。一方面，绝大多数的儿童心理学家坚持向家长们呼吁，事先预防比事后惩罚要有效得多，而且人们也大都认可这一点；另一方面，既然妈妈无可避免地还是会给孩子一些惩罚，那么，格劳巴德博士建议，把握对孩子惩罚的尺度，应该以下几点为考量标准。

问你自己，你打算给孩子的（或者刚刚施与的）惩罚公平吗？你为什么想要纠正孩子的这一行为？你有没有把你自己的意愿强加到孩子身上？给予孩子惩罚是不是眼下最有效的做法？惩罚唯有在真正能够有效消除不良行为的情况之下，才能算得上公平。

你的惩罚及时吗？如果需要的话，你的惩罚不但应该真是很有必要的举动，而且还应该及时兑现。也就是说，一旦白天孩子做了什么惹你不高兴的事，你威胁孩子说："等着吧！等你爸爸回家收拾你！"这肯定不是处理这件事情的最好办法。

你的惩罚很有针对性吗？这就跟夸奖孩子要有具体的针对才会最有效果一样。换句话说，你的孩子知不知道她遭到惩罚的原因是什么？

你的惩罚真有效果吗？假如你的惩罚并不能真正有效地阻止或者改变孩子的不良行为，那么你的惩罚就根本没有达到任何目的。（也有可能你本来就不求效果，仅仅是为了发泄你的恼怒。）

你的惩罚对症吗？一定要保证你的惩罚和孩子的不良行为是相关联的。另外，在你惩罚孩子的时候，一定要遵守下列原则：

惩罚只可偶尔为之，而且施与的时候应该雷声大雨点小，千万不可歇斯底里地打骂孩子。

你的要求和做法必须前后保持一致、要有体系性，千万不可率性而为。

惩罚孩子之后，立即强化你希望看到的行为。也就是说，鼓励孩子用你能够接受的行为代替你不能接受的做法。举例来说，假如每次该苏苏洗碗的时候她都把碗碟忘在了洗碗池里，那么一旦她去洗了碗，你就应立即正面肯定她。又比如说，假如你因为哥哥打妹妹、推妹妹而惩罚她，那么现在请你换一种做法，也就是每当你看到兄妹俩哪怕能在一起好好玩上一小会儿，你也要当即给

予正面肯定。

换言之，一方面，请你牢记事先预防比事后惩罚肯定要好很多；另一方面，既然你有时候也免不了会惩罚孩子，那么在你出手之前，请稍微用点心思，想一想怎样才能更好地达到目的。

# 第3章

# 与女儿共同成长

犯错误对每个人来说是在所难免的，人非圣贤，孰能无过。真理的河流往往从错误的沟渠中通过。过去的错误就是将来的智慧和成功。萧伯纳曾说过："一个尝试错误的人生不但比无所事事的人生更荣耀，而且更有意义。"有实践就必定会有错误，错误并不可怕，可怕的是经常担心犯错误而停滞不前。

# 应该给孩子多大信任

很多家庭给孩子使用一个打不破的专用碗，孩子进餐就使用这个碗，这样做是基于担心孩子把碗打破。

悦悦没有固定的碗，妈妈一直是给悦悦使用和她一样的瓷碗。悦悦打破过一次碗，那是在大约两岁多的时候，悦悦端着瓷碗吃饭，一不小心，碗掉到了地上！这是悦悦第一次打破碗，她非常惊恐地看着满地的碎片，哭了。当孩子看见一个完好无缺的碗由于自己的不小心变得支离破碎时，心中一定是非常懊悔和自责的，他们喜欢完整，不喜欢破碎。妈妈宽慰悦悦，"没关系，妈妈来打扫碎片就行。"

妈妈的宽慰让悦悦放松了许多，她们一起清理完碎片后，妈妈又给悦悦拿了一个瓷碗，并鼓励悦悦自己想办法，要怎样才不会打破碗。悦悦见妈妈如此信任她，又给她一个瓷碗，非常开心，笑容回到了小脸上。这一次，她是非常小心地把碗放到桌子上，左手小心翼翼地扶着碗，唯恐再一次把碗打破。在那以后，悦悦很少打破碗。相反，那些平时用不锈钢碗或者是塑料碗的孩子很容易打碎碗，因为他们的家长不信任他们，没有给他们用过瓷碗，令他们没有"陶瓷易碎"的经验。

在孩子第一次打破碗的时候，没有一个孩子是故意的。碗被打破了，可能是由于他们小手的笨拙，没拿稳才会打破。他们打破一次碗后，就会小心翼翼地使用他们的碗，想办法不再把碗打破。倘若因为孩子打破了一只碗就不给他们使用瓷碗，或者根本不给他们机会使用瓷碗，那么孩子感受到的就是家长的不信任，他们会觉得，"可能我只会给爸爸妈妈添乱，损坏爸爸妈妈的东西，我真是太不能干了。"久而久之，这种不被信任的感觉会让他们怀疑自己，变得不自信。

成人在单位有了失误，如果主管再给一次机会，修正失误，会不会感受到主管的信任？员工的心里会不会心存感激，从而更加努力工作，弥补失误？倘若主管不再给机会，而是把事情交给别人，员工是不是会觉得非常挫败，觉得主管不再信任自己？孩子的内心和成年人一样，他们能觉察到对方的细小行为流露出的信息，只是他们不会表达，但是其影响会深深地烙在他们的心里。

妈妈不仅让悦悦用瓷碗吃饭，而且让悦悦帮妈妈收碗。这项工作在悦悦2岁的时候就开始了，第一次让悦悦收碗的时候，妈妈的心里有些打鼓，担心她没走稳摔倒了，摔破几个碗是小事，倘若让碎瓷片割破脸就糟糕了。妈妈偷偷地跟在悦悦身后，准备在悦悦要摔倒的时候随时保护。谁知悦悦发现了妈妈，把妈妈赶开，"不要妈妈保护！"是啊，既然让她收碗，为何又不相信她，还要亦步亦趋地跟着呢？妈妈意识到自己太紧张了，揪着心退到了一边。第一次收碗，悦悦其实也是紧张而又激动的。她小心翼翼地两手端着碗，慢慢地一步一挪往前走，从餐厅到厨房，只有几步路，悦悦却走了差不多1分钟！当她踮起脚把碗放到了厨房的案板上时，悦悦激动地大喊起来："成功了！"

"成功"这个词是悦悦最早学会使用的词之一，她也早早体验了"成功"的感觉。如果决定让孩子做某件事，就不要怀疑孩子是否能做好，一定要相信孩子，真正地放手。不要把紧张和担忧挂在脸上，而要埋藏在心里。

不过，在做某些可以预见可能产生危险后果的事情之前，家长一定要事先检查，排除隐患，尽可能避免危险的发生。比如2岁孩子收碗，一定要确保地面不潮湿，孩子的鞋是防滑的，挪开周围的障碍物，以防孩子万一摔倒磕伤。

孩子的潜力是巨大的，实践证明，很多事情孩子是可以做到的，只是家长没有相信他们，没有给他们足够的机会。

悦悦3岁10个月的时候，对厨房的活非常感兴趣，喜欢上了剥大蒜、切菜、洗菜、炒菜。那时，5岁的小侄女晓晓也住在悦悦家，她们俩一起做饭炒菜，悦悦家的案板是成人的尺寸，对于孩子而言太高，悦悦搬来小板凳，踩在小凳上在洗菜池里洗菜。她先把洗菜盆的塞子塞好，把菜放进洗菜盆，打开水龙头，等水漫过菜叶，她关掉水，从水里把菜叶抖几下捞出来。这些动作非常笨拙，但是她很认真，有条不紊。洗完一遍后，悦悦问妈妈还要不要洗，妈妈说青菜要洗3遍。悦悦又洗了两遍。妈妈瞟了一眼，还真的被她洗干净了。

而晓晓，拿个小刮子刮掉土豆皮后，就拿着土豆在快捷切菜器上面蹭了起来。眼见着一个大土豆在她的努力下，逐渐变成一个个不规则的小块。那一顿饭，大家吃的就是悦悦洗的莴笋叶（也是她自己炒的），晓晓做的土豆丁汤（大小不一只能煮汤），放的作料是悦悦剥的大蒜和葱。吃着自己洗的、做的菜，她们很有成就感，大呼"也会自己做菜了"，那一顿她们吃得格外香。

在很多家庭，孩子是不被允许进厨房的，怕烫着、怕被刀切到手、怕弄湿弄脏、怕被油溅着，这怕那怕硬生生地夺掉了孩子宝贵的学习机会。不仅是厨房的事情，还有很多事情，譬如洗手、洗头、洗衣服、扫地、拖地板、抹桌子、爬高、下沟、玩沙、玩水等，都不被允许。这一切是源于家长不了解孩子的潜力，不相信孩子，唯恐孩子做不好，或者担心孩子发生危险。实际上只要给孩子机会，孩子完全能做好这些事情。

生活中，妈妈通常会听到"别动，这个你不会""停下，妈妈来弄"这样的话，有的家长尤其是老人甚至不经意间会打击和摧毁孩子的信心。

一次，悦悦在草地上画画，苗苗和思思好奇地围拢过来，苗苗和思思的外婆都在，苗苗外婆夸悦悦，"真是个聪明的孩子，看，画得多好啊，悦悦以后要做画家吗？"悦悦说："要做画家。苗苗、思思，你们想做什么呢？"思思说："要做科学家！"苗苗说："要做歌手。"苗苗的外婆笑着说："苗苗要加油学习，成绩好才能做科学家。"思思的外婆说："她唱歌唱得不好，还胆小，在不熟悉的人面前胆小得不得了。不像悦悦，画画得这么好，唱歌也不错，还那么大方！"苗苗和思思默然，尤其是思思，听外婆这么说，脸上的笑容不见了，站在旁边发呆。

可是，学习好并不代表就能当科学家；还有，没有让孩子来试试，怎么就知道孩子不会当歌手？如果苗苗和思思的家长能相信她们，多一些鼓励，少一点否定和打击，也许她们以后还真能按照她们自己的想法发展。很多家长在羡慕别人孩子的同时，是否该反思一下自己的教育方式？是什么造成了自己的孩子和别人的孩子的差距？到底是孩子之间有差距，还是家长之间有差距？

一个人的自信是建立在独立做好一件事情后获得的成就感的基础上的，家长要相信孩子，放手让孩子去做他感兴趣的事情，哪怕这件事情看起来让孩子完成不太可能。如果担心孩子的安全，那么家长要做的是给孩子创造一个安全的环境，让他能够在一个安全的环境下独立做事，而不是阻挠孩子。如果妈妈不相信孩子，不给孩子机会来独立完成一些事情，纵然有再多的表扬和鼓励，就算把"你真棒"天天挂在嘴上，孩子的自信也是建立不起来的。

家长们都希望自己的孩子充满自信，但是经常不经意间流露出对孩子的不信任。有的家长尤其是老人甚至不经意间会打击和摧毁孩子的信心。这样对孩子自信性格的形成影响极大。

让孩子做一些能让孩子觉得他们有价值的事情，不要刻意保护。这怕那怕，会硬生生地夺掉了孩子宝贵的学习机会，会让孩子否定自我。在做某些可以预见到可能产生危险后果的事情之前，家长一定要事先检查，排除隐患，尽可能避免危险的发生。孩子的潜力是巨大的，实践证明，很多事情孩子是可以做到的，只是家长没有相信他们，没有给他们足够的机会。

# 如何管束孩子才合适

5岁的楚楚在小区花园里遇见悦悦，非要和悦悦玩一会儿。不到5分钟，楚楚妈妈要回家做饭了，催促楚楚回家，楚楚不肯，还要和悦悦玩。楚楚妈妈催促了好几次之后，楚楚发火了，"你不给我自由，总是管着我，你就是一个遥控器！"听闻此言，楚楚妈妈大惊失色，尴尬不已，周围的大人们都笑了起来：遥控器，多么贴切的比喻！

其实楚楚并不是不想回家，只是碰到小伙伴后，还想玩一会儿。而做饭并非十万火急、一刻都不能耽误的事情，妈妈完全可以多等孩子几分钟。楚楚只是不喜欢妈妈这么专横，她的反抗实际上是在和妈妈夺权——争夺自己做主的权利。如果把什么时候回家的权利交给孩子，结果会完全不一样。

有人可能会问，碰到孩子在外面玩得不想回家怎么办呢？正确的做法是把什么时候回家的决定权交给孩子，比如悦悦妈妈会征询悦悦的意见，问悦悦打算还玩多久回家？悦悦一般会说，还玩10分钟或者20分钟。妈妈会同意她的决定，然后拿出手机给她看，现在是数字几，10分钟之后数字又是几，到点之后就回家，说话要算数。到点之后，妈妈给悦悦看手机，悦悦主动提出回家，从不食言。

有人会说，孩子可没有这么听话，很可能在到点之后要赖，还要继续玩。如果是这样，家长就得反思，自己是否对孩子说话算数，自己有没有曾经对孩子食言过。如果家长自己对孩子信守承诺，并且要求孩子信守承诺，孩子是不会出现"要赖"行为的。

很多孩子的耳朵边总是充斥着这些话："多吃青菜""该回家了""不要弄脏衣服""不要爬高""多穿点衣服"……孩子在家长的絮絮叨叨之下不胜其烦，渐渐萌生抵触情绪。换位思考一下，假如有人这样对待你：事事要操纵、时时刻刻管着，你会有何感受？

对待孩子，明智的父母的原则是：只要这件事情不妨碍别人、不伤害自己、不破坏环境，就应视为合理要求，尽管去做，不需要征得任何人的同意。但是如果某事违背了这一原则的话，就会被坚决制止。

有一次大热天的，悦悦一定要穿棉裤，悦悦妈妈的常规思维告诉自己，不能让她穿，可能会捂出痱子的！但转念一想，她不应该制止，因为孩子如果不经历，就不会知道为什么这样做不合适。随后，悦悦心满意足地穿上了棉裤，跑上了街道。在37度的高温中穿上棉裤走在烈日下，这真是一道景观啊，惹来不少人惊异的目光。不久后，悦悦体验了高温中穿棉裤的闷热，觉得很不舒服，主动要求妈妈带她回家脱掉棉裤，换上短裤。

如果妈妈强行阻止悦悦穿棉裤，她一定产生抵触情绪，和妈妈对着干。让她体验了热天穿棉裤的不适，她自己主动换了裤子，孩子喜欢的，就是自己做主的感觉。因为有自主的权利，悦悦特别能遵守规则，对妈妈没有任何的逆反，妈妈是她最亲近的人，同时也是让她最能顺从的人。

孩子想做某事，妈妈在说"不"之前要好好想想，这事妨碍别人吗？会伤害到孩子自己吗？破坏环境吗？如果答案都是"否"，那么妈妈一开始就不要阻止，而不要等到孩子发火、吵闹后再来妥协。如果其中有一个答案为"是"，那么就要坚决阻止，不管孩子怎么哭闹都不能妥协。说到上面这个原则，很少有妈妈能拿捏得准的。这里要细细道来。

不妨碍别人，就是孩子的行为是否会对别人造成不好的影响，是否打扰到别人，是否影响别人休息，是否让别人感到难受。比如当小伙伴在专注地做某事，孩子想打断他，这样就是不允许的；再如晚上10点以后还想玩游戏，把地板弄得直响，影响别人休息，这样也是不允许的；再如对人大喊大叫、粗野蛮横，这样也是不允许的。

不伤害自己，就是孩子的行为会对自己造成一定的伤害，而且这种伤害是妈妈采取任何保护措施都无法避免的。如果通过妈妈的保护及让孩子掌握安全规则就可以避免伤害的，那么就不属于此范围。比如孩子想玩沙，有家长说会扔到眼睛里，会造成伤害。其实只要和孩子建立"不能往自己和别人身上扔沙子，否则必须停止"的规则，完全可以避免伤害，所以玩沙是合理要求；再如孩子要爬很高的梯子，有可能摔下来，这算合理要求吗？只要妈妈在旁边可以保护到，并且提醒孩子登高有危险要踩稳握紧，让孩子有自我保护的意识，这也应该视为合理要求。但是超出妈妈的保护范围，会酿成大祸的，比如爬窗户、玩火或者煤气灶开关、玩洁厕灵等洗涤剂之类的就一定要坚决制止。

不破坏环境，就是不损坏、不弄脏周围环境，不拿走公共物品。比如不攀花折枝、不踩草坪、不乱扔垃圾、不随地吐痰、不占据公共财物等。

有一次，很多年轻人在池塘里抓观赏鱼，抓了后送给悦悦一条。悦悦很喜欢小鱼，把小鱼放到一个小塑料袋里，和小鱼说话。玩过一会儿后，悦悦想把小鱼带走。妈妈说："小鱼是公共场所的，不是卖给你的，不能要，要把小鱼放回池塘。"悦悦听明白了，愉快地把小鱼放回了池塘。

只要把握准以上这三个原则，给孩子自由，让孩子自主，妈妈不难做到。还有一条关键的，家长在意识上要转变，孩子是独立于妈妈的个体，不是妈妈的附属品，即孩子获得自由和自主的权利是他们天生的权利，而不是父母赋予的。如果把孩子当成自己的附属物，唯恐管不住孩子，结果是越想管就越管不住！不要以为你生的孩子就必须无条件服从你了，连你自己都应该知道，你所知的一切都是相当有限的，又凭什么觉得自己可以给一个堪称一张白纸的孩子任意灌输思想呢？生孩子只是生理成熟的成年人做出的选择，不代表你就是天下无双的博学者了，自然也不是这个孕育成熟的胚胎主人。

孩子从2岁开始，就有了自我意识，进入人生的第一个叛逆期。他们试图做自己的主人，不愿意别人对他指手画脚，这是孩子走向独立自主的开始。但很多家长不明白，总喜欢和孩子夺权，事事想管。他们感叹，孩子不听话，在孩子面前没有"威信"。究其原因，恐怕是家长们管得太多，成了遥控器，剥夺了孩子自主的权利，引起孩子逆反所致。

龙应台女士在《亲爱的安德烈》一书中写到，孩子安德烈写给她的信中有这么一段话，特摘录在此："你给我足够的自由，但是你知道吗？你一边给，一边觉得那是你的'授予'或'施与'，你并不觉得那是我本来就有的天生的权利！对，这就是你的心态啊。也就是说，你到今天都没法明白，你的孩子不是你的孩子，他是一个完全独立于你的'别人'！"

# 怎样指导孩子解决冲突

悦悦在小区游乐设施旁排队，奇奇走过来二话不说把悦悦挤开，站在悦悦前面。悦悦一开始好脾气地跟奇奇说："是我先来的，你应该排队。"奇奇没理悦悦，继续站在悦悦前面。这时，悦悦生气了，对奇奇大喊"我先来的"，欲挤开奇奇，奇奇用力推开了悦悦。悦悦见自己的"权益"被侵犯了，而且她自己争取不过来，就向妈妈跑过来，气愤地哭诉："是我先排队的，他插队！"

悦悦妈妈拍拍她的背说："看见了，是你先在那里排队的，你有排在前面的权利，要不，你再去和奇奇商量一下？"

奇奇妈见状，想把奇奇拉走。悦悦妈妈制止了，"每次悦悦与小朋友发生冲突，都不应该插手，让他们自己处理。但几乎每次对方小孩都被家长拉走，这样，孩子们基本上没有学习处理冲突的机会。这是一个好机会，妈妈别插手，让他们自己处理吧。"

奇奇妈听从了妈妈的建议，这时，玩具上的小朋友下来了，轮到奇奇玩玩具。悦悦愤怒了！她一边哭一边大喊："先来的是我，我要先玩！"她跑过来抱着悦悦妈妈的腿，"你去说！"哭声震得妈妈的耳朵嗡嗡作响！

悦悦撕心裂肺的哭声引来了不少人围观，大家都诧异地看着悦悦，其中一个十多岁的小男孩指着悦悦鄙视地说："她真啰唆！"悦悦妈妈觉得这句话可能会影响悦悦，便对小男孩说："她不啰唆，是因为别人插了她的队才哭的，你不了解情况请不要乱说。"小男孩没再吭声。很多认识悦悦的家长笑着对悦悦说："悦悦很棒的了，怎么在这儿哭呀，快别哭了，好羞啊。"悦悦妈妈不得不一遍遍和别的家长们解释悦悦为什么哭，并且安慰悦悦，"哭不要紧，可以哭，哭一点都不羞。"

众人的围观似乎给悦悦不小的压力，她拼命想压抑住哭泣，但控制不住，不安地在玩具旁跑来跑去。但她并没有再次试图夺回玩具，也许是之前和奇奇较量过一次的失败，让她缺乏再次发起反击的勇气。

奇奇妈一直在做奇奇的工作，说是悦悦先来的，就应该是悦悦先玩。奇奇哭泣着趴在玩具上不肯让出来。两个人就这样僵持着，旁边玩具上的小朋友下来了，那个妈妈喊悦悦过去："悦悦，来玩这个吧。"悦悦不为所动，悦悦妈妈向那个妈妈解释，"她不会来的，她认为她先在这里排队，就应该先玩这个玩具。"

悦悦的心中已经建立了"先来的先玩，后来的必须等待"的秩序，奇奇的行为打乱了这个秩序，并侵犯了悦悦的权益，这是悦悦生气的原因，以她的个性，当然不会退让到别的玩具上去玩。于她而言，玩玩具是其次，重要的是要捍卫她心中的秩序。

终于，奇奇妈不知用什么方法把奇奇拉离了玩具，在旁边等候。妈妈欲把悦悦抱上玩具，谁知悦悦不肯上去，说要让奇奇先玩。悦悦妈妈十分不解，"是你先来的，就应该你先玩啊，为什么要让给奇奇先玩呢？"

悦悦抽泣着说："巧虎里面说要轮流玩的。"

悦悦妈妈说："可是你还没有玩的，应该是你先玩，再轮到奇奇呀。你是不是想谦让啊？"悦悦点点头。

悦悦妈妈百思不得其解，以悦悦的个性是不会这么谦让的，对心中的秩序她一直都是誓死捍卫，决不让步。不过，也许是她觉得奇奇已经让出来了，她已经成功捍卫了心中的秩序，不必再争长短，所以才做出让步。最终的结果是，悦悦让给了奇奇先玩，等奇奇下来，她再玩的。

悦悦是一个性格要强的孩子，在幼儿园参加亲子活动时，悦悦在独木桥上遭遇一个小男孩，两个人都无法过去。僵持当中，小男孩突然甩手给了悦悦一巴掌。悦悦没有丝毫犹豫，亦没有向妈妈求救，而是以迅雷不及掩耳的速度还击了男孩一拳，快得连扶着男孩的妈妈都没有反应过来！

男孩妈妈怕矛盾升级抱走了男孩，而悦悦像什么事都没有发生过，继续过她的独木桥。当时妈妈远远地看见了这一幕，觉得很欣慰：面对别人的攻击，悦悦没有哭泣、没有求助，而是毫不惧怕、勇敢还击。

当然，家长不能主张孩子面对攻击的时候一定要还击，当孩子的语言沟通能力发展到一定程度，我们应该更倾向于孩子用"沟通"来解决同伴间的冲突。但是，当孩子的语言还不到那个水平的时候，孩子被对方攻击之后当然有还击的权利。这样她才能拥有保护自己的能力。

孩子解决冲突往往是以抢夺（比如别人未经允许拿走她的玩具，她会在第一时间夺回来）、还击、哭和求助的方式为主，还不会去和小伙伴沟通、协商，这无疑是由于缺少解决冲突的机会所致。面对孩子间的冲突，只要没拿器械，妈妈是不会去插手的，可往往对方家长不等"矛盾"激化，就强行拉走了自己的孩子。

家长们不希望孩子和同伴发生冲突，觉得发生冲突不是件好事，担心孩子打到别人，也担心自家孩子受欺负。不少家长由于爱子心切、护子心切，会不知不觉中把孩子间的冲突想象得过于严重，认为会对孩子造成很大的伤害，看到自己孩子和同伴发生冲突就会挺身而出。然而，这样会让自己的孩子变得脆弱、易受伤害。

其实，孩子间的冲突都是很单纯的，不是什么"深仇大恨"，孩子也远没有想象的那么脆弱、那么容易受伤害。有时孩子被别的孩子打了，孩子自己并不觉得有什么，一下子就又玩到一块去了，把挨打一事忘到了九霄云外。反而是家长觉得"委屈、吃亏、心疼"，憋在心里很久都不舒服。

家长过早干预孩子间的冲突，就剥夺了孩子和同伴沟通协调、解决冲突的机会，孩子没有机会来学习如何解决和同伴之间的矛盾，如何和他人友好相处。如果不经历一次次的冲突，孩子又怎么能学会沟通协调呢？

对于大多数的冲突，孩子是有能力解决的，妈妈得相信孩子。譬如有次大家在草地上玩"老师和学生"的游戏，乐乐和悦悦争着当老师，妈妈和乐乐的爸妈都在旁边没吭声，看她们怎么办。悦悦和乐乐商量，"乐乐，要不你先当老师，然后再轮到我当老师？"乐乐想了一下说："还是先你当老师，我当学生吧。"俩人一谦让、一商量，问题就解决了。

还有一次，思思来家玩，悦悦拿出蒙氏教具和思思一起操作，可思思不知道怎样操作，拿走了悦悦的一块三角形。悦悦让思思还给她，思思怎么也不愿意，最后悦悦不知道怎么办就哭了，她边抽泣边说："我不要思思这个好朋友了。"思思不示弱，"我要把悦悦丢到垃圾桶里去！"几十秒钟后，悦悦似乎想通了，拿了一块三角形给思思（主动和解）。思思小声说："谢谢悦悦。"真是"礼尚往来"呀！

对于个性强的孩子和个性弱的孩子，不能搞一刀切，引导方式和侧重点要因人而异。对强悍的孩子，要侧重引导孩子注意友好和谦让；对温顺、柔弱的孩子，要侧重引导孩子懂得守住规则、不畏强大。

有家长问："孩子性格比较柔弱，要不要让个性柔弱的孩子独自面对冲突？"要，但是要注意方法。对于柔弱的孩子来说，家长越是一遭遇冲突就冲过去保护，孩子就越是依赖家长的保护，从而丧失自我保护的能力。但是，在孩子遭遇冲突时，家长不能直接生硬地让孩子自己解决，然后撒手不管，这样会让孩子觉得非常孤立和无助。

晓晓原来就是有点懦弱的孩子，与小孩发生矛盾、冲突时，就习惯性地找大人解决问题；被小朋友欺负了，她觉得委屈，但也只会眼巴巴地望着大人，而不会去"欺负"回来；任何人打了她，她都不会还手。

在晓晓住在悦悦家的几个月里，悦悦妈妈给晓晓最大限度的自由，强调的是规则，让她懂得：规则第一，任何人都必须遵守规则（比如给她的零食就是她的，悦悦有悦悦的，悦悦的吃完了，找晓晓要，晓晓要是不想给悦悦，就不给，悦悦哭也不给）；只要遵守规则，不必做无谓的谦让；和同伴发生冲突时，不要先动手攻击别人，但是如果被别人攻击，有还击

的权利。遇到别人侵犯晓晓"权益"的时候，悦悦妈妈鼓励晓晓勇敢地说出自己的想法，自己解决和小伙伴间的冲突。

经过几个月的努力，晓晓的内心慢慢强大起来，从最初的犹疑不决到后来的理直气壮，掌握规则后的她不再被别人左右，玩具被抢一定会夺回来。别人欺负她时，她会抓住别人的手阻止对方继续攻击，并且"警告"对方，"你再敢打我的话，我就打你了啊。"

有的家长见孩子被欺负而不还击就焦虑不安，数落孩子"你怎么这么老实"，这样会让孩子产生深深的挫败感，觉得自己没用，导致孩子更加畏缩。对于弱势的孩子，妈妈应耐心等待孩子鼓起勇气去解决和同伴间的冲突，不能操之过急。妈妈要做的是不断和孩子强调规则，妈妈要让孩子在内心建立这样一种意识：只要遵守了规则，就不必向任何人妥协，不管对方是多么强大。

有家长问，孩子总是被别的孩子欺负，不是被打，就是玩具被抢，她希望孩子做到"人若犯妈妈，妈妈必犯人"，不知这个度如何把握？

在孩子遭遇对方攻击时，孩子有还击的权利，但是不意味着家长就必须让孩子对别人打回来。孩子可能会遇到以下几种情况：面对实力相当的，面对比自己弱小的，面对比自己强悍很多的。是还击？是逃跑？是求助？孩子其实有智慧学会审时度势的，妈妈不必怂恿孩子一定要还击，如果遭遇非常强悍的对手，那样可能会招致更大的伤害。

悦悦4岁的时候，遇到别人"侵权"会权衡一下，如果对方块头高大，她寻思着自己"斗不过"时会寻求好朋友的帮助。一次，悦悦坐在篮球场的石凳上，一个个头比她大的孩子把她挤开了，悦悦很生气，对那孩子说："这个凳子是我先坐的，你不能挤我。"那孩子挑衅地看着悦悦，仍然坐在那儿。

悦悦转头把好朋友思思找了过来，思思大声对那孩子说："这里是悦悦先坐的，你不能挤她！"两个小朋友的力量大呀，那个孩子让开了。

还有一次，悦悦从幼儿园回来告诉妈妈，小华打了她，她还击了，但是她打不过小华，童童帮她了。孩子的世界就是这样，如果成人干涉得少，他们自然会有自己的处理方式，渐渐寻求到问题的最佳解决办法。对于弱势的孩子，最好的教育就是放手，千万不要保护过度。同时，在孩子遭受委屈、被人"欺负"的时候，父母要做孩子坚强的后盾，接纳孩子的委屈、害怕，但家长的表情一定要轻松，不要觉得受伤害或心疼，这样会让孩子觉得这是件多么大的事情。

孩子之间推一把、打一下，大多是没有多少恶意的，当然也有少数孩子以大欺小、以强欺弱、霸道蛮横。遇到那些"少数孩子"时，妈妈要给孩子打气，要鼓励孩子勇敢地维护自己的"权益"。如果由于实力悬殊，在孩子经过努力之后实在无法解决时，家长要站出来维护，给予孩子最强有力的支持，让孩子感觉他不是孤立无援的，爸爸妈妈是他最坚强的后盾。

归根结底，家长要做的是让孩子懂得"规则"，也就是"明理"，规则最大。如果家长能彻底放手，孩子心中有规则，孩子便知道自己该怎么做了。

# 教孩子处理冲突

不少家长由于爱子心切、护子心切，会不知不觉中把孩子间的冲突想象得过于严重，认为会对孩子造成很大的伤害，看到自己孩子和同伴发生冲突就会挺身而出。其实，家长过早干预孩子间的冲突，就剥夺了孩子和同伴沟通协调、解决冲突的机会。

面对别人的攻击，当孩子的语言能力还达不到有效沟通水平时，孩子被对方攻击之后当然有还击的权利。当孩子的语言沟通能力发展到一定程度时，父母应帮助孩子用"沟通"的方法来解决同伴间的冲突。

对于个性强的孩子和个性弱的孩子，不能搞一刀切，引导方式和侧重点要因人而异。对强悍的孩子，要侧重引导孩子注意友好和谦让；对温顺、柔弱的孩子，要侧重引导孩子懂得守住规则、不畏强大。弱势的孩子被"欺负"的时候，家长不是完全撒手不管，要给孩子自己处理冲突的时间，如果孩子处理不好，家长最终还是要出面的。比如孩子和对手的力量相差太远，孩子经过自己的努力不能争取到自己的"权益"，家长就要出面干预。但是家长出面不是拉开孩子了事，家长要做两件事：第一，要对双方孩子强调规则，譬如孩子被打，家长要说："不可以打人，打人是不文明的行为。"如果是被抢，就要强调"自己的东西自己支配，别人的东西未经允许不可以拿"，鼓励孩子拿回自己的东西。第二，承担结果。要求打人的人向被打的孩子道歉，并且安抚被打的孩子。如果是被抢，那么一定要要求抢东西的孩子自己把东西还给对方并且道歉，而不是妈妈要回来（或者对方家长还回来）了事。多次这样处理之后，双方孩子才会明白规则的严肃性，进而将规则内化。

妈妈不可能护卫孩子一生一世，有朝一日孩子总会离开妈妈独自面对自己的人生。学会自我保护和沟通协调是孩子适应社会必须具备的基本能力。在孩子遭遇冲突时不要立刻介入，等等，再等等。

一个风和日丽的上午，一大帮孩子在干枯的小溪边玩耍：悦悦和乐乐在小溪的一头玩"烧烤"的游戏，亮亮、奇奇、丝丝、津津在另一头玩。3岁的亮亮很热心，站在小溪里面，挨个牵着岸上的小朋友，协助他们跳到小溪里。妈妈们在不远处的广场上聊着天。

突然，嘭一声，奇奇摔在了小溪里的石头上！妈妈们一个箭步冲了上去，奇奇妈抱起了奇奇，脸都吓白了；亮亮妈也很慌乱，扯过亮亮大骂起来，"是你把弟弟摔倒的吧？你这么小，怎么能牵弟弟？叫你不要牵弟弟你不听……"

亮亮知道自己"闯了祸"，原本已经很害怕，妈妈这一骂，把他骂哭了。亮亮妈瞪着眼睛训斥，"还哭！下次不要牵弟弟了听到没有？"说完转过头对奇奇妈说："实在对不起，要不把孩子送医院看看吧。"奇奇妈没说什么，忙着安抚奇奇。

悦悦妈妈走过去，见奇奇无大碍，并且摔的地方不高，应该没什么问题，对亮亮妈说："不要骂亮亮了，他没有错。他是帮助小朋友下来到小溪里啊，这是一种可贵的品质。你这样训斥他，把他吓坏了，瞧他多委屈呀！小孩子预见不了这样的危险，要说有错，也是你的错，大人应该预见到这样的危险，你应该站在旁边保护的，是不是？"

因为和亮亮妈比较熟，悦悦妈妈说话很直接。亮亮妈可能是觉得自己的孩子闯了祸，不骂骂好像过意不去。不过，见悦悦妈妈这么说，马上没吭声了。奇奇妈说："不要骂孩子了，他不是故意的。"结果是奇奇和亮亮很长一段时间都不在一起玩。

再后来，奇奇妈碰到悦悦妈妈又说起了这件事，她也觉得不能指责亮亮，就算伤得重，相关责任也应该是由家长承担。但是，回家后，她是这样引导奇奇的：不能让小朋友牵，应该让大人牵，因为小朋友力气小，保护不了你。

亮亮牵着奇奇的手，想保护奇奇安全地从岸上跳进小溪里，亮亮热心地帮助奇奇，而奇奇是那么信任亮亮，两个小朋友只是想靠他们自己的力量来完成这么"一项了不起的工作"，没想到出了一点小意外。原本这算不了什么，若没有大人的介入，他们本来可以爬起来继续完成那项了不起的工作的。妈妈们的介入破坏了孩子间的这种美好感情。

对于亮亮来说，以后一定不敢轻易帮助别人了，免得"闯祸"挨骂；对于奇奇来说，今后一定不敢信任小伙伴了，免得摔跤！更重要的是两个孩子间的友谊和信任就此止住，多可惜啊！孩子间纯真的交往是多么美好而令人感动啊，这不正是妈妈们所希望的吗？可是她们在不经意间，粗暴地阻止了他们。很多奇奇妈这样的妈妈，为了保护孩子，无意中"离间"了孩子。爱子心切，这种心情妈妈更加能理解。但是这样会让孩子不信任小伙伴，离伙伴们越来越远……

当某天，家长突然发现自己的孩子不善于与别人交往或者有些不合群的时候，得好好想想：是不是自己不经意间阻止了孩子之间的交往？大家都知道孩子社交能力的重要性。孩子的交往能力就是在孩子与同伴的交往中发展起来的，这个过程不需要大人的干涉和介入；相反，不必要的干涉会妨碍孩子交往能力的发展。也许有人会问，难道孩子摔了也不管吗，若是摔伤了怎么办？其实，是有两全其美的办法的，比如上面这个事例中，家长完全可以静悄悄地站在孩子旁边保护，以防万一。退一万步来说，就算是摔倒，也不必那么惊慌，观察、等待一下，若是很严重，自然是要处理的；若是没什么事，妈妈完全可以平静对待，当什么事都没有发生过。

很多妈妈在自家孩子无意中伤了对方的孩子后，会当着其他人的面把孩子大骂一通，仿佛这样才能减轻一点自己的负疚，仿佛这样才能让对方家长心里好受一点。这样的心情完全能够理解，可是对于孩子来说，这样的处理是孩子不能承受的，因为孩子没有错，他心里自然是万分委屈的！孩子的交往能力是在孩子与同伴的交往中发展起来的，这个过程不需要大人的干涉和介入。

# 如何塑造孩子的人格

有兄弟俩，弟弟聪明活泼，从小备受宠爱。兄弟俩白天由奶奶照看，奶奶对弟弟格外宠爱一些，有好吃的东西会偷偷拿给弟弟吃，哥哥吃不到。弟弟很顽劣，喜欢打人、往别人脸上吐痰、喊别人外号，奶奶觉得孙子还小，这些顽劣行为很可爱，不但不制止，反而哈哈大笑。弟弟两岁多的时候，妈妈买了一个西瓜，分成很多块，全家人每人一块。弟弟很快吃完自己那块，飞快地抢走妈妈的那一块，躲到一边吃去了。妈妈以为弟弟还小，什么都不懂，并没往心里去，也没有对弟弟说什么。

后来，类似的事情经常发生，比如两块糖，弟弟和哥哥每人一块，弟弟吃完后必定抢哥哥那块，为了这样的事情，他和哥哥经常打架。大人们总是要哥哥让着弟弟，理由是哥哥大，弟弟小。这时，弟弟抢得更心安理得了，任性、霸道、自私的性格处处显露，出门看见零食必定吵着要买，不管家里的情况；吃的玩的都要强抢独占，从不和别人分享；想要某物或想做某事必得如愿以偿，否则就赖地打滚、大哭大闹，不达目的不罢休；特别懒惰，衣来伸手、饭来张口，什么都不干。

而哥哥和弟弟截然相反，懂得体恤父母，出门从来不让妈妈买吃的玩的，常帮妈妈做一些力所能及的事情。某天，妈妈出门走亲戚，因为路远不能带孩子去，两岁多的弟弟非要跟着去，妈妈走出很远了，他哭着追了出去。哥哥看见弟弟追着妈妈走，心里着急，担心弟弟有什么闪失，就在后面追弟弟。追出去约两里地，哥哥没能追到弟弟，只好回家了。哥哥很担心弟弟的安危，就坐在大门口等着，直到邻居把弟弟带回来才放心地回屋。

一晃30年过去，哥哥事业小有成就并有了幸福的家庭，承担起赡养一大家子的重担。弟弟好高骛远，总是换工作，每次都不超过1个月；责任感缺失，有了孩子后，他烟照抽、酒照喝、槟榔照嚼、麻将照打，孩子的奶粉却没钱买；不反思自己，总抱怨别人，经常埋怨自己的父母不如别人的父母有钱，对自己不够好，埋怨哥哥帮助自己不够，埋怨老婆太爱唠叨。熟悉兄弟俩的亲戚朋友都会慨叹：同一个家庭长大的孩子怎么会有如此天壤之别！

"三岁看大，七岁看老。"说得真是不错，从两岁多的弟弟身上不就可以看到他30年后的样子吗？小时不懂分享，不顾别人，只顾自己，长大后也是如此，孩子的奶粉钱都无法保障的情况下，他照样吃喝玩乐；小时不体恤家里，不顾家穷要买吃的玩的，长大后上不赡养父母，下不抚养孩子，毫无责任感；小时任性，要怎样就怎样，稍不如意就大哭大闹，长大后依然任性，工作稍不如意就换，生活中稍不如意就发脾气……哥哥则刚好相反。

同一个家庭，同样的生活环境，兄弟俩为何会有如此大的差别？主要是大人对他们不同的态度所致。如果家长一视同仁，不偷偷拿糖果给弟弟，而是兄弟俩分享；如果在弟弟顽劣的时候能告诉他这样不对，让弟弟能明辨是非；如果在弟弟抢西瓜、抢糖果的时候及时引导，让他懂得别人的东西不可以拿；如果在弟弟吵着要买这买那时，大人能拒绝并引导孩子懂得适度，懂得体谅家里的困难；如果从小让弟弟承担一些应该他承担的事情……如果以上都实现，弟弟的人生应该会是另一番景象。抢一片西瓜、一粒糖果，会让孩子学会自私；

自己的事情不会自己做，要靠父母，会让孩子责任感缺失，没有担当；任性地要这要那，父母每每都满足，孩子会因为来得太容易而不懂珍惜，不体谅父母，变得冷漠自私。"教育无小事"，每一件日常生活中的"小事"，如果教育不当都会影响孩子的一生。

其实仔细观察周边的成人就会发现，很多成人的心智、人格都有这样那样的缺陷。有的冷漠、有的胆怯、有的懦弱、有的自卑、有的懒惰自私、有的毫无责任感……所有这些都可以追溯到童年的经历。很多患有人格障碍和神经症的人，其主要病因是幼年时家庭的不当教养方式，譬如父母放纵溺爱、过分苛求等。

有一位15岁的女孩，和父母闹得很僵。她宁愿住在亲戚家，也不愿待在自己家。这个孩子从小寄养在亲戚家，对父母很冷漠。而且她的父母经常吵架，家里常年充满硝烟。刚开始的时候她感到很害怕，后来逐渐变得麻木，最后心里充满仇恨！有一次妈妈问她："如果你失去了爸爸或妈妈，你会是怎样的感受？"她冷漠地说："无所谓，没什么感觉。"她和父母分别1个多月，再次见到父母时，对父母不理不睬，为此，她妈妈伤透了心。

这个孩子的冷漠就是孩子在幼年受到心理创伤导致的，她长期寄养在亲戚家，得不到父母的关爱，没能和父母建立良好的依恋，所以她对父母没什么感情，就算"父母不在"她也无所谓。她之所以宁可流落在亲戚家，也不愿意回去，也是因家庭不和让她感到厌恶和仇恨，一心想逃离这个没有温暖的家。

现在，很多家长对孩子的物质生活非常关注，但对孩子的精神需求却不太在意，这样很容易造成孩子心理上的偏差。而有的家长非常热衷于对孩子进行智力开发和知识的灌输，对孩子的情感、心理等方面关注不够，对孩子遇到的环境转换，如搬家、上幼儿园、转学等，很少有家长会关注孩子的心理感受。有的家长甚至长期把孩子扔给老人或保姆，有的家长虽然天天和孩子住在一起，但是陪伴孩子的时间也极少，回家的时候孩子已经睡着，上班的时候孩子还没醒来。有的家长虽然偶尔陪陪孩子，但是并不懂得孩子的心里在想什么，不能满足孩子的情感需求。而更多的家长不知道该用什么样的方式和孩子相处，育儿过程中出现很多困惑和苦恼。

"教育无小事"，每一件日常生活中的"小事"，如果教育不当都会影响孩子的一生。很多家长对孩子的物质生活非常关注，但对孩子的精神需求却不太在意，这样很容易造成孩子心理上的偏差。父母一次次的否定和羞辱会一点点吞噬孩子的自信，父母的霸权让孩子失去自我，所以成年后孩子毫无主见、遇事慌张；自己的事情不会自己做，要靠父母，会让孩子责任感缺失，没有担当；任性地要这要那，父母每每都满足，孩子会因为来得太容易而不懂珍惜，不体谅父母，变得冷漠自私。

0—6岁是孩子性格形成的关键期，为孩子创造宽松、自由、平等、和睦的家庭氛围，花大量的时间陪伴孩子，是最有价值的投入。不要以工作忙、没时间而不陪孩子，光在孩子身上花钱而不花时间和心思会得不偿失——因为事业可以重新开始，孩子的童年却不能重来；事业可以等待，孩子的成长却不能等待。

心理学研究表明，儿童时期，特别是3岁之前是一个人建立安全感的关键时期，很多人生活缺乏安全感往往是这个时期出的问题。如果父母在这个阶段特别关爱孩子，孩子一生都会特别有安全感。

孩子只有在父母面前才能真正获得安全感。因为孩子只有与父母形成良好的依恋关系，以后才能与他人建立起亲密和信赖的关系。孩子只有觉得父母是可以信赖的，才会推及他人是可以信赖的。精神分析的代表霍妮认为儿童在早期有两种基本的需要：安全的需要和满足的需要。这两种需要的满足完全依赖于父母，当父母不能满足儿童这两种需要时，儿童就会产生焦虑，即：如果父母不能满足儿童安全的需要（如父母不能向幼儿提供持续的、稳定的、持之以恒的、前后一致的、合理的爱），幼儿就会缺乏安全感。

安全感是心理健康的基础，有安全感的孩子才能有自信和自尊，才能与他人建立信任的人际关系。而缺乏安全感的幼儿更多地感知到孤独和被拒绝，对他人通常持有不信任、嫉妒、傲慢甚至仇恨和敌视的态度，行为上也更容易出现逃避、退缩或攻击性的行为，较难建立良好的人际关系。缺乏安全感也是导致多种心理疾病发生的原因之一。

六个月以后的胎儿已经开始具有自己的情绪生活。母亲在这个时候已经开始影响胎儿。他觉得妈妈与自己依然是一体的。情绪不稳定的妈妈，孩子在与她相处的过程中，根本捉摸不透，妈妈怎么一会儿温柔一会儿凶凶的。于是他对这个世界就充满了不安全感，因为妈妈就是他的整个世界啊。

当然了，父母也曾经是孩子，父母也有自己的原生家庭。如果他们自己都没有安全感，要利用生个孩子来获得力量、满足和安全感也是没有错的。也是自我救赎最佳方案。但，家毕竟是一个系统，你可以选择自己的老公或者老婆，孩子可没有办法选择自己的父母，完全被动。所以，家这个系统只要功能良好，孩子就有安全感。

家庭系统核心是父母的婚姻，那么，夫妻不吵架就是系统良好啰！别傻了。每个人都是独特的个体，夫妻又来自不同原生家庭，冲突在所难免。关键在于：夫妻吵架，根本不会破坏孩子的安全感。这个展开说一下：事实上，有冲突才是亲密关系及健康家庭的标记。良好的冲突也是一种沟通方式，孩子在父母的良性的沟通中，也在学习如何沟通。

唯有不健全的家庭，才会否认问题的存在。展开的逻辑就是：不健全家庭的成员们不是抱团取暖，彼此同意不要有任何不同的意见，就是彼此疏离，退回自己的角落不表达意见，这样就不会发生冲突。当然，你也可以理解为：哀莫大于心死。那么，一个家要怎么样，才是一个健康的系统，孩子才能有安全感？

当我们在探讨何谓健全家庭教育时，很多小伙伴喜欢说，"女孩子富养，男孩子穷养。"拜托，每个孩子都是一样的。家是一个提供给人成长的场所，父母也不是天生的，需要和孩子一起成长的，所以，在明白家是一个系统以后，我们需要知道——

1家庭不仅提供生存所需，也提供生长空间。

2它能满足成员的心理需求，包括自主和依赖之间的平衡，也能提供社会化训练以及性别角色的认同。

3它让每一个家庭成员——包括父母——都有成长和发展的机会。

4它是建立自尊的地方。塑造人格的地方。

5它是个人社会化的主要单位，同时也是社会持久发展的关键。

心理学家亚历山大·鲁宏认为："人的人格，像树的年轮，是一圈又一圈地发展出去的。婴儿的一圈，代表爱与享受；孩童的一圈，代表创作与幻想；少年的一圈，是玩耍及嬉戏；青年的一圈，是情爱及探索；而成年人的一圈，则象征现实与责任。一个完全的人，要具备上述所有特征。这一圈一圈的发展，有一定的程序，如果有一圈未完成，而被破坏了，这个人的个性就会负伤，不能完全。"

如果家庭是培养人格的地方，那么怎样才算是完整的人格？有完整的人格才有安全感啊。完整的人能区分且接受自己和他人是不同的个体，能建立清楚的自我界限，有良好的自我概念，也能够和自己的家庭系统建立良好而有意义的关系，但是又不会过度融入家人的生活里而迷失自己。

这表示他可以自由运用情绪，不会满腹怨愤，也不会爱某个人太深切，可以在恰当的时候选择不带罪恶感的离开。家庭治疗大师萨提尔女士认为"人"有五种天赋的自由：巨大的个人力量，将从下面的五种力量中产生。当人完全自由时，所有的精力都可用来解决问题、满足需要，而不需要消耗精力于瞻前顾后，则人的功能可望充分发挥：

1.有自由去听和看此时此刻发生的事，而非只能听和看过去、未来或"应该"的事物。

2.有自由去思考自己所想的，而不是应该怎么想。

3.有自由去感觉自己真正的感受，而不是应该的感受。

4.有自由去渴望以及选择自己想要的，而不是应该要的。

5.有自由去幻想自己想要达成的目标，而非永远扮演安全而固定的角色。

拥有这些自由，孩子就能够达到完全的自我接纳和人格整合。那就是安全感。

有一个孩子3岁了，一直是爷爷奶奶、外公外婆轮流带，两个星期换一次班。爷爷和外婆很宠孩子，什么都顺着孩子。外公则有一些原则，但是外婆会经常当着孩子的面骂外公。而外公外婆和爷爷奶奶因为教育方式不同，谁也不听谁的，积怨很深。

孩子从2岁开始变得内向、沉默，什么人跟她说话都不搭理，对别人视而不见。妈妈问她为什么不搭理别人，她只说一句"不喜欢"。自从9月份上了幼儿园，孩子的性格变得更加内向了，甚至都不怎么跟妈妈谈心了，只要一说起有关幼儿园的事就完全避开妈妈，或是转移话题。不但早上哭，半夜也哭。

据老师说，因为一件衣服的事（她出了很多汗，老师要给她脱外套，可是她坚决不肯，老师就硬给她脱），她大哭，脱了后也抓着衣服不放。而且时时刻刻要拿着她的书包，并且不断地拉书包的拉链。老师说平时她只要安静下来也会有这些动作，上幼儿园后手里也习惯抓着一条手绢不放，时不时就擦擦眼泪。还有就是老想着她的书包，明明摆正了她还要再摆，拉链拉好了也要再拉，活动完回来就要先去看看书包。这些都是白天的举动，晚上回家她也不会跟妈妈讲幼儿园的事，直到半夜大哭，把白天在幼儿园发生的事都演绎了一遍妈妈才知道这样。

连续两个星期都是这样，每晚12点半准时开始，持续一个小时，而且就像梦游似的完全不理会任何人。第二天问她晚上有没有哭，她都说没有。她恐惧上幼儿园，一早起来就歇斯底里地哭着说不去幼儿园。

妈妈跟老师沟通，甚至带她去看了心理医生，都没法解决她的焦虑和恐惧。这个星期她又开始发烧咳嗽，没上幼儿园才稍微好点，但早上起来的第一句话就是"不要上幼儿园"。妈妈真的是心力交瘁，不知该拿她怎么办。

现在，她性格变得很不开朗，出去玩也不是很开心，有时一边玩还一边发呆，也不爱跟别的小朋友玩了，只要有小朋友跟她玩，她就会对妈妈说："我不喜欢他（她）。"最重要的是她现在已经开始不太喜欢跟妈妈聊天了，甚至晚上也不肯跟妈妈睡了，妈妈一直在找原因，可是她的回答是"你会打我的"。

妈妈从来都没有打过她，也没说过类似要打她的话，但指责肯定是有的，可是这段时间肯定没有，不知为什么在她心里会有这个想法。即使白天和晚上妈妈带她玩得挺开心的，睡前也跟她讲故事，一提要关灯睡觉，她就说要跟外婆睡或是爷爷睡了。妈妈心里那个难过啊，虽然不跟妈妈睡她会睡得更舒服，可是妈妈还是希望她能跟自己睡。医生说她现在已有一点焦虑症了，不知这么大了还好不好改正？妈妈真的是一点办法都没有了！

这个孩子严重缺乏安全感，并有一定的心理障碍。幼年频繁变换带养人、成人教育方式不一致、过度保护和溺爱、父母陪伴太少、大人当着孩子的面起纷争，成人不懂得孩子，不会给孩子真正的爱，这些都是导致孩子缺乏安全感的原因。尤其是父母陪伴孩子太少，孩子没有和父母建立起一个良好的依恋关系，这是孩子缺乏安全感的最主要原因。孩子已经变得非常脆弱，排斥别人，不信任他人包括父母，认为别人都对她有着潜在的威胁，内心充满着恐惧和压抑。

应该执行的解决方式：第一，更换幼儿园。幼儿园的老师不懂得孩子的心理，从她强行脱掉孩子的衣服就可以看出，老师的粗暴会加重孩子的恐惧。第二，由妈妈全职带孩子，和孩子建立良好的依恋关系，获得孩子的信任，避免老人带孩子教育方法不一致。第三，父母教育方法保持一致，学会真正爱孩子。第四，从孩子的角度来看待一切，试着读懂孩子的内心。第五，忽略孩子的"毛病"，克服自己焦虑的心态，耐心等待孩子的转变。

安全感是心理健康的基础，如同万丈高楼的地基，地基不稳，高楼终有一天会倒塌。儿童早期的最主要任务就是建立好安全感。常有家长问妈妈："孩子怎么早教？"妈妈说："在2岁以内，主要任务就是父母和孩子建立良好的依恋关系，帮助孩子建立稳固的安全感。"

有些家长因为种种原因陪伴孩子很少，甚至把孩子完全扔给老人，这样做是极其不负责任的。有的家长虽然和孩子住在一起，却早出晚归，很少陪孩子。有的家长虽有一点时间陪孩子，可也就是"管教"孩子，甚至是一边做事或者看电视一边陪孩子。如果妈妈给了孩子好的物质条件，却不给孩子精神的关爱，孩子会缺乏安全感，其影响将是终身的！

总而言之，人的很多特质比如性格、习惯及心理品质等，都可以追溯到童年。身体的疼痛不久就会消失，而心灵的伤害却像一个烙印，一辈子都不会消失。儿童时期，特别是3岁之前是一个人建立安全感的关键时期，很多人生活缺乏安全感往往是这个时期出的问题。孩子只有与父母先形成良好的依恋关系，以后才能与他人建立起亲密和信赖的关系。安全感是心理健康的基础，有安全感的孩子才能有自信和自尊，才能与他人建立信任的人际关系。

有一位新手妈妈分享自己的苦恼："今天我又冲孩子发火了，还在她屁股上拍了两巴掌，我感觉自己都快崩溃了！现在回想，其实事情很简单：今天上午，孩子莫名其妙地在那儿哼哼，然后就哭了起来。问她怎么了，她叫我不要问，还要我走开。我走开了，她继续哭而且越哭越大声。

我真不知道她想干吗，又去问她，她还是那句'你不要问我'，而且还叫我'滚出去'。不理她去别的屋也不行，她一定要'妈妈走到外面去'，我出去了。这个过程中，她一直在哭，声音都快哑了。

过了一会儿，她慢慢平静下来。我问她刚才为什么哭，她说不知道。我又问她想做什么，她也说不知道。我就给她讲：'妈妈不喜欢你哭，你要赖皮妈妈也不喜欢，有什么事你就好好讲，你不讲，妈妈怎么会知道呢？'每次有什么事，我一问她，她就叫我'不要问'，有时她会说不知道，多问几遍她会特不耐烦地让我走开，这究竟该怎么办啊？"

孩子的这种表现是在求证妈妈是否爱她。"不喜欢你哭，你要赖皮妈妈也不喜欢"，从妈妈口中吐出这样的话，让孩子感到不安。孩子会觉得，妈妈爱自己是有条件的，只要自己不符合妈妈的要求，就会失去妈妈的爱。如果自己耍赖，如果哭，妈妈都不会爱自己了。这位妈妈承认，她经常说类似的话。难怪这个孩子会莫名其妙地哭，莫名其妙地发脾气，这些行为都是她在想方设法求证妈妈到底是不是爱她。这个孩子不到3岁，对于内心的感受没法用语言准确地表达出来，有时甚至只是妈妈的忽略就会让她不安，一个不到3岁的孩子又怎么能表达清楚这种不安呢？

通常，6岁以前的孩子会反复验证父母是不是爱他（她），一定要得到验证才心安。

悦悦3岁10个月的时候，就曾经常问妈妈："你爱不爱我啊？"妈妈每次都会郑重其事地告诉她："爱你。"有时候，妈妈抱一下或者亲一下别的孩子，悦悦会"吃醋"，泪水哗哗地流，说："你怎么不爱我了？"

妈妈说："爱你啊。"她说："那你怎么抱别人不抱我？"妈妈赶忙抱她，但是她小嘴一撅，赌气地说："不要你抱了，你没有第一个抱我，我才不想当第二名！"然后还赌气地说："你离我远一点，我不要你这个妈妈了！"妈妈再三强调"最爱你"，通常她会装作没听见，要妈妈大声说好几遍，验证了妈妈真的最爱她之后，她才破涕为笑。

有时，悦悦还问妈妈："你最爱的人是谁？"妈妈说："是爸爸和你。"她生气了，"不行，不能让爸爸排第一名，我要排第一名。"妈妈说："那就是你和爸爸。"她又说："不行，最爱的是我，爸爸排在第二名。"但是当爸爸问她："你觉得我最爱的人是谁？"她会不假思索地说："是我和妈妈。"孩子就是这样，永远希望任何人最爱的那个人都是自己。

孩子是非常敏感的，爸爸妈妈的一言一行都可能对他们产生影响。因为成人的无知，随口说出的一句话会让孩子多么不安，给孩子增加多大的痛苦啊！

"你不听话，妈妈就不喜欢你了""好好吃饭，妈妈才喜欢"……类似的话是不是也很熟悉？是不是曾有类似的话从妈妈的嘴里冒出来过？这些话在孩子听来，潜台词实际是：爸爸妈妈爱妈妈是有条件的，只有妈妈乖乖的、符合爸爸妈妈的要求，爸爸妈妈才会爱妈妈。如果妈妈犯了错，如果妈妈不听话，如果妈妈没有达到爸爸妈妈的要求，爸爸妈妈就不爱妈妈了。如果在孩子的心里产生了这么一个疑问，孩子会感到非常不安，会千方百计地以哭闹要横等莫名其妙的行为来求证爸爸妈妈是否爱他。

给孩子的爱应该是无条件的，就算孩子要赖皮，就算孩子犯了错，就算孩子没有达到妈妈的要求，妈妈对他们的爱都不会减少一分，这样孩子才会心安。孩子们非常在意家长对他们的态度，尤其在犯错之后，心里惴惴不安，担心失去爸爸妈妈的爱。这时，家长要做的是给孩子坚定的保证：不管怎样，爸爸妈妈都永远爱你。这种爱是无条件的，不因为孩子的错误、顽皮、淘气减少一分；同时这种爱也应该是有原则的爱，孩子应该要为自己的行为负责。家长不仅要这样说，而且要这样做。

如果你的孩子莫名其妙地哭闹或发脾气，那你要好好想想，是不是你让孩子感到不安了，他在千方百计求证爸爸妈妈对他的爱呢。妈妈得给孩子吃下定心丸，告诉孩子：爸爸妈妈永远爱你，不管发生了什么，都一样爱你。光说还不够，还得用行动去证实。

父母如果经常说"你不听话，妈妈就不喜欢你了"，孩子就会认为妈妈真不再爱他了。有些成人喜欢逗弄孩子，骗孩子说"你妈妈不爱你了，她喜欢你弟弟"，这种随口说出的话会让孩子不安和痛苦。有时候孩子无理取闹，并不是孩子不懂事，而是在验证父母是否还在乎他，是否还爱他。父母要理解孩子的这种心理，要去平复孩子这种没有安全感的心理。给孩子的爱应该是无条件的，就算孩子耍赖皮、犯了错、没有达到妈妈的要求，妈妈对他们的爱都不应该减少一分，这样孩子才会心安。

# 身教胜过言传

有位家长到朋友家玩，看到这样一幕：

朋友的孩子要喝水了，奶奶给他倒水。孩子说："要喝冷开水，冰的！"奶奶说："天气这么冷，你感冒咳嗽，不能喝冷的。"孩子对着奶奶大吼道："不，我就要喝冷的！"奶奶从水壶里倒热开水，打算稍冷后给孩子喝，孩子一把抢过杯子，把开水倒掉。奶奶再倒一杯水，孩子又倒掉……这一老一小在厨房里纠缠不清了。

孩子像一头暴怒的小兽，对着奶奶大吼大叫。朋友走进厨房欲进行"调停"，被孩子给吼了出来。朋友苦笑着说："这孩子，经常这样大叫大吼。"但他似乎没意识到，他在和别的亲属沟通时也时常扯着嗓子争论。

很多成年人对待亲戚、朋友、同事、领导甚至陌生人都是一副好脾气，而在自己的家人面前脾气变得格外坏，一句话就能引爆。也许潜意识里觉得父母和亲人是不会跟自己计较的，所以才如此肆无忌惮。事实上，父母亲人不会为妈妈的坏脾气和妈妈翻脸，但仍然会因此而伤心难过。对于有孩子的家庭来说，这样做的坏处更是让孩子学会了坏脾气。

父母暴躁，孩子肯定也会暴躁，坏性格、坏习惯绝对是代代相传。一位妈妈曾经向朋友"控诉"她自己的父亲，她父亲的脾气非常火暴，她小时候没少挨打。父亲经常由于一点小事就大发雷霆，比如有一次父亲做好饭后大家没能及时过来吃，父亲暴风骤雨般把他们骂个狗血淋头！她很不喜欢她父亲的粗暴脾气，不过她完全继承了父亲的暴躁脾气。她的工作很忙，平时是父母帮着带孩子。有一次下班后，她想看看报纸，孩子却在旁边闹着要她讲故事，她不想讲，想看报。孩子抢过她的报纸，她怒火一下就起来了，顺手扇了孩子一巴掌，孩子大哭。后来，她发现孩子的脾气也越来越暴躁了……

在孩子的身上，可以看见父母的影子。尽管这位妈妈不喜欢父亲的暴躁脾气，但是她仍然继承了她父亲的暴躁脾气，并沿用了她父亲粗暴的教育方式对待孩子，现在她又把这种暴躁脾气传给她的孩子。这一切非她所愿，但她无法控制！

为什么会这样？因为身教的影响远远超过言传，孩子受到大人潜移默化的影响，他们吸收着成人身上的一切，一言一行、一举一动甚至内心的情绪，不论是好的坏的，他们看在眼里、记在心上，适当的时候就会表现出来。

在菜市场，一个大约3岁的男孩坐在小推车里，爷爷奶奶推着车往前走。一不小心，推车撞倒了停放在路边的摩托车。爷爷奶奶迟疑了几秒后，若无其事地推着车继续往前走。这时，摩托车车主发现了，非常气愤，追上前讲理。爷爷对着车主"义正词严"地推卸一番，那表情好像完全与自己无关似的。车主见是位老人，只好自认倒霉，自己扶起了摩托车。撞倒了别人的车子，就应该扶起来，这是基本常识，也是做人起码的道德，年近六旬的爷爷奶奶却做不到这一点。试想，就算幼儿园老师和父母是多么尽力地教育孩子要"负责"，可当孩子目睹了爷爷奶奶的不负责任之后，他今后能对自己的行为负责吗？

成人是孩子心目中的榜样，一言一行都会被孩子模仿和吸收，不论对错好坏。如果妈妈想让孩子遵守秩序，那么妈妈先问问自己是否严格地遵守了每一条应该遵守的秩序？孩子不会听妈妈怎么说，他们会看妈妈怎么做！于是就会有这样的情形发生：一边让孩子好好做功课好好读书，一边在桌边搓麻的父母，他们的小孩是永远也不会好好读书的；一边教育孩子少看电视多画画或多阅读，一边自己窝在电视边不肯起身的父母，他们的孩子也会迷上电视而不是阅读和画画；一边教育孩子要文明礼貌，一边自己粗口不断的父母，他们的孩子一定会满口粗话；一边教育孩子要诚实守信，一边自己随意给孩子许诺不兑现，甚至哄骗孩子的父母，他们的孩子永远也学不会诚实守信……

家教不能光靠嘴皮子，家长身教胜过言传。在孩子的身上，可以看见父母的影子。孩子看到的永远是行动，如果光有语言（言传），没有行动（身教），这样的教育对于孩子是没有说服力的，起不到丝毫效果。教育孩子，妈妈要先做好自己。

# 夫妻矛盾不要影响孩子

网友小草曾经咨询孩子的问题，说孩子两岁多了，还没断奶，晚上要叼着奶头睡，经常一叼就是几个钟头；胆小怕生，在外面不敢和别人说话；性格很固执，只要自己想要的东西，千方百计一定要得到为止。孩子可能是缺乏安全感，因为她和孩子爸经常吵架。说到两口子为何吵架，有更深层的原因：

"我婆婆在我月子里她连医院都没去，当初我接她来就是到医院照顾我的，可她没下过楼，医院里只有我、宝宝和我老公。我妈妈已经瘫痪，不能来照顾我，婆婆这样对我，真令人心酸。我第一次做妈妈，不知道不能用冷水，一个阿姨善意提醒了我。我突然意识到，就问旁边的婆婆，不能用冷水你怎么不提醒我一下啊？她居然说，你又不是我女儿！"

"去年春节，我先是得了急性乳腺炎，后来又得了肺炎。我孩子也感冒了，娘儿俩都在吊吊瓶。我和老公商量让婆婆来帮帮我。老公打电话过去，婆婆回复不来，理由是她要过年！难道来我这里不能过年吗？又不是让她一个人来，是让两个老人一起来啊！"

"这次，我真崩溃了。今年本来要考公务员的，可流感那么严重，不想把孩子送幼儿园，想让她来帮我看两天孩子。你猜她说啥，她说她来可以，但是每天要100元帮工钱，还要报她的路费。我真的太恨那个人了，想起的时候牙根都痒痒。我这辈子都不会原谅这个女人！由于这些事情，我经常和老公吵，我老公曾经对我很好，现在感情都要吵没了。"

这个婆婆无疑是一个冷漠自私的人，在儿媳坐月子、生病等最需要关爱的时候冷漠旁观、不施以援手，的确让人齿冷心寒。小草的心里充满了怨恨，这种怨恨让她生活在抱怨之中——抱怨夫家的其他亲人没有关爱孩子，抱怨老公"装孝子"，她和老公经常吵架，把对婆婆的不满发泄在老公身上。老公本来对她很好，由于经常吵架，渐渐也失去了耐心。

孩子是家庭矛盾的最大受害者。尽管孩子已经两岁多，但是他还经常叼着奶头睡觉，正是因为他严重缺乏安全感所致。"境由心生"，大人的心里充满怨气和怒气，这些会不经意地写在脸上。孩子长期对着妈妈一脸的怨气会是一种怎样的感受？当他亲眼目睹爸爸妈妈吵架又会是怎样的心情？紧张、焦虑、恐惧和担忧一定牢牢地抓住了他小小的心！在这种心理状态下，他又怎么能获得起码的安全感？

　　一位母亲经历更惨。结婚前，男友苦苦追求，许下山盟海誓，发动父母姐妹搞亲情攻势，全家人对她关爱有加。好友经不住男友的甜言蜜语和男友全家人的温情攻势，恋爱3年后结婚了。婚后，老公逐渐露出冷漠、自私、虚伪的本来面目，最为糟糕的是在孩子一岁多的时候，许下的山盟海誓似乎还在她耳边回响，而老公却出轨了。公公婆婆也一反之前对她的关爱，一夜之间变了脸，不仅不主持公道，还反咬一口说她在诽谤！好友万念俱灰，以最快的速度和老公离了婚，孩子归老公抚养。有些离异妈妈喜欢把对前夫的不满如祥林嫂般向孩子诉说，在孩子面前说爸爸的不好；有的婆媳关系不好的，奶奶和妈妈争相在孩子面前贬低对方。这样做是最愚蠢的，孩子不是法官，无从给妈妈主持公道，这样说了一点好处都没有，害处却很多。幼小的孩子缺乏判断能力，亲人这么说会把孩子的心搞乱。孩子容易受成人的情绪影响，让他们学会仇恨，甚至让他们丧失爱的能力。

　　有人可能会说，妈妈受到伤害了，难道就这么忍气吞声吗？说说都不行？我想说的是，当然要找人诉说，但是倾诉对象肯定不是孩子。我可以找亲人、朋友、要好的同事诉说，必要时可以找心理医生疏导。不管我受到怎样的伤害，那都是大人之间的恩恩怨怨，应该在大人之间解决。我向孩子诉说是毫无益处的，只会增加孩子的痛苦，影响孩子的心理健康。

　　"海纳百川，有容乃大"，拥有豁达胸怀的人是强大的。大文豪雨果说："世界上最宽广的是海洋，比海洋更宽广的是天空，比天空更宽广的是人的胸怀。"放宽心，豁达一点，忽视曾经伤害过我的人，把握好手中的幸福，莫让满腔的怨气影响妈妈的孩子。

　　所有父母都应该记住："仇恨蚕食心灵"，一旦我的心被仇恨所纠缠，我便无法快乐。生活在仇恨当中，便是生活在不幸当中，这种不幸还会传导给我的孩子，让他们感到不安。

# 不要用情绪威胁孩子

有一段时间，妈妈经常说"生气了"，譬如悦悦刷牙洗脸的时候磨磨蹭蹭，妈妈来一句"你再磨蹭，妈妈生气了"；悦悦用完一样东西不及时归位，妈妈说了两次后她仍然置之不理，妈妈又来一句"请归位，不然妈妈生气了"……这句话的威力真是大呀，每次妈妈这么一讲，然后配合一下脸部表情，悦悦马上遂了妈妈的意愿。说习惯了，这句话居然成了口头禅，不知不觉就会从口里吐出来。

有一天，妈妈因为一件比较重要的事情郁闷不已，心情很低落。悦悦看出了妈妈的异常，非常紧张，她小心翼翼地问："你生气了吗？"妈妈点点头。悦悦接着问："为什么呀？是爸爸打游戏吗？"由于她爸爸有较严重的颈椎病，上班时又是终日对着电脑，所以对于玩电脑游戏妈妈约定周一到周五不能玩，周末可以玩1个小时。但有时她爸爸玩入神了，会忘记"规则"，为此妈妈有些小小的不满。

妈妈说不是。悦悦仰着小脸迷茫地说："那我也没有拖拖拉拉呀。"看着她天真的样子，妈妈忍不住笑了，这个小家伙在揣测是什么原因导致妈妈生气呢，在她看来，"爸爸玩游戏"和"她拖拉"这两件事是比较容易惹妈妈生气的。看到妈妈笑了，悦悦也笑了起来，开心地说："你开心了，你不生气了是不是？"妈妈笑着说："看见你这么可爱的样子，由不得妈妈不开心呀！"悦悦居然把两个手指竖成"V"字，大呼"耶"，妈妈的情绪转变对她竟然有如此之大的影响！

有人也许会说，这孩子懂得察言观色，懂得逗妈妈开心，这是好事呀。没错，每个人都有生气的时候，让孩子知道每个人都有生气的权利，妈妈不是圣人，也有生气的时候，这不是件坏事。但是当妈妈发现情绪对孩子的影响是如此之大，妈妈有了一丝不安，是不是做得太过了？妈妈可不愿意悦悦把自己的情绪建立在别人的情绪之上，随着别人的情绪而转移。一个人太在乎别人的情绪和看法，就支配不了自己，长期这样下去，会失去自我的。

家长开始反思。当家长以生气作为"要挟"的时候，她做某件事并不是因为她发自内心地愿意做，也不是因为她觉得这件事情应该做，而是担心妈妈生气。这对她其实是一个误导。一个人要做某事，理由应该是自发的、愿意去做，或者觉得这件事情应该这么做。不是因为怕别人生气或不高兴而做，如果是这样，怎么着都有些被迫的意味，被强迫的后果就是失去意志上的自由。

如果妈妈经常把"生气了"挂在口头，这样对悦悦势必形成一定的压力。在一定程度上，妈妈的生气让悦悦感到紧张，所以，每次当妈妈说妈妈要生气了，她立马"束手就擒"，避免妈妈生气。在妈妈真正生气的时候，悦悦紧张而小心翼翼，做什么都顺着妈妈的意愿，似乎要来博妈妈的欢心。幸亏妈妈还算是个理性的人，对于自己的情绪控制得比较好，很少生气，不然悦悦岂不是生活在压抑之中！

> 有一次，妈妈把悦悦抱在怀里，妈妈问她："你爱谁呀？"悦悦说："爱妈妈，因为妈妈不爱生气。"还有一次，悦悦对外婆说："外婆，你有一点变化了，你太棒了。"外婆问："有什么变化了？"悦悦说："你变得不那么爱生气了。"童言无忌，孩子的话真是一语道破天机：生气真不是个好东西。切莫拿生气来和孩子说事，更不要经常对着孩子生气。

有位妈妈说孩子性格急躁、喜欢打人、脆弱爱哭，问专家："这孩子究竟怎么了"。据专家对这位妈妈的观察，她的性格非常急躁，很容易和别人起冲突；很敏感，有时会因别人一句无心的话产生对自己不利的联想：是不是别人看不起我？是不是别人在向我示威？是不是别人对我有敌意？

而这个孩子的妈妈更是典型的色厉内荏，外表强悍，内心脆弱，像一只刺猬，随时准备竖起刺来保护自己。她对孩子没有耐心，动不动就打骂孩子。这种家长比较愚蠢，以为性格都是天生的，怎么可能受人影响。

像这样的"问题"家长，生活中比比皆是。在妈妈从事幼儿教育十多年的历程中，妈妈发现幼儿园教育的重点居然是家长——如果不能完善家长自身的人格、素质和修养，幼儿园的教育做得再好也收效甚微。父母对孩子的影响始终是最大的，父母的一言一行、一举一动，甚至父母的内心情绪都无时无刻不在传导给孩子，虽然孩子当时什么都没说，什么都没做，但是过后会完完整整地展现他从父母身上传承来的这一切。

看到了家长，你就看到了孩子的未来。教育孩子，其实就是教育自己。一个内心力量强大、心智成熟、品格高尚、修养良好的人，只要知晓一点儿童心理和教育方面的东西，教育孩子就会得心应手；而自身心智不够成熟、性格有种种缺陷的人，就算他看再多的教育书籍，如果不能改变和完善自我，也是不能教育好孩子的。所以，当妈妈惊呼"孩子究竟怎么了"的时候，要先审视自己——"我究竟怎么了"。

孩子6岁以前是性格形成的关键期，6岁以后性格是难以改变的。但是如果一个人能自知，觉察到自己的性格缺陷，并有意识地去努力改变，也是可以弥补的，只是这个过程会漫长而艰辛，需要足够的毅力。遗憾的是，很多人不能自知，他们觉得自己很好，没有什么缺陷，当然也就不愿意做任何改变。下面，就是一个网友的真实故事，她经历了从自卑自闭到自立自强的艰辛转变。

"从怀孕起，我就开始反思自己所受的教育，特别是考虑目前我的性格缺陷与当年的早期教育之间的关联。我想谈谈自己的童年经历以及后来的艰难转变。我是家里的第二个女儿，下面有2个弟弟，在家里属于上不着天下不着地的那种'夹心饼干'，很容易被忽略的。6岁前我多数时间在外婆家。

我的外公是一个严厉的人。在我的记忆中，外公没有对我笑过，总是板着脸，看我的眼神是鄙夷的。而对我的小弟弟真是好得不得了，好吃好喝的留着给他不说，看我弟弟是一脸的慈爱，对我从来没有过这种神情。

外公是这样教育我的：当姐姐的要懂得照顾小辈，一切以弟弟为重，等等。当时我天天跟着外婆到田里，没有伙伴，没有朋友，而外婆的关心也不过是吃饱穿暖而已。在我的记忆中，在外婆家里非常压抑。在这样的日子中，我不会表达自己，常常采用撒谎的方式引起他人的注意，学会了察言观色，经常莫名地恐慌！我特别喜欢睡觉，现在想想，睡觉不过是为了逃避现实而已！

相对来说，爸爸对我的态度要好得多，有时候带我去集市买吃的，问我要什么，我怎么也不说话，潜意识里，女孩子不应该有任何要求！让人难过的是，7岁时爸爸因病去世了。有时候看着姐姐在妈妈跟前谈笑自如，我怎么也做不到！看着弟弟在妈妈跟前撒娇，我更做不到！好生美慕！

"在这里说起这些，并不是为了声讨我的长辈，回忆这些，只是为了更好地教育我的女儿！父母往往无意中复制了当年父母教育自己的方式，我不希望我的女儿经受童年时的心理煎熬！在这样的生活环境中，我的性情性格都很不好：极度没有自信，语言表达能力很差，不会表达自己的想法。社交能力差，急躁没有耐心。也就是说，情商几乎等于零了！可以说在大学之前我没有朋友，就像独行侠一样独来独往，没有交流，不参与任何活动。当时的我认为除了学习好，其他一切都是没用的。而这种认识也是基于妈妈的教育，记得小学四年级借了一本童话，妈妈问我什么书，我还很高兴地给她讲里面的故事，结果她一个耳光过来，我说除了考试的书，其他一切都没用！

"上了大学以后，我才意识到自己的性格缺陷。刚入大学时，很高兴很高兴！跳出龙门了，在家乡得到一片赞誉！妈妈的态度也是一百八十度转变，突然形势一片大好，哈哈……别提当时多带劲了！可是很快就不高兴了，除了会读书以外我一无所知！不知如何与人相处，即使是聊天，也很难进行下去，什么活动都参与不进去，茫然地游离在所有的圈子之外！周围的生活与我所接受的生活方式格格不入，这种痛苦可想而知！渐渐地，我选择了逃避，逃到图书馆看小说，各种各样的小说，一本又一本。第一学期结束时，英语竟然不及格！

"第二学期开始，我仍然沉溺在小说的世界里，不想现在也不考虑将来！偶然翻看了一本教育的书，我现在仍记得书名，叫《发现母亲》。翻开这本书，我像是找到了知音，边看边流泪，一口气读完，找个没人的地方痛快地哭了一场，既高兴又难过！高兴的是我的痛苦找到了根源，难过的是根源在于童年的教育！

童年接受的隔代教育，回到父母身边不被认可的痛苦，少年时期拼命读书只为逃离自己的生活环境，报考大学时选择离家最远的学校！性子执拗只是想妈妈尊重自己，等等。作者在意识到这一切以后，投身教育事业！从此，我开始了自己艰难的转变！有意识地与同学聊天，有意识地参加班级活动。开始的时候很痛苦，在大家看来，我幼稚可笑，很傻很傻！坚持半年后，慢慢有同学接受我了，不再嘲笑我！有一个好的开端，以后的生活就顺畅多了！到大学毕业的时候，我成为当年的全国优秀毕业生！我的室友对我的评价是：这还是你吗？从此我开始关注心理和教育方面的书籍，一旦发现自己有某一方面缺点，就试着有意识地改变！"

从她的经历可以看出，一个人要改变自己不是没有可能，关键是这个人是否能自知，是否能客观正确地评价自己、认识自己。自知之后则会自省，反思自己，找出自己的弱点，然后再有意识地去改变，只有这样才能真正改变自己。

重男轻女的根本问题在于，父母不尊重孩子的情绪。从另一方面讲，重女轻男也是不对的，因为父母没有把两个孩子放到一样的天平上。即使性别一样，也不能将孩子区分对待，否则你会同时养育出多个有不同人格缺陷的孩子。

有人会问，发现了自己有性格或心理缺陷，可是要怎么去改变呢？建议大家找专业心理医生疏导——其实并不是有心理或精神疾病才去咨询心理医生，在遭遇人生困惑、压力，发现自己有性格缺陷的时候，一样可以咨询心理医生，寻求专业的帮助。最重要的还是自己要有改变自己的决心和毅力。

不好的教育代代相传。妈妈受着父母粗暴、落后的教育方式长大，深知这种教育的不妥和对心灵的伤害。可妈妈又会不知不觉复制上一辈的教育方式来对待妈妈的孩子，甚至有家长会认为"不也是这么长大的吗"。妈妈的父辈还在沾沾自喜于"培养出大学生"，以为自己的教育是成功的！而大多数不能全职带孩子的妈妈只能把孩子交给老人，继续沿用落后的方式抚育妈妈的下一代……

千百年流传下来的文化不是一朝一夕能够改变，传统的教育观念也不会一夜之间得到改观。要改变目前落后的"愚人"教育，做到真正的"育人"教育，也许需要几代人的努力。而这个转变，可能从妈妈这些热爱孩子、热爱教育的家长们开始！

很多人哀叹命运不济、人生不幸，或婚姻不和，或职场不顺，这跟从小形成的性格密切相关。其实，"性格决定命运"，能掌握你命运的只有你自己。环顾周围，内心力量强大、人格健全、没有性格或心理缺陷的人实在不多，身边的大多数人都有着这样那样的性格或人格缺陷，虽然他们看起来都很正常。而且，很多人是不能自知的，他们意识不到自己的缺陷和不足，如果有人善意地指出来，他们还会不耐烦地否认。这样的人，因为自身无法改变，在生活中这样或那样过，把自己不好的情绪、性格等都"传递"给了孩子，当孩子长大后又成为成人的"复制品"。

# 教育不是照本宣科

教育是件有大学问的事情。可惜的是，很多人还没意识到这一点就匆忙做了父母，甚至穷尽一生都没意识到自己背负了多大的责任。养孩子不是养宠物，吃饱穿暖不生病就可以了，不知有多少父母曾经思考教育的意义，然后吓出一身冷汗："我居然是在抚养一个以后会生活在世界上，具有无限可能性的另一个人类？"意外的是，很多人根本就没动这个心思，对他们来说。结婚生孩子只是人生中循规蹈矩的一个步骤而已。"为什么要生孩子呢？""因为别人说我该生了啊。"

日本作家伊坂幸太郎有句话传扬度很高："一想到为人父母居然不用经过考试,就觉得真是太可怕了。"如果父母们能意识到，原生家庭重要到能决定一个人的本性，不知还会不会轻轻松松地选择生孩子？从这一点来说，现今社会下降的结婚率和生育率，也是由于懂得反思的人多了的缘故。

不夸张地说一句，历史上任何一个会被犯罪心理学当成案例的杀人犯，都有一个坎坷的童年。不成功的教育，能使人心凉薄到忽视生命甚至以此为乐。这样的一门学问，谈何容易？随便点开哪个社会新闻的评论吧，看看那些在学校被欺负的孩子，不敢和家长沟通的孩子选择自杀后底下的评论。必定少不了的论调就是："这样的孩子就是上辈子家长欠了他们的债，这辈子孩子要来讨债""这样的孩子来到这个世界上就是害人的东西，以后也少不了麻烦""这样的孩子就是缺少管教，没有教养，才会这么要怪脾气""这个孩子就是不懂事，才会纵身一跃，不管不顾家里人怎么想"。俨然一副自己投资失败的口气。

希望父母们能意识到，你生出来孩子了，只证明一件事：你生殖系统健康，没有不孕不育的生理问题。孩子不是生来欠你的。孩子不是一盆随便浇浇水就能长大的仙人掌。孩子不是不需引导的智能机器人。孩子的个性无论多么糟糕，行为无论多么恶劣，父母的品德再高尚也难辞其咎。所有孩子犯下的错误，你都有责任。这才是做父母真正的苦处。

这个世界上就没有天生的好孩子。你作为父母，可能吃过苦，受过累，知道不学习就没有好工作，知道人生中的哪一步会影响未来，但是孩子不知道。所以他会偷偷看电视，打游戏，所以她会追一些你不欣赏的明星，为了在你眼中莫名其妙的事情大哭大闹。人的本性都是贪玩又懒的，所以最贵的手机永远是智能度最高最省事的。如果你自己都不能控制的事情，就不要苛求孩子毫无阻碍地做到了。

有这么一个小男孩，如果放在大家的眼里，他一定是个坏孩子。他打骂父母，他不听话，他经常离家出走搞失踪，他没考上高中，读了一所家乡的职业卫生学校，他沉迷电子游戏，谁敢动他手机保不齐他真的会和人拼命。但是有一名长辈知道，他是个好孩子，而且是个聪明的好孩子。因为大家只看到他顽劣，却没有人知道他的母亲生下他几乎没有再管过他，他每天吃的饭不是亲戚们过来看他时带来的点心，就是自己煮的泡面，他的家庭作业从来都没有人过问，至于写没写更是没人知道，他的家庭环境里，父母沟通的方式只有吵架一种，鸡毛蒜皮的小事也要吵上一整天。他因为家境不好被同龄人排挤却不敢说话，他因为成绩不好被同学排挤没有人和他玩，他被高年级的孩子堵在厕所里打，回家之后还要被父母骂，说他在外面惹是生非。如果他父母心情不好，那他一定要挨打，没有人给他辅导功课，没有人管他的温饱和健康，没有人真正在身边教育他。

有一年暑假，他在亲戚家里过了两个多月，他的舅舅才发现他原来这么厉害：他算数极快，数学作业讲过一遍之后永远不用再讲第二遍；写东西也很有灵性，看过的书几乎过目不忘；他很懂事，经常帮舅妈做家务，还会帮忙下厨；他也有心，知道疼人，有一次在外面和别人打架，只因为别人在他面前说了一句表弟的坏话。

后来他回去了老家，第一次考试就考了个第一名。他妈妈找到他舅舅，张嘴第一句话："我这个孩子你领回去教吧。"原来，在他妈妈眼里，生下个孩子不需要管教，把他托付给别人就好。

后来，舅舅再次看到他，发现他很高的个子长得也不错，但他眉宇间充斥了很多戾气，他母亲在亲戚面前一个劲地数落他，说自己带这个孩子多么不容易，说他就不是个省油的灯。"你少说几句吧，你不容易什么了？这个孩子就是被你给毁了。"他的舅舅终于没忍住，说了她一句。那个孩子哭了，就因为这一句话。

那么，优秀的孩子也必定处处出色吗？

有一个所谓的"别人家的孩子"，叫雪石。他学习好，又懂事又听话，斯斯文文，从来都不用家长费心。总有人羡慕地说，"雪石这孩子生下来就让人省心。"但是他们不知道，雪石五岁的时候就偷妈妈的钱包买糖，被家长发现之后严肃呵斥，让他当面把东西还回去以后绝对不准再犯；雪石七岁的时候就经常顶撞老人，当面说姥姥身上有臭味，只因为她让自己别乱扔瓜子皮。他的母亲看到了当场就严厉批评了小雪石，要他必须给姥姥道歉；雪石在成为三好学生之前，抄过作业，逃过课，骂过老师。他做过的一切坏事，和别人嘴里那些所谓的坏孩子没有区别。

雪石曾经说：他们不知道，我的父母从小就一直陪着我，他们告诉我沟通是要用心的不是用吵的；他们不知道，我的父亲工作再忙周末也要和我一起出去玩，我不会写日记父亲就带着我去大山里采风，我跑步不合格父亲就陪我去操场上练习，我不知道什么叫海上升明月，我妈愣是带着我去船上住了一宿；他们不知道，为了我，我的父母都牺牲了什么。他们不知道，孩子是用来教的，不是用来教训的。他们只知道，"有些孩子生来就是好的"；他们只知道，"我这个孩子不听话，因为他不是个什么好东西"。他们只知道：孩子知道什么，孩子都不了解父母。父母的苦心，谁也理解不了，等你当了父母你就知道了。

是啊，等他们的孩子当了父母，也只会是和他们一样不合格的父母，他们当然就知道了这些所谓的"苦心"和付出，他们当然就知道了这一些辩驳有多么"合理"。他们当然就知道了：失败是一种什么样的体验。

父母和孩子，是一个顶复杂的问题。老一辈经常开玩笑，说现在是条件好了。如果按照他们小时候的抚养条件，就算生十个孩子也养得起。吃得饱饿不死，穿得暖冻不着：这个孩子就算养活了。但是，这是不负责任的养啊。

我国的经济是发展了，随便一个成年人也能养"活"一个孩子。可是真正养孩子呢，有几个父母，是真的在养孩子呢？由于经济的快速发展，家长和孩子虽然只相差一代，但是在观念上可能相差数代。有些父母从旧时代过来，从小在"苦水"里长大。他不知道怎么教育孩子，只知道要打要骂，只知道要给孩子好东西。他们是错的，但是他们也是可怜的。

养个小猫小狗，尚且需要陪着说会儿话，何况是个正常的孩子呢？希望每个人都是好孩子，更希望每个父母都是好父母。如果家长这份工作需要评职称，它一定是有高级职称的。父母和孩子，每个人都不容易，家长不妨换位思考孩子的苦，好好体谅一下一个只能从环境和自己身上学着处理事情的新生命的困难与挣扎。

还有这么一类家长，干脆把孩子当成机器用，到处问一大堆诸如"孩子不好好吃饭怎么办""孩子在某阶段该学些什么"之类的无脑问题。一段时间过去，他们的育儿水平没有多大进步，在提问之前，也没有进行仔细思考和分析，就像某些学生读书一样，但凡遇到一个问题，等着老师告诉他标准答案，自己想都懒得想。

这种类型的家长读了不少育儿书，理论、观点了解不少，但是他们难以消化为己所用，相反被各种理论弄得晕晕乎乎，不知该听谁的。他们的典型特征是学习能力较差，习惯发问，懒于思考。容易盲从于某本书或某位专家，喜欢生搬硬套书上或别人的经验。

教育孩子不是做菜，可以边看菜谱边学习怎么做。世界上没有哪一本教育书籍可以适合每个孩子的不同情况，像教人做菜一样来教人育儿。孩子有很多共性，但是每一个孩子又各不相同，甚至同一个孩子在不同时期发生的同一种行为，其背后的原因都是不相同的。拿孩子屡次乱发脾气来说，对于建立了良好的安全感、获得足够关注的孩子，可能是每次他发完脾气，家人很快会原谅他，他没有承担过发脾气带来的自然结果，说句"对不起"就万事大吉，因此他屡次犯错。

正确的做法是让孩子承担发脾气带来的自然结果。而对于安全感欠缺、获

155

得父母关注不够多的孩子来说，可能是以此来获得父母的关注，验证父母对自己的爱。正确的做法是多给予孩子关注和无条件的爱、高质量的陪伴，告诉孩子"爸爸妈妈永远爱你"，让孩子确信父母是爱他的。同样是孩子乱发脾气，解决办法却差之千里，如果处理不当，将造成一定的负面影响。

没有哪一本书或任何一位专家能解决你所有的教育难题。要教育好孩子，解决育儿过程中的问题，家长就必须学会独立思考和分析。有一部分家长是能独立思考、分析问题的，这一类家长遇到问题感到困惑时，先把仔细观察的孩子的表现详细记录下来，然后再加上自己分析得出的原因及解决办法，最后再提出自己的疑惑，自己就找到了解决的办法。比如闹闹妈就是这样的家长：

"宝宝（14个月）现在无论干什么都'要妈妈一起'，从来不愿意独自玩，也不让妈妈干任何自己的事情。比如吃饭，他吃一会儿不想吃了，妈妈让他下地自己玩，妈妈继续吃饭。但他一定会拉着妈妈一起过去玩。妈妈现在的做法是，温和地和他说：宝宝自己去玩，妈妈在吃饭，等我吃好了陪你。宝宝拉不动妈妈，就开始哭。哭的时候，妈妈不理他，和他重复一遍刚才的话，他哭一会儿停下来拉妈妈一会儿，拉不动妈妈又继续哭一会儿，直到妈妈吃完饭跟他走为止。

连他妈妈上厕所也是这样，他一定要拉着妈妈和他在一起。宝宝在外面玩的时候，也是一直黏着妈妈，妈妈稍微走远一些，他就会跑过来拉妈妈。看到别人的玩具，他想玩，自己不会去要，拉着妈妈哼哼唧唧。妈妈鼓励他自己去要，他会上前走几步，如果人家不理他，他马上又返回来拉妈妈。

要是自己的玩具被抢，他只会哭，不会去抢回来。妈妈的态度是不想干涉，但是他一定会拉妈妈去帮他要。妈妈有时会带他去和别人沟通，有时会转移他注意力玩玩别的。如果在外面遭受几次玩具被抢后，他就会闹着要回家。而且从来不肯自己走回去，老是要抱着。

最近宝宝妈妈通过大量的学习，并分析总结了之前的一些情况，终于明白了她原先的鼓励方式是不恰当的。之所以不奏效，是妈妈太急于求成了。于是，这两天她改变了态度和方法，重新开始小心翼翼地暗中帮助他。

"之前进入了一个误区：看到他内向，便自以为应该多鼓励他，多给他独立的机会。这样不但没有效果，反而适得其反。在他没有准备好的情况下，鼓励反而成了强迫，成了压力。以前我老是排斥闹闹的胆小怕生，老是想改变他，但无论怎么努力都没效果。

"现在我改变做法，不再排斥，而是接纳他的胆小内向，让他随便依恋，在外人面前也不再谈论他这一点，他真的慢慢开始改变了。没想到我的态度稍稍改变，效果就立竿见影。这几天带闹闹出去，我不再要求他自己下地走，也不鼓励他参与别的小朋友的活动。而是顺着他的意思，从出门到目的地，尽量抱着他，让他在我怀里先观察周围的环境，等他放松下来，不再感到紧张时，再引导他寻找感兴趣的东西。一旦情绪放松了，他看到感兴趣的事物就会发出声音或指指点点，这时候妈妈再把他放下，让他去触摸或玩耍，他很欣然地下地去玩了。

"其实内向、胆小、黏人，这些都是表象，本质还是安全感问题，忽略了事情的本质，问题永远也不可能解决好。闹闹现阶段最重要的是给他充分的安全感，而不是什么独立性。一旦安全感建立好了，他自然会脱离大人，独立行事的。处理人际关系的能力培养也不能急于一时，也需要有良好的安全感作为前提。今天带他去世纪公园玩，也有意外的收获。闹闹到后来，一直是自己走路的，以前他是跟在妈妈后面走，我要不断鼓励他追；今天他自己走在最前面，开心地跑来跑去，并不时回头找妈妈，甚至走了另外一条路，大声叫他都叫不住，可见他那时已经完全放松了对陌生环境的害怕。"

最后，闹闹妈说了自己的感想："自我学习很重要，更重要的是边学习边领悟，这比别人直接给予答案更能让人得到真正的提高。"

# 女孩凭借喜好表明自我

要说幼龄时期的女孩肯吃些什么，情况比以前又有所改善。她对某些食物的偏好和挑剔倾向比过去减少了许多，父母常常为此感到满意多了。通常来说，孩子要是真特别反感某些食物的话，父母也不会强求她，更何况有些幼龄时期的女孩还是会愿意尝试一点她不喜欢的东西。不少孩子依然不喜欢味道太重的食物，比如香椿、香菜、羊肉等。

不少父母开始注意到，她们越来越敏感细腻的幼龄时期的女孩，对食物的挑剔有时候还真有些"道理"。而在此之前，父母却一直相信唯有自己才知道最好吃的东西是什么。

幼龄时期的女孩的休息时间，一般来说推迟到了七点半或者八点。当然这也要看每个家庭的不同习惯，有的家庭甚至比这还要晚。休息之前的一系列事情，不少孩子已经可以独立完成，甚至连洗澡都不必再让人帮忙。尽管如此，大多数孩子还是会需要父母替她做点这个，提醒那个，指使着父母来来回回跑上好几趟。

即使是完全不再需要任何帮忙的孩子，也喜欢叫妈妈或者爸爸进屋去，替她掖掖被子，跟她道个晚安。有的孩子也许还愿意在熄灯之后跟父母多聊一小会儿，吐露一些在学校里发生的小秘密，当然，这需要爸爸妈妈发誓决不告诉学校老师。还有许多孩子依然愿意听父母给她们读点儿故事，尤其家里若有年幼的弟弟妹妹，那就更是如此了。

有些孩子可以一沾枕头就睡着。可也有的孩子完全相反，小脑瓜里装了很多东西使得她辗转反侧。这时候她可能会哼哼歌、自言自语、听听收音机，甚至还会伸长了耳朵捕捉屋外成年人之间的对话，要么就琢磨房子里各种稀奇古怪的声音，往往要过了九点之后才能真正入睡。

幼龄时期的女孩对床似乎情有独钟。她们大多数都是"小睡猫"，妈妈们常常形容孩子"睡得像根木头似的，在旁边拉警报也不会吵醒她"。那些很容易就入睡的孩子一般来说都睡得很香，而且早上也往往能醒得很早。这种孩子似乎对睡眠的需求比其他孩子要少一些。

在这个年龄段里，孩子的梦少了一些，至少她们跟妈妈说到自己做梦的频率少了一些。当然幼龄时期的女孩仍然会做梦，而且常常梦见跟自己有关的事情。她既会梦见一些很神奇的景象，比如看见她自己在天空中飞翔，在大海里遨游，也会梦见一些让她感到十分尴尬的事情。孩子梦见家人的频率也开始增加。有的孩子梦中还会出现鬼魂、超自然、盗贼、战争等情景。但是，幼龄时期的女孩做噩梦的比例显然降低了不少。

孩子醒来的时间，一般都会在早上七点左右，周末的时候会晚一点。幼龄时期的女孩很少需要你去叫醒她，甚至知道自己早些起来好读读书，或者给她自己"多留点时间"做些什么。也会有少数孩子因为过于害怕上学迟到而醒得特别早。

绝大多数的幼龄时期的女孩很少还有这方面的麻烦，她们能憋住不上厕所的时间变得越来越长，有些孩子甚至到了早上出发上学时都还憋着，所以，父母这时最好能提醒一下孩子上个厕所。需要半夜起来撒尿的比率比前段时间更少了，而且这些需要起夜的孩子已经完全有能力照顾自己了。

很少还有孩子会继续尿床；即使尿床也只是偶然现象。不过若是哪家孩子这时候真还继续尿床，那么不论是父母还是孩子，恐怕都已经没有耐心再让这种情形继续下去了。在看过儿科医生确认孩子生理上没有问题之后，父母可以试试市面上出售的尿床治疗仪。

　　这个年龄段的孩子可能会遇到的另一个排泄方面的麻烦，就是有的小男生和小女生不肯用学校的厕所大便。幸运的是，孩子这时候大多都已经有能力熬到回家以后再"解决问题"了，极少还会有"意外状况"。另外，幼龄时期的女孩大多数都不再拿"上厕所"这样的事情来开玩笑、讲笑话了。

　　大多数的七岁小朋友都能把自己洗得相当干净了，尽管她们一般来说在开始洗澡的时候往往不太愿意去。如果爸爸妈妈想节省时间的话，最好能帮孩子开个头。一旦进了洗澡盆，孩子都会蛮享受洗澡，当然，也难免会在里面磨磨蹭蹭、东玩玩西弄弄，或者只顾着洗一只胳膊或一条腿。好在大部分孩子都已经能够自己完成洗澡的整套步骤了。只是，爸爸妈妈最好能在孩子出澡盆的时候看看，是否有哪里没洗干净。

　　说到穿衣服，四岁的孩子往往很为自己学到的某个穿衣服所需要的新本领而自豪；五岁孩子一般都很能干了，可是却对穿衣服失去了热情，往往需要家长帮不少忙；六岁孩子当然更有本事自己穿衣服了，然而她们却偏偏这不愿意那不愿意的，尤其是女孩子，往往为了要决定穿哪件衣服而折腾好久。

　　幼龄时期的女孩则已经走过了这一道又一道的坎儿。大部分小男生和小女生这时往往都能相当独立地自己穿戴整齐，尤其是你能让她开始动起来之后。不过，这个年龄的孩子容易被房间里的其他东西吸引了注意力，或者小脑瓜子里转的什么东西会让她忘记了继续穿。比方说，只穿了一只袜子，她就想别的东西去了，向你问些毫不沾边的事情。如果你想要她快起来，可以让孩子假装是消防员听到了紧急警报；或者，你干脆直接过去帮忙好了。否则的话，你唠叨了又唠叨，只怕都是浪费精力，毫无效果。

　　除了需要敦促走了神的孩子快点儿穿上衣服之外，另一个幼龄时期的女孩在穿戴方面的"烦恼"，是她们的鞋带。不是不会系，这个年龄的孩子已经可以系得相当紧了，但是你仍然经常会看见她拖拉着长长的鞋带走来走去。这就是老生常谈的"她会做，可是她不肯做"了。你可以稍微提醒一下，但是切忌太过唠叨。更好的办法是给孩子一个特别长的鞋带，这样可以方便系双重扣。

　　许多七岁小家伙对自己的衣装并不甚在意。她们大多喜欢穿旧衣服，却讨厌换新衣服。一个小男孩对妈妈讲到，她有一个好朋友，天天故意穿破了洞的旧衣裤，可是她父母不是没有足够的钱给她买新衣服，只是她不肯穿。

　　幼龄时期的女孩很少会自己挑拣衣服，大多数都是妈妈给什么就穿什么。如果妈妈带孩子去店里买衣服，通常都是随便妈妈决定，孩子不太会有自己的特别要求。

　　幼龄时期的女孩也很少会讲究爱惜衣服。倒不是说她会故意把衣服撕破，而是说她脱下衣服之后往往随手一扔，"天女散花"。如果父母提醒的话，小男生和小女生最多把衣服全部堆到某个椅子上了事。

七岁属于比较安静的年龄段，因此妈妈可以看到，孩子宣泄紧张情绪的程度，和六岁的时候相比，也缓和了很多。如果孩子觉得压力很大，她可能让自己整个人忙忙碌碌做些杂事，不过总的来说她很少再拧来拧去，很少再踢桌子腿，很少再把胳膊挥来舞去，也很少再从椅子上掉下来。

有不少事情在幼龄时期的女孩的小脑瓜里转来转去，而且这其实也是孩子宣泄紧张的一种方式，只不过，别人不太容易从外表上看得出来。你能够看得出来的，是孩子在那里自言自语、长声叹息，有时候是喉咙间的一点声音。孩子太累了的时候，你可能还会看见她掏鼻孔、咬指甲，甚至结巴几句，不过一般来说你很少能再看见她吸吮拇指。当然如果你真要是看见了，你可以要求孩子戒掉，七岁的小姑娘和小小伙已经有可能会愿意配合你一起做一个行动计划了。

很少还有孩子睡觉时仍然离不开她的绒布小动物，而且很多孩子也都不再离不开她最心爱的小毯子了。

幼龄时期的女孩感到紧张的时候，也会显得有些坐立不安，有时候还会摇晃她松动了的牙齿。上课时她若感到紧张了，则可能把玩她的铅笔，擦擦蹭蹭，敲敲戳戳，甚至往课桌面上扎眼儿。要么就是把铅笔掉地上，然后捡了再掉，掉了再捡，没完没了……

这个年龄的孩子还喜欢没完没了地用橡皮擦啊擦，这很可能是孩子宣泄紧张的另一种方式，而且也是孩子追求做得完美的一种体现。不少孩子在专心工作的时候，会吹点儿口哨或弄出点什么其他声音来。有时候孩子会想要把一样东西硬插到另一样东西里面去，而且还相当使劲儿，往往就把手上的东西给弄坏了……所有这些宣泄动作，几乎全是手上的动作。幼龄时期的女孩很少还会出现脸上的怪异神色，也很少会有伸舌头、舔嘴唇的动作。

每个孩子的健康状况，不消说肯定会各不相同。不过从总体上来看，幼龄时期的女孩的健康状况比六岁的时候要好很多。妈妈不太明白为什么会是这样，不过，正如传染菌会让人生病一样，压力也容易让人生病，妈妈认为，二年级学生的压力比一年级的时候小了。虽然很多孩子放学以后都仍然会显得十分疲倦，不过大多数孩子现在已经习惯了一整天的上学。

整体上来说，孩子感冒的次数变少了，而且即使感冒了也很少引出其他并发症。说肚子疼的孩子也变少了，不过说头疼的孩子倒是多了一些，这有可能是由孩子的视力问题造成的，因为妈妈发现幼龄时期的女孩揉眼睛的动作多了起来。如果你的孩子也揉眼睛，那么你可以用眼睛清洗剂或者眼药水，这不但可以预防可能的眼科感染，而且还能让孩子的眼睛舒服一些，不至于总想要去揉搓。

虽然幼龄时期的女孩的健康状况比过去大有改善，但是七岁的招牌特性却令得孩子每每会担心自己是不是有了什么毛病，而且总是哼哼唧唧这儿疼那儿痒的。你明明什么都看不出来，可孩子就是说那儿疼。她还老要哼唧说肉肉疼（肌肉疼痛倒是真有可能），更常常说膝盖疼。这种情况下你可以帮孩子揉一揉，能起到不少作用。

传染性疾病虽然仍是不可避免的，不过比起六岁的时候来少了很多，当然，兄弟姐妹比较多的孩子显然比独生子女更容易传染上疾病。因为各种各样的病而导致发烧不能上学的状况不是没有，但是不管怎么说，幼龄时期的女孩因为生病而缺课的情况比六岁的时候少了很多。

如今，人们越来越懂得良好的饮食营养对孩子的重要性，这对提高幼龄时期的女孩的健康状况显然有很大的作用。家长们开始避免给孩子吃各种垃圾食物，包括各种带有人工色素和人工香精的食物，尤其避开了那些能让孩子过敏的食物。前几年孩子更小的时候生了不少病而父母不明所以，但是现在家长们开始越来越多地接触到了许多很让人震撼的文章，帮助她们明白了怎样从饮食方面提高孩子的健康水平。这正如伦敦·史密斯博士所说的那样，"要正确地养育孩子"。

# 第 4 章

# 正确的教育模式

在教育孩子的过程中，不要让舒适的生活条件成为扼杀孩子独立精神的屠刀！对孩子的教育应该打破传统，妈妈吃的亏，绝不能在孩子身上重现。无论在任何时候，都应该以保持孩子独立的个性、提升其超强的竞争力、培养其健全的人格为先，在此基础上，用全世界最优秀的文明来教育他们。

# 怎样正确表扬或批评

生活中，很多家长喜欢把"你真棒"挂在口头，无论孩子在什么时候，做成了一件什么事情，家长都会来一句"你真棒"。不少家长信奉"赏识"教育，觉得好孩子就是"夸"出来的，可事实真的如此吗？

有一个8岁孩子的妈妈问："孩子每做一件事情都要得到表扬，如果我没有表扬他，他就会大发雷霆。这是为什么呀？"

悦悦妈妈问她："是不是表扬太多的缘故？"她说："是的，以前批评得多，后来我发现这样不好，为了让他建立自信，给他的表扬就比较多了。现在他时刻关注我的情绪，如果我高兴，他就开心；如果我的情绪不太好，他就会暴躁。"

悦悦妈妈跟这位妈妈说："这说明孩子不能正确认识和评价自己，他的情绪都建立在你的情绪基础上。他的内心不自信，所以他需要获得别人的表扬来证实自己。你以前批评多，后来表扬多，两者都不对，走了两个极端。"

那位妈妈问："那我该怎么办呢？"妈妈说："你要减少对孩子的评价，更不要对孩子进行主观的评价。外界的评价尤其是不客观的评价过多，孩子将会失去自我评价的能力。你的孩子就在逐渐失去自我评价的能力，所以他必须要你表扬他，才能证实自己。"

孩子可能被家长夸得太多了，具体表现是，每做一件事情都要看看妈妈，期待着妈妈的表扬。如果妈妈没有表扬，就会问妈妈："我很棒吧？"一定要得到妈妈的肯定答复后才如释重负。这样的孩子已经习惯事事被表扬、被赞美，如果他们做好某件事情，家长没有表扬的话，他们就会觉得很生气、很失落。

一个人的自信是建立在独立做好一件事情后获得的成就感的基础上，而不是建立在别人的"赞美"和"表扬"之上。一个人格健全、具有较高情商的孩子是会当好自己情绪的主人的，而不被别人所左右。

什么是情商（EQ）？情商，是近年来心理学家们提出的与智力和智商相对应的概念。它主要是指人在情绪、情感、意志、耐受挫折等方面的品质。情商的第一个方面就是认识自我，一个人只有认识自我，才能成为自己的主宰。认识自我也就是妈妈通常说的"自知"。能自知的人能够正确地认识自己，能客观正确地评价自己，不会被别人的评价所左右。

6岁以前的儿童正是构建自我的重要阶段，这个阶段的儿童，依靠外界对他的评价来认识和评价自己。孩子对外界的评价很敏感，如果外界对孩子的评价客观中肯、包容接纳，孩子能正确认识和评价自己。

对孩子不能盲目"夸"，孩子的自信是建立在独立做好一件事情后获得的成就感的基础上的，而不是建立在别人的"赞美"和"表扬"之上。过度表扬会让孩子依赖于表扬，或自恋自大，或自卑。

那是不是不能夸孩子呢？当然不是，夸孩子是给孩子的积极回应，孩子需要父母的认可、肯定和鼓励，并通过父母给他的积极回应认识自己。这个"积极回应"要怎么去"回应"呢？怎样去夸奖孩子才是积极有益的呢？

首先，不能把"夸奖"当成孩子前进的动力。孩子做某件事情一定是他自发的，是来自内心的驱动力，而不是为了成人的"夸奖"。夸奖孩子要在事后，不要在事前。很多家长喜欢用夸奖的方式去引诱孩子做某件他不愿意做的事情，比如孩子不愿意画画，妈妈说："觉得你的画画得可好了，来，画一张吧。"这样的方式影响孩子的精神自由，孩子能感觉到，成人在试图左右他。

事前需要的是鼓励，不是夸奖。悦悦刚学习轮滑的时候，掌握不了平衡，摔倒了很多次。她气坏了，哭着说："不要这双滑轮鞋了！我怎么老是摔倒！"妈妈平和地对她说："悦悦，学滑轮是一件比较难的事情，难于掌握平衡，没能掌握平衡就会摔倒。但是，妈妈敢肯定，如果你练习很多次，摔倒了又爬起来，再摔倒再爬起来，你一定能学会的。"在妈妈的鼓励之下，悦悦勇敢地站起来，不断跌倒后不断站起来，不到一个星期就学会了滑轮。

在夸孩子之前，家长们一定要想一想，你夸奖他是真心赞美，还是试图通过夸奖来说服孩子做某件事！

第二，夸奖和赞美是来自你的内心，不是虚情假意的"敷衍"。夸奖应该是真实的、客观的，不夸大、不缩小。如果在悦悦学滑轮屡屡跌倒的时候，妈妈夸奖她"你滑得挺好的"，这样名不副实的夸奖只会让孩子觉得大人的虚假，不值得信赖。

第三，夸奖必须是具体的。用平实的语言去描述孩子做得好的事情，不用"你真棒""顶呱呱"之类的语言去泛泛夸。

当孩子成功做好一件事情的时候，他的成就感让他得到了最大的满足，内心充满着自信和成功的喜悦，这就是对他最大的表扬了。妈妈只需要用平实的语言描述一下他做好的事情就行了，表示妈妈知道了，并且向他表示祝贺。

对于泛泛的夸奖，不但起不到激励的作用，反而会引起孩子的反感和不屑。泛泛的夸和具体的夸的区别：前者是无用的，后者是积极有益的。

第四，少夸先天存在的东西，譬如智力、外表，多夸孩子所做的努力。不少成人喜欢夸孩子聪明、漂亮，这样的夸奖多了，孩子容易自恋自负，聪明漂亮是天生的，不是孩子通过努力取得的，这样的夸奖没有任何激励作用。对于孩子的努力，家长不能视而不见，要善于发现孩子的点滴进步，认可她做出的努力。这对孩子就是积极回应，孩子将备受鼓舞和激励。

总的来说，夸奖不能滥用，用多了会让孩子沾沾自喜、目空一切，只听得进赞美，听不进反对的声音。孩子的自信心来自于他独立完成挑战，成人的夸奖是"锦上添花"。成人给孩子的"夸奖"应该是积极的回应，是客观的、真实的，成人的积极回应能帮助孩子正确认识自己，学会正确评价自己。这个过程中，夸奖不能过度，更不能盲目。

赏识教育不一定就能夸出好孩子，减少对孩子的评价，特别是主观评价，否则孩子将会失去自我评价的能力。

不能盲目夸奖孩子，因为孩子习惯事事被表扬、被赞美后，如果做好某件事情，没得到评价或者表扬的话，孩子们就会觉得很生气、很失落。孩子的成就感和自信心来自于他独立完成挑战，而不是父母的"夸奖"。对孩子也不能盲目批评，表扬和批评都是成人给孩子的评价，都会影响孩子对自己的评价。

父母要做的只是用平实的语言描述孩子做成功的事情就行了，表示父母知道了，并和孩子分享成功的快乐。

# 小心情绪冷暴力

哲哲是和悦悦玩得最好的小伙伴之一，是个活泼开朗的小男孩，这学期上幼儿园了，不似以前那么活泼了。广场上很多人在跳舞，悦悦邀请哲哲站在队伍前跟着跳，哲哲不敢去，却站在角落里偷偷地跳；别人和他说话，他一声不吭，眼睛望着别处。

哲哲妈忧心忡忡地说："最近哲哲变了，我问他什么，他总是不回答，胆子小了，畏畏缩缩的。"悦悦妈妈问她："是什么原因呢，与上幼

167

儿园有关系吗？"

哲哲妈说："可能有关。有一次哲哲和我玩游戏，他指着我和他爸爸说，你们站到厕所去，站到线后面，不许动！我问是不是幼儿园老师把他关到厕所过？他说第一天上幼儿园，他总是哭，老师把他关到了厕所。"

悦悦妈妈很惊讶，"孩子第一天上幼儿园哭是难免的。孩子到一个新环境，内心会感到紧张和焦虑，这时候最需要老师的抚慰，可老师不但不安慰，反而把孩子关到厕所，这对孩子会造成多大的伤害啊！"

哲哲妈继续说："哲哲还说，老师说吃饭一定要吃完，不想吃也得吃完！"

悦悦妈妈叹了一口气说："这样的老师不具备基本的职业道德，你还是转个幼儿园吧，以免孩子受到更大的心灵伤害。"

哲哲妈说："能转到哪里去呀，很多幼儿园不都这样吗？"

哲哲的爷爷在一旁插话，"也难怪幼儿园老师，我们在家带一个都觉得累，她们要带几十个，怎么会不烦？"

悦悦妈妈说："这是个客观原因，每个班的小朋友多，老师压力大，待遇低，无疑会影响工作情绪。不过，再怎样都不能把孩子关到厕所，这样会让孩子恐惧，变得畏缩，对孩子心灵的伤害远远超过肢体暴力。"

正说话间，哲哲拉着他妈妈的手，要求做游戏。他妈妈俯下身来问哲哲想玩什么游戏，哲哲说玩小螃蟹的游戏，说着便翻起了跟斗，说是小螃蟹在翻跟斗呢。哲哲妈开始催促哲哲该回家了，哲哲不愿意。

哲哲妈接着催哲哲，"你要是还不回家，爷爷以后就不会允许你出来玩了。"

哲哲自顾自地玩着，没有理妈妈。

哲哲妈改变策略，开始"利诱"："带你买糖吃去，妈妈回家吧。"

哲哲仍然不理妈妈，像没听见似的。

哲哲妈有些恼火，使出杀手锏，作势要走，"那妈妈先回家了，你在这儿玩吧。"

哲哲见妈妈要走了，惊恐地大哭起来。他害怕妈妈扔下自己，他用力扯着妈妈的手往回拖，央求妈妈还要玩一小会儿。

看到哲哲眼神里的恐惧，悦悦妈妈感到特别难受，哲哲家物质条件算比较优越的，爸爸妈妈、爷爷奶奶围着他转，想吃什么想玩什么应有尽有。而另一方面，老师和家人却对他实施着精神暴力：威胁、恐吓、强迫、孤立……他真正快乐吗？

悦悦妈妈劝住哲哲妈，拉着哲哲的手温和地说："哲哲还想玩几次游戏再回家？"

哲哲见他可以继续玩了，挂着眼泪的小脸上露出了笑容，"玩三次吹泡泡的游戏。"

悦悦妈妈微笑着说："好，那阿姨要看看哲哲是不是说话算数，玩了3次就回家哦。"

悦悦妈妈开始玩吹泡泡游戏，悦悦妈妈特意把游戏的儿歌改成："吹泡泡，吹泡泡，吹了第一个大泡泡；吹泡泡，吹泡泡，吹了第二个大泡泡；吹泡泡，吹泡泡，吹了第三个大泡泡。"

哲哲吹完"第三个大泡泡"，松开悦悦妈妈的手，主动说："要回家了。"妈妈连忙肯定，"哲哲说话算数，很不错哦！"

哲哲妈总算松了一口气，牵着哲哲回家了。


哲哲为什么会变得胆小、沉闷、畏缩？是不称职的老师和不耐烦的家人的精神暴力对孩子的伤害所致呀！精神暴力对于孩子心灵的杀伤力远远超过肢体暴力，对孩子心灵的伤害更深，影响更远，可不知有多少家长正在对孩子实施着精神暴力！


晓晓5岁的时候，在休了一段时间假之后，突然对她妈妈说："妈妈，我不想上原来那个幼儿园了。"她妈妈问："为什么呢？"晓晓说："因为那里的老师会把不听话的小朋友挂起来。"讲这些话的时候，晓晓的眼圈红了，嘴角往下撇了几次，好像要哭了，但强行忍住没哭出来。妈妈很难过，知道她受了压抑，又委屈又害怕。

妈妈问道："怎么挂起来的？"晓晓说："就是让小朋友的手撑在地板上，脚放在凳子上。"说着，晓晓拿过一条板凳演示了一下，就像做俯卧撑似的，脚抬得很高，手撑在地上，身体架空。这其实就是对孩子的变相体罚，对孩子的羞辱是不言而喻的！试想，一个孩子被老师界定为"不听话"之后，老师命令孩子在众目睽睽之下"挂"起来。

妈妈问晓晓："有没有挂过你呢？"晓晓摇摇头说："没有，因为我不敢不听话。"杀鸡儆猴，虽然晓晓没被挂，但她看到别的孩子被挂，心里也产生了畏惧心理。让她在老师面前不敢放松，只得乖乖听话。

妈妈对晓晓说："老师这样做肯定是不对的，就算小朋友不听话，老师也没有权利让他们挂起来。对了，如果你不上这所幼儿园，你想上一所什么样的幼儿园呢？"晓晓说："想上老师好，不挂小朋友的幼儿园。"妈妈忍俊不禁，小朋友太可爱了。虽然老师没有"挂"过晓晓，但事情过去了2个多月，晓晓的心里还对这件事耿耿于怀，可见这件事情在她的心里留下了多大的阴影。

从上面这个例子可以看出，成人简单粗暴、不尊重孩子，对孩子实施精神暴力，对孩子的伤害是多么大。孩子受到了侮辱，尊严也没有了。在日后的日子里，孩子会觉得同学们会时时刻刻记住他那个时候的窘迫样，所以在同学面前，敏感的孩子再难抬起头来，慢慢地就变得孤僻、自卑、畏缩。一件成人认为只是体罚的事情，对小孩来讲，其实是精神上的折磨。相比于肢体暴力，精神暴力具有一定的隐蔽性，家长们在实施精神暴力时往往浑然不觉。

精神暴力的几种表现：

强迫

"吃也得吃，不吃也得吃！"

"说不行就不行，你就得听妈妈的！"

羞辱

"某某都可以，你怎么做不到？"

"教了这么多次都不会，你怎么这么笨？"

"瞧你这副德行！"

威胁

"再不回家，明天就不许出来玩！"

"别摘花了，警察叔叔会来抓你的！"

"快睡觉，不然大灰狼会来抓你！"

孤立

"不理你了！"

"先走了，你一个人在这里吧！"

否定

"你这是画的什么呀，乱七八糟的！"

"你这是洗的什么衣服呀，说了你不会！"

"就凭你还想当XXX？你长大后能有口饭吃就算不错了！"

嘲笑（包括善意的玩笑）

"哈哈，他又弄错了，笑死人了！"

"看看你穿的衣服，纽扣全部扣错了，哈哈！"

一件成人认为只是体罚的事情，对小孩来讲，其实是精神上的折磨。精神暴力对孩子心灵的杀伤力远远超过肢体暴力。对孩子心灵的伤害越深，影响越远。敏感孩子受精神暴力影响后再难抬起头来，慢慢地就变得孤僻、自卑、畏缩。

经常有家长问，孩子胆小该怎么引导。他们为孩子的胆小头疼，千方百计锻炼孩子的胆量却收效甚微。在改变孩子之前，得弄清楚孩子为什么会胆小？孩子是天生胆小吗？还是由于后天的原因，成人不当的教育方式所导致？先看看一个胆小孩子的转变。

文文是悦悦的好朋友，在悦悦刚学会走路的时候她们就认识了。文文羞涩、内向、胆小，文文在认识新朋友的前两年里，从来没主动和小伙伴们说过话。每次文文妈鼓励她和悦悦打招呼，文文脸上便露出怯怯的表情，抿着嘴不敢开口。有时小朋友在一起唱歌跳舞，文文在旁边看着，不敢上前，尽管心里很羡慕，但是始终不能鼓起勇气。如果有人和她说话，她要么用摇头和点头来回答，要么一动不动，更别说吭声了。对陌生人更是退避三舍。

文文的主要抚养人是奶奶，奶奶性格内向，对文文的限制过多，比如不允许到沟里玩、不允许到斜坡上玩、不允许……总之是很多的不允许。奶奶还喜欢在旁边念念叨叨，总想左右文文的想法。

文文的爸爸则保护过多，有一次，悦悦爬到约1米多高的石头上（大人完全保护得到），文文也跟着爬了上去，文文妈牵着她的手，文文爸在旁边担心得不行，"文文，快下来，小心摔跤！"看到悦悦坐在吊环上荡秋千（吊环离地大约有1米多高），文文爸惊呼："你们胆子真大！这都什么父母！"其实不是悦悦妈妈胆子大，而是根本不危险，悦悦两只手抓得紧紧的，从来没掉下来过，就算掉下来，她妈妈也可以接到。

有一次，文文嘴角摔了一道小口子，不到米粒大，也不深。文文妈妈觉得没什么，文文爸则急得不得了，送到社区诊所缝了一针。文文爸不准文文做任何看起来有点"小危险"的行为。

文文妈为了改变文文胆小的性格，在文文2岁半时就送她去了幼儿园，这是一家教育理念比较科学的幼儿园。随着交往的增多，文文爸妈和悦悦妈妈逐渐熟络，交流也多了。文文妈的教育方式比较放手，但文文爸不放手，过度保护、包办代替（文文4岁了，吃饭还靠喂）。

妈妈对文文爸说，孩子的胆小就是因为家长的限制过多、包办代替、过度保护导致，孩子其实有自我保护的本能。妈妈对孩子应该"放养"，不应该"圈养"。文文爸逐渐接受了妈妈的这些观点，态度慢慢转变了，对文文放手了许多，对一些有点小危险的游戏（比如爬高），只要悦悦被允许，文文也能被允许参加了。文文奶奶也有了一些转变，限制不再像以前那么多。随着家人教育态度的转变，文文的胆子逐渐变大了，不仅和妈妈打招呼，而且还会主动和其他孩子说话，和悦悦在一起更是说个不停，性格变得开朗活泼了。

由此看来，孩子的胆小先是成人出了问题，如果一心想着怎么纠正孩子的胆小，就好比头疼医脚，搞错了地方。若想让孩子不胆小，先得改变自己的教育方式。胆小的孩子有几种类型：

不敢冒险型

这种类型的孩子性格活泼开朗，也乐于与人交往。但是他们谨小慎微，害怕未知的事物，不敢尝试新的东西，不敢冒险，不敢玩游乐场的大型玩具。

2岁半的苗苗聪明活泼、乖巧懂事，逢人就叫，大家都喜欢她。有一次，悦悦带了一只小鸭子到草地上玩，很多小朋友好奇地围了过来，摸摸小鸭子，和小鸭子打招呼。苗苗远远地看着，不敢过来。妈妈热情地向她招手，"苗苗，快来看看小鸭子呀，真可爱。"苗苗哇的一声哭了，任凭妈妈怎么解释小鸭子是如何可爱、是不会伤害她的，她都只是摇头，躲得远远的，不敢尝试去接近小鸭子。不仅是小鸭子，苗苗害怕所有不熟悉的事物，比如小乌龟、田螺、虫子等，甚至连看到风吹动石凳上的树叶、月亮出来，她都会害怕。每次到公园，苗苗都不敢玩游乐场的玩具。

怯于交往型

这种类型的孩子性格内向，不敢与人交往，在家里话还比较多，到了外面就"金口难开"了，更不敢在人前表现自己，如有不熟悉的人和他打招呼，他可能理都不理别人。但是，他们的内心还是很希望和同伴接触的，通常能和伙伴们一起玩，但就是不肯说话。

畏缩孤僻型

这种类型的孩子性格内向，既不敢与人交往，也不敢尝试新事物，对未知的人和事都非常排斥。不合群，内心不快乐，通常在他们的脸上看不到笑容。

在一次聚会上，有一个叫豆豆的孩子。别的孩子欢声笑语吃着玩着，他毫无表情地依偎在爸爸身边，目光呆滞。悦悦走过去和他打招呼，"豆豆哥哥好。"并伸出手要和他握手。豆豆警觉地往后靠，用一种排斥的眼神看着悦悦。豆豆爸笑着说："妹妹叫你呢，和妹妹打个招呼呀。"豆豆不理悦悦，眼睛不敢直视，躲到爸爸的身后。

后来，家长们带着孩子去游乐场玩轨道赛车，豆豆和悦悦坐前后排，车子开动，悦悦兴奋得大叫，丝毫不惧怕。豆豆吓得好像要哭的样子，但是强忍住没哭出来，脸上满是紧张和恐惧。从轨道车上下来后，豆豆再也不敢玩任何一种游乐玩具，包括非常安全的海洋球。孩子们在聚会上玩得很开心，唯独豆豆，游离在欢声笑语之外，脸上没见过一丝笑容。

后来，悦悦又遇见过豆豆几次，从来没有见他开心地笑过。就算玩得非常开心的时候，他的笑也很勉强，就是牵动一下嘴角。

事实上，这些孩子的胆小不是一朝一夕形成的，更不是天生胆小，而是由于不当的教育造成的：

过于限制。比如，在户外玩时，孩子喜欢到沟里、斜坡、石头上等地方去玩，大多数家长会找各种理由拒绝，如那里危险、很脏、会摔跤等。这些限制实际上在暗示孩子：处处有危险。所以孩子对未知的事物感到有威胁，不敢去尝试。

过度保护。家长非常紧张孩子的安危，不敢让孩子做出任何一点冒险的行为。过度保护会让孩子变得异常脆弱，经不得一点风雨，不敢与外界接触。

没有安全感。家庭不和、经常变换带养人和生活环境，也会让孩子安全感缺失，使孩子产生恐惧感，从而变得胆小。

与外界接触少。孩子的生活范围太小，接触外界的人和事都比较少，由于和别人交往的机会少，孩子怯于与人交往。

受家长尤其是主要带养人的影响。如果家长性格内向，比较被动，不主动与人交往，孩子潜移默化会受到影响，孩子就是家长的一面镜子。

胆小的孩子适应能力较差、缺乏探索精神，并且自信心不足，尤其是畏缩孤僻型的孩子，内心很不快乐，有一定的心理偏差，应该引起家长重视。

如何才能改变孩子的胆小行为呢？

首先，家长得先反思自己的教育方式，改变过度限制、过度保护的教育方式。孩子的某些看似危险、破坏性的行为实际是他在探索世界，应该鼓励孩子探索。全家保持一致的教育态度，给孩子一个自由宽松的环境。鼓励孩子尝试新事物，不要这也不许那也不许。尊重孩子，以平等的态度对待孩子，不要简单粗暴，更不要威胁恐吓孩子。

其次，帮助孩子建立稳固的安全感。营造和睦的家庭氛围，家庭成员不要当着孩子吵架。家长更不要把孩子扔给老人或保姆，一定要把孩子带在自己身边，抽时间给孩子长时间、高质量的陪伴，让孩子和父母建立良好的依恋关系。安全感建立得比较好的孩子，大都乐观自信。所以，家长要鼓励孩子主动和小朋友交往，比如，碰到不认识的小朋友，鼓励孩子过去打招呼。扩大孩子的视野，多接触陌生人，多接触外界。

最后，给孩子时间，耐心等待孩子的转变。不要急于改变孩子的胆小行为，更不要当着孩子议论孩子的胆小，这些都会给孩子造成压力。应该忽略掉"胆小"这一缺点，抓住孩子某一次细微的改变及时鼓励。

孩子胆小主要表现为不敢冒险、怯于交往、畏缩孤僻，有的是天生的，也有的是后天成人教育小孩不当所导致的。孩子胆小首先家长应该自我检讨：胆小与家长对小孩限制过多、包办代替、过度保护有很大关联。孩子有自我保护的本能，当大人经常暗示孩子"这个世界很危险"时，孩子就会过度自我保护，对什么事情都怕，都不敢接触。孩子的某些看似危险、破坏性的行为实际是他在探索世界，应该鼓励孩子探索。不要急于改变孩子的胆小，更不要当着孩子议论孩子的胆小。

# 给孩子树立健康观念

一位妈妈给教育专家留言："由于工作原因，周末才能回家，孩子2岁半上的幼儿园，晚上我打电话回家，听说今天孩子由于吃东西没注意拉肚子了，而且在幼儿园拉在身上了，老师也没有及时通知家长，回家后才换洗的。我的孩子是他们班最小的，他有个习惯，回家拉大便，在幼儿园从没有拉过。我曾问他在幼儿园想'拉便便'了怎么办，他说回家拉。

以前他从没有拉在身上过，连小便都没有过，所以我也一直没有在意。麻烦没什么，关键是现在我担心此事会伤到孩子的心灵。孩子自尊心很强，有时候我说话不小心都会让他泪花直闪，今天这个事情，我就担心他在幼儿园会被其他小朋友笑话，或者他害怕被老师取笑或看不起等，在他幼小心灵上留下阴影。现在我想让他休息两天，等这件事渐渐淡化或在其他小朋友那里渐渐淡化了，再让他去幼儿园。这样对不对？怎么处理才能不给孩子留下阴影呢？"

想停上两天幼儿园。这是不妥的，因为这是一种消极逃避的方式，这样做显然是在暗示孩子，幼儿园是一个伤心之地，也在暗示孩子遇到事情以消极的方式来面对。老师的态度是非常关键的，比较妥当的解决办法是和老师做详细的沟通，找到具体原因，并且让老师及保育员和家长配合，宽慰孩子，告诉孩子在哪里都可以拉大便，家里可以，幼儿园也可以，在外面的公共厕所也可以。在幼儿园拉完后，老师可以帮助擦屁股，老师一点也不会嫌弃。家长不仅要这么说，还要真的这么想、这么做。

在幼儿园，这样的孩子不在少数，都是一些敏感、自尊心强的孩子。他们担心自己拉大便会给老师带来麻烦，老师会不高兴。因此，他们尽量在家里拉大便，实在忍不住拉在裤子上了，也不敢跟老师说，害怕老师不高兴。

这个问题看着是一个生活细节，其实是一个教育问题。对于比较敏感的孩子来说，他们会担心别人因为他的大便臭而不喜欢。或者是曾经有人（家长、老师或小朋友都有可能）不经意在他们面前流露出对他们大便的嫌恶之情，让孩子觉得他们的大便是让人嫌恶的。

很多成人在不经意间就会流露出对孩子大便的嫌恶。有一次在外面玩，悦悦说："要拉屎了。"一位小朋友的奶奶听了此话哈哈大笑起来，"拉屎？哈哈哈！"妈妈不解，"是拉屎呀。"奶奶做嫌恶状说："嗯……臭，应该说'拉粑粑'。"妈妈说："粑粑就是屎呀，这没什么不对的，人要吃饭，就要拉屎嘛。"这位奶奶就在无心中表现了对孩子大便的嫌恶，甚至不能说"屎"这个字眼。字典里都有这个字，这个字又不是不文明的字，为什么不能说？

有的家长特别烦孩子把大便拉在身上，只要孩子拉大便在身上，轻则骂几句，重则要打几下的。一些幼儿园的工作人员对孩子的大便更是嫌恶。妈妈小区一位孩子，两岁多，就读于附近一所幼儿园。某天姑姑去接孩子，正好看到了这样一幕：孩子大便拉在身上了，老师满脸不耐烦地脱掉孩子的裤子，把孩子重重地放到凳子上，指着孩子破口大骂！很多素质较低的幼儿园从业人员都会对孩子的大便表现出嫌恶，就连给孩子擦屁股都会用手掩住鼻子。成人的这些行为带给孩子负面的心理暗示：我的大便是臭的，是让人讨厌的。所以他们害怕在幼儿园大便。

因此，解决这个问题的办法是让孩子了解：拉大便是生理需求，每个人都要拉的，就像每个人都要吃饭、喝水一样。每个人的大便都是臭的，这是正常的生理现象。小孩子拉大便在裤子上是正常的，一点也不丢人。

悦悦曾经在大便的时候问过妈妈多次："为什么妈妈要拉屎呀？妈妈的屎为什么这么臭呀？"妈妈说："因为妈妈每天都要吃饭，饭菜吃到妈妈的肚子里，慢慢消化，就变成了屎。屎是废物，要拉出来才好，如果不拉出来，人就会生病。每个人拉的屎都是臭的，这是因为屎里面有腐败菌，散发出臭味。"妈妈还在网上搜索人体内脏器官的图片，对照图片跟悦悦讲解"消化"的过程。

孩子身边所有成人的态度也是非常重要的，包括所有家庭成员和幼儿园工作人员。大家都要正确对待孩子的大便，谨慎地说每一句话，不要以为孩子年龄小不懂什么。当孩子大便拉在身上的时候，切勿动作粗暴地当众处理，这样是在羞辱孩子，会挫伤孩子的自尊心，让孩子感到紧张害怕。应该把孩子带到无人处，安抚孩子，告诉孩子因为孩子还小，控制不好大便，拉在裤子上没关系，妈妈（老师）帮换掉就是。给孩子清洗和换裤子的时候，动作要轻柔。

如果孩子能了解到拉大便是正常的生理需求，和吃饭、喝水一样，同时孩子能有独立的思考，哪怕有人对此表示嫌恶，他也能坦然面对。有时悦悦拉完大便后，外婆帮她擦屁股，外婆会夸张地做掩鼻状，大呼"好臭呀"，悦悦咯咯地笑了，一点也不觉得难堪或羞耻。再如那次悦悦在外面拉大便，被那位小朋友的奶奶做嫌恶状，悦悦也能坦然以对，并不觉得受伤害。妈妈想就是因为她早就了解了大便是正常的生理需求，每个人的大便都是臭的，这没什么好嫌恶的。同时她坚信自己的想法是正确的，不会被别人的态度所左右。

家长应该让孩子知道：每个人的大便都是臭的，拉大便是生理需求，每个人都要拉，就像吃饭、喝水、睡觉一样平常。

# 性教育的必要性

某天晚上，悦悦爸在洗澡，悦悦无意中闯了进去。看到全身赤裸的爸爸，悦悦如同发现新大陆，大声尖叫："啊，爸爸怎么是这样的？"爸爸面对这个小小的"闯入者"面不改色心不跳，微笑着说："因为爸爸是男人啊！你发现爸爸的身体和你的身体不一样了，是吗？"悦悦满脸惊讶，点点头说："是的。"

孩子的心灵是纯净的，对于他们来说，赤裸的人体如同一棵树、一朵花，他们不会带任何色情的眼光来看待。他们之所以惊讶是因为他们的"重大发现"：别人的身体居然和自己不一样！倘若此时悦悦爸嗷一声，羞愧万分地拿起浴巾裹住自己的身体或者夺路而逃，那一定会让孩子认为：人体是丑陋的，裸露身体很羞耻。

幼儿性教育的关键，其实就是帮助孩子解决性困惑，以及满足他们的性需求。这种满足，指的是心理层面的满足，比如真正的关注、接纳、爱和引导。作为父母，我们将过多的精力用在帮孩子去辨识那些色迷迷、可能对他图谋不轨的"坏人"，而忘记了帮助孩子去认识自己的需求，并给予他们满足需求的条件。一旦孩子的需求从父母那里得不到满足，他们自然就会转向外部。于是，他们会带着好奇心跟喜欢的同龄人尝试亲亲、抱抱，体验爱的甜；他们会带着一种被需要的快感，去满足小男女朋友提出的任何要求；他们还会做出更多不被父母允许的"出格"的事：比如给网络主播打赏大笔金钱，享受独立做主的快感，等等。

正如心理学家们所说，早恋或网恋最易发生在那些缺少爱和关心的孩子身上，比如单亲家庭子女、父母粗暴管教的孩子，以及与父母缺乏沟通的孩子。这些最容易出问题的孩子，几乎都有着不被看见、不被恰当关爱的深深孤独感。

一般5岁以下的孩子，他们可能需要掌握的是：

1、"出生教育"：知道自己是从妈妈肚子里出生的，而不是垃圾桶。很多家长觉得告诉孩子是从垃圾桶里捡来的并没有什么不好，也许这只是一个成年人的笑话。甚至成年后的我们，想起这件事也会觉得这是一个笑话。但是，大家有没有想过得到这个回答的时候，孩子内心其实是失落、沮丧甚至是自卑的。原来给自己安全感的爸妈和自己没有联系，自己只是和垃圾一样被丢了然后又被捡回来的。

2、"性别教育"：告诉孩子他/她是男生还是女生，男生是因为有阴茎（小鸡鸡），女生是因为有阴部（小妹妹）。男生女生一样可以很优秀。男生站着尿尿，女生蹲着尿尿。男生去男厕所，女生去女厕所。男生可以很坚强，也可以很温柔。女生可以很温柔，也可以很坚强。

成年人不难发现，很多女性在择偶方面对长相清秀得近乎女性的男性有强烈的好感，其实，这种择偶方面的审美就是因为幼年时期的性教育做得不到位。著名心理学家西格蒙德·弗洛伊德认为，进入性器期后，女孩开始认识到自己与男孩不同。小女孩发现了异性的生殖器官后，会认为母亲没有把阴茎生给她们或造成她们被阉割的状态，她们希望有一个阴茎，没有阴茎使她感到不完整或不充分，使她们感到委屈，同时伴随着由缺乏阴茎引起的自卑，甚至产生"阴茎嫉妒"，此时，小女孩性快感的来源也从阴蒂（clitoris）逐渐转向到阴道（vagina），而这样的状态便可能造成小女孩朝三种不同的路径发展：一个是导致性抑制（sexualinhibition）或神经症（neurosis），一个是使女性的性格倾向男性特质情节（masculinitycomplex），另一个则是通向正常（normal）的女性特质。

有没有觉得很神奇？你以为的你以为却不是你以为的那样。性教育做得不到位，连真爱的出现都在无形中有了特定条件。

3."隐私部位的认识"：告诉孩子平时裤衩背心盖住的地方是不能给别人看，更不能被别人摸。偷看别人的也不行。对别人的身体好奇是很正常的，但是你不能去触摸别人的隐私部位。因为这是一件不文明的事情。家长也不要带孩子去异性澡堂。

性别与社会性别：有的女孩子性格特别"像男生"，有的男孩子性格特别"像女生"。这都是正常的，你不能为此嘲笑别人。男孩子可以喜欢总是和女孩子在一起玩，女孩子也同样可以喜欢和男孩子一起"野"。当你去照顾异性时，不是因为她是女生或者他是男生，而是因为如果你是他/她，你也希望得到别人的帮助；

家庭教育（理解家庭、婚姻的概念。）：爸妈彼此爱对方，结婚后住在一起，一起努力让生活更美好，也共同抚育孩子。虽然有的家庭可能只有爸爸或只有妈妈，但人家一样可以过的很幸福，不要嘲笑别人没有爸爸/妈妈，这样是没有礼貌的行为。

9~12岁的孩子更多需要提前掌握的是青春期的身体变化。比如男孩子会长胡子、喉结会变大、女孩子胸部会发育、男女都会长体毛。当然也要告诉孩子还有各种各样的特例，比如有人比同龄人晚发育，到了高中才长腋毛。有的女孩子10岁就来月经，有的女孩子18岁了才来月经。这些情况都是正常的。

晓晓在悦悦家做客的时候，只要看见悦悦洗澡脱衣服就会连声说"羞羞羞"，悦悦首先的反应是不明所以，接着就跟着晓晓说"羞羞羞"。后来，只要看见妈妈换衣服或者晓晓脱衣服，悦悦就会说"羞羞羞"。尽管妈妈跟她解释脱衣服洗澡和上厕所是很平常的事，只要不在公共场所暴露身体就一点也不羞。可是"榜样"的力量是无穷的，她一直认为脱衣服就是"羞"。妈妈问晓晓为什么这么说，晓晓说是她们幼儿园的小朋友说的。妈妈又想，幼儿园的小朋友又是听谁说的呢，估计是成人吧。

在此之前，可能家长没有了解过什么是性教育。毕竟我国传统文化就有谈性色变这么一说。好多家长一直以为性教育是教孩子怎么使用安全套。包括我们在内很多人都疑惑孩子这么小是不是还不需要性教育？毕竟大家以前也没有经过性教育，不也照样长大了吗？

其实，性教育很重要。就以防性侵教育为例，以前媒体没大量报道，大家可能不知道。原来我国各地都有这么多数量的性侵儿童案。其实预防性侵的一个很简单方法就是告诉孩子一句话："如果有人要摸你隐私部位，你一定不能答应，回到家不管发生什么都要告诉爸爸妈妈。爸爸妈妈是爱你的。"

对于相对保守的家长而言，首先需要改变的是自己的刻板印象。当孩子突然问了一些让家长很吃惊或者尴尬的问题时，比如"妈妈，为什么你的胸这么大？""爸爸，为什么你的胳臂下长毛了""妈妈，你怎么也会长这么多毛啊？"家长要先告诉自己的是，孩子仅仅是好奇，绝对不带有成年人眼中的色情。所以家长要以平时说话那样正常的语气回答孩子：因为妈妈是女孩子，女孩子长大了乳房都会变大。这样子就可以给小宝宝喂奶了。每个人长大了都会长出许多毛。

从现在开始告诉自己，儿童性教育是一个很健康很重要的知识。尤其现在是信息社会，孩子会不可避免地早熟。如果你总是对这些事情闭口不谈，他们就会觉得这件事越来越神秘刺激，甚至自己摸索了。那么作为一个家长，你是希望孩子理智、客观地看待性，懂得掌握自己的生活，还是希望孩子偷偷自己摸索，从此走上歪路呢？

家长们大可不必如临大敌一般面对性教育。儿童性教育的出发点，就是让孩子懂得保护自己，以免遇上恋童癖，或因为好奇而过早发生关系，绝对不会有教孩子怎么发生性行为的内容。其实，如果你把一件事情讲得明明白白，孩子就没什么好奇心了。引不起孩子好奇心的东西，他们是没动力去尝试的。其实儿童性教育就是生活中的一些小知识。一些可以帮助孩子在成长中减少很多麻烦的知识。

根据以上，如果家长认可性教育了，但不知道怎么教的话，可以买一些儿童性教育绘本。像诸如此类的一些好的绘本都是能非常有趣的解答孩子们的疑问。当然最好不要给孩子书以后就不管了，家长陪着孩子一起看，孩子有不懂的地方可以当场问爸妈。大家都是人类，无论谁身上都有这些器官，这很正常。

随着年龄的增长，悦悦逐渐发现男人、女人、小孩的区别，问过很多关于"性"的问题。比如"爸爸为什么长胡子""天天弟弟怎么站着尿尿，而悦悦却是蹲着尿尿""爸爸为什么长喉结""我从哪里来的"，等等。她每提出一个问题，妈妈都感到很欣喜，这说明她在观察、在思考。每次妈妈都会先肯定她观察细致，然后力求准确地回答她的问题。比如"从哪里来"的这个问题，妈妈是这么回答的："你是妈妈生出来的。最开始是一颗胚胎，很小很小，就如一粒黄豆大，在妈妈的肚子里，一天天长大。慢慢长出了头、身体和手脚，妈妈的肚子也一天天地变大，到了第10个月的时候，妈妈生出了一个小婴儿，这个婴儿就是你。"当见到孕妇的时候，妈妈就引导悦悦观察孕妇阿姨的肚子，告诉她里面有一个弟弟或者妹妹，并说原来妈妈的肚子也是这么大，里面就是悦悦。

有一次，悦悦问爸爸："为什么爸爸长胡子啊？"爸爸当时正忙着干别的，随口答道："因为爸爸老了呀。"妈妈一听觉得不对劲，这个答案有谬误——爸爸老了就长胡子，外婆更老为什么不长胡子？这不是会误导她吗？妈妈赶紧更正，"爸爸说得不对，因为爸爸是男人，男人才长胡子。爸爸小时候是个小男孩，像天天弟弟一样，那时没长胡子，到十多岁的时候开始长胡子。每个小男孩长到十多岁都会长胡子。"爸爸经妈妈提醒，意识到自己的"错误"，郑重向悦悦认错，纠正了这个小错误。

对待孩子的"性"问题，大多数家长是持躲避、敷衍的态度，并且感到尴尬、难于启齿，或是连哄带骗。这样暧昧的态度会让孩子更好奇，并且觉得"性"是羞耻的。悦悦妈妈还记得小时候，大人们告诉妈妈"小孩子是树上结的"，暧昧的表情和话语让悦悦妈妈从小就觉得"性"是一件"丑恶、肮脏"的事情，这种心理阴影直到她婚后很久才消除。

对待孩子提出的和"性"有关的问题，如果家长的态度从容大方，不扭扭捏捏，实话实说，不夸张、不欺骗、不隐瞒、不说教，孩子也会像认知花草树木一样来认知人体和性。目前的青少年婚前性行为及性犯罪，其实都与不当的性教育有关，孩子就是这种心理：越是藏藏掖掖就越是好奇，越是好奇就越是要弄个明白。如果家长和学校没有进行科学的性教育，孩子就会从"黄色"录像、视频中获取性知识，那才是真正毒害了孩子！其实，只要家长的态度落落大方，坦然面对孩子的疑问，对孩子的"性"问题如实相告，孩子就会正确地认识"性"，建立健康的性观念及婚恋观，为今后的美满人生奠定基础。


# 教会孩子节制和自律

有一个孩子看见街边店里的玩具汽车，要求爸爸给他买。亲戚说这样类似的车子家里有很多，每次都只玩一会儿就扔到一边，这一次无论如何不能买了。他拒绝了孩子的要求。孩子当街大哭起来，赖在地上不走。妈妈过去和他解释了不买的原因，但他执意要买，躺倒在地上撒泼打滚。看这阵势，估计无论说什么，这孩子是听不进去了。

孩子最喜欢使这一招了，尤其在他妈妈面前，妈妈每次都心软依了他，孩子每次都得逞。可是，既然决定不买了，那就要坚持到底，随他撒泼也好、赖地也好、哭也好，由他去吧。只要你不妥协，他觉得这一招无效，下次就不会使了。

这一幕大家应该不陌生，一些孩子不懂节制，在吃和玩方面最为显著：无节制地吃，无节制地玩。譬如看见新玩具就闹着要买，而家里已经有很多类似的玩具；零食要买好多好多，吃到不想吃为止；到游乐场玩玩具，玩了一遍又一遍，玩到不想玩为止；把饭桌上好吃的菜都夹到自己碗里，最后却剩着……这种行为的原因是孩子不能对喜欢的事物保持适度，一味放任自己的欲望。现在大多数的家庭只有一个孩子，家长们都想给孩子最好的，不管孩子提出什么物质要求都会拼命满足。

任何孩子的问题都来自于成人的教育态度。孩子不懂得节制、不懂得珍惜，一定是因为家长满足了孩子的一切要求。家长有求必应，当然会让孩子毫无节制；任何事物得来太易，孩子自然就不懂珍惜了。适度是一种美德。

在悦悦很小的时候，妈妈就开始引导她做任何事都要保持适度。妈妈到公园游乐场玩，每次玩之前妈妈都会和悦悦约定，每种游乐设施都可以玩，但每种都只能玩一次。记得第一次到游乐场玩那种豪华转马，悦悦非常兴奋，玩了一次后还想玩。妈妈对她说："说好了只玩一次的，悦悦要说话算数。"悦悦想玩的心情太强烈了，哼哼唧唧的眼泪就下来了。妈妈看她这可怜的小模样，差点要心软。不过转念一想，约定好了就要做到，如果现在满足她一时的欢愉，"适度"的美德就养成不了。妈妈温和地拒绝了她再玩一次的要求，并且提醒她前面还有别的好玩的项目。悦悦见妈妈非常坚决，便不再坚持，转而玩别的项目了。再大一点的时候，去游乐场玩，妈妈每次都约定玩几项游乐玩具，这个数目由悦悦自己定，有时是3次，有时是5次，玩满约定的次数就不玩了。就算是面对再诱人的游乐玩具，悦悦也能遵守约定，适可而止。

吃零食也是如此，再好的东西也不能暴饮暴食，应该适度。大部分零食属于垃圾食品范畴，对于身体有害无益，妈妈并不严厉禁止，但是要求悦悦少吃。悦悦面对美食诱惑也能做到适度，她最喜欢吃肯德基，但每次她只要求买一个鸡腿。有一次带悦悦逛街，逛累了，妈妈到街边小吃店休息，顺便吃点东西。妈妈每人点了一杯冰饮料加一根油炸火腿肠，还有一些别的小点心。火腿肠的味道不错，吃完一根后妈妈还想再吃一根，就跟服务员说了。这时悦悦大喊起来："你不记得了，火腿肠是垃圾食品，不能多吃的！"妈妈有些尴尬，但又感到很欣慰。可不是吗，妈妈怎么就不记得了呢，口口声声跟悦悦说垃圾食品要少吃，到了自己头上却禁不起美味的诱惑！妈妈忙和服务员讲不要了，并对悦悦说："忘记了，幸亏有悦悦提醒。"和妈妈一起的朋友故意逗悦悦，"要不，你再来一根？"悦悦说："不要，妈妈说过，垃圾食品不能多吃，不然会生病的。"朋友惊叹不已，她说从来没有看见一个孩子能抵挡美食的诱惑！

为什么规定悦悦坐玩具马只能坐一次，不是说要给孩子自由吗，为什么不让孩子坐个够？为什么在孩子想去小伙伴家的时候妈妈又会欣然应允，这岂不是有些前后不一致吗？其实，这两件事其实是完全不同的，前者是培养孩子适度的美德，让孩子懂得做任何事情都要适度；而去小伙伴家里玩，这是孩子正常的交往行为，不管发生在何时，只要没有影响自己和他人的休息，妈妈都应该支持孩子去小伙伴家玩，这是给孩子自由。给孩子自由并不是让孩子做什么都可以，在自由的基础上，必须建立一定的规则。让孩子懂得"有所为有所不为"。

要保持适度就必须要有较强的自律能力。自律即自我控制能力，是自我意识的重要成分，是个体自觉地选择目标，在没有外界监督的情况下，适当地控制、调节自己的行为，抑制冲动，抵制诱惑，延迟满足，坚持不懈地保证目标实现的一种综合能力。自律建立在自知的基础上。

一个自律能力差的人难以有所作为。生活中，有很多充满诱惑力的选择，就像一个个黑洞一样，深不见底，很容易就让我们深陷其中。而人的精力是极其有限的，你选择了玩乐，就放弃了学习；你选择了美食，就放弃了工作。最可怕的是，你做任何事情时，都不能高度自律，不能形成有效闭环，而是不断在细碎与自我焦虑中耗散时间。

悦悦妈妈非常重视培养悦悦的自律能力。从悦悦一岁多开始，妈妈就刻意培养她自律，比如喝水，水还有些烫，妈妈让她耐心等待水慢慢变凉；玩玩具时要排队，耐心等别人先玩。刚开始时她哭闹，妈妈告诉她，悦悦要学会等待。一次在超市买了酸奶和蛋糕，悦悦想吃，妈妈想试试悦悦能不能延迟满足，于是对她说："如果你现在吃，就只能吃蛋糕；如果你愿意等到回家再吃，便可以吃蛋糕外加酸奶。由你自己决定。"悦悦想了想，选择了回家后再吃。

现在人们的生活水平提高了，孩子的很多物质需求都能满足。如果全盘满足孩子的物质需求，孩子就会变得贪心和无法自控，所以妈妈特别注意在生活细节方面培养悦悦适度和自律的美德。比如穿衣服，春、秋、冬每一个季节的外出服最多只有三套，夏天由于易汗湿，换得勤，多一套。衣服从来不买最贵的，只买舒适、漂亮、符合安全标准的。再如玩具，到目前为止，悦悦的玩具花费不超过固定额度；吃的零食妈妈几乎不买回家存放，只是出门时买一些，但也是少量的。

由于从小培养悦悦的自律能力，悦悦小小年纪就表现出惊人的自律能力。有好几次由于她咳嗽，不能吃橘子，当大人们在吃橘子的时候，她虽然很想吃，但还是忍住了，主动提出来不吃橘子。一次，妈妈带悦悦去买油画棒，买完出来她说要吃火腿肠，妈妈说："你今天感冒了，不能吃油腻的东西，吃玉米好吗？"悦悦欣然应允。

在她生病的时候，发烧、咳嗽。妈妈带她到医院，医生让妈妈去做一个血化验。她们来到验血窗口，前面是一个阿姨在抽血，针扎在指尖上，护士在把血挤出来抽到试管里。悦悦看见了这个过程，脸上满是紧张的表情。妈妈说："抽血就是这样的，只有一点点痛，就像打预防针一样。妈妈觉得你也像这位阿姨一样坚强，可以忍住痛的是不是？不过忍不住也没有关系，想哭就哭啊。"悦悦点点头。

轮到悦悦了，她的小脸绷得紧紧的，眼睛瞪着护士阿姨的针，护士迅速地扎下去，悦悦抽动了一下，并没有哭！扎完，阿姨递给她一根棉棒，让她紧握着止血。妈妈很佩服这小家伙，由衷地赞叹了一句："悦悦真的很坚强啊，扎针都没哭呢。"抱着悦悦往回走的时候，妈妈发现她被扎的手紧紧握成拳，妈妈费了很大劲才掰开！其实她心里是多么紧张啊！

每个孩子都有惊人的自制力，只要引导得当，他们完全可以做到适度和自律。面对自己喜欢的事物，孩子不懂得节制，一味放任自己的欲望，这种现象跟家长的教育态度息息相关。家长有求必应的态度，会让孩子毫无节制，觉得任何事物唾手可得。事物得来太易，孩子就不会珍惜。

# 如何让孩子拥有爱与善意

悦悦两岁多的时候，她爸爸下班后和同事去打羽毛球，回家时妈妈已经吃过晚饭。听到门铃声，悦悦就跑到门口迎接爸爸。爸爸刚进门，悦悦就拿拖鞋给爸爸穿，接着端了一杯茶递给爸爸，"爸爸喝茶。"然后跑到沙发旁边拍拍沙发对爸爸说："爸爸请坐，休息一下。"妈妈乐坏了，故意逗她，"爸爸还没吃饭呢。"她想了想，"哦，给爸爸盛饭。"一路小跑进了厨房，还真的端了一碗饭出来！爸爸感动地说："哎呀，这个闺女没白疼。"爸爸夹了一块排骨正准备吃，悦悦小大人一般"叮嘱"道："爸爸，要把骨头吐出来啊！"

悦悦是个感情细腻的孩子，她特别懂得"爱"，爱爸爸妈妈、爱他人、爱花花草草、爱小动物、爱大自然，每天都有让妈妈感动的事情发生。

悦悦三岁多的时候，有次半夜妈妈正睡得迷迷糊糊的，悦悦突然坐起来说："盖上被子。"说完来帮妈妈盖被子。妈妈把被子往上拉了拉，她又指着妈妈的肩膀说："这里还没盖好呢！"原来是妈妈的肩膀还露在外面。

她不仅关心妈妈，对他人也很关心。悦悦妈妈有个表哥得了鼻咽癌，过年的时候妈妈带悦悦去探望过一次，4月份妈妈打电话问候自己的表哥，她抢过话筒说："舅舅，我想你了，你的病好了吗？"把表舅舅感动得一塌糊涂。悦悦对花草鸟兽也很怜惜。一次在鸟语林，妈妈看见一只鸟匍匐在地上哀鸣。悦悦看见了说："鸟鸟好可怜啊！"有一次碰到悠悠姐姐摘了两朵山茶花、一枝迎春花，悦悦看见了对她说："姐姐不该摘花花，它有生命呢！"

什么是人生最美好的东西？是"爱"。心中有爱的孩子心地善良，会关心别人，乐于帮助他人，具有同情心。这样的孩子长大后能与朋友、家庭成员建立融洽、亲密的关系，生活幸福快乐。

悦悦的爱心和悲悯之心得益于她妈妈平时的以身作则。妈妈和她爸爸都是乐善好施的热心人，遇到需要帮助的人总是会伸出援手，譬如公交车上让座、别人推不动车提不动东西时搭把手、帮助残疾人过马路之类的小事，有时遇到没有车费回家的人，妈妈给掏路费，碰到乞讨者都会给个一元两元的。爱心不是用语言能表达的，而父母充满爱心的行为会潜移默化地影响到孩子。就好比你每天对孩子说，要有爱心，要学会爱人，但是遇到需要帮助的人，你却扭头走开或者冷漠旁观；遇到大街上乞讨的人，你说人家是骗子（有些乞讨者确实是骗子，但不是每个乞讨的都是骗子，不能一概而论）。这样，就算你对孩子说一万遍"要有爱心"，你的孩子也没法变得有爱心的。

有段时间，悦悦妈妈在救助一个患地中海贫血的孩子小琼。小琼不到2岁便失去了妈妈，爸爸得了尘肺病，小琼需要巨额的医疗费来治病，由于没钱，父女俩在医院门口乞讨。妈妈遇到了他们，把他们带回家，帮他们在网络上发帖求助。那一段时间，妈妈放下了手头所有的事情来帮助这个孩子，为她四处奔走。悦悦是第一次接触小琼这样苦难的孩子，她和小琼成了好朋友。由于妈妈在家里念叨着小琼的情况，悦悦对小琼的情况了如指掌，逢人便向人家介绍：小琼得了地中海贫血，她的妈妈死了，哥哥掉到井里淹死了，爸爸得了尘肺病……

小琼来过妈妈家很多次，悦悦和她相处得很融洽。妈妈对悦悦说："小琼患了一种很严重的病，需要你照顾。"悦悦认真地点点头，有种使命感似的。在外面玩的时候，她让小琼走里面，自己走外面，她说，怕小琼被车子撞到。小琼下楼梯的时候，悦悦小心地扶着她，叮嘱小琼"慢慢的，小心摔倒"。妈妈带小琼和悦悦一起去游乐场玩，妈妈问悦悦要玩几次，小琼玩几次。悦悦说："玩4次，小琼玩5次。"妈妈问："为什么小琼比你多一次呢？"悦悦认真地说："因为小琼生病了，得让她多玩一次。"

小琼的语言能力迟缓，她喜欢悦悦，但是她不会用语言来表达，她用打或者推的方式来表达。悦悦被小琼打了或推了之后，很少还手。如果对方是正常的孩子，她早就还击了。她知道小琼生了病，应该要宽容和谦让。悦悦总是问妈妈：小琼的妈妈为什么死了？小琼是不是很可怜？她还指着自己的妈妈对小琼说，你叫她妈妈吧。悦悦以前可从来不愿意和别人分享妈妈的，她一定是觉得小琼太可怜了，才愿意和小琼分享妈妈。

悦悦知道同情弱者、保护弱者、让着弱者、帮助弱者，她妈妈非常欣喜看到这些，这些品质将对她的人生产生积极的影响。

真正的爱是宽广的、无私的，是会传承和蔓延的。每一个当父母的，都期望妈妈的下一代能生活得更幸福一些，可是作为父母，妈妈要给孩子提供什么？是无微不至的照顾和呵护，是足够优厚的物质条件比如教育基金、房产、保险，还是每天都把孩子打扮得漂漂亮亮，出入上流社会？这些真的能保障孩子未来的幸福吗？如果妈妈的孩子心中没有爱，他能幸福吗？

爱是需要培养与传承的，爱是人的本能，但很多人忽视了这一点，在自己失去爱的能力的同时，也教会了下一代冷漠和自私。其实爱人的终极是爱己，若无爱人之心，必失爱己之源。万物都是有联系的，因果循环往复。

心中有爱才会快乐，才会幸福。爱是一种能力，不少成年人丧失了这种能力，所以社会上才有那么多冷漠、自私、残暴、心狠手辣的人。妈妈相信这些人刚生下来的时候不是这样的，一定是后天的影响让他们变成这样的。每一个孩子都带着

爱和善良降生到人间，如果成人给他们提供一个充满真爱的环境，保护他们爱的能力不受破坏，那么长大成人后，孩子一定会是一个心中有爱的人。

心中有爱的孩子心地善良，会关心别人，乐于帮助他人，具有同情心。这样的孩子长大后能与朋友、家庭成员建立融洽、亲密的关系，生活幸福快乐。爱是需要培养与传承的，爱是人的本能，但很多家长忽视了这一点，在自己失去爱的能力的同时，也教会了下一代冷漠和自私。

# 争强好胜是优点吗

悦悦3岁8个月的时候，喜欢下一种格子棋，规则是：下棋者可以是两人或三人，从起点出发，谁先到终点算赢。玩法是轮流掷骰子，掷到几点走几步。第一次下棋的时候，是妈妈和悦悦两个人，悦悦旗开得胜，第一个到达，赢了。她高兴得不得了，又笑又跳，非常得意。第二局，妈妈先到达，悦悦输了，她接受不了，大哭起来，"不要输，我要得第一名！"

妈妈搂住悦悦，接纳了她"想得第一名"的心情，鼓励她勇敢地面对"输"的事实，问她要不要再来和妈妈下一次。但是悦悦不敢再下了，她说"怕输"。悦悦好胜，怕输，早在3岁的时候就初露苗头。那是她和佳佳、苗苗一起玩赛跑的游戏，规则是这样的：妈妈站在终点，手里拿一根树枝，他们三人从同一起跑线起跑，谁先拿到悦悦妈妈手里的树枝就算谁赢。他们的年龄分别是佳佳3岁半，悦悦3岁1个月，苗苗2岁半。比赛开始，佳佳冲在最前面，悦悦努力地想要追上佳佳，而苗苗落在最后面。最

终佳佳先拿到了树枝，悦悦瘪着嘴要哭的样子。

悦悦妈妈问他们："要不要再来一次？"

第二轮比赛，悦悦又输了，她哭着说："佳佳哥哥又跑赢了，我要得第一。"佳佳爷爷把佳佳叫到一边说："佳佳，你把树枝给悦悦，你别再参加这个比赛，害得妹妹哭了。"悦悦妈妈马上制止了佳佳爷爷，"佳佳没错，不能这么说。"

悦悦妈妈想，如果佳佳把树枝给悦悦，会造成怎样的负面影响？对悦悦而言，她需要的并不是树枝，而是"胜利"。如果通过哭就可以获得"胜利"，这不是在暗示她可以通过非正常途径获得"胜利"吗？这与"舞弊"有什么区别？以后她还会遵守规则吗？而对于佳佳而言，他遵守了游戏规则，并通过自己的努力获得了胜利，却要迫于大人的压力，将胜利让给他人，他会服气吗？他以后还会遵守规则吗？

悦悦的性格如同她妈妈，要强、好胜，这是优点，但应该有一个前提，一定要能输得起。人生旅程中没有常胜将军，输了后能把挫败化为奋进的动力，方能获得下次的成功。每个孩子刚懂得"输赢"的时候都会想赢，这原本没什么错。错误的是，有的家长没有适当引导孩子如何面对输，如何从输中奋起，而是为了孩子的"赢"投机取巧。这样的后果就是孩子真正输不起了。

社会上为了让孩子"赢"，替孩子营私舞弊的家长不在少数。有的父母利用职权，盗用他人身份证和户籍信息，让孩子冒名顶替别人上大学；有的父母给孩子的民族身份造假，骗取高考加分。可怜天下父母心，哪个父母不愿孩子过得好，可是，通过弄虚作假来帮助孩子，这实在是非常短视的行为。因为，你可以帮助孩子暂时的"赢"，造成的结果却可能是孩子一辈子的"输"。营私舞弊还有一个最大的害处，就是扰乱了规则，导致不公。一个无视规则的孩子成不了大器，一个践踏规则的社会令人担忧。

"胜不骄、败不馁"是一种可贵的品质，这种品质决定一个人能不能走向成功。妈妈认识一个人，他很聪明能干，但一直过得非常潦倒。造成他人生不顺的原因不是他的能力不够好，而是他的心理品质。他是典型的"胜骄败馁"，得意时，他忘形；失意时，他泄气。说白了，他是输不起。

俗话说，失败是成功之母，在哪里跌倒就从哪里爬起来，百折不挠，知难而进，这样才能到达成功的彼岸。古今中外的成功人士，哪个不是在一次次的"输"了之后才有"赢"的？

要让孩子输得起，家长首先要端正心态，不要怕孩子输。自从那次赛跑失利之后，悦悦妈妈便特别留意悦悦是不是输得起，在日常生活中，处处让悦悦公平竞争，不让她享受特权，就算是她和妈妈之间的竞争，妈妈也不让着她。

譬如下棋，悦悦妈妈从来不让悦悦，所以就出现了开头的那一幕。从小让孩子公平竞争，孩子在体验"赢"的成就感的同时体验"输"的挫败感，这样才能坦然地面对"输"的事实，才能输得起。因为怕输就退缩，就逃避，这可不是好现象。

那几天，悦悦妈妈前思后想，得出一个结论：可能是妈妈平时喜欢说"谁想得第一名"之类的话，给了她一些暗示，让她觉得必须得到第一名才好，所以她非得第一名不可。譬如，她吃饭磨磨蹭蹭，为了让她尽快吃完，妈妈就说，谁想第一名吃完啊？这样的例子举不胜举。也许就是妈妈无心的话，对她却是一个负面的暗示，觉着第一名才好，非得第一名不可。

认识到这一点后，妈妈和家里人沟通好，不要再有关于"第一名"的消极暗示。同时，妈妈也不急于再邀请悦悦下棋，以免给她压力。缓了几天后，正好晓晓邀请妈妈下棋，妈妈欣然应允。其实妈妈很想让悦悦也参加，但是如果妈妈邀请她，她反而会拒绝，妈妈只能"诱惑"她。妈妈和晓晓开始下棋了，妈妈故意大呼小叫，让悦悦觉得下棋好玩得不得了。果然，悦悦过来了，提出她也要参加。哈哈，正中下怀！不过为了引起她对下棋强烈的兴趣和急切的心情，妈妈还是欲擒故纵，故意让她先等妈妈下完这一盘，吊起她的胃口。果然如妈妈所料，悦悦下棋的热情被彻底挑了起来，等妈妈和晓晓下完那一盘，她就急不可耐地和妈妈开始下棋了。

这一次，妈妈仍然不让她，悦悦小心翼翼地掷着骰子，第一局，悦悦第一个到达。看自己得了第一名，悦悦很开心。晓晓最后一个到达，不过晓晓不怕输，很坦然。妈妈说："悦悦得了第一名，不错。晓晓更不错，因为她虽然知道自己已经输了，但还是坚持把棋下完了，这是最可贵的。妈妈得给晓晓鼓掌。"悦悦跟着妈妈一起给晓晓鼓掌。

第二局，晓晓第一个到终点，悦悦输了，她这一次没哭，只是不再下棋了。妈妈暗暗高兴，可能是看到妈妈给输了的晓晓鼓掌，她觉得"输"也不是那么丢脸。不再下棋说明她的内心深处还是有些怕输，但是输了没哭已经算是有进步了。

那一天晚上，妈妈把悦悦不怕输的"光辉事迹"当着她的面记在了日记本上，在结尾处画了一个笑脸。意在强化她的微小进步，促使以后更大的进步。这一招很管用，悦悦不识字，她要求妈妈读给她听，看着自己的进步被记在本上，她很受激励。

一个星期后，悦悦和晓晓到户外玩，一个骑单车，一个骑滑板车，她们自发比赛，看谁绕一圈先回到起点。比赛了几十次，每次都以悦悦的"输"告终。每一次比赛开始的时候，悦悦使出全身的力气，奋力地蹬着，看得出来她尽了最大的努力。而每一次都是晓晓先到终点，悦悦没有放弃，也没有减速，坚持骑到终点。看着悦悦一遍一遍地输，再一遍一遍地努力，又一遍一遍地输，而她始终笑对失败，妈妈突然觉得非常感动。她坦然地面对"输"了，这不正是妈妈希望看到的吗？

后来，妈妈把悦悦每一次不怕输的"事迹"都记在了小本上，给悦悦一个很强的正面暗示：赢了固然好，不怕输更加了不起。再后来，不管是下棋、赛跑、攀爬，还是比赛骑单车等，悦悦都能坦然地面对"输"了。妈妈相信，凭着这股不服输的精神和输得起的坦然心态，眼前一次次的"小输"能成就她人生路上的"大赢"。

父母平时说"谁想得第一名"之类的话，给了孩子暗示，让孩子觉得必须得到第一名才好，所以孩子非得第一名不可。让孩子知道：要强、好胜是优点，但也一定要能输得起。人生旅途中没有常胜将军，输了后能把挫败化为奋进的动力，方能获得下次的成功。

为了使孩子听话，或者为了刺激孩子的学习积极性，有些家长总习惯于对孩子许愿，特别对三五岁的幼儿，用这个办法哄一哄，有时候还挺顶事。如孩子发脾气、不听话，妈妈就随口说："你如果听话不闹，妈妈明天给你买机关枪，或者买长头发的洋娃娃。"当孩子贪玩不好好学习时，爸爸就说："你如果好好学习，考90分以上，就带你去××旅游。"等等。大人许了愿，如果真兑现还好，可是在多数情况下这都是大人哄孩子的一个策略，说了并不实行。不知这些父母想过没有：这样做会不会有什么危害？

第一、大人对孩子说话不算数，会造成孩子对大人的不信任，影响大人在孩子心目中的威信，以后再对孩子说什么也就不灵了。妈妈应当从孩子的角度想想，当大人答应了孩子的要求后，孩子是什么心情呢？他兴奋，期待着愿望的实现，并憧憬着实现后的美好。可是，当他发现这一切都是骗局时，会非常失望，非常难过。这样几次以后，大人的话就不再起作用了，他觉得反正说了也不算数，何必要相信你那一套呢！

第二、诱使孩子说假话。孩子总是把父母当做效仿的榜样，父母的一言一行对孩子都有潜移默化的影响。小孩子从父母的欺骗行为中会逐渐体验到：对别人说话不一定都要兑现，有时是可以说假话的。对孩子"许愿"并不是绝对不可以，但首先要看是否应该许，其次还要看是否能做到。一旦许了愿，就一定要履行诺言。

有位强硬的父亲很严肃地对孩子讲："在外面跟别的孩子打架，你要是打赢了，回来后我奖励你，给你买好吃的、好玩的。如果是你打输了，吃了亏回来后我还要揍你！"有时候孩子在外面和伙伴一起玩，受了委屈，父亲对着孩子训斥道："你为什么不打他？他比你个子还小，怎么就打不过他！"

如今的孩子大部分都是独生子女，父母疼爱孩子，都怕自己的孩子在外面吃亏，灌输给孩子不吃亏的思想，很容易使孩子斤斤计较，事事从个人利益出发。几个孩子在一起玩时可以看到，总有个别孩子，他们不是置身游戏的快乐之中，而是在争比别人多玩几次，多享受几回，一旦没能达到自己的心愿就开始发脾气，和同伴们赌气。本来很愉快的游戏，闹得自己一肚子气。

灌输给孩子不吃亏的思想容易使孩子变得孤僻。如今的孩子都是独生子女，他们在家里找不到同龄人的共同语言和游戏的伙伴，只有和其他家庭的子女才能实现"互惠"。儿童们最大的心理需求就是和同龄人在一起。同龄人有着平等的能力、智力，有共同语言，他们在一起很容易相互学到知识和智慧，从而带来各自的心理满足。儿童团体最排斥的是那些斤斤计较，不能给大家带来利益的孩子。因此，不愿吃亏的孩子，在集体中会受到排斥、孤立。他们只能独自待在家里，感受孤独，也学不到同龄人的知识和智慧，显得比同龄人幼稚。

灌输给孩子不吃亏的思想，会使孩子将来难以适应社会。一个人的价值可以用他对社会的贡献大小来衡量，只讲索取，不讲奉献，是妈妈这个社会所不提倡且人人反对的。人们往往不愿意与这种人协作，这种人也难以在社会生活中找到一席之地。

不知道家长是否意识到，让孩子以拳还拳，以牙还牙的同时，也使孩子失去了爱心。为人父母者，无不希望自己的孩子一生顺利、时时处处都在爱的怀抱里，然而，有多少人想过，除了让孩子躺在家庭的温床上享受爱的温暖，还要培养孩子的爱心呢？孩子迟早要长大成人，要参与社会竞争，仅仅有父母之爱是不够的，是不能给他带来一生的幸福的。人生快乐同样离不开同伴的爱、集体的爱、社会的爱。所以爱永远是双向的，你要得到爱，必须自己要有爱心，随时准备向别人——父母、同学、同事甚至是陌生人献出你无私的爱。而教孩子以拳还拳，以牙还牙，如何能培养出孩子的爱心呢？

一些幼儿教育专家曾在一家幼儿园里进行一组耐人寻味的心理测试。专家们问孩子："你玩得好好的，有个小朋友突然打了你，你怎么办？"一个男孩脱口而出："拿鞭子抽他！"其他57.1%的孩子也都是同样的心态：不能吃亏，我要报复！有些回答更让人心惊肉跳："打他屁股""告警察抓走他""卡死他""勒死他""电死他""把他卖了"等等。

调查中还有一个题目是"一个小妹妹发烧了，她冷得直哆嗦，你愿意把外套借给她吗？"结果半数的小朋友都找出种种理由不愿意借。

事实就是这样让人难以置信。虽然不是所有的孩子都如此缺乏同情心、缺乏爱心，不能容忍别人，甚至对人有些残酷，这至少让妈妈警醒了。如果这些孩子长大成人后仍然是这个样子，将是一件多么可怕的事情！换个角度想一想，如果你们的孩子都生活在这样的环境里，尔虞我诈，人人自私残酷，没有爱、没有同情心、没有宽容、没有正义，不是同样的可悲吗？

要培养孩子乐于奉献、甘于奉献，关心他人的道德品质。过去是一母同胞弟兄多个，家庭中自然形成了兄弟姐妹相互关心，相互照顾的局面，养成了关心、照顾他人的品质。如今都是独生子女，幼时家中无人需要他们关照，而将来的社会，几乎全部由独生子女组成，要想让孩子融入社会，就要有意识地补上这堂"关怀"课。

# 如何教孩子面对挫折

每个孩子刚懂得"输赢"的时候都会想赢，这原本没什么错。但家长必须适当引导孩子如何面对输，如何从输中奋起。

傍晚，两岁多的悦悦在玩新买的积木，这种拼插的塑料积木是她第一次玩，由于拼插的接口不一，需要仔细观察找准相对应的接口才能拼插好，这对她而言是一个新的挑战。玩了一会儿后，悦悦碰到困难了——两块积木怎么也插不进去！悦悦小脸憋得通红，用尽全身之力再试一次，还是不行！她气急败坏地把玩具往地上一扔，大哭起来，"这个玩具不好，拼不进去，我要扔掉它们！"

如何面对挫折和困难，是发发火便放弃，还是继续努力攻克难关？悦悦正在气头上，她需要宣泄，此时如果说什么，妈妈想她也听不进去。妈妈没出声，看她把"不顺眼"的玩具扔到地上，一边流着眼泪一边说："生气了！我发脾气了！"

宣泄完愤怒的情绪后，悦悦慢慢平复了。妈妈说："悦悦，刚才这些玩具拼不好，你生气了吧？"悦悦点点头。妈妈接着说："要怎么样才能拼进去呢，要不要想个办法再试试？"悦悦开始再次尝试，中途又碰到"挫折"好几次，她一边烦躁地哭泣一边动手，碰到她正确地拼插好一块积木，妈妈及时肯定一下，每次拼插正确后，她都有种克服困难后的成就感。随着拼插正确的积木越来越多，慢慢地她不再烦躁，嘴角露出笑意。最后，她成功地拼插了一组餐桌椅。妈妈朝她竖起了大拇指，把她拼插的餐桌椅拍照保存下来。看着自己的"作品"，悦悦满足地笑了……

很多孩子遇到困难也像悦悦这样，喜欢哭或者发脾气，比如扣扣子总是扣不上、玩玩具总也插不进、剪纸老是剪不好，碰到这样的挫折时，烦躁得不得了。孩子为什么一遇挫就哭呢？这是因为孩子年龄小，各项能力还不足，某些事情大人能轻而易举地完成，对于孩子却无比艰难。前方的困难给他们带来的挫败感和无力感，使他们感到沮丧和烦躁。

其实，遇挫哭闹比不哭闹直接放弃要好，只要孩子在哭闹的同时没有停止尝试，家长就应该肯定。孩子一边哭闹、一边尝试，说明他试图克服困难，此时家长应该接纳孩子烦躁的情绪，帮助孩子分析和总结失败的原因，耐心等待并鼓励孩子对困难发起"进攻"，直到最终克服困难。孩子在克服困难后会产生成就感和自豪感，感觉到自己的"力量"，并激发下次面对挫折勇于挑战的信心。

挫折具有两重性，一方面会使人失望、痛苦、消极、颓废，从此一蹶不振或引起消极对抗行为，导致矛盾激化；另一方面，挫折可给人以教益，能磨炼人的意志，使人更加成熟、坚强，并激励人发奋努力，从逆境中奋起。

在充满逆境的当今世界，事业的成败、人生的成就，不仅取决于人的智商、情商，也在一定程度上取决于人的抗挫折能力。孟子说：天将降大任于斯人也，必先苦其心志，劳其筋骨。所有的成功者有一个共同特点：在挫折中奋起、越挫越勇、百折不挠。

李嘉诚的经历就是一部逆境中的奋斗史：幼年家境贫穷，14岁丧父，1944年，16岁的李嘉诚到他舅舅所开的中南公司工作，从学徒开始做起，做扫地、烧水、倒水、跑堂等杂事，后来他跳到一间小工厂——塑胶裤带制造公司做推销员。他每天都背着一大包样品，走街串巷。22岁创业开办长江塑胶厂，几年后濒临破产……而美国的《成功》杂志每年都会报道当年最伟大的东山再起者和创业者，他们的传奇经历中有一个相同的部分，那就是他们在遇到强大的困难和逆境时，始终保持乐观的态度，从不轻言放弃。

不仅是成功，幸福的人生一样要有较强的抗挫折能力，这样在任何挫折面前才能泰然处之，永远乐观。所以挫折教育也是在培养孩子寻找幸福的能力。

　　每个父母都希望自己的孩子能够独自面对社会的压力，越能抗压，说明孩子越强大。但是中国的父母有的时候呢，却非常乐意去干那些为孩子扫清前进障碍的活。譬如孩子摔倒了，大多数家长的做法是赶紧跑过去扶起来，倘若看到摔破皮或有个包，便心疼得不得了，显露于脸上。孩子本来不想哭的，都被家长这副模样给吓哭了。"摔倒"，这是多么好的挫折教育机会呀，在哪里摔倒就在哪里爬起来，这是每个孩子本来应该会的，可家长们无意中剥夺了孩子靠自己的力量爬起来的机会。多次摔倒都被扶起后，孩子再次摔倒就只会边哭边等着别人来扶了。

　　一个上二年级的小学生，每天晚上被奶奶强迫拉大便，其原因竟然是担心孙子在学校拉大便自己擦不干净。一个二年级的学生拉大便后还不会自行处理，真想不出还有什么事情是他能处理的了！不知这样的家长想过没有：你在清除孩子前方的障碍时，同时也把孩子宝贵的磨炼机会给清除掉了，你能一辈子跟在孩子身边清除障碍吗？倘若有一天，你老了、不在了，孩子面对人生路上的诸多障碍时，他该如何是好呢？

　　家长们大都明白挫折对一个人成长的重要性，有太多的励志书上写过这样的故事。但他们往往有时候管不住自己。他们对孩子爱之深、护之切，一见孩子有困难就忍不住要帮助孩子。一方面家长希望孩子能耐挫折，一方面家长又不给孩子磨炼的机会，这其实是相互矛盾的。站在孩子的角度去考虑，挫折的时候也是孩子非常期望有成就感的时候，能独自战胜挫折比父母任何鼓励的话都管用。而现在很多孩子却在不断地失去这种独自战胜困难的机会。而这些孩子长大之后，他们面临的却是一个竞争更加激烈的社会。

　　那么，给孩子进行挫折教育该如何入手呢？现在的孩子生活条件都比较优越，要不要让他们吃苦锻炼呢？有家长对于挫折教育的理解极其肤浅：没有困难就制造困难，能给她吃肉，偏偏只给一碗剩饭。

　　有一个视频，爸爸和女儿讨论起挫折教育，对话是这样子的：

　　女儿：爸爸你有一个缺点你知道是什么吗？

　　爸爸：是什么？

　　女儿：就是你有时候总让人不开心，这是一个缺点。你能改掉吗？

　　爸爸：不能。你知道为什么吗？其实我是为你好。温室里的花朵经不起风雨，你知道是什么意思吗？

　　女儿：不知道。

　　爸爸：那个花住在塑料大棚里，被很精心地照顾。虽然它看上去长得很漂亮，可是啊，它一到外面经历风吹日晒就完蛋了。这个道理就是说，对小孩子，你不能让她太开心，因为外面世界的其他人不会这样对她了。如果在家里碰到困难和不开心的事情，不锻炼你的抵抗力，等你长大了，离开爸爸妈妈就会完蛋。所以呢，现在就要经常让你不开心，这样你长大在外面碰到不好的人，你也会跟他斗争，不会那么容易崩溃了。所以，你说这是不是为了你好啊？

女儿：我才不觉得，如果，孩子老是不开心，就会得一种不开心的病，那样就不能健康长大了啊。

这段视频让人哭笑不得。爸爸的逻辑十分可笑，年幼的女儿却能叙述清楚，短短一句话一针见血。爸爸将挫折教育比喻为培养温室花朵，听起来是不是很熟悉？曾几何时，你是不是也听过：父母应该人为地设置一些所谓的挫折，来帮助孩子提高将来在现实生活中承受挫折能力。这样子，孩子才能够茁壮成长。

但是，父母故意设置挫折对孩子真的好吗？孩子的抗挫能力经历挫折之后就能培养的吗？这些问题，却常常被忽略掉了。一些新式、前沿的教育理念听起来很好，描绘出来的愿景也很棒，但是到了实际生活中，我们很容易就因为一知半解，带着似是而非又自圆其说的理解去养育孩子……最后，因为自己曲解了教育理念，却总怪孩子长不大。

挫折教育不必刻意制造挫折，利用生活中的"挫折"顺势而为即可。因为日常生活环节对于孩子而言，处处是挫折、挑战，譬如第一次穿衣服、吃饭、打扫等对孩子来说都是挑战，孩子做这些事情都需要经过多次尝试，经历多次失败，克服多次小困难，才能最终学会。日常生活中处处是挫折教育的宝贵机会，生活中一定要让孩子做力所能及的事情，解除包办代替，不要伸手相助。生活都不能自理的孩子，依赖思想严重，解决问题的能力差。只有解决问题的能力强了，依赖思想解除了，孩子才有能力和信心去战胜挫折。

家长要充分信任孩子，相信孩子有抗挫折的能力。有家长说，孩子一遇到困难就来求助，不帮他就哭。如果碰到这样的情况，家长可以对孩子说："对不起，妈妈帮不了你。这件事情妈妈相信你自己可以解决。"必要的时候适当离开，给孩子独自面对困难的机会。

世界不完美，孩子需要一颗更有弹性的心。帮助和保护孩子，以及让孩子独立长大之间的界限在哪里，这也是我们为人父母需要认真思考的话题。我们常说言传身教，爱是孩子最大的支持，但是到底在生活中怎么做，才是真正的言传身教，怎么做才是全方位的支持，随着孩子的成长，这些会成为我们更真实的考验。爱是孩子最好的盔甲，而掌控感是抗挫力最坚固的城池。有掌控力的孩子相信自己解决问题的能力，他们能顽强面对，直到找到解决问题的途径。每一次不愿意放弃的背后，会让孩子拥有新拓展的能力，在下一次类似情境中，可以帮助他们更加坚定地面对。在挫折面前，孩子不需要去麻痹自己的感受，更不需要去逃离现实，最关键的是，孩子可以发自内心的明白，如果他遇到问题了，他可以去关系最亲密的家人那里寻求帮助。

悦悦3岁的时候，和晓晓在小区花园玩"奥运宝宝向前冲"的游戏，她们把长凳当赛道，以长凳之间的一个个底边长约40厘米的水泥方柱为关卡，抱着柱子从一条长凳跨越到另一条长凳就算过了一关，最后那条长凳为终点。一人在"赛道"过关，另一人攀附在葡萄藤上曰"吊环"。她们大概是看了某电视台的综艺节目获得的灵感。她们一遍遍玩着这个游戏，乐此不疲。这时，一位老奶奶走过来，在其中一条长凳上坐下来。

悦悦发现了这个"障碍"，妈妈远远地观察，看悦悦如何消除这个"障碍"。悦悦跳下长凳，走到老奶奶跟前，看着老奶奶，想说又怕说，犹豫了一会儿，转向妈妈喊："妈妈。"妈妈鼓励她，"你说呀。"悦悦说："我不知道怎么说。"妈妈继续鼓励，"我觉得这个事情你能解决，你和奶奶说，奶奶一定会答应的。"说完，妈妈走得更远了。

悦悦眼看求助无望，意识到只能靠自己了。经过了激烈的思想斗争之后，悦悦终于鼓起勇气对奶奶说："奶奶，请让一下。"奶奶惊讶地问："为什么呢？"悦悦说："因为我要做游戏。"老奶奶笑了，"好，好，那你玩吧。"说完，奶奶愉快地起身走了。悦悦欢快地说："谢谢。"转过头对妈妈会心地笑了，妈妈竖起了大拇指朝她示意。

当孩子遇到困难的时候，如果家长在身旁，孩子会本能地求助于家长，这时如果家长伸出援手，就会剥夺孩子学习如何战胜困难的机会，孩子会形成遇到困难就求助或退缩的惰性。家长适时鼓励或适当离开，让孩子有机会独自面对困难和挑战，自己寻求办法战胜困难，这样不仅能获得解决问题的能力，更能磨炼耐挫折的意志品质。

不过，"适当离开"还得把握好度，家长要预测这个困难是不是经过孩子的努力可以克服。如果与孩子的实际能力相差太远，是一个不管孩子怎么跳也摘不到的"桃子"，那么就有些过度了。

挫折，一方面使人痛苦，让人一蹶不振；另一方面使人奋进，让人化挫折为力量，不断进取。孩子遇到挫折了怎么办？一方面，家长希望孩子能耐挫折；一方面，家长又不给孩子磨炼的机会。当孩子遇到困难的时候，如果家长在身旁，他会本能地求助于家长，这时如果家长伸出援手，就会剥夺孩子学习如何战胜困难的机会，孩子会形成遇到困难就求助或退缩的惰性。

因此，家长在孩子遇到挫折时，要适时鼓励或适当离开孩子，让孩子自己克服困难、解决问题、磨炼意志。很多孩子遇到困难时，喜欢哭或者发脾气，家长不理解。那是因为孩子年龄小，各项能力还不足，某些事情大人能轻而易举地完成，对于孩子却无比艰难。孩子遇挫就哭闹，但没有放弃尝试，这时家长就应该接纳孩子烦躁的情绪，帮助孩子分析和总结失败的原因，耐心等待并鼓励孩子对困难发起"进攻"，直到最终克服困难。家长要充分信任孩子，相信孩子有抗挫折的能力。

# 孩子不能被宠坏

吃晚饭的时候，悦悦爸光吃青菜，不吃排骨，他总是喜欢把好吃的留给妈妈。妈妈给他碗里夹了两块排骨，并给他舀了些排骨汤。悦悦见了，有些着急，大喊起来："爸爸不要吃排骨，待会儿我就没有排骨吃了。"妈妈轻声说："悦悦，爸爸还没有吃排骨，而你已经吃了一些了。要是你不让爸爸吃排骨，只顾自己吃，爸爸妈妈会难过的。你说好东西是不是该和大家分享啊？"

悦悦听妈妈这么说，态度来了个一百八十度大转弯，夹了一块排骨放到爸爸碗里，又夹了一块放到妈妈碗里，嘴里说："给爸爸分一块，给妈妈分一块。"夹到最后，碗里只剩下一块排骨了，妈妈笑着问她："只有一块了，这块分给谁啊？"悦悦毫不犹豫地夹起放到了妈妈的碗里。妈妈紧紧地抱了悦悦一下，"悦悦对妈妈这么好，妈妈好感动。"

这一次如果不及时引导，或许就在悦悦的心中种下了自私的种子。一个自私的人在群体中是不受欢迎的，家长们一定深知这一点，家长们也不愿意自己的孩子成长为一个自私的人吧。而在家庭中，孩子的"自私"往往能为父母所宽容。孩子与生俱来并不是自私的，他们只是想要得到自己喜欢的东西，他们不懂得去考虑他人的感受，所以他们会把好东西据为己有，并且多多益善。但这种情况不及时引导，孩子的自私将会转变为真正的自私。

有位小学生的家长在《解放日报》上撰文谈：

有一次，妈妈刚送走亲人，孩子便认真地对爸爸说："爸爸，莫把钱给爷爷，妈妈自己都没用的了。"看孩子那认真的样子，妈妈的心都凉了半截：这就是妈妈将来老有所靠的孩子吗？

"谁最关心你？谁对你最好？"妈妈把孩子抱坐在大腿上，认真地问他。"爸爸妈妈呗！""将来爸爸妈妈老了，挣不到钱了，你给不给爸爸妈妈钱用？""当然要给！""这就对了，爸爸小的时候，爷爷奶奶也像妈妈关心你一样地关心、爱护妈妈，辛辛苦苦地种地、挣钱，勒紧裤带送爸爸上学念书，现在他们都老了，妈妈该不该报答他们的养育之恩？该不该给他们钱用啊？""该！"孩子虽然明白了这简单的道理，妈妈的心中却敲响了警钟：妈妈不能用无私的爱，养育出一个自私的儿。

一位妈妈问专家："9岁的孩子很自私，干什么都只顾自己不顾别人，更不知道体恤父母的辛劳。"专家反问她："是不是他在家享受优待，都快宠上天了？你们整天省吃俭用，在孩子身上却非常舍得花钱？"这位妈妈说，正是这样。孩子在家很受奶奶"优待"，每餐都会格外做一个菜给他"专享"。奶奶对于孩子的物质要求也是有求必应。专家说，问题出在了大人身上，要改变孩子就得先改变大人的态度，不要再让孩子享受优待，而应该只是把他当做家庭中的普通一员。

而另一位4岁孩子的家长也曾说，他们家有时炖鸽子汤，基本上整只鸽子都留给了孩子，大人舍不得吃。后来孩子觉得好东西就应该由他独享。大多数家长都是这样，自己省吃俭用，却给孩子吃好的、穿好的。长此以往，孩子就觉得他享受特权是理所当然的，如果某天父母没有给他创造好的物质条件，他就会埋怨父母。同时，他不会体恤父母的艰辛，也不会关心别人的感受。

有一次，妈妈做了悦悦最喜欢吃的猪脚，悦悦嫌放得太远，把盘子拖到了自己面前。妈妈说："你把喜欢吃的菜放到自己跟前，这样妈妈就夹不到了呀。请放到中间，这样大家都可以夹到。"妈妈把盘子放到了中间，悦悦愉快地接受了妈妈的建议。从那以后，她再也没有"拖盘子"的行为。当时悦悦两岁多，吃零食和水果的时候，哪怕只有一个水果了，妈妈也要和悦悦分着吃，而不是让她独享。大多数情况下，妈妈让悦悦来分食物，一般情况下她都会先分给妈妈，然后轮到自己。而分多分少、分大分小，悦悦是不那么介意的，实际上她早就知道比较大小和多少了。

到了2岁半的时候，悦悦能区分妈妈的、你的、他的、大家的东西了，这时妈妈开始引导她分享了。首先是公共物品的分享或轮流，在外面，玩公共玩具，排队轮流玩，不独霸；在家里，好吃的食物大家一起

197

吃，不吃独食。由于妈妈就是这么做的，所以没费什么力气就让悦悦懂得并遵守了这些规则。然后是自己的物品的分享，这个分享是建立在她自愿的前提下，妈妈不勉强。当她主动把她的东西给妈妈分享或给同伴分享的时候，妈妈一定会大大肯定一番她的"慷慨大方"，同时也把和她分享的快乐感受告诉她。悦悦非常乐于和别人分享她的东西，不管是吃的还是玩的，但前提是别人一定要先问她，或者是她主动提出。

由于妈妈不搞特殊化，同时尊重悦悦支配自己物品的权利，不强迫她与别人分享，所以"好东西要与人分享"已经深入悦悦的内心。有一次，悦悦在客厅喝豆浆，妈妈到厨房拿自己的那一份，可到厨房一看已经没有了，妈妈问悦悦外婆，是不是没有豆浆了。外婆说没有了。妈妈回到客厅，悦悦把自己的豆浆递给妈妈，"喝妈妈的吧。"妈妈心头一热，她听见妈妈和外婆的对话了，把自己的豆浆分给妈妈喝呢。妈妈问："你是看妈妈没有豆浆了，就把自己的豆浆给妈妈喝，对吗？"小家伙点点头，说："怕妈妈没有豆浆喝了。"妈妈喝了一口豆浆，说："嗯，这是妈妈喝过的最好喝的豆浆！"悦悦开心地笑了，妈妈也幸福极了。

有的家长在孩子给他分享食物的时候，最容易犯一个错误，就是接过食物假假地"吃"一口，然后把食物还给孩子。有的家长甚至直接拒绝，让孩子留着自己吃。这样做传递给孩子的信息是：爸爸（妈妈）不爱吃妈妈给他的食物，既然他们不喜欢吃，下次就不给他们了，留着自己吃。长期如此的话，孩子就会觉得独占是理所当然和心安理得的了。

孩子小的时候，父母总是百般疼爱，总想把最好的留给他，好像这才是对孩子爱之深切的表达。其实，妈妈应该把孩子当做平等独立的个体，而不是让孩子事事享受特权。要知道，自私就是从孩子第一次独占开始的。

教育孩子，就是要孩子成长为一个人格健康、心灵高尚、内心强大的人，而一个会给予的人，才是真正强大的人。

孩子与生俱来并不是自私的，他们不懂得去考虑他人的感受，只是想要得到自己喜欢的东西，所以他们会把好东西据为己有，并且多多益善。在家庭中，孩子的"自私"往往能被父母宽容。要改变孩子的自私，就得先改变大人的态度。改变大人的态度从衣、食、住、行、玩开始，让孩子的吃、穿、住、行、玩与大人保持在同一水平，不让孩子搞特殊化。当然，孩子也有他们的私有物品。孩子自己的私有物品，如果要分享，应该建立在孩子自愿的前提下，大人不应勉强。

# 应该插手孩子交友吗

　　黄昏的时候，金色的阳光洒在广场上，暖暖的。悦悦和乐乐及另几个小朋友在广场上玩。乐乐妈下班了，带了一块蛋糕和一袋小面包给乐乐。乐乐提着蛋糕和面包走到悦悦跟前，把蛋糕递给了悦悦。悦悦接过蛋糕，兴高采烈地大喊："乐乐给我蛋糕吃了！"

　　乐乐比悦悦大4个月，是悦悦最好的朋友。这块蛋糕是唯一的一块蛋糕，而那一袋面包有5个。在大人看来，也许乐乐会选择拿面包和朋友分享，这样自己和朋友都有吃。可孩子不这么想，虽然自己也很喜欢吃蛋糕，但是她更喜欢自己的好朋友，愿意把自己最喜欢的东西送给朋友，宁愿自己不吃。

　　悦悦对乐乐也可谓情深意重。有一次妈妈和乐乐一家从公园玩了回来，悦悦舍不得和乐乐分开，邀请乐乐到妈妈家吃饭，乐乐非常乐意。乐乐妈客套地说："就不去了吧，太麻烦了。"妈妈说不麻烦，难得孩子有一个这么投缘的伙伴。乐乐妈说："那好，不过妈妈先要到楼下诊所拆线（乐乐摔伤后缝了针），拆线后妈妈上来。"妈妈说："好，你们一定要来。"妈妈准备上楼，悦悦突然拉住妈妈说："还是想在这里等乐乐。"妈妈问悦悦怎么了？悦悦说："怕待会儿阿姨不带乐乐来了。"妈妈恍然大悟，心里非常感动。乐乐妈得知了悦悦的想法也感动得不得了。孩子们如此重情谊，妈妈做父母的又怎么忍心阻隔？

　　家长们要认清一个现实：我们无法帮孩子选择朋友，这件事上我们唯一的机会是在孩子比较小的阶段（学龄前），通过给孩子选择环境来大概圈定孩子选择玩伴的范围。这个阶段，家长其实有责任尽量选择综合素质较好的人群环境给孩子，比如选择在什么片区居住、和哪些有孩子的家庭走访或一起外出玩、为孩子选择什么幼儿园，等等，孩子在这个阶段对周围环境是全盘吸收的，他们也不太有能力跳出家长圈定的大范围。

　　至于孩子在这些环境中具体跟谁玩、被谁吸引、或是干脆自己玩不理别人（三岁以下很有可能），家长最好少干预，让孩子自己去探索、去选择、去处理和玩伴的关系。随着孩子越来越大，家长对环境的选择权以及环境对孩子的圈定作用就越来越微小了。你根本干涉不了孩子交友。原因很简单，你不可能一天24小时盯着孩子。

　　家长是无法干涉孩子交友的。为什么干涉这么没有效果呢？因为家长给的那些理由根本站不住脚。比如有些家长的理由，是怕孩子跟朋友疯玩影响学习，这完全没有道理。不跟坏孩子玩，这也是漏洞百出的。怎么定义坏孩子？学习不好就是坏孩子？打人骂人就是坏孩子？有不良嗜好比如吃糖、玩游戏就是坏孩子？有生活习惯问题的比如吃手、流鼻涕的就是坏孩子？

　　孩子一时出现这些小问题不是很正常的吗？哪个小孩子从小没顽皮过？只要出现一次就被贴上"坏孩子"的标签，这合理吗？何况，对于这么小的孩子，即使他们生活在很糟糕的家庭环境中，即使他们有很多各种各样的小问题，但他们的内心是还没有被完全污染的，还远没有到心理畸形且定型的程度，他们又能"坏"到哪里去？又有能力做多么"坏"的事？

　　何况，很多时候只是家长把自己的个人价值观、甚至个人喜好强加到孩子的世界里了。家长这样做，孩子看到的是什么？是不包容，是不接纳，是非黑即白简单粗暴地贴标签。这样的孩子很难学会接纳自己以及客观地看待问题，这样的家长也一定没有体会过接纳自己的感觉，他们自己看待事物想必也是扭曲偏离的。

　　　　悦悦上小学的时候有两个数学常常考不及格的朋友，她妈妈一样平等尊重地和她们一起玩，也没有因此成绩下降。只要一个人心地善良，就是一个值得交往的人，剩下的能发展到什么程度就看缘分了，不用自作主张给孩子的友谊设置太多不必要的限制。

　　做好人是一种能力，这能力和心理健康程度息息相关。很多人一开始对别人都是很好的，比如，我们把自己的某个方面的好给了别人，我们往往只习惯于这一种方式，于是毫无区别对待的把同样的好给了所有的人。也许有一天，我们碰到一个不值得我们对他这样好的人，我们就受到了伤害，这时候出于自我防御，我们往往又完全退缩回去，对谁都不付出这个好了。

　　其实我们可以做得更好，如果我们有能力识别哪些人心理健康情况堪忧、更可能会伤害到我们，我们学会在这5%的情况下特殊处理，这才是真正地保护自己，我们才有能力在另外95%的正常情况下继续对别人好。所谓特殊处理也没必要就对对方不好，只是我不对他那么好了，我只付出我不会受到伤害的那么多。

　　那么，难道我们要接纳包容所有的孩子，教育自己的孩子必须跟所有小朋友玩么？当然不是这样，如果孩子和某个小朋友多次玩都不是很愉快，尤其在孩子比较小的时候，家长就没必要非得把孩子跟那个小朋友凑在一块。即，父母是否对孩子交友施加影响力，是建立在孩子需求的基础上，而不是自己需求的基础上。

有一个家长曾经问，她的孩子才一岁出头，最近几次跟同一个小男孩一起玩的时候，总被那个小男孩抢东西时发出的一种奇怪的声音吓得大哭。这个妈妈倒是很包容，即使也有别的小朋友被这个小男孩吓到过，即使她孩子一天被吓哭八次，她没有给这个小男孩贴上"坏孩子"标签。后来沟通了解，她之所以让孩子多跟这个小男孩玩，不是因为跟小男孩家长很熟，只是因为这个小男孩和她女儿年龄最相仿，她觉得现在孩子好不容易有个玩伴，就比较主动地更这个小男孩及家人接触。

这样的家长是在为了找玩伴和找玩伴，这么小的孩子其实没有那么需要社交，宁可少些玩伴也没必要和让孩子不舒服的玩伴玩。孩子非要选择某个家长不喜欢的玩伴，我们要尊重；孩子不喜欢某个我们认可的玩伴，我们同样要尊重。当然不是说永远不再跟他玩了，可以先找个合适的理由疏远一段时间再观察，也许过段时间又能相处愉快了呢，毕竟以前她俩也是能玩得不错的。总结一下。对于大一些的学龄孩子的交友问题，家长根本干涉不了；对于小一些的孩子，家长负责提供环境给孩子一个择友范围。收回那些站不住脚的理由，尊重孩子的需求，孩子有选择/不选择和某人玩的权利。

1.良好的社交能力能够带给孩子健康、自信和自尊。

2.会说话不等于会社交，非语言信息要远大于语言信息。人和人交往中，有一个比例叫"7、38、55"，即内容只占7%，眼睛接收到的信息占55%，其他感官感受到的信息占38%。3.每个人对社交的需求不同，幸福和生存能力并不取决于社交能力，内向的人也可以很幸福。有一个家长说他的孩子只有一两个朋友，专家就问他："你们夫妻两个人的朋友多吗？"他说："不多，我们两个人也不喜欢社交。"专家说："那你对自己的生活满意吗？"他说："很满意。"专家说："那不就好了吗？你的孩子跟你一样，他不会因为朋友少，不爱社交而影响到他的幸福。"

有一些封闭的家庭，他的婚姻反而更加稳定，一个人的幸福和生存能力不只取决于社交能力。有的人不需要跟很多人社交，有的人每天都要跟很多人社交。社交有没有障碍，在于你是不是想跟人社交，有一些人一辈子就一两个好朋友也不影响到他的幸福。

那会不会影响到他的生存呢？很多家长担心孩子不会社交，他以后的工作机会就少。实际上重要的不是因为他不会社交，工作机会少，而是孩子需要一个适合他性格的职业。所以不要强迫孩子去跟人家社交，而是要注意孩子以后一定要选择一个适合他的职业。

4.网络时代改变了人际关系。如果你孩子5岁，你培养的目标是未来15年，你培养的目标是未来的教育，不是为现在服务的，不要用现在的这种社会标准去培养未来的孩子。网络对人际关系的影响非常大，对于这些性格比较内向的孩子，他们面对面的沟通会很困难，压力很大，那么他可以在网络上很好的沟通，当然网络沟通也有一定的规则。

网络不仅可以沟通，他还可以在上面交流、找工作，不需要在现实中跟人交往都没有问题，所以说希望家长们能够意识到社交能力并不仅仅是说话的能力，内向的孩子也不要过于困扰。

社交能力有哪些：1、情绪的认识与控制能力。就是对自己情绪的认识，比如说什么叫愤怒？孩子不高兴，为什么不高兴？是悲伤难过，或者是委屈？他要有分辨力，而且能够表达出来。对自己的情绪有一种自控的能力。比如说这时候很愤怒，但是不能爆发出来，那要以什么样的方式去释放自己的情绪？

2、理解他人感受的能力。家里有两个孩子，你就会发现可能一个孩子一看父母脸色不对就开始变乖，另外一个则不懂。这就是他们的理解能力有差异，所以识别别人的情绪，理解他人的感受，这是我们交往的一个重要能力。

3、表达能力。怎么把自己的感受通过语言，或者通过肢体表达出来。

4、环境应变能力。即当环境变化的时候，会调整自己。比如说有一些孩子跟爷爷奶奶在家，他就会乖一点，因为他觉得爷爷奶奶比较宠爱他，这种孩子他的情商比较高，他会知道环境变化了。有调查显示三代同堂家庭的孩子情商更高，也就是说孩子们懂得在不同的人、不同的场合下应该说什么话，应该怎么表达，这就叫环境的应变能力。

影响孩子社交能力的因素：1、先天因素，触觉发育不良，比如说剖腹产的孩子，几乎没有经过产道的挤压，就容易出现脾气不好，脾气难以控制，胆小等等的问题。这个问题孩子10岁之前是可以进行调整的。

2、镜像神经元，这是在1997年发现的，叫感同身受的能力。镜像就是比如别人手上被刀割了一下，你也会觉得痛。这个能力能够让我们更好的去识别别人的感觉，别人的情绪，这也是我们交往非常重要的一个能力。有一些孩子，可能先天会差一些。神经的因素都有好和差的差别，比如说有一类叫"自闭症"，有调查说自闭症孩子的镜像神经元发育就不够好，其中有一类自闭症的孩子不是不跟人交往，他很爱跟人交往，但是他不知道别人想什么，最终是没有办法跟人好好交往的，最终这样的孩子也要送到特殊学校去。

3、先天气质。孩子之间先天气质差异非常大。孩子的适应性、活动性、还有一些区域性先天的差异非常大。曾经有一个科学家，他做过一个大规模的双胞胎的实验，想要看一下究竟哪些能力遗传的因素占的比较大，结果占第一位的是是社会能力和领导力。领导力在遗传相关性的因素里面，排在第一位。而第二位是容不容易遵守规则，容不容易被训练。所以家长不要强迫孩子，这样会对孩子造成很大的压力。

如何对待先天不足的孩子：

1.要尊重孩子的个性。有一些孩子先天就内向，他不愿意过多的交往，那么家长不要强迫他。比如说有一些比较小的孩子，他不愿意叫人家，而家长就一定要他叫。其实在学龄前，可以给孩子让他成长和适应的空间，不要强迫孩子。

2.学会认识自己和别人的情绪，在这一点上家长要对孩子有耐心，特别是面对两个孩子中那个内向的，更要耐心一些，不要讲："你看一下你姐姐多懂事，你怎么这样。"他是由于先天造成的不容易理解别人的情绪，不懂得看人家脸色，这些孩子更要耐心的去教他，然后要让他学会表达自己的情绪，不高兴就哭，有些家长说"哭哭哭，就知道哭。"你要问他为什么哭，心里是什么样的感受？因为有些孩子他不会说，就一直哭，这样子的话家长要教他表达感受。

3.用游戏和故事帮助孩子体验别人的感受。做游戏的话，可以跟孩子交换一下角色，轮流扮演小王子和魔鬼来体验一下里面不同角色的不同感受。

4.对内向的孩子，千万不要跟别人说"我的孩子很内向"，这样的话给孩子的压力非常大。孩子的很多问题都是家长夸张虚构出来的，孩子不爱说话，这不是他的缺点，只是他的一个性格，或者只是他单纯对当时的场景或在场的人不感兴趣，不舒服，所以闭口不言。即使是真的羞涩，随着年龄的增长也会改变，有些孩子小的时候比较内向，长大了反而变得比较外向。所以说家长不要过分去强调孩子这一点。

5.爱在人前表现的孩子有时候让人很反感，怎么办？孩子看不到自己的行为是什么样子的，是好还是不好的，家长可以用手机把孩子的行为录下来，放给他看，然后教孩子有些行为在家里是可以的，在外面要考虑到别人情绪，等等。

什么样的孩子是受欢迎的？统计数据表明，小学生中受欢迎的是友善、乐于助人、赞美别人、乐于分享、忠诚、表现突出、邀请别人参加活动的孩子。善良比情商更重要，情商只是一种技巧，我们知道有一些情商很高的罪犯和犯人，其实上情商不是最重要的，社交的技巧也不是最重要的，善良才是最重要的。

友善，乐于助人，守信，感恩，这些家长要注意培养孩子。守信，不仅是在外面守信，在家里要守信，今天说好去看外婆，不要因为你要玩游戏就不去了。感恩的话，得到别人的帮助要懂得感谢，有时候跟孩子回忆一下，这个玩具谁送给你的，我们要懂得回馈别人。有的时候，客人来家里送礼物给孩子，孩子不在场，回头家长一定要让孩子打感谢电话，感谢叔叔阿姨送你的东西，这都是必要的。

跟孩子的交往过程中会有一些分享，对于学龄前的孩子，家长不要强迫他把自己喜欢的东西送给别人，这个不对，孩子没有必要为了家长的面子，把自己喜欢的东西送给别人。孩子跟孩子之间的交换有他自己的价值，有一个家长跟专家说，孩子拿了自己很贵的水晶项链去换人家的橡皮擦，然后她妈妈就骂说，你怎么这么傻。

家长不要过分介入这个事情，因为家长看到的是价格，孩子看到的是价值，只要孩子喜欢，家长不要过多地去干预。如果你嫌贵，很心疼，那就干脆一开始就不要买给孩子那么贵重的东西至少不要给孩子完全支配权。

发现别人的优点不嫉妒，是孩子受欢迎非常重要的一点。两种孩子容易嫉妒别人：老被表扬的孩子和得到的满足比较少，不自信的孩子。家长要怎么做呢？首先，不要在孩子面前说别人的坏话，还要经常问孩子，你身边的这个人有什么优点？不嫉妒别人，这不是一种方法能够解决的，更多的要在自信心，还有一些其他方面做调整。

有一些人倾听是为了表达他自己，反而沟通不好，所以有些孩子说："我学校老师经常骂学生。"另外孩子就说了："我们老师可好了，可爱我们了。"这个家长就要教孩子，不能那样说话，否则会招人讨厌。孩子这些是要学习的，他不是天生就会这些；孩子天生都是只会考虑自己，什么叫教育呢，社会化和教育就是让孩子知道别人也很重要。

家长最好不要替代孩子处理冲突。孩子的矛盾，家长不管孩子什么感受，她直接就冲出去，跟人大声吵架，有的时候还要赔偿。曾经出了这样一个事件，有一个10岁的小孩把尿拉在可乐瓶里面，骗隔壁的同学喝下去，其实可能也没喝下去，但是就出了这么个事情，家长就吵得不可开交。孩子跟孩子在一起的时候，最主要是要先考虑孩子的感受。这个孩子如果不敏感，可能有一些事情对他没什么影响，那么家长的介入，反而加重了孩子的伤害，让他觉得自己受伤很严重；有的孩子非常敏感，如果经历这样的事件，一定要心理老师介入，要不然会留下一些心理创伤。所以孩子是主体。

另外，如果孩子一有冲突，家长就去解决，就会造成孩子不会解决冲突，因为都是家长替代的，家长在孩子的学龄前就要放手，只要没有大的伤害，你让他们自己去处理。有些家长说，我孩子跟别人玩，老被欺负。专家就问他，孩子还想不想跟对方玩？如果孩子还愿意去，你就让他去吧，如果孩子觉得很受伤，那就不要让他去。

伙伴对于孩子是非常重要的，父母代替不了伙伴，亲情代替不了友情。一个孩子，纵使他住着华美的屋子，守着昂贵的玩具，拥有吃不尽的美食，但如果他没有朋友，孤零零地长大，他也是不快乐的。孩子们的想法和视角是相通的，妈妈应当创造一切机会，让孩子与伙伴一起玩。

父母代替不了伙伴，亲情代替不了友情。孩子很喜欢自己的好朋友，愿意把自己最喜欢的东西送给朋友。父母应该创造机会让孩子和小伙伴玩，比如经常领着孩子去小伙伴家串门，也邀请小伙伴来家做客。

# 怎样引导孩子爱护动物

从公园回来的路上，悦悦和她妈妈遇见了一对母子。

孩子两岁左右，手里抱着一只小白兔。抱着抱着，孩子不知觉得哪儿不妥，一只手拎着小白兔的耳朵，把小白兔提了起来继续朝前走。孩子个子矮，小白兔的双腿在地上拖着，非常痛苦！小白兔弱小的身子挣扎了几下，无力地放弃了。对于它来说，孩子可是个庞然大物！妈妈将目光投向孩子的妈妈，期望她能制止孩子的行为。可是这位妈妈满面笑容地看着这一幕，仿佛孩子干的是一件很好的事，一件值得赞许的事！

那一刻，悦悦妈妈真想上前说说这位妈妈！但最终妈妈还是忍住了：她又不认识妈妈，弄不好会碰一鼻子灰。悦悦也看到了这一幕，妈妈不忍再看，带着悦悦赶紧离开了。

悦悦感叹了一句，"小白兔好可怜啊！"

悦悦的感慨让妈妈很欣慰，妈妈问道："你觉得小朋友那样对小白兔好吗？"

悦悦不假思索地说："不好，那样拖着走很难受。"

妈妈接着问："要是你，会怎么办呢？"

悦悦想了一下，说："会抱着它走。"

一个善良、充满爱心的人是对世间万物都具有悲悯之心的。这两件事情似乎只是不经意虐待小动物的事件，但其实蕴含的东西太多了。每一个孩子刚来到这个世界的时候都是善良的、心中有爱的，偶尔捉弄小动物也是因为不懂，并无太多恶意。倘若父母不及时引导，这些孩子长大了以后很有可能变得冷漠而狠心，不善待父母亲人，甚至制造残暴事件。

哲学家康德说："人必须以仁心对待动物，因为对动物残忍的人，对人也会变得残忍。"一些社会学家研究证明，儿童时期对动物残忍的人，成年后犯罪机率高。妈妈经常可以看到有的小孩子捏死小鸡、弄死金鱼，有的家长会及时引导，但有的家长并没引起重视，觉得这没什么大不了的，有的甚至认为就是只小动物嘛，死了再买一只就是……

人的健全人格在6岁以前的幼儿时期形成。在童年时期，如果孩子没有感受到"爱"，有可能就失去了"爱"的这种能力。如果在后来的成长环境中没有及时调整，就容易形成人格偏离。6岁以前的孩子，偶尔捉弄小动物或者伤害到小动物，就如拖小白兔的这个孩子，以及妈妈曾亲眼看见一位2岁的孩子捏死一只小鸡，这些都不是恶意的，因为他们根本不知道自己的行为会对小动物造成怎样的伤害。

　　悦悦不到3岁的时候养过一只鸭子。刚买回来时她爱不释手，抓住小鸭子的脖子，没轻没重的，差点把小鸭子掐死！妈妈以小鸭子的口吻对悦悦说："悦悦姐姐，妈妈是小鸭子，你把妈妈弄疼了，哎哟……不过妈妈知道你不是故意的，你可以轻一点吗？还有，妈妈不喜欢被掐住脖子，那样让妈妈透不过气，妈妈喜欢被抱着。"悦悦马上意识到自己的不妥，轻轻地抱住小鸭子。后来，小鸭子渐渐长大，不适宜继续养在室内，妈妈计划把它送到乡下。悦悦十分不舍，在妈妈要送走小鸭子的时候都哭了，送了几次才被送走。

　　悦悦三岁多的时候，和几个小伙伴玩，在大树底下发现一只死麻雀，小小的身躯侧卧在水泥地上，已僵硬多时。孩子们围成一圈，好奇地观察这只一动不动的麻雀。他们可能大多不知道"死"是怎么回事，纷纷发表对死麻雀的看法，表情轻松。悦悦蹲下来仔细打量麻雀，她发现小麻雀身体僵硬、眼睛紧闭、爪子僵直。她抬起头问："小麻雀是死了吗？"妈妈说："是的。"悦悦表情凝重，同情地说："它好可怜！它不能动了，不能睁开眼睛了，它再也看不见她的妈妈了！"

　　其他小朋友在悦悦的感染下，一个个都默不做声了，气氛变得凝重起来。

　　"哀思"了一会儿后，在妈妈的建议之下，孩子们在花坛中的一棵树底下挖个坑把小麻雀埋了。埋上最后一抔土的时候，悦悦说："小麻雀，好好睡觉吧。"大家庄重地一个个和小麻雀道别。

对于6岁以前的孩子，出现伤害小动物的行为，家长只需稍作引导，就能把孩子拉回正常的轨道。首先，告诉孩子，小动物是有生命的，它们也知道痛，就如同宝宝被人打一样的感觉。如果孩子不小心弄死小动物了，家长千万不要有"再买一只就是"的想法，这样会让孩子不懂得尊重生命。其次，在出现孩子伤害小动物的时候，家长也不要过于紧张，孩子一般是没有恶意的，过于紧张会给孩子压力，觉得自己是"坏人"。最后，身教重于言教，家长要做爱护小动物的典范，家长对世间万物的爱会传递给孩子，这比任何说教都要好。

每一个孩子，来到这个世界上的时候都是善良的、心中有爱的。在成长的过程中，他们捉弄小动物，都不是恶意的，而是身边人的行为潜移默化影响着他们。孩子有了虐待动物的行为，家长应该及时引导，让孩子爱动物、爱世间万物。否则，孩子长大后很可能变成冷漠而狠心的人，不能真心对待周围的人，甚至不善待自己的父母。

# 尊重孩子的物品所有权

懂得分享，是一种美德。如果一个孩子不会分享，就算守着大堆的玩具和美食，他也是孤单的，是不快乐的。所以引导孩子学会分享是非常重要的。不过，分享必须建立在尊重孩子支配自己物品权利的基础上。很多家长经常教育自己的孩子要学会分享，但是不懂得尊重孩子"支配自己物品"的权利，结果是家长越"教育"孩子分享，孩子就越是不愿意和别人分享。

孩子其实是非常愿意和别人分享的，大人们若不懂得孩子的心理，往往"好心办坏事"。

悦悦4岁的时候，早上出门玩，外婆拿了一些悦悦的糖果揣到兜里，说是要带给小朋友吃。悦悦不乐意地说："不要给别的小朋友吃。"外婆说："别的小朋友都拿过糖果给你吃的呀，你也要和别人分享嘛。"悦悦执拗地说："就是不要给别人吃！"外婆生气地对妈妈说："这孩子不懂得分享。"

听到这句话，悦悦委屈地哭了起来，边哭边说："就是不愿意给小朋友吃！"外婆恼火地把糖果塞了回去。妈妈示意外婆停止，妈妈来处理这件事。

"不懂得分享"，这个帽子扣得有点大，有一棒子打死之嫌。这样来评价一贯慷慨大方的悦悦是不客观、不公允的，这在教育孩子上面是个要命的弱点。悦悦平时很乐意和别人分享，这一次表示不愿意分享，是因为外婆从头至尾没有征询过她的意见，而是自作主张把她的糖果带上欲分给别的小朋友。悦悦觉得外婆这样做没有尊重她"支配自己物品"的权利，所以她表示反对。

很多家长比悦悦外婆更甚，喜欢强迫孩子分享。面对孩子的不愿意分享，大多数家长的做法是想方设法说服孩子分享，劝说无效后就给孩子贴上"小气""自私"的标签，并且"威胁"孩子："如果不分享，小朋友就不会跟你玩了"，或者"你不和别人分享，那以后别人也不会和你分享了"。这些话看上去都没错，这样的做法好像理所当然，但是造成的后果是：越是教育孩子分享，他会越发感到不安，把自己的物品看得牢牢的，唯恐别人夺走他的物品。有了这种不安，孩子就越发不愿意和别人分享。

道理很简单，换位思考一下就能明白，假如成人屈于某种压力而被迫与别人分享，这种违心的"分享"能让你感到快乐吗？你会心甘情愿地与别人分享吗？同样，孩子只有拥有了支配自己物品的权利之后，才会发自内心地乐意跟别人分享。孩子有权支配属于他的物品，要不要和别人分享得由他决定。如果孩子不愿意和别人分享自己的物品，妈妈不能劝说或者暗示孩子，更不能强迫孩子。反过来说，如果孩子总惦记别人的东西，也是需要好好引导的。

首先家长要有个意识，年龄很小的孩子不愿意给别人自己的东西，并不是坏或者自私。儿童的道德观念不是天然生成的，而是在和他人互动当中慢慢形成的。所以家长或老师不要急着给孩子扣大帽子，这对孩子的成长十分不利。

家长该怎么做呢？对不同年龄的孩子教育方式不同。对很小的孩子做空洞的道德教育，他们是很难理解的。我们可以在游戏当中让孩子体会"拿人东西要经过他人允许"这个概念。如果是私自拿其他小朋友的玩具，也有办法。带上她（他）喜欢的玩具去找其他同龄小朋友。儿童喜欢新鲜，有时候别人的玩具未必有她手里的好，可她就是很有兴趣想试试看

。这时候就可以教她，先问别人"姐姐（哥哥），你的玩具可以让我玩一会儿吗？""姐姐（哥哥）想不想玩我这个玩具，我们互相换着玩一会儿吗？"获得他人许可，并且拿到了想要的玩具，家长可以表扬她，肯定她这个行为。孩子对于玩具的新鲜劲很快就过了，但是这个成功的人际交往体验会积累下来。不仅可以让她有尊重他人所有权的意识，也懂得和小伙伴交换资源。

对于稍微大一些的，可以讲道理的孩子，则让她体会换位思考。"不告而

拿，是为偷""有借有还，再借不难"，这些说给她听。可能她会说："人家没有看到啊，我就可以拿。""人家东西放那里，说明是不要的，那我可以拿啊，他又不在意。"让爷爷奶奶或者其他亲戚，拿走她最爱的零食，在她想要吃的时候，突然告诉她说已经被人吃掉了。看看她是什么反应，可以拿手机拍下来。如果她难过，爷爷奶奶可以用她曾经说的话来回应："你放冰箱里的，可能是不要的啊，那我可以吃啊"。等她体会到伤感的情绪，再把零食给她，告诉她："我们是在模仿你"，只是想让她知道，私自拿人东西的行为会给他人造成困扰。

上小学的孩子还没有养成好习惯的话，家长先自我检讨一下自己的疏忽。这个阶段，可以用尊重的态度和他们交流，问清楚到底拿了什么，是因为喜欢吗，如果真的很喜欢，那家长完全可以给买一个，当做礼物或者是某次优秀表现的奖励。如果是好奇，还是回归到第一个步骤，让他忍着私下拿走的冲动，问问物品所有人，经过允许再借用。总之，多鼓励，多引导，好习惯会慢慢建立起来。

经过长期的观察，专家发现被强迫分享的孩子也会强迫别人与他分享。事实上，那些喜欢抢夺别人物品的孩子，大多数曾经被大人强迫和别人分享过。那些被成人冠以"小气"之名的孩子，尤其是被强迫分享的孩子，或许有一天真的会变得小气，彻头彻尾不愿意分享了。到那时，家长可能会感到非常纳闷：妈妈没少教育孩子和别人分享，怎么会这样？其实这不是孩子的错，实在是成人没有好好尊重他们，把他们逼向了"小气"。如果一个孩子不会分享，就算守着大堆的玩具和美食，他也是孤单的，是不快乐的。

很多家长经常教育自己的孩子要学会分享，但是不懂得尊重孩子"支配自己物品"的权利。分享必须建立在尊重孩子支配自己物品权利的基础上。孩子只有拥有了支配自己物品的权利之后，才会发自内心地乐意跟别人分享。孩子有权支配属于他的物品，要不要和别人分享得由他决定。

如果没有尊重孩子支配自己物品的权利，那越是教育孩子分享，他会越发感到不安，把自己的物品看得牢牢的，唯恐别人夺走他的物品。如果孩子连"你我他的"都分不清，他会觉得任何他喜欢的东西都是他可以拿的，根本不懂分享是什么意思，在这时候去和孩子谈分享，无异于对牛弹琴。

# 第5章

# 不必苛求孩子太完美

家长在孩子取得胜利时，要让其知道"山外青山楼外楼，还有高人在前头"的道理，终点永远在前面，失败时也别以为世界末日到了，输得起的孩子才有竞争力。当孩子的竞争观念得到加强后，还需要家长的继续支持和经常鼓励。鼓励孩子战胜自己，把自己作为竞争对手，今天的妈妈要胜过昨天的妈妈，明天的妈妈要胜过今天的妈妈，这次的妈妈比上次的妈妈还棒——让孩子为不输给自己而努力。

# 美德和懦弱的区别

　　谦让是孩子和人相处必不可少的一种美德，懂得谦让的孩子能和同伴和睦相处，能深受同伴欢迎。但是，在生活中，不少家长不懂得谦让的内在含义，喜欢无原则地要自家孩子谦让。甚至明明知道不应该要自己的孩子谦让，但是碍于面子，好像不叫自己的孩子谦让就说不过去。

　　一次，哲哲和悦悦坐在长长的石凳上玩"开火车"的游戏，哲哲当司机，悦悦当乘客。他们玩得正开心的时候，奇奇走了过来，咕哝着要当司机，爬上石凳试图挤开哲哲。哲哲当然不乐意，死死占着司机的位置。奇奇没抢到司机的位置，哇哇大哭起来。哲哲妈闻声走过来，了解原委后劝哲哲，"你让给弟弟吧，他小一些啊。"哲哲很不高兴，闷不做声，坐在那儿没挪窝。哲哲妈试图再劝，悦悦妈妈阻止了她。

　　悦悦妈妈说："是哲哲先在这里当司机的，如果奇奇想当司机，必须遵守先来后到的规则，和哲哲商量，然后等待。所以，你不应该劝说哲哲让出。"

　　哲哲妈惊讶道："难道不要教孩子谦让吗？"

　　悦悦妈妈说："教孩子懂得谦让应该建立在遵守规则的基础上，不能教孩子向'错误'的行为谦让。"

　　哲哲妈说："天哪，以前不管什么情况，我都是教育哲哲谦让的，譬如对方哭了、对方比他小、对方是女孩，等等。"悦悦妈妈说："对方哭了就该谦让？这不是暗示他哭可以得到谦让吗？下次他也会以哭的方式来要挟。而年龄小、对方是女孩等也不是谦让的理由。不分青红皂白的谦让会让孩子产生混乱，不利于建立规则，不利于培养孩子辨别是非的能力，还会让孩子觉得不被尊重、不公正，感到委屈和压抑。"

　　哲哲妈疑惑地说："是这样啊。妈妈总是叫他让着别人，而他却总是喜欢抢别人的东西。"

　　悦悦妈妈说："这个理所当然，因为你强迫他谦让，你传递给他的信息就是他也可以强迫别人谦让。"

　　哲哲妈恍然大悟，"明白了，可是他和别的孩子争执起来，不叫他谦让都不好意思面对对方家长呢！"

悦悦妈妈说:"那你得想一想,孩子明辨是非、遵守规则重要还是面子重要?你叫你的孩子一味谦让会让对方孩子思维混乱、不守规则,这对对方孩子也是不利的,明理的家长应该知道孰是孰非。"

哲哲妈说:"怪不得哲哲一不如意就总以哭闹来要挟,妈妈是得好好反思一下了。"家长们喜欢让自家孩子无原则地谦让,理由五花八门:比如你大一些,要让着弟弟妹妹;小朋友哭了,你让出来吧;小朋友是客人,你是主人,你该让着他,等等。这些荒唐的理由会严重误导孩子:年龄小的要让——下次遇到比我大的,我也胡搅蛮缠,这样人家也应该让着我;别人哭了就要让——下次我也哭,哭就是武器,哭就可以得利;是客人就要让——下次我到别人家做客,也要主人让着我。看看,这些理由是经不得一丝推敲的,到了孩子不讲理的时候,家长又开始埋怨孩子怎么这么不讲理,殊不知,这些都是家长们自己暗示的。

家长无原则地教孩子谦让,带给孩子的感受是"委屈"和"不公"。谦让是美德,但不要教孩子无原则地谦让。教育孩子谦让的前提是对方遵守规则,无关乎年龄,无关乎客主,无关乎强弱,无关乎面子。许多家长在教育孩子养成美德的时候,往往忽略了孩子的内心秩序。这是因为他们不能站在孩子的角度去考虑孩子所面对的问题。大人往往认为自己高孩子一头。站在大人的角度认为是对的事情,并不一定是对的。不少家长不懂得谦让的内在含义,喜欢无原则地要自家孩子谦让。甚至明明知道不应该要自己的孩子谦让,但是碍于面子,好像不叫自己的孩子谦让就说不过去。

在家里,每个孩子都是父母的宝,一旦脱离这个有父母保护的环境,孩子会很容易出现一些问题,那么懦弱就是很多孩子非常常见的情况,家长可能会发现孩子在学校受欺负,或者是被打了几下孩子都不敢吭声,并且不知道该如何解决。面对这样的现象的时候,相信很多家长除了心疼孩子就是非常的气愤,因为如果孩子要一直这样懦弱被人欺负下去,对他的成长是非常的不利的。

如何正确面对孩子的懦弱问题呢?那就是不能在孩子面前非常气愤的动怒,并且带着孩子去找对方家长进行理论,这样激烈的做法只能在孩子心中埋下愤怒的火苗,那么将来可能就会使用这种办法去面对和解决问题,带来的危害就非常严重了,对孩子的身心发展也是非常的不利,正确的处理方式就是不要紧张,孩子出现这样的情况是非常正常的,他们刚刚开始社交,这也是日常交往的一部分。

所以想要解决这个问题,在日常生活中,就要培养孩子的自信心和正义感，这样就能在孩子遇到被欺负的情况的时候，让孩子有非常强的自主能力，遇到问题的时候可以知道自己该如何解决，当然这些习惯不是一日就能培养出来的，而是在家庭生活当中家长每一天，不断的熏陶和培养以及教导，让孩子久而久之的形成这些习惯和特质，那么就不用担心孩子懦弱的问题。

其实很多孩子出现懦弱的情况的时候，也提醒广大家长是否应该反思自己对孩子的关心不够，因为孩子的胆小，才会造成懦弱，在日常生活中，家长一定要给予孩子充分的陪伴，让孩子能够被爱包围，但是绝对不能溺爱，让孩子的内心，从小就可以非常的强大，在遇见一些被欺负以及其他问题的时候，就绝对知道自己该如何处理，他们就不会害怕，而是坚定的告诉对方，不能欺负我。

孩子的世界是非常简单的，他们出现任何的错误和问题，家长也不要害怕和担心，因为在成长的过程中，这些都是他们必须经历的，否则他们就无法真正的成长，适当的时候学会放手，不要给予太多的保护和溺爱，要多一些关心和沟通，良好的家庭教育更是培养孩子性格的关键因素，所以作为家长一定要规范自己的行为，给孩子做非常正面的榜样，千万不要带着孩子去打架，慢慢的渗透教会孩子遇见被欺负该怎么去处理，然后就相信他们鼓励他们勇敢的面对一切问题。

# 教导孩子遵守公共秩序

阳光明媚的上午，悦悦和晓晓在麦当劳玩滑滑梯。一个叔叔抱着一个约2岁半的小男孩过来了，坐在滑梯旁边，叔叔说："姐姐让弟弟玩滑滑梯好不好？"说了好多遍，晓晓和悦悦面无表情，都没理他。妈妈走到悦悦面前问："小弟弟想玩滑滑梯了，要不要让他玩一下啊？"悦悦斩钉截铁地说："不行！"妈妈又问："为什么呢？"悦悦理直气壮，"因为他没有排队！"多么充足的理由！妈妈故意（说给那位家长听）大声地说："因为弟弟没排队啊，那如果弟弟来排队，你会让给他吗？"悦悦说："会！"叔叔听到了妈妈的对话，赶紧抱着孩子走了过来，有些不好意思地说："排队，我们排队。"过了一小会儿，悦悦果然主动把滑滑梯让给了小男孩。

"玩公共玩具要排队，先到者先玩，后来者等待"，这个秩序在悦悦的心目中已经牢牢建立，她不仅自己严格遵守，还要求别人遵守。蒙台梭利说："儿童需要秩序就如动物离不开陆地，鱼儿离不开水一样，秩序会产生自然的快乐。"

　　这种秩序感需要成人维护，如果孩子的秩序被破坏，孩子会感到非常痛苦。

　　有一次，妈妈住在外婆家，为晚上睡哪张床折腾了很久。事情是这样的，悦悦先去的外婆家，那几晚都是跟外婆睡。妈妈去了之后，她选择和妈妈睡。外婆家有4张床，外婆一张，悦悦的表姐一张，舅舅舅妈一张，其中一张床没有铺好。外婆想省事，懒得铺新床，安排妈妈睡她的床，打算自己跟悦悦的表姐挤一挤。悦悦不肯，她说："这张床是外婆的，不是妈妈的，妈妈不能睡。"妈妈问："带着你睡哪里呢？"妈妈楼上楼下转了一圈，看了那3张床，悦悦都说是别人的，不是妈妈的，不能睡。妈妈又问："那妈妈睡哪里呢？"她说："睡沙发吧。"妈妈说："沙发太小了，睡不下呀。"

　　悦悦的眼泪都快要掉出来了，看得出来这对她是个难题：别人的床不能睡，妈妈又没有地方睡。她的内心秩序认定谁睡过那张床，那张床就是谁的了，而别人的东西不能拿（用）。不管外婆怎么解释，她仍然坚持要睡沙发，她带着哭腔对妈妈说，妈妈不能睡别人的床。看着她那痛苦而纠结的样子，妈妈不忍继续为难她，也感动于她的坚持。妈妈说："你说得对，妈妈不能睡别人的床，妈妈再去看看别的地方是不是还有床。"妈妈带她去看那张没铺过的床，妈妈想这张床在她来之后没人睡过，她一定认为是"无主"的。

　　果然，悦悦看到这张床就破涕为笑。外婆只有苦笑的份儿，不能偷懒了，只得重新铺床。这就是孩子的秩序感，他们认为谁用过某样东西，那样东西就是谁的，其他人（包括自己）用就不行，不然就是破坏了秩序。

　　孩子比成人更能遵守秩序，因为他们比成年人更依赖明确的规则。清楚的准则会让孩子更有依赖感和信念感。如果您的孩子不遵守秩序，一定是家里的某些成人没有严格遵守，带头破了例；或者是成人没有一致地要求孩子遵守。成人的世界有太多不守秩序的行为，无序的世界让孩子思维混乱、无所适从。为什么许多孩子有攀花折枝、抢人东西、随地吐痰等破坏秩序的行为？其根本原因就在于他所处的是一个无序的环境，无序的环境打乱了孩子的内心秩序，他不知道怎样做是对的，怎样做是不允许的。

社会上的许多成人有很多不文明行为，譬如公园里、大街上或公共绿地上四处是塑料袋和饮料罐等垃圾，在医院、车站售票窗口等处有插队现象，而违反交通规则的更是很普遍，比如随意变车道、过人行横道不减速、机动车开上人行道、随意鸣笛、乱停乱靠等。

悦悦曾经多次批评过机动车的不文明行为。有一次，妈妈和悦悦走在人行道上，一辆小轿车开上了人行道，悦悦看见了，对妈妈说："你看那辆车不文明，开到妈妈走的人行道上来了，它怎么不走自己的道呢？"还有一次，有辆公交车从妈妈身边经过，突然很大一声鸣笛，把妈妈都吓了一跳。悦悦很生气地说："这辆车真没素质！"从她嘴里说出"没素质"三个字，妈妈觉得很有意思，于是问她："你觉得这辆车怎么没素质了呢？"悦悦说："因为它这样……"说毕，她用尽全力模仿车子鸣笛的声音，"嘀……它应该小声一点啊，那样才是礼貌的。"

还有其他不文明行为，譬如乱扔垃圾、闯红灯、践踏草坪等，成人种种不文明不守秩序的行为，悦悦都会一针见血地指出来。妈妈每次都会肯定地告诉她，这些都是不文明的，是不允许的。这些成人不守秩序的深层原因，也源于他们在童年时期成长在一个无序的环境里。

如果孩子处在一个人人都遵守秩序的社会，他们自然会坚守秩序，而如果每个孩子都遵守秩序，他们长大后也会遵守秩序，这样的社会自然是一个有序的社会。二者互为因果，反之则是一个恶性循环。

社会环境和文化潜移默化地影响着孩子，幼年形成的习惯会影响终生。遵守秩序是孩子从小就应该培养的品质，否则长大后，孩子可能因为违反秩序而遭遇挫折，甚至是不幸。孩子比成人更能遵守秩序，如果孩子已经把遵守秩序当成习惯，一旦建立就不轻易改变，始终如一地要求自己严格做到。

孩子遵守秩序，有些是父母培养的，有些是孩子被父母潜移默化影响的。如果有的孩子不遵守秩序，一定是某些成人没有严格遵守，带头破了例；或者是成人没有一致地要求孩子遵守，根本原因还在于孩子所处的是一个无序的环境，无序的环境打乱了孩子的内心秩序。

# 自己的事情自己做

　　"自己的事情自己做"，说来容易，坚持起来很难。悦悦刚学吃饭时非要自己吃，会吃了要喂；蹒跚学步的时候非要自己走，会走以后赖抱；刚学穿衣服鞋袜时非要自己穿，会穿了要妈妈帮她穿……小孩子就是这样，有挑战性的事情对她才有吸引力，当这件事情失去挑战性了，她就不感兴趣了。如果家长在相应的敏感期给孩子足够的机会来练习，并且趁热打铁让孩子坚持一段时间，"自己的事情自己做"的习惯则较为容易养成。如果没有好好把握其敏感期，事后再来"培养"，难度则要大很多。

　　生活自理是孩子走向独立的开端。试想，倘若一个成年人生活不能自理，事事要求助于他人，这个人谈得上自由吗？称得上独立吗？谈得上强大吗？同理，对于进入自理阶段的孩子，却不能掌握自理的基本技能，或者思想上存在依赖性不愿意自理，他们也不能获得最大限度的自由，不能走向独立。而且，自己的事情由父母代劳会令孩子丧失起码的责任感，没有担当。

　　悦悦快3岁的时候，妈妈换衣服准备出门。妈妈找了一条裙子给悦悦，让她自己换上。妈妈和悦悦爸都换好衣服了，悦悦坐在床边，振振有词、理直气壮地质问妈妈："怎么还不给我穿衣服？"她那气急败坏的表情、理所当然的口气让妈妈着实吃了一惊。那时她已经完全能自己穿衣服了，她一定认为给她穿衣服是妈妈的职责，所以她才如此理直气壮地来质问妈妈。正常情况下，对于3岁的孩子，她完全可以自己穿衣服，这件事应该是她"分内"的事，而不是妈妈的事。她得对她没有按时穿好衣服一事负责，而不是由妈妈来负责。

　　妈妈反思，悦悦之所以会有这样的表现，是由于妈妈没有让她意识到"自己的事情就该自己来做"，没有形成"自己的事情自己做"的习惯。这个错在妈妈，有时赶时间或嫌麻烦或心有担忧，妈妈偶尔帮她做了本该她自己做的事情，譬如喂饭、穿鞋、穿衣服。有时妈妈控制不住出手相助的冲动，偶尔包办代替，那时候她的感觉是：这件事可以由妈妈做，也可以由爸爸妈妈做。这样，依赖心理就形成了，难以养成"自己的事情自己做"的习惯。

　　妈妈决心控制自己出手相助的冲动，要求悦悦"自己的事情自己做"，她能做的妈妈决不插手。这其实是与自己的抗争，妈妈必须要克服潜意识里想帮她的冲动。

悦悦刚刚会拿餐具的时候，对小勺舀饭发生了浓厚的兴趣；她开始拒绝妈妈喂饭，要自己舀。往往一顿饭下来，桌子上和地上的饭比她吃到肚里的多。饭后打扫的难度增加了好几倍，看到白花花的粮食被浪费，外婆心疼不已。妈妈顶住外婆的压力，坚持让悦悦自己吃。终于在1岁4个月的时候，悦悦可以完全自己用勺吃完一碗饭了。这种情况持续了1个月。

好景不长，正当妈妈为她如此小就会自己吃饭而沾沾自喜的时候，悦悦病了，上吐下泻，食欲很不好，不肯自己吃。那时妈妈的心态比较焦虑，最害怕悦悦生病。这种内心的恐惧让妈妈放不开，在她不肯自己吃的时候就喂一点，一定要看着她吃点东西妈妈才觉得病情不是那么重，才心安一点。后来想起这些事情，觉得那时太过担忧了，有些庸人自扰。孩子有食欲自然会吃，没食欲就不必勉强，在腹泻的时候，孩子的食欲本来就差，少吃或不吃只能顺其自然。

病中的喂饭留下了"后遗症"，让妈妈前功尽弃。病愈后，悦悦不肯自己吃饭了，在妈妈的要求之下，她前半碗自己吃，后半碗便不肯吃，由妈妈喂完。

这真是"学好三年，学坏三天"，养成一个好习惯难，破坏一个好习惯容易啊。这种情况直到悦悦两岁多才得以改观。后来的方法是：坚决不喂。想吃就吃，不想吃就收了。在收走之前妈妈会告诉她，要到下一餐才可以吃饭，中途除了喝水不能吃任何东西。不知有多少次，悦悦一口饭都没吃，只吃几口菜便下桌走了。妈妈说服外婆，不给悦悦吃任何东西，让她尝尝饥饿的滋味。往往到了下一餐，悦悦早早地等着开餐，饭一上桌，她便迫不及待地开吃，不用多久就吃完了一碗饭。这样坚持了一段时间，悦悦的吃饭完全能自理了。

悦悦学会了穿鞋袜和裤子之后不久，要是妈妈帮她穿的话，她会哭着要求脱下来，自己重新穿。一段时间后，悦悦对穿鞋袜、裤子这些事不感兴趣了，每次都等着妈妈穿，而妈妈，不知不觉间就给她穿了……好像一种思维定式一样。后来，在悦悦要求妈妈给她穿衣服的时候，妈妈说："这是你自己的事情，你必须自己做。"悦悦哭了，哭得很伤心，大概是觉得妈妈拒绝了她的要求。妈妈有些心软，但转念一想，如果她现在不独立、没担当，日后会比今天痛苦一万倍！妈妈说："你现在长大了，学会了穿衣服的本领，你自己能做的事情就不要妈妈帮忙，这样才是能干的孩子。"悦悦见妈妈的态度非常坚决，一边抽泣着一边穿衣服。待她穿好后，妈妈大大地肯定了她一番。

自己的事情自己做，意义非常重大。有家长认为"孩子长大了自然就会"，这种观点极其错误。良好习惯是在幼年形成的，等孩子大了就难以纠正了。有的孩子上了高中还要父母挤牙膏、叠被子，这样的孩子纵然考试成绩再好又有什么用？他们严重依赖于父母，心理上没断奶，精神上不独立，缺乏基本的生存能力。他们适应环境的能力很差，离了父母便无法生活。不少家长只重视孩子的智力和成绩，不重视自理习惯的养成。孩子上学后，家长辞职陪读，在学校附近租住，照顾孩子的日常生活。这些孩子的未来实在令人担忧——一个连自己的日常生活都照顾不来的人，今后怎么立足于这个社会？

孩子能不能自己的事情自己做，完全取决于家长的态度。如果家长放手，信任孩子，坚持做到"孩子能做的决不插手"，不用家长刻意培养和说教，孩子自然会养成"自己的事情自己做"的习惯。反之，如果家长不放手，不相信孩子，担心孩子吃不好、穿得慢、洗不干净，这也担心那也担心，孩子就无法做到自理。

做父母的总是很矛盾，既希望孩子能够早点在生活上、思想上、行为上独立，又害怕孩子没有这个能力而心软，出手"相助"。"自己的事情自己做"，父母可以这么教孩子，但是说来容易，坚持起来很难，主要是父母不能坚持。既然父母都不能坚持了，孩子肯定乐于依赖父母。也有些父母是这样认为的——"孩子长大了自然就会"，这样的观念是极其错误的，良好习惯是在幼年形成的，等孩子大了就难以纠正了。这样的孩子是不能走向独立的。

教孩子独立应该从什么时候开始呢？生活自理是孩子走向独立的开端。小孩子就是这样，不管是生活上的事情，还是行动上的事情，有挑战性的事情对他才有吸引力，当这件事情失去挑战性了，他就不感兴趣了。这个时候，父母要控制自己出手相助的冲动，要求孩子"自己的事情自己做"，孩子能做的父母决不插手。这其实是父母与自己的抗争，父母必须要克服潜意识里想帮孩子的冲动。

# 让孩子独立睡觉

孩子都恐惧黑暗，想象力和初步逻辑在另一个方向的集合造成了梦魇。四岁左右分房睡的历程对很多家长来说几乎是炼狱般的存在，在西方就有"衣橱怪兽"的传说，在东方又有"张辽止夜啼"的故事。年龄特小的孩子一般不会表现出对黑暗、鬼怪的巨大恐惧，而3至5岁的孩子，开始怕分房睡，黑漆漆的走廊，怕晚上莫名的异响，进而发展到怕做错了事情妈妈责备，怕爸爸妈妈因为某些琐碎的生活小事开始吵架。一个吓人的故事，对这个年龄段的孩子来说是非常逼真的，他们太爱想象，而在想象中也倾注了太多的情感。他们心中关于逻辑的定义太过模糊，世间万物可能发生的变化在他们自己的小世界里太多太多——那里，狼真的会吃掉外婆；蛇，真的能咬死农夫；衣橱里藏着的鬼怪，真的能让自己再也见不到妈妈。说这些，是为了让大家明白，有些年龄特性的事情，是有心理规律可循的。

发展的任何阶段，给个体带来的心理改变，都有正面或负面的区别。作为家长，需要注意的是，你孩子的这一部分改变发生没有；如果发生的话，是不是在一个社会氛围可以接受的范围之内；如果发展的波动很大，或者倾向略极端，有没有可能给孩子带来伤害。很多父母尝试分床，经常遇到死活不肯自己睡，或者半夜孩子爬回来的状况，怎么办？首先，孩子不是不想自己睡，是不能自己睡。欠缺独立入睡的能力，就是说夜里醒了就不知道怎么再睡着了，一定要大人帮助才行。

这里的帮助包括拍、讲故事、唱歌、听音乐、抱着睡、摸着手、摸着头发睡等等。所以，如果想尽快结束孩子夜里换到你屋里睡这件事，最根本的是让他学会怎么自己睡。以下是一些方法，特别推荐尝试，当然最重要的还是坚持，坚持，坚持。

当孩子半夜开始叫喊，保持冷静和耐心，过去他的房间告诉他："宝宝，记得吗，晚上你要在自己床上睡觉了，我知道这对你来说是一个很大的改变，需要时间适应。我现在会把你抱上床，给你盖上被子。"如果她干脆跑到你房间找你，你可以轻轻地握着她的手，并认同她的感受，冷静地重复你们的约定："孩子，晚上你要在自己床上睡觉，我知道这对你来说是一个很大的改变，需要时间适应。我现在会陪你走回去，给你盖上被子。"

做这些事情的时候要温柔和坚持，简单说就是既不让孩子觉得你在和他对着干，也不让他觉得还能商量。另外要肯花时间，有可能着整个过程花费了30分钟甚至更久，但只要做到不生拉硬拽、不威胁吼叫、不妥协放弃，孩子自己睡整晚的那一天就指日可待了。

具体把他放在床上之后说什么做什么，要看每家的睡眠流程了。例如：洗澡、在沙发上做个按摩、读个故事、最后把孩子抱到自己的床上（醒着的时候）、给他盖好被子、关门关灯说晚安。如果睡眠流程是这样，那么夜里醒了之后就可以重复最后三步："抱到自己的床上，给他盖好被子，关门关灯说晚安"。

如果没有睡眠流程，那么就需要开始建立了。但是切记，不要讲道理，因为没用。你讲道理孩子只会觉得这件事还有得商量。传达你对他能自己睡的信心。因此不要用唱歌、拍、讲故事、陪他躺下来、或者先抱到大床睡着了再抱回来等方式哄睡，因为任何这些都会让孩子觉得——果然我没法自己睡，果然我的房间不够安全，还是爸爸妈妈的房间好。

如果你试了上述方法没用，孩子不让你走，哭喊着和你睡，那么就说明可能分床睡的过程太突兀，没给孩子提供足够的支持，那么就建议干脆放弃分床睡，让孩子和你一起睡，然后重新开始过渡，方法参下：

虽然孩子会很开心她有了自己的床、甚至自己的房间，但往往到了晚上就不想去睡了，因为孩子对睡眠环境的改变需要很长时间适应，一下就适应是不可能的。

因此，分床之前先让孩子熟悉自己的房间或床铺，白天尽量多在自己的屋子里活动、阅读、就餐、小一点的孩子换尿布也在这个房间进行。如果可以，先让孩子在自己床上午睡，逐渐再过渡到晚上睡。

如果原来没有毛绒玩具，或者任何抱着睡觉的东西，现在可以让他选一个毛绒动物抱着睡，帮助过渡。睡前提醒他这是他的"安睡小熊"，告诉他"如果夜里醒了，只要抱抱小熊一会就睡着了。"另外，在睡前流程比如讲故事的时候也可以带上"安睡小熊"，伤心的时候让小熊安慰他，这样他会逐渐把小熊和安全感联系在一起。

或者开一盏夜灯，这样孩子夜里醒了的时候不会太黑。对于3、4岁的孩子，睡觉前，提醒他夜里如果醒了能做些什么，比如抱抱小熊，摸摸被子，想想我们这一天做的好玩的事，不一会就睡着啦。自己入睡是一个人一生都要用到的技能，如果他做到了，第一天在自己的床上或者房间睡了，要给予充分的肯定，可以一起庆祝一下！

多大分床睡？关于这一点，美国儿科学会于2016年更新过一次指南，其中指出了两条：不建议任何孩子和父母睡一张床；至少在孩子的头六个月，让孩子和父母睡在一个房间而非一张床，建议持续到1周岁。为什么不建议孩子和父母睡一张床？这就要说到一种病叫婴儿猝死综合症。在美国每年有大约3500个婴儿在睡眠中猝死。

婴儿在睡眠中猝死的情况有多种可能，比如不合适的毯子导致婴儿窒息，被父母翻身压到，但还有相当部分的情况目前不知道发病原因。虽然不知道原因，但是研究者们发现了一些办法，可以降低婴儿猝死综合症发生的概率。有研究发现当婴儿和父母睡在同一个房间，而非同一张床时，猝死综合症发生的概率会下降50%之多。

概率降低的原因目前尚不明确。但有研究人员提出一个推测理论，婴儿睡觉时如果和父母距离不远，那么婴儿会倾向于睡得不要太深，从而也降低了猝死综合症发生的概率。而同屋不同床，又规避了同床的种种风险。所以，美国儿科学会建议，婴儿和父母睡在同一个房间的两张床上，保持在伸手就能够到的距离，是最合适的。既保证了安全，又使得父母夜里照料婴儿不太麻烦。婴儿猝死综合症听起来很遥远，但其实这种睡一张床导致小孩窒息的案例国内也时有报道。

既然有不小的安全隐患，那支持分床睡的其他理由就显得不那么重要了。美国儿科学会还提到，不建议将两张床拼到一起，且中间没有护栏。类似如下这种：原因是婴幼儿在睡眠中会倾向于向父母的方向移动，从而使得和父母的距离过近，增加风险。

研究者提取了200多个家庭的数据，发现在4个月或者9个月就分房睡的孩子比9个月未分房的孩子夜里睡眠时间平均长40分钟。到30个月时，早分房睡的孩子比未分房的孩子夜里睡眠时间平均长45分钟。同时，夜奶次数也更少。

其原因，目前有一些猜测，认为婴儿和父母在一个房间，会倾向于睡得不要太深，那么离开父母的房间后，自然不会再有这个倾向。另外，也有人认为，婴儿夜间有时会醒来，睡在一个房间的孩子会立刻得到父母的帮助，而分房睡的婴儿因为无法及时得到父母帮助，反而更容易学会自己再次入睡的技巧。基于这一科研成果，研究人员认为在9个月以前就分房睡的孩子，后续能拥有更好的睡眠质量。同时考虑到6个月以前是婴儿猝死综合症高发的年龄，所以这一派研究人员建议6个月以后考虑分房睡是合理的。

有一段时间，悦悦和她妈妈的睡眠很不安稳。悦悦妈妈一向有点失眠，却不知道是什么原因导致悦悦睡眠不安稳。妈妈相信，自己的心态和情绪对孩子的影响堪称巨大！只是，悦悦还是要妈妈抱着入睡。一个坏习惯一旦形成，要去改变真是一个漫长而艰辛的过程。大约是1岁的时候，

妈妈开始纠正悦悦的睡眠习惯。悦悦已经习惯趴在妈妈的肩膀上入睡，躺在床上就睡不着，哪怕上下眼皮打架了，躺在床上就会惊醒，必须等睡熟了才能放到床上。

那时悦悦的睡眠比同龄小朋友要少，别人能睡十二三个钟头，悦悦只能睡十个钟头左右，如果中午睡了午觉，晚上必定到11点以后才能入睡，并且午睡要在床上玩1个小时左右才能入睡。刚开始，妈妈从午睡开始纠正，让悦悦自己睡在床上，妈妈给她讲故事或者唱歌，要求她好好盖着被子，不能掀掉。不过悦悦根本不能老老实实躺在被子里，总是一会儿坐起来，一会儿站起来。往往妈妈讲得口干舌燥，悦悦还是没能睡着，最后还是抱在身上睡着的。

后来，妈妈发现不睡午觉，悦悦晚上容易入睡一些。于是妈妈不再试图让悦悦睡午觉，如果上床后15分钟没睡着，妈妈便让她起来玩。同时，加大她的活动量，消耗她的精力。晚上准点洗脸刷牙上床，全家熄灯关电视。一躺到床上，悦悦的名堂可真多呀，一会儿要喝水，一会儿要尿尿，一会儿这里痒，一会儿那里痛。妈妈知道她这是找种种借口不想睡觉。折腾了一阵后，悦悦缠着妈妈讲故事，讲得妈妈口干舌燥、昏昏欲睡，她还没有睡意。最后妈妈索性不讲了，自己睡自己的，随便她去折腾。过了一阵，悦悦实在是无趣，竟然自己睡着了。从那以后，妈妈每天都是晚上9点半上床，不管是在自己家还是走亲戚，这个时间都雷打不动。上床后妈妈既不讲故事，也不唱歌，由悦悦自己睡，她基本上在15分钟之内能睡着。

睡觉和吃饭一样，是人的本能，困了就要睡的。很多孩子入睡困难，排除疾病和身体因素后，一般是因为缺乏安全感和没有养成良好的睡眠习惯而引起的。像悦悦小时候这样，主要就是受妈妈情绪的影响，没有建立稳固的安全感而导致睡眠不稳。良好的睡眠习惯也非常重要，要做到不要哄、按时睡、不怕吵这几点。

不要哄。反思悦悦妈妈的经历，哄孩子睡觉就是最不可取的。孩子从一出生，家长就应该让孩子自己躺在床上睡，不要哄，不要把孩子抱在手上睡，也不要在摇篮里摇着睡。如果抱着睡或摇着睡形成习惯，孩子就会习惯在抱着的状态或摇着的状态入睡，一旦不抱或不摇，孩子就睡不着。孩子上床后，既不要给孩子唱歌，也不要给孩子讲故事，可以播放优美舒缓的音乐，让孩子在轻柔的音乐声中入睡。自己睡的习惯越小越容易养成。另外，妈妈发现要孩子睡觉，妈妈自己先不能急，如果你急于让孩子睡着，孩子又不能很快睡着，你便容易烦躁，你一烦躁，孩子就更睡不着。倒不如放松一点，不急于要求孩子睡着，冷静地观察孩子有些什么"招数"，等招数使尽，孩子疲劳了就睡着了。

按时睡。孩子要定时睡觉，最好让孩子在晚上9点以前进入梦乡。这是因为宝宝的身高和生长激素有一定关系，而生长激素是在睡眠中由脑垂体分泌出来的，一般生长激素在深睡1小时以后逐渐进入高峰，一般在晚上10时到凌晨1时为分泌高峰，占总分泌量的20%～40%。孩子晚睡就可能错过生长激素分泌的高峰，影响长高。对于孩子来说，固定在某一时刻做某件事，便会形成规律，所以要孩子按时睡觉，就必须建立有规律的作息，按时吃饭、按时洗漱、按时起床。每天晚上8点半便可刷牙洗脸洗脚，洗漱完毕准点上床。坚持一段时间后，孩子便会习惯准点睡觉。

不怕吵。这一点非常重要，高质量的睡眠是不容易惊醒的，容易被吵醒就说明睡眠不深。悦悦刚出生，妈妈婆婆就说，对孩子不要轻手轻脚，以免日后睡觉怕吵。她老人家的观点真是真知灼见，事实证明确实如此。可惜这一点妈妈并没有做好。由于妈妈睡觉怕吵，在妈妈带着悦悦睡的时候，屋里必须保持安安静静，否则会吵醒妈妈。由于习惯了在安静的环境中睡，所以悦悦小时候睡觉也怕吵。后来，妈妈的失眠问题解决后，悦悦也逐渐睡得沉一些了，妈妈不再像以前一样蹑手蹑脚地出出进进，悦悦慢慢变得不怕吵了，睡着后妈妈在旁边说话笑闹丝毫没有影响。

孩子养成了好的睡眠习惯，对身体和心智都大有帮助，同时，家长也会轻松许多。有些孩子晚上哭醒好几次，有些孩子午睡一二十分钟就会醒来一次，并且号啕大哭……

孩子睡眠不稳是普遍存在的问题，导致孩子睡眠不稳的原因，有可能是父母情绪的影响，比如母亲孕期失眠、精神紧张焦虑对胎儿进行了不好的胎教活动，或者产后失眠焦虑影响孩子情绪，孩子自然睡眠不好；第二个原因，也许是生理缺钙。

# 限制孩子吃零食

说到吃零食，家长们都感到头痛，几乎没有一个孩子不爱吃零食。很多孩子为了零食可以说是十八般武艺都用上。有的孩子只要到了超市，就吵着要买各种各样的零食，不买不走；有的孩子为了吃零食撒泼耍赖，大哭大闹，不全部"扫光"不罢休；有的孩子更绝，进了超市后，先以迅雷不及掩耳的速度把零食的包装撕开，然后慢条斯理地开吃……他知道撕开包装后爸爸妈妈不买都不行。

孩子在生长发育阶段，正常的一日三餐可能无法满足孩子每日的成长需求，所以加餐和零食有时是不可缺少的。不过现在一提到零食，大家脑海中蹦出来的图像一定是薯片、膨化食品、饼干、蛋糕、派这些大量脂肪、精制糖和大量食品添加剂的"现代零食"。即便是瓜子、薯干这样的天然食品，也放入了盐、甜味剂、增香剂、色素甚至明矾，香味固然更浓，健康好处却打了很大折扣。

很多人以为零食就是巧克力、薯片之类的，可零食本来就是在两正餐之间吃的少量食物，只是现在很多商家出的小零食是热量、色素等都十分大量的不健康食品，才会混淆了我们对零食的概念。

孩子到了3岁便到了爱吃的年龄，对各种零食没有任何抵抗力，做父母的难免会有种种担忧：不让他吃，看着他可怜巴巴，又担心使其丧失了抵抗诱惑的能力，很多青春期的孩子就是因为抵御不了各种诱惑，走上了邪路；让他吃吧，他又没有节制，吃多了会影响正常吃饭，而零食里有各种添加剂，还怕影响发育。总之，一遇到孩子缠着你要吃零食，很多父母便会陷入两难的境地。在孩子的成长过程中，类似于零食这样的事情经常让做父母的为难，不知道怎样处理才对他们更好。

零食既要让孩子吃，但也要让其学会克制，那么如何做到呢？可以分以下几步走：

1、满足孩子对零食的欲望：当他们看到别的小朋友吃或对售卖的某种零食有强烈的欲望时，无论该零食在家长眼里是怎样的不值或不卫生，也要首先买给他，很有可能在他吃了几口之后便会放弃，这时也不要强迫他吃完，更不要威胁他以后不买。让孩子感受到父母的爱。

2、让孩子自己选购爱吃的零食：有些家长觉得好的零食，孩子不一定喜欢，这就需要定期带他们到超市由他们自己选购，并允许他想吃的时候吃适当的量。把选择权给孩子可以培养他们的独立意识。

3、与孩子订立规则，而不是无限制的满足：月华妈妈在书中提到一个办法，就是每周四固定带孩子到超市，只给他二十块钱，告诉他一周只能吃这个范围内的零食，超出以后就只能等下周。这样不仅能使孩子有遵守规则的意识，还可以让他学会节制。

4、家长要信守承诺：答应给孩子买的零食一定要记得，并要去买。只有让孩子觉得父母是言而有信的，他才愿意听你的话，愿意主动遵守你们的约定。

5、孩子哭泣的时候要理解他并给他安慰：当他们买零食超过了二十块钱但还想要的时候，如果父母拒绝，他们难免会哭泣。这时候父母不能强制性的拉走孩子或者满足他，而是要蹲下来抱起他跟他讲："妈妈知道你不能吃那个零食很难过，如果是妈妈，我也会哭，可是规矩就是这样啊，我们没有别的办法，只能等下次再买或者多攒几周钱才能买啊。"给他充分的理解和安慰，直到他不哭为止。让孩子懂得难过是很正常的，但要学会克制。

若想让孩子自觉地少吃零食，关键在于提高孩子的自律能力，而不是大人时时刻刻监督。如果时时需要大人监督才能少吃零食，那么在没人监督的情况下，孩子就会抵挡不了零食的诱惑。如何提高孩子的自律能力，在"适度和自律"一文中有详尽的阐述，这里就不再赘述了。另一方面，对于零食，家长不能限制过度，限制过度会让孩子更加想吃，自己家没有，就会想别的办法，甚至伸手拿别人的。

这是一位家长写的信：

"孩子3岁5个月，在幼儿园上小班，平时对他吃零食控制得比较严，因为吃多了零食不爱吃饭，所以一般是在饭后才给他糖果、蛋糕之类的。就是平时家里有好吃的，也都会先藏起来，等他表现好时才拿出来给他。但是最近发现他在幼儿园拿小朋友的糖果吃，有三次了。第一次是在小朋友放书包的柜子里，小朋友掉的没拿回家的他捡来吃；第二次是看到小朋友书包边的口袋里有糖，他也拿回来吃，妈妈和他爸问他，他如实地告诉妈妈糖是怎么拿的；第三次是妈妈发现他拿了糖，可能口气上不是很好，孩子跟外婆撒谎说是爸爸给的，不过妈妈问他的时候他还是说了实话。妈妈突然意识到了可能是平时限制他太多，不准他吃这个，不准他吃那个，造成糖果对他的诱惑力太大，再见到小朋友的糖果时，实在是无法克制。于是，妈妈就带他去买了很多糖果回家，每天在他的书包里放一点，让他知道自己书包里有好吃的，希望他不再去在乎别人的好吃的。请问您能否给点建议？"

这位妈妈起初对零食的限制有些过度，"不准他吃这个，不准他吃那个，造成糖果对他的诱惑力太大，当他见到小朋友的糖果时，实在是无法克制"，以致伸手拿了小朋友的糖果。过度地限制零食对孩子其实是一种压抑，人都有一种这样的心理：越是得不到的就越想得到。孩子也不例外，对于孩子来说，越不给他吃零食，他就越想吃，吃零食的欲望在大人的压抑中被强化了。自己家没有零食吃，就去拿别人的，这个孩子就是这样的心理。

平时把零食藏起来，只有表现好的时候才拿出来给他吃。这是很多家长的

227

常用做法，但这样做很不好：其一，零食买回来却藏起来，这实际上就是不信任孩子，在防备他，这给孩子的感觉很不好。想想，藏起了零食就能熄灭孩子想吃零食的欲望吗？还是在藏藏掖掖中勾起了孩子更加想吃的冲动？如果孩子控制不住这种想吃零食的欲望，是不是会翻箱倒柜四处去找？藏零食是处理孩子吃零食的最糟糕的方式，这实际上是"引诱"孩子偷零食吃。其二，表现好才拿出来给孩子吃，这是把零食当做了奖品，传递给孩子的信息是：零食是一种奖励，是一种好东西。这是在间接鼓励孩子吃零食。

有家长可能会疑惑了：既不能过度限制，又不能把零食藏起来，那该怎么办呢？难道买回零食摆在孩子眼皮子底下，让孩子自己吃？那岂不是对孩子的诱惑更大？那孩子还不一次吃个够？其实不会，如果家长不藏零食了，孩子对于家里摆在桌子上的零食反而不经常拿了，每天在他的书包里放少量他爱吃的零食（尽量是健康食品），让他自己有好吃的，他也不再拿别人的零食了。最为可喜的是，孩子能在大人的提醒之下保持适度了，比如约定只吃2块饼干，他就决不吃第3块了。孩子都有"向善"的心理，如果妈妈充分信任孩子，孩子是不会辜负妈妈对他的信任的。

从这个案例可以看出，对于零食，妈妈不能"堵"，只能"疏"。正确的做法是把吃零食的控制权交给孩子，建立简单的规则，比如饭前不能吃、睡前不吃、不能多吃等，让孩子自己保管零食，并且决定什么时候吃。买零食的时候，让孩子选择自己喜欢的零食。买回家后，放在孩子便于拿取的地方。妈妈对悦悦就是这样做的，妈妈从来不藏零食，而是把零食放在悦悦方便取放的地方，或者由她自己找地方存放。

有一次，朋友送给悦悦一箱旺仔牛奶，妈妈和她约定，一天只能喝一盒。悦悦迫不及待地打开一盒，一口气喝光了，觉得还不过瘾，哼哼着还要一盒。妈妈说约定好只能喝一盒的啊，要适度，等明天再喝吧。悦悦知道要遵守约定，也知道吃任何东西要保持适度，于是不再坚持。她把牛奶收到小橱柜里，乐呵呵地干别的去了。第二天早上，悦悦一睁眼就说要喝旺仔牛奶，喝完一盒后便自觉地把柜子关好，不再要求喝第二盒了。最有意思的是，剩下最后3盒的时候，悦悦先自己喝了一盒，然后把剩下的两盒分给了妈妈和她爸爸。妈妈故意逗她，"只剩下两盒了，你都给了妈妈，你就没有喝的啦。你不留着自己下次喝吗？"悦悦说："喝够了，妈妈昨天、前天，还有四天（意思是前面好几天）都喝了，够了。"看着她那张笑靥如花的小脸，一股感动的暖流涌上妈妈心头。

此外，家长要以身作则，自己做到少吃零食。有的家长想让孩子少吃零食，自己却很喜爱吃零食，这样是非常糟糕的。如果连家长都做不到少吃零食，怎么能要求孩子做到呢？家长能吃零食，孩子就不能吃，还跟孩子说什么"小孩子不能吃，大人才可以"，这更是错上加错，只会引起孩子更深的抗拒。

我们可以把宝宝吃的零食分为10大类，根据每一类零食的营养特点和制作方式，又划分为三个推荐级，即"可经常食用""适当食用""限量食用"。"可经常食用"的零食。

第一类零食营养素含量丰富，同时多为含有或添加低油、低盐、低糖的食品和饮料。这些食物既可提供一定的能量、膳食纤维、钙、铁、锌、维生素C、维生素E、维生素A等人体必需的营养素，又可避免摄取过量的油、糖和盐，属于有益于健康的零食。"适当食用"的零食营养素含量相对丰富，但是却含有或添加中等量油、糖、盐等的食品和饮料。"限量食用"的零食从营养学角度含有或添加较多量油、糖、盐的食品和饮料，提供能量较多，但几乎不含其他营养素。经常食用这样的零食会增加患超重、肥胖、高血压以及其他慢性病的风险。但此处的"限量"，并非禁止。

新鲜果蔬类食物含有丰富的维生素C、维生素B、钾、镁、钙和膳食纤维等有益于健康的营养成分。可经常食用：新鲜蔬菜、新鲜水果。如西红柿、黄瓜、香蕉、梨、桃、苹果、柑橘、西瓜、葡萄等。适当食用：用糖或盐加工的果蔬干。如海苔片、苹果干、葡萄干、香蕉干等。而神守果干不添加任何其他糖类或者盐类等产品，纯鲜果冻干，故可以经常食用。限量食用：罐头、蜜饯。例如水果罐头、果脯等零食含有较多糖而且制作中损失了部分营养素，要限量食用。奶及奶制品奶类是含钙最丰富的天然食物，同时含有丰富的优质蛋白质和核黄素等重要营养素。

可经常食用：优质的奶类零食。如纯鲜牛奶、酸奶等可以作为正餐中奶类食物摄入不足的重要补充。适当食用：奶酪、奶片等奶制品。限量食用：炼乳等通常含糖较多的食品。此处该强调的是乳饮料、乳酸饮料不属于奶类，不可以替代纯牛奶。坚果类零食坚果如核桃、瓜子、花生、腰果、松子、杏仁、榛子等富含优质的植物蛋白、钾、镁、磷、钙、铁、锌、铜等矿物质，也是维生素E、维生素B1、维生素B2、烟酸、叶酸以及膳食纤维的良好来源，是一类营养价值较高的零食。

可经常食用：在制作时不添加油脂、糖、盐的花生米、核桃仁、瓜子、大杏仁及松子、榛子等。适当食用：一旦上面所说的坚果穿上油脂、糖、盐的"外衣"，就属于"适当食用"的零食了，例如琥珀核桃仁、鱼皮花生、盐焗腰果等。

坚果的味道，不少小孩子都是较喜欢吃的，香香甜甜，咬起来脆脆的，坚果除了口感不错，它含有丰富的蛋白质、维生素和不饱和脂肪酸，经常吃些坚果对人的大脑都是有好处的，小孩子正处于长身体中，平时都可吃些坚果，常见的有核桃、花生、杏仁等，每天坚持吃上一把即可，可不能贪吃，坚果中的油脂量较高，吃多容易上火，经常吃多还可能会肥胖。

酸酸甜甜的果脯类零食也同样受到小孩子的喜欢，果脯类零食都是用水果制作成的，口感酸甜外，还保留大部分营养成分，如维生素、果酸、矿物质等，其中维生素含量较高，小孩子平时不乐于吃青菜或水果的，都可以吃些果脯零食来补充维生素，常见的果脯零食有葡萄干、桃干、草莓干、芒果干等。

鱼类零食的口感丰富，不管是小孩，还是大人对这类零食都喜欢品尝，不同种类的鱼，制作成的鱼类零食，给人的口感都一样，有软滑的，有耐嚼的，有酥脆的等，多样鱼类零食给人多种享受，鱼类含有丰富的营养成分，如蛋白质、维生素B、矿物质、微量元素等，吃鱼类零食一样可以给身体补充所需营养成分。常见的鱼类零食有鱿鱼丝、鳗鱼丝、黄花鱼等。

# 孩子爱撒谎怎么处理

子浩的姨妈开了一个小超市，7岁的子浩经常到超市去玩。有一天，姨妈发现子浩趁人不注意的时候从店里拿巧克力，这让她大吃一惊。开始她以为，孩子小，拿点就拿点吧。后来她发现子浩又拿笔、小刀和乒乓球，而且总是在环顾四周没人的情况下偷偷塞进口袋，等做完了这些，他还装得极为正经，对姨妈的询问装傻充愣，俨然一个十足的小偷。姨妈觉得再不指出来会毁了孩子。一天，姨妈趁店里只有她和子浩两个人时，用很温柔的眼光看着他，将他抱在膝头。然后告诉他，她听说昨天有人从一个店里偷东西的事，她接着讲自己在五年级时，曾从店里偷过橡皮。她知道这是小偷行为，心里很害怕，这样做后，很长时间都觉得惭愧，有犯罪的感觉，所以认为这样做很不值得，不应该，以后便不再这样做了。子浩听得面红耳赤，他对姨妈说："我知道错了。我下次再也不会偷拿别人的东西了。"

姨妈没有简单地指责、训斥或简单地对子浩进行说教，也没有使子浩感到自己的行为显示自己是一个坏人。他们一起探索了为什么不该偷东西，偷东西对社会利益与他人利益的损害。作为家长，妈妈要建立一个免于孩子偷窃的环境。

下面是很久以前的一个故事。

　　某个小学内发生了偷窃事件，当时的老师让班上的学生会干部留在教室，一个个询问是否偷窃。结果，偷窃者是一个女孩子，扛不住压力自己承认了。于是，这个女孩子在众人面前被指为小偷。从那以后，她不但没有改过，反而步向仇视社会的人生。虽然她当时在压力下没有撒谎，也不只是这次事件逼得她如此，但她已被烙上"是坏孩子"的烙印。

对青春期的孩子而言，斥责或处罚，如上述之事例，都会造成极大的伤害，使往后的人生被烙上烙印，一定要加以注意。这比找到钱更为重要。

常常听到父母的求助：

"孩子会从妈妈的钱包偷钱，怎么办？"

通常的回答是：

"家里不要放太多的钱，要把钱收好，想办法不要让孩子拿到。"

最重要的是建立一个让孩子不会想做坏事的环境。另外一点是不要去找"犯人"。应该怎么做呢？举例来说，大家一起吃饭聊天的时候："觉得钱包里的钱好像短少了，是不是有小偷进来呢？妈妈很担心。"那么，偷钱的孩子就会知道妈妈已经发现了。接着，因为孩子的个性之故，可能会有如下两种不同的反应：其一是偷偷把钱放回去；另一是对母亲不严厉的态度感到放心，不肯还钱，甚至继续再偷。对待不同的反应，母亲的态度也必须不同。

如果还钱了，就说："好像弄错了，前几天说钱少了，其实是妈妈算错了，对不起。"用很高明的手法假装自己被骗。假如又偷钱，就说："糟糕，钱又少了。妈妈不相信是自己家人偷的，可能有小偷进来，下次钱再少，妈妈要去叫警察了，你说好不好？"这是不再原谅的信号。但是，事先要把情况告诉社区保安，然后请他一起到家里假装调查，并故意在孩子面前说："下次再掉钱，就派很多人来，请马上联络。"

大致上如此施行之后，孩子就不敢再偷钱了。这些动作，对一个母亲而言，应该不是难事。绝对不要对孩子指名怀疑，或是当检查官找出"犯人"。只要让孩子知道父母已经发觉钱不见的事实，以及自己的处理方式就够了。

最好别和犯过错的孩子约定："答应妈妈，以后再也不撒谎了，好不好？"教育孩子时，不断主张"要遵守约定"，不但无法解决问题，对孩子也没有说服力。实际指导可达成的具体方法，才是真正的教育。日本演艺人员黑柳彻子有一部作品叫《窗边的小豆豆》，是一部畅销书。这本书是小豆豆(黑柳彻子)回忆其小学时代的作品，其中有一个单元是"其实你是好孩子"。小豆豆是一个很顽皮的孩子，例如朝会进行时，会把两根小辫的尾端夹在腋下前进，或做一些滑稽的动作逗大家笑。老师总是板着脸大叫："又是你。"

可是，校长先生却未责骂小豆豆，总是说："其实你是个好孩子。"黑柳女士因为校长先生的这句话而勇气大振，自信大增。

阿德勒心理学认为，基本上每个人都是好孩子，并没有坏孩子的存在。以黑柳彻子的情况来说，调皮未必就是坏孩子，应该说是好孩子偶尔顽皮一下，假使孩子说谎，并不表示他就是坏孩子。

没有本来就爱说谎的孩子，只是好孩子偶尔撒撒谎、恶作剧一下。所以，父母不要因为孩子说谎而责骂他是坏孩子。好孩子的行为不一定完全都是好的，偶尔也会有说谎的坏行为。最重要的是可否成为大多数行为是好行为的人。不要认为有恶行为的孩子就一定是坏孩子，应该认为是好孩子偶尔说谎，并用切实可行的方法帮助他们改正，这样，孩子一样可以成为有用的人，孩子也可以跟小豆豆一样增加自信。

另外还要提出的一点是，对于几乎不做坏事的孩子，总是赞美他"好孩子、乖孩子"也不太对。对孩子而言，常被称赞为好孩子，为了避免违背父母的期待，反而会增加许多压力。万一无法面对父母的期待，会有很大的挫折感，可能会成为说谎惯犯的危险性很大。所以，不要只关心孩子的性格与人品，要注意他的行为，当他有好的行为，不要总说"好孩子"，而要说"这个行为很好"。

孩子说谎时不要斥责他"说谎是不对的"，应该问他：

"你是好孩子，为什么偶尔会说谎？"

那么孩子就会想：

"原来如此，我是好孩子，但是偶尔会说谎，这种不对的行为以后不能再做了。"

现在的家庭条件好多了，人们再也不会为吃穿发愁。应该说，孩子偷东西的事是不会发生的。但是，妈妈又发现，即使生活条件很好的家庭，也时常会出现孩子偷拿别人东西的事情。

从儿童心理学来分析，孩子撒谎或偷拿别人的东西是由两种心理因素引起的：一是孩子有一种强烈的占有欲望，他对自己没有玩过的东西，既好奇又想获得，而且企图马上获得。在私欲的引领下，他便悄悄将别人的东西据为己有。另一是孩子有一种异乎成人的冒险心理，他们心想，我做了个刺激的错事，还骗人了，过程只有自己知道，别人却不知道，这是多厉害和神秘呀。撒谎、偷东西的行为大多发生在孩子幼年时，大多数孩子并不清楚这两种行为的卑劣之处。因此，家长要注意在这个方面进行正确的引导和教育。

在对孩子进行此方面的教育时，同样要注意方式方法，不能光是没完没了的责备，要做到不伤害孩子的自尊心，不激发他们的对抗与报复心理，或产生对自身的厌恶，从而失去自信心。妈妈要针对事情，而非人的本身。明智的教育既能使孩子改正自己的不良行为，又能树立正确的道德观，保持良好的心态，增加对别人的关切之情。

父母应随时随地教育孩子有关整个社会必须遵守的行为规范，懂得作为社会的一分子，要学会约束自己的行为，不给他人造成伤害。惟有如此，社会每个成员才可以享受平等、幸福的生活。

多伦多大学研究孩子撒谎20年的发展心理学家表示，孩子撒谎非常正常。通常来说，孩子会在两岁半到三岁时开始说谎，常常是为了掩盖他们的小过错。

在1989年的一次经典研究中，新泽西医科大学的研究者把一些3岁的小孩带进一个房间让他们面对面坐下，房间里安装了隐藏摄像头和一个单面玻璃镜。研究者们告诉孩子，他们会放一个"惊喜玩具"在桌子上，要求孩子们不可以偷看。然后研究者离开了房间。每当发现孩子偷看（绝大多数孩子都这样做了），或者每隔五分钟，他们就会回到房间，问孩子有没有偷看。结果，有38%的孩子撒了谎，说他们没有偷看玩具。2002年，团队又做了一次类似的实验，结果发现54%的3岁孩子撒了谎，而在4~7的孩子中，撒谎的比例超过了75%。

说谎也是成长。孩子说谎并不意味着他们在走上歪路；正相反，说谎可能标志着他们正在发展重要的心理技能。心理学家认为，这是一种让儿童能够意识到别人与自己有不同的信念的能力。比如，孩子必须很清楚，自己打破了花瓶，自己知道，大人却不知道，这样他才能够撒谎。还有一种心理技能，是让儿童能够对自己的思想、行为及情绪等进行有意识控制的认知能力，被称为执行功能。这是一种复杂的技能集合，包括了记忆加工、抑制控制和计划能力：

为了说谎，你的孩子必须要隐瞒事实真相，编造出另一个现实，给你讲故事，且牢牢记住它，不能前后矛盾。所以，撒谎证明孩子在发展重要的认知技能，但矛盾的是，他们之所以撒谎，也是因为他们的认知能力还不够成熟。其中部分原因是，他们很难自我控制，但又不想承担担违抗家长的后果。

想要减少孩子说谎，最简单的做法就是，不要设置让他们撒谎的局面。如果已经知道你家小孩吃了最后一块饼干，就不要再质问他："是不是你吃了最后一块饼干？" 这样的质问其实是在引他说谎，因为他可以感觉到自己遇上麻烦了，而他一定会想尽办法避免。其实，你可以这么说："我知道你把最后那块饼干吃了，所以现在才没有胃口吃饭了。这样做的代价就是，你明天没有饼干吃了。"

如果你真的很想从孩子那里听到实话，就要提前让他承诺他不会撒谎。这听起来可能有点傻，但一些时候确实管用：有一项研究表明，有16%的3-7岁孩子在答应说实话之后，撒谎的可能性大大降低。另一件绝对不能做的事是，如果你告诉孩子，只要他说实话你就不会生气，结果他说了实话之后你却开始大发雷霆。这是父母最常犯的错误，这样做就等于告诉孩子：坦白从严，抗拒从宽。

但是如果你事先知道自己肯定会发火，比如孩子犯了非常非常严重的错误，那么最好不要事先做出这样的许诺。他已经撒谎了，怎么办首先，撒谎经常是和犯错一起发生的，所以你一定要学会把这两者分开处理。如果你的孩子弄坏了电视，然后承认了自己的错误，你要表扬她的诚实，即便你想因为电视的事暴揍她一顿。你可以这样说："我很开心你告诉我实话，但对打坏电视这件事我还是很生气。"

"简单地说，对孩子说谎最好的处理方式就是保持冷静，利用这个机会告诉孩子诚实的重要性。指出他的错误，告诉他你希望他说实话，并且告诉他为什么说实话很重要。"李康教授说。试着解释信任的重要性。不要因为说谎而惩罚孩子，尤其是学龄前的儿童，因为他们可能还不完全明白诚实的含义。惩罚孩子有可能事与愿违，因为惩罚只能让孩子觉得，他们受到惩罚是因为他们说谎被发现了，所以他们只会在下次撒谎时更加小心一些。相反，在孩子诚实的时候表示赞赏，并向他们强调诚实这种美德，会减少孩子的撒谎次数。

"华盛顿和樱桃树"的故事远远比"狼来了"要有效：前者因为说实话而受到赞赏，后者因为说谎话而遭遇灾难。同时，研究发现，在以惩罚为主要管教措施的专制型家庭里成长的孩子，会比惩罚措施不那么严厉的家庭里长大的孩子更容易撒谎。另外，你也可以放任事情自然发展，让孩子自己认识到说谎的后果。

告诉孩子，如果他继续撒谎，你以后可能就不会一直相信他说的话了。如果你的孩子像我儿子一样，撒谎要尿尿来拖延睡觉的时间，那么就跟他说，在睡觉之前只能用一次尿壶，什么时候用，他可以自由选择。如果他依然在没有尿的时候又想要故伎重演，那么就让他去感受一下不舒服，或者把自己弄脏的感觉。慢慢地，他自然就学到教训了。

如果你觉得孩子撒谎可能反映了更深层的问题，又该怎么做呢？过度说谎，尤其对于大一点的孩子来说，有可能是行为紊乱、注意力缺陷多动障碍、对立违抗性障碍的症状。所以如果你有这样的担心，不妨咨询医生或者儿童心理专家。

一般来说，有行为障碍的孩子不仅仅会经常说谎，他们的谎言通常是很容易被拆穿的那种。较小的孩子通常都不善于编造谎言，尤其当你继续追问他的时候。但到了七八岁，他们的说谎功力就会大大提升。当孩子比较懂事之后，你就要和他探讨关于诚实的更复杂的问题了，因为我们的社会尊重诚实，也在乎礼貌，而这两者有时是矛盾的。

告诉孩子诚实的重要性，但也要引导他不说刻薄的话。如果你自己不诚实，不要期待你的孩子诚实。如果你告诉孩子诚实多么多么重要，然而他却常常看到你通过撒谎逃避责任，那么他就会认为撒谎是一种策略。成人们常常对别人撒谎——对孩子，朋友，父母，电话推销员……甚至我们可能都没有注意到自己在撒谎。但孩子们会注意，并且乐于模仿。所以下次你抓住孩子说谎，问问他是不是跟你学的，然后考虑是不是放他一马。毕竟，永远保持诚实，本身就是一件不太可能的事情。

# 孩子太过任性该如何处理

经常看到一些孩子在家人没有满足他的要求的时候，使出孩子惯用的"武器"来要挟家长。武器不外乎这几种：哭哭啼啼、大发脾气、撒泼耍横、在地上打滚。家长或不堪其扰，向孩子妥协了；或恼羞成怒，对孩子非打即骂，以武力让孩子屈服了；或念念叨叨，说一番大道理，孩子却听不进去。

如果孩子经常使用要挟的"手段"，一定是他曾经成功地用这种手段得逞过。

悦悦也曾有过不守规则而哭闹的经历，那是在她两岁多第一次看巧虎的视频的时候。孩子过久地看电脑或电视，对智力和视力都不利，因此在看之前，妈妈和她约定每天只能看一集，悦悦爽快地答应了。看完一集后，悦悦觉得很不过瘾，还想看一集。妈妈温和地说："巧虎很好看，你很想继续看是不是？可看电脑久了会坏眼睛，你答应妈妈只看一集的，要说话算数。"悦悦实在是太喜欢看巧虎了，大哭起来，一边哭一边哼哼要再看一集。妈妈坚决地拒绝了，在旁边陪着她。悦悦哼哼唧唧哭了一会儿，见妈妈的态度非常坚决，便不再坚持，玩别的去了。自从那次之后，她每次看完一集巧虎都会主动关掉电脑。

在孩子提出不合理要求的时候，不要说教，也不要孩子一哭闹就依从，更不要打骂，正确的做法是简明扼要地讲清楚不能这样做的理由，然后温和而坚决地拒绝。不管孩子哭得多大声，哭得有多久，赖地撒泼得多厉害，家长在一旁平静观察或该干什么干什么，耐心等待孩子的情绪平息。这个过程中，家长最难做到的就是不能保持平静，一不小心就会火冒三丈，只要家长着急上火，铁定就处理不好这件事了。

不少家长问妈妈："我也知道发脾气不好，可妈妈就是控制不住啊，怎么办？"喜欢发脾气的家长不外乎两种原因，第一种是不了解孩子。解决办法是多学习育儿知识，读懂孩子的内心。譬如要挟，孩子也就那几招，如果你了解他的那些招数，知道他下一步要出什么招了，你基本上胜券在握，还要发什么火呢？第二种是家长自身的性格急躁，修养不够。这就需要家长加强自身修养，不断完善自己，别无他法。家长脾气暴躁又没有自控能力的话，孩子怎能不任性呢？家长要以身作则，要做好孩子的榜样，处事的方式客观理性，不要任性而为，孩子才不会任性而为。

有的家长教育孩子非常情绪化，同样一种行为，在家长心情好的时候会被允许，在心情不好的时候就不被允许。这样会让孩子无所适从，慢慢就学会察言观色，揣测大人的心思。有的家长则是不管合理不合理的要求，都喜欢阻止孩子，非要等到孩子哭闹才会满足孩子的要求。"一哭闹，家长就满足"，这实际上是在暗示孩子必须要"哭闹"才会得到大人们的允许。这样的家长在阻止（或拒绝）孩子之前，应该好好想想，这件事是应该严厉禁止的吗？如果不是，就不要等孩子哭闹了再来答应。同样，如果是应该严厉禁止的，就要坚决制止，不管孩子怎么哭闹都不能妥协。

有的家长对孩子的不合理要求不是"威逼"，就是"利诱"，比如和孩子说好了到点回家，可是到点了孩子不回，以哭闹要挟。家长先"威逼"：回不回家？不回下次再也不带你出来了，天天把你关在家。后"利诱"：跟妈妈回家，妈妈去给你买糖吃。这样做，给孩子的负面作用是：家长不可能真的天天把孩子关在家，"威逼"没有兑现，孩子意识到家长这么说只不过是只"纸老虎"，今后不会再相信家长的话，家长会失去在孩子心目中的威信；"利诱"容易兑现，兑现后孩子会觉得哭闹要挟就是好，还可以"得利"，这不是在助长孩子下次继续要挟吗？

其实，孩子的要挟无外乎"哭闹""赖地撒泼""打人"等几种方式，孩子喜欢要挟成人是因为他曾经要挟成功过。倘若孩子要挟几次未成，便会意识到要挟无用，从而慢慢放弃这种方式。还有一个关键的地方，就是所有在场的大人要态度一致。孩子是最敏锐的，只要现场有一位成人有一丁点袒护，他就会将要挟进行到底。

但是，孩子的哭闹不一定全是要挟，有时是家长没有理解孩子，阻止了孩子的内心成长需求，是孩子略略的反抗。有的家长对于什么是合理行为、什么是不合理行为界定得非常模糊，有的甚至自己都拿捏不准哪些应该允许，哪些应该严厉禁止。这样会让孩子感到混乱，不知道哪些行为是合理的，哪些行为是不合理的，所以孩子会闹着要满足他的要求。前面说过，只要孩子的行为不破坏环境、不伤害自己、不妨碍他人，妈妈都应该视为合理行为，对此，家长应该抱以支持和理解的态度，孩子的这些行为是不需要经过成人允许的，他有自己决定的权利。家长要"懂"得孩子，把自己降到孩子的高度，从孩子的视角去看待、去思考，尊重孩子的合理要求，给孩子决定权。切勿把孩子内心成长的需求当做无理要求。而对于不符合上面几条的，则视为不合理行为，应该坚决制止，不论孩子怎么要挟都不要迁就。

孩子喜欢提一些无理要求，特别是跟小孩一起上街的时候，看到商场里眼花缭乱的玩具，看到游乐场好玩的设备，经常买了一个要买两个，玩了一次要玩两次，家长不满足他们的要求，孩子就"威逼""利诱"。通常，家长对这样的孩子没有什么办法。有些家长要么就在孩子的"威逼利诱"下顺从了孩子的无理要求，要么就发脾气。

家长如果顺从了孩子的无理要求，以后孩子还会有更多的无理要求，在家长不同意的情况下，孩子就会使出惯用的"武器"来要挟家长，因为他曾经成功地用这种手段得逞过。在这样的情况下，家长没有不败给孩子的。

家长如果发脾气，第一是家长不了解孩子，第二是家长自身性格急躁，这对亲子关系是个考验，到这个地步，事情铁定处理不了，结果会是两败俱伤——家长脾气越来越暴躁、孩子心理受到伤害。正确是做法是：在孩子提出不合理要求的时候，不要说教，也不要孩子一哭闹就依从，更不要打骂，要简明扼要地讲清楚不能这样做的理由，然后温和而坚决地拒绝。

# 让孩子不再挑食

孩子不好好吃饭是一个普遍的问题，这个问题让不少家长感到头疼。

笑笑一天光吃饭就要花四五个钟头，每餐都要追着喂，含着饭在嘴里不吞。悦悦的好朋友乐乐吃饭是这样的：先打开电视机，爸爸（或奶奶）用一个不锈钢碗盛了饭和菜在电视机前喂，乐乐一边看电视一边张嘴接饭。老严的孩子凯凯吃饭则是这样的：每餐前半碗自己吃，吃着吃着溜下去玩，奶奶追在屁股后头喂。玩一下玩具，吃一口饭，再玩一下玩具，再吃一口饭……边吃边玩，直至完成"任务"。凯凯奶奶说，如果不喂就只吃半碗，如果追着喂可以吃两碗。

吃饭，是人的本能，饿了自然会吃，为什么在孩子这里就变得这么难呢？先从两个不太常见的三个方面纠正家长的观念：第一，孩子挑食可能是因为大人厨艺不高，饭菜做得太难吃却不自知，如果换了做饭的人，就不会有所谓挑食了；第二，孩子无权决定买什么菜做什么饭，但大人有权利，所以显得孩子挑剔；第三，每个人都有天生讨厌的蔬果、菜肴气味，比如榴莲，比如香椿，比如香芋，比如腐乳，比如茴香，比如鱼腥草，这一点无论多大年纪都改变不了，不能叫挑食。如果这也算挑食，人人都会有饮食障碍了。

排除了以上三个原因之后，再来解决孩子挑食的问题：究其原因，是家长没给孩子一个宽松自由的"吃饭环境"。试想，如果有人给妈妈下达了每顿饭必须吃多少的"任务"，就算对着满桌的山珍海味，妈妈的食欲也会减退几分吧？如果吃饭在孩子心目中成了"任务"，有了压力，孩子不爱吃饭就是理所当然的了。

家长们都希望孩子多吃点，如果孩子某一顿饭吃少一点，家长尤其是一些老人就有些担心：会不会是孩子要生病了？会不会引起营养不良？孩子这么瘦，不多喂点岂不会更瘦？除了疾病因素之外，孩子不好好吃饭纯粹是家长过于担心，给了孩子压力引起的。家长一担心，就要劝说孩子多吃一点，孩子不愿意吃，家长就强行喂一点。只要家长劝说孩子进食或强迫孩子进食，孩子就会产生抵触情绪，失去食欲。妈妈小区的一个孩子，三岁多了，每餐被奶奶强迫喂饭，孩子吃饭那真叫一个痛苦，实在是吃不下了，还要吃完那一碗。妈妈在旁边看着都难受，不要说孩子，换成是妈妈，妈妈也吃不下。

如果把"吃什么、吃多少"的决定权交给孩子，孩子的食欲会好很多。现在的孩子饿不坏，倒是怕撑坏。孩子没有好食欲，正是因为孩子没有尝过饥饿的滋味。只要孩子饿了，吃什么都是香喷喷的。此外，孩子的食量是有差异的，有的孩子食量大，有的孩子食量小，只要孩子的身高体重达标就是正常的。很多家长规定孩子每顿最少吃一碗，一碗饭的任务必须得完成。这样的话，吃饭对于孩子来说就真的是一个"任务"，而不是一种享受。悦悦的食量就属于很小的那种，每餐多则是大半碗，少则是小半碗，食欲差的时候甚至不吃一口。孩子偶尔食欲差，一顿饭不吃是非常正常的事情，家长大可不必紧张。

有家长说："我的孩子营养不良，身高体重都没达标，难道不要多喂一点吗？"营养不良，就更加要培养孩子良好的进餐习惯，而不是每餐追在孩子身后喂。试想，如果孩子想吃，你不喂他也会吃，你要喂，除了形成他的依赖性之外毫无益处；如果孩子不想吃，你要喂，他会有抵触情绪，导致孩子更加厌恶吃饭。追着孩子"喂饭"是非常不可取的，弊端多多。首先，边玩边吃会让孩子形成三心二意的习惯，做事或学习不会专注；其次，不利于养成孩子的独立性，孩子依赖家长喂，不自己动手；再次，不利于培养孩子的责任感，本应自己做的事情却让家长来承担。

有的家长最怕孩子拖拉，吃一碗饭要吃1个多小时，索性赶快喂完省事。悦悦也有拖拉的毛病，妈妈的做法是，给她定一个时间，比如开餐的时候是12点，妈妈就会和她说，到12点半的时候收碗，到点不能再吃，时间一到没吃完也得收。如果到点妈妈没吃完，你也可以收妈妈的碗；如果你没有吃完，妈妈就来收你的碗。悦悦不认识钟，妈妈就说是分针指到数字几（她认识数字，也认识分针），妈妈就收碗。这半小时内，随她怎么拖拉，妈妈不再催她，时间一到妈妈就收碗。被收过两次碗，挨过两次饿后，悦悦知道遵守这一规则了，后来如果偶有拖拉，妈妈会小声提醒，记住到时间妈妈要收碗的，悦悦便心领神会，说要在某点之前吃完。对于年龄小不认识数字的孩子，可以采用定闹钟的形式，闹钟一响就收碗，中间不要催促。孩子是最烦大人催他的，越催越慢。

这个方法的操作关键在于：家长要控制住自己，中途坚决不给孩子吃东西，一定要等到下一顿开餐才吃，真正让孩子为自己的行为负责，为自己的饥饿负责。孩子体验到不吃饱的后果是挨饿后，便会好好吃饭了。

此外，家长烹制饭菜时要注意营养均衡，经常变换菜的种类。把饭菜做得味道可口，色香味俱全，激发孩子的食欲。对于大一点的孩子，还可以让他参与做饭的过程，孩子对自己做的东西格外感兴趣，会吃得更香。

孩子1岁以后，家长就可以让孩子和大人一起坐在餐桌边进餐，孩子最喜欢模仿，跟大人进餐会让他们开心，不要随意改变进餐时间和位置，让孩子心目中形成一种意识：坐在餐桌边才可以吃饭，千万不能追着喂。告诉孩子要一心一意吃饭，不能玩玩具或看电视。吃饭前把所有玩具收起来，电视关掉，避免分散孩子注意力。所有照料人对待孩子都要一致要求，不能爸爸说不可以喂，到妈妈那儿又可以；或者昨天不能喂，今天又可以了。这样会把孩子的心搞乱了，孩子不知道听谁的，良好的进餐习惯将无法养成。

吃饭，是人的本能，但是在大人看来，让孩子吃饭是一件很困难的事情。家长们都希望孩子多吃点，如果孩子某一顿饭吃得少，家长就担心孩子是不是病了、会不会引起营养不良。然后命令孩子"把这个吃了，把那个吃了"。这样，家长严格限制了孩子的"吃饭环境"，没给孩子一个宽松自由的"吃饭环境"。

如果有人给成人下达每顿饭必须吃多少的"任务"，就算对着满桌的山珍海味，成人的食欲也会减退几分。大人这样的行为，无形中在孩子心目中成了"任务"，有了压力，孩子不爱吃饭就是理所当然的了。以现在的物质条件，孩子饿不坏，也许会撑坏。所以，家长要正确看待孩子不吃饭的问题。

孩子没有好食欲，一个原因是孩子没有尝过饥饿的滋味；另一个原因是孩子的食量有差异，有的孩子食量大，有的孩子食量小，只要孩子的身高体重达标就是正常的。有的家长最怕孩子吃饭拖拉，一碗饭要吃很久，索性自己拿了碗给孩子喂饭，喂完省事。这样最不可取。如果怕孩子吃饭时间长，可以跟孩子商量一个双方都能够接受的时间，让孩子吃完饭，如果吃不完，立马把碗收了，饿了一顿，孩子就会记住饿肚子的感受了。

家长要以身作则，想要孩子养成什么样的吃饭习惯，家长要就要怎么做。孩子最喜欢模仿，家长就可以让孩子和大人一起坐在餐桌边进餐，不要随意改变进餐时间和位置，让孩子心目中形成一种意识：坐在餐桌边才可以吃饭，吃饭要一心一意，不能玩玩具或看电视。

# 孩子真正的起跑线

　　一个晴朗的春日，气温突然升高，妈妈担心搁置在竹筐里米糠中的鸡蛋会变质，欲把鸡蛋拣到篮子里再放入冰箱。悦悦平时非常乐意和妈妈一起干家务，这次也不例外，她兴致勃勃地和妈妈一起在米糠中"刨鸡蛋"。悦悦对鸡蛋并不陌生，几乎每天早晨都吃一个，但是零距离接触生鸡蛋，这还是第一次。

　　在拣鸡蛋前，妈妈交代悦悦"要轻拿轻放，否则会打破"。悦悦点头应允，把手伸进筐里，在米糠中淘呀淘呀，淘到了第一个鸡蛋，兴奋地大喊："找到一个了！"然后小心翼翼地把鸡蛋放入篮子里。接着又淘出了第二个、第三个……突然一不小心，一个鸡蛋从悦悦的手里掉下来，落在篮子里，破了。悦悦拿起那个破了的鸡蛋，仔细地观察了一会儿，放下，好像觉得有点可惜。随后，她更加小心地拿竹筐里的鸡蛋，直到把筐里的鸡蛋全部拣完，没再打破一个鸡蛋。

　　妈妈发现一个有趣的问题：刚开始妈妈交代要轻拿轻放，悦悦也按妈妈所交代的很小心，但是仍然没拿稳，打破了鸡蛋，而在打破一个鸡蛋之后，她却没有继续打破鸡蛋。这是为什么呢？这是因为之前她没有"鸡蛋易碎"的体验，所以尽管妈妈有交代，但她仍然是一知半解。打破了一个鸡蛋之后，她有了"鸡蛋易碎"的体验，明白自己应该更加小心地拿鸡蛋了，于是再也没有打破鸡蛋。

　　对于孩子来说，最好的学习就是不断体验。比如认识"鸡蛋"，大人一般会这样教孩子：鸡蛋是椭圆形的，表面光滑，易碎，蛋壳里面有蛋白和蛋黄，味道很鲜美，等等。讲一大堆的概念，孩子还是一知半解，倒不如让孩子拿鸡蛋，摸一摸、看一看、放一放，再打开看看，煮熟了尝尝，孩子在体验中不知不觉就感知了鸡蛋的形状、性质、味道。又如认识"水"，无色无味、透明、可以流动。如果妈妈在课堂上来讲这些，孩子一定会兴味索然，但是如果让孩子去玩水，孩子就能在不知不觉中感知到水的上述特点，他们会用两个杯子把水倒来倒去（感知水的流动），把小手放入水中仍然可以看见自己的手（感知水的透明），用不同颜色的容器装水（感知水是无色的）……

　　遗憾的是，大多数人的教育大多数是"纸上谈兵"，给孩子讲一大堆的概念，很少给孩子体验的机会。

有位爸爸给孩子买有贴纸的书，意在开发孩子的潜能。有个题目是这样的：上方画着一只小白兔，下方画着萝卜、青菜、肉、小鱼之类的食物，问题是"请把小白兔爱吃的食物贴出来"。爸爸指导着孩子把萝卜、青菜贴在小白兔的下方，孩子照做了。妈妈问这位爸爸："孩子喂过小白兔吗？"爸爸摇摇头，说："没喂过。"妈妈说："那你告诉孩子贴贴纸有什么意义呢？"爸爸说："是为了让孩子学习小白兔的食性啊。"妈妈说："想让孩子了解小白兔的食性，直接让孩子拿各种食物喂小白兔不更直观吗？小白兔吃什么不吃什么一目了然，根本不需要大人去教。"这位爸爸恍然大悟，拍拍脑袋说："说得有道理啊。"

这是典型的灌输知识，孩子没有喂养小白兔的体验，他获得的只是爸爸告诉给他的东西。这种灌输式的教育方式不仅没有用处，反而有害处：一是让孩子形成一种被动的思维方式——等着成人来"灌输"，丧失主动思考的能力；二是缺乏亲身体验，面对枯燥的一堆概念，孩子可能会失去学习兴趣。

不仅家长如此，学校也是如此。妈妈的学校教育大多是在教室里规规矩矩上课，很少把课堂搬到户外，也很少给孩子动手操作的机会。在课堂上讲一大堆的"概念"，却不曾给学生一点"体验"，这样的学习又怎么不会让孩子失去兴趣？又怎么能让孩子理解和记住？难怪妈妈的孩子会"高分低能"了。

在日常生活中，妈妈经常给悦悦制造各种体验的机会。一次，悦悦对做饭发生了兴趣，自己舀了一勺米，粗粗地洗了洗，放进电饭煲。妈妈帮她插上插头，她自己按下"煮饭键"，煮的过程中不断揭开盖看看熟了没有。在她的"开开合合"之中，过了比平时长几倍的时间，饭最终还是煮熟了。悦悦迫不及待地盛了一碗，连连说："自己煮的饭格外香！"光白饭（没菜）就吃了两碗。

在妈妈家，悦悦几乎什么都可以体验：拿着安全刀切菜，切好后再炒熟；用迷你撮箕和扫把，自己扫地，看着自己打扫后的屋子，她充满成就感；拿着小锄头挖土种树、种菜；饲养小鸭子、金鱼、虾子、蝌蚪等小动物；吃饭前端菜拿碗，饭后收碗打扫；和妈妈一起做家务，收拾整理物品、抹桌子、拖地板、晾衣服、包饺子、做南瓜饼、炒菜洗菜，等等。孩子非常喜欢参与到成人的活动当中来，在这些活动当中积累生活经验，学习各种知识，这就是"生活即学习"。只要悦悦愿意，几乎任何事情，妈妈都会让她尝试和体验一下。有了各种体验，悦悦在做各种事情的时候非常谨慎，完全不必担心她会被烫伤、切伤、触电，她甚至提醒妈妈要小心被切到、烫到。

除了日常生活中各种"琐事"的体验，妈妈还经常带悦悦到郊外、乡村、江边、公园等地体验，摘果、摘菜、爬山、戏水、捡田螺……在很多同龄孩子忙着学习识字、算术、舞蹈、英语的时候，悦悦在疯玩着，丰富着自己的人生体验。在体验的同时，她不知不觉中学习了很多。很多人见到悦悦，看到她的画，听到她说话、提问，大家会惊叹于她较强的语言表达能力、敏锐细致的观察力、好问爱思考的习惯，纷纷询问妈妈是怎么教育悦悦的。妈妈笑笑说，就是让她不断体验，什么都尝试，这是真正的"寓教于乐"。

孩子6岁以前的学习能力特别强，对于孩子来说，最好的学习就是不断实践、不断体验。很多孩子的父母习惯纸上谈兵——用书本上的字、图等去教孩子识物，很少把"课堂"搬到户外，也很少给孩子动手操作的机会。这是典型的灌输知识，破坏了孩子的学习能力。这些教育方式不仅没有用处，反而有害处：一是让孩子形成一种被动的思维方式——等着成人来"灌输"，丧失主动思考的能力；二是缺乏亲身体验，面对枯燥的一堆概念，孩子可能会失去学习兴趣。家长应该让孩子在日常生活中的各种"琐事"中去体验、学习，经常带孩子到野外、公园、江边、乡村，与大人、小孩接触、交流，培养孩子的语言表达能力、观察能力、思考力，"寓教于乐"。

童话大王郑渊洁对于教育有一个这样的观点，大意是他的教育和学校教育的不同之处在于，学校教育是动物园饲养野兽，喂什么吃什么；他的教育是放养野兽，野兽自己想吃什么自己捕食。他主张要"放养野兽"般教育孩子。妈妈非常赞同他的这一观点。好的教育就是要让孩子自己选择"吃什么"，而不是由老师或者家长来喂他吃。孩子自己选择"吃什么"，他就有兴趣，有主动性，学习就是"美食"，他"吃"起来是一种享受；由成人喂，孩子很被动，没兴趣，学习就是"难吃的东西"，他可能吃得想吐。

下面这两位"差生"的转变，就是因为最后由他们自己选择"吃什么"。

《东方早报》2006年9月份报道过一位叫王楠子的少年，在国内他被教成水泥脑袋，到美国后他被育成年轻天才。报道称，8年前，王楠子是上海某中学一个"标准的差生"，经常被老师"重点关照"，无奈之下赴美求学；8年后，他成了全美动画比赛个人组冠军，并被老师表扬是个"天才"。王楠子后来是费城艺术学院的大四学生，是该校动画专业最出色的学生。

无独有偶，《中国青年报》也曾报道过一位叫牛培行的少年，年仅16岁已拥有6项国家发明专利，17项实用新型专利。从12岁第一项发明至今，已有多项发明获得省市、国家发明创新比赛大奖，并被国内企业及美国投资公司看中，签订购买和投产意向书。而牛培行也不是传统意义上的"好学生"。小学三年级以前，他的学习成绩一直是全校几百名学生中的最后一名。贪玩、不听讲、不记笔记，更不完成作业。"那时，妈妈经常被老师罚站，叫家长也是常有的事。"牛培行说。因为学习差，牛培行在小学就转了3次学，父亲甚至把他送到远在呼和浩特的一所自治区重点小学。

王楠子在国内因为开玩笑、爱接茬、迷恋运动被认为是问题孩子，而这些在美国老师眼里都不成为被批评的理由。一次，他像过去在国内一样插嘴，当堂纠正了美国中学老师的一个错误，没想到，老师当场就说："你真是个天才。""太受鼓励了。"王楠子感叹。正是那些记忆犹新的鼓励促使他真正开始自觉地学习和奋斗，使他开始彻底摆脱了原来差生的自卑心理。

而牛培行呢，不爱上课，就喜欢在马路上或者自行车修理铺捡些废零件，捡回来就开始琢磨，制作一些小玩意儿。看到孩子玩性不改，父母开始送他到培训班学习。让他学电子琴，琴没弹几下，他却在一边不停地鼓捣电源插座；让他学国际象棋，他却闹着要上制作班，后来只好答应两门课一起学。结果国际象棋学了个一塌糊涂，连基本步法都不会走，而小制作却大有进展。从此，他的房间变成了加工厂，床上堆满了各种工具、模型、零件。进入初中，牛培行的学习成绩有所长进，发明创造也进入了高峰。

许多家长认为智力发展最重要，"学好数理化，走遍天下都不怕"。于是，孩子入学前，父母以他能否按要求算对一道题或者能背诵一首诗，来判断孩子是否聪明，是否有用。孩子入学后，考试成绩就成了父母和老师判定孩子是否聪明的标准。一些家长反对孩子当干部，怕影响学习；反对孩子为同学做好事，认为没有用。只要自己孩子学习好，能考得上大学就行了。实际上，这是对人才理解的偏颇。考试分数并不能完全真实地反映一个人的水平，尤其是一个人的能力从分数中是很难看出来的。这种追求分数否认素质教育，必然造就一批"高分低能"或"低分低能"的人，这种人并非当今社会所需。

　　1987年1月，75位诺贝尔奖得主聚集巴黎。有人问一位获奖者："您在哪所大学、哪个实验室学到了您认为最主要的东西？"白发苍苍的学者沉思片刻，答道："幼儿园"。"在幼儿园您学到了什么？""把自己的东西分一半给小朋友；不是自己的东西不要拿；东西要放整齐，吃饭前要洗手；做错事要表示道歉；午饭后要休息；要仔细观察周围的大自然。"

　　这位科学家的回答耐人寻味。一个人能否成才，是智力因素和非智力因素综合作用的结果。这位科学家谈自身的成才体会，避开了早期智力开发的作用，强调品德文明的养成，确实抓住了问题的精髓，这位科学家的意思无外乎说非智力因素更重要。

　　非智力因素相对于智力因素来说，就是指除了智力因素以外的，人的其他一切心理因素，如情绪、情感、意志、性格、兴趣和动机等。一个人能否成才，往往不完全和他的智力因素成正比，决定人的成就高低的最明显的原因是意志品质，成功与人的自信心、顽强、独立性、坚持性等有着密切的关系。超常儿童的共同特点是他们具有良好的坚持性、目的性和进取心。性格、意志等非智力因素虽然本身不属于智力因素的范畴，但是他们却制约着人的智力活动的进程和结果，能够提高孩子们探索、学习的积极性，使感知、注意、记忆、想像、思维等处于活跃状态，并能承受一切困难和挫折。

　　做人与成才，本是辩证的统一，一些家长却往往更看重后者。他们抱着唯智力论，只重视孩子的智力开发，忽视孩子思想品德的培养。他们以为只要孩子好好读书，多学知识就可以了，不必过问孩子的品德。有关调查资料显示：一些城市家庭对子女的教育观点和方法实在令人担忧，他们中大多数偏重智力教育与投资，只有20%的家长认为德育比智力更重要。"望子成龙"之心远甚于"望子成人"。这无疑会造成孩子的畸形发展。

　　西安市某幼儿园举行智力竞赛，有一个项目很简单，赛场放着10只小方凳，其中有一个翻倒在地。老师把参赛的儿童挨个叫上来后，示意他们坐下来，只有一个孩子把翻倒的凳子翻过来，并用手绢擦擦坐在上面。这件事给人们留下了串串深思。不能责怪孩子，责任在父母，许多家长在独生子女的教育中只看重智力教育，忽视品德发展。因此在投资上表现为只要和学习有关的不论花多少钱都可以，而思想品德方面的投资则十分不情愿。有的家长为了让孩子好好读书，电视、报纸及与"学习"无关的书都不让孩子看，认为影响孩子的学习。更有甚者，学校组织的每周一次的公益劳动，个别家长竟然告到教育局，说这样做不符合要求，影响孩子的学习。

河南省第一中学的"神童"们的沉浮很能给家长们一些启示。1989年，河南新乡一中从小学生中招收了30名11岁以下的"神童"组建少儿实验班。用四年完成初中和高中6年的课程，进行快速培养人才试验。5年过去后，老师们得出了许多与望子成龙的家长们的想法相悖的结论。据悉，少儿班的第一届毕业生，有28人参加高考，主要学科的平均成绩都高于本校的高中班，9人被高校录取，但是仍有一些学生不如人意，像王安石笔下的"仲永"一样，令人扼腕。

有一位同学，入校智商测试是134，居全班第二，他爱好计算机，星期日能在机房泡一天，曾获得全市计算机竞赛二等奖。一年级时，一个教授到学校讲解国际中学生奥林匹克数学竞赛难题，老师还没反应过来怎么回事，他就准确地解答出来了。他的数学、语文、生物都是班上第一，作文也多次被当做范文在班级宣读。但是，他自制力太差，上小学时，功课对他没有压力，上课总是好动好说，老师因为他聪明，也没有强求，"只要不影响别人就行了。"家长也觉得他聪明，高人一等，宠纵有加，使他养成了上课不专心的坏习惯。在少儿班，他凭自己的兴趣学习，想学就学，不想学就不学，上课玩东西，整天看武侠小说和课外读物。老师什么办法都想了，个别谈话、批评、表扬、监督、家访、调换座位，但是都没有效果。他的成绩每况愈下，已经看不出有什么优势。

入学考试全班第一的同学，也是一样，自认为聪明，上课不听讲，不做作业，出了校门就打电子游戏机，成绩也一日不如一日，家长只好让他转学……这就是偏重智力的结果，只要求学好数理化，结果连数理化也学不好了。

班里的第一任班长，家庭条件优越。上少儿班前是小学中队长。祖母退休后专门侍候他。体重73公斤，身高1.73米了，还跟奶奶睡一张床。早上没下床，奶奶就把早饭端来了，天刚刮风，奶奶就给他送衣服。一个月丢了两辆赛车，也毫不痛惜，就这样从小沉溺于赞扬声中，处处受青睐，只能听好的，只能比别人强，但是，在神童堆里他被淹没了，越来越急，越急越不耐烦，越来越失去信心，逐渐从一开始的前10名变为下等生，班长职务也被免了，最后也只好转学。

孩子长大后，不管成龙成凤，首先得成人，成为心灵健康的人。把智育放在孩子生活的中心位置，一切围着它转，这是不合适的，因为学习并不是孩子生活的全部。目前一些发达国家已经把教育工作的注意力由"智育中心"转移到"个性全面发展",特别是儿童社会化方面来了。试想一个没有健康心灵的孩子,就算今后考上了大学,成了硕士、博士,他也不会认为生活是美好的。一遇到挫折,就承受不了,这样的教育结果妈妈看得太多了。所以家长应该把诚实、自信、团队精神、责任感以及在社会制约范围内的独立性作为家庭教育的主要目标。

要使孩子成才,或者说是在智力上有超常的发挥,就要培养孩子的道德情操和个人尊严。例如,使差生转化,光靠智力上的投入、条件上的优越,恐怕难以使其震动,而惟有从道德情感上,从个人尊严上去点拨迷津,才能激起他们学习的兴趣和进取精神。

可见,每一个孩子都有自己的特质,每个孩子的兴趣点都不一样。不是孩子不好好学习,而是"一刀切"的教育方式扼杀了孩子的学习兴趣。所以,当你羡慕别人的孩子画画好或钢琴弹得好的时候,你要仔细地观察和了解自己的孩子,你的孩子对什么感兴趣?他有什么特质?不要盲目地去和别人攀比。

2009年,华裔科学家曹锟获得了诺贝尔奖,这是获得诺贝尔奖的第8位华人,但都不是中国国籍。为何中国无人获诺贝尔奖?这个问题很多人在思考。应试教育的触角早已伸向了学龄前,幼儿园小学化已成普遍现象,而家长们为了"不让孩子输在起跑线上",教孩子识字、算术、读经等,有的忙着给孩子报钢琴、舞蹈、美术等各种培训班,家长和老师们乐于让孩子掌握知识性、技能性的东西,似乎这样就能让孩子赢在起跑线上。

父母就是孩子的起跑线,做父母的自己一事无成,就会逼迫孩子,这没有意义。都知道逼孩子比逼自己容易。逼孩子学这些东西有什么用?真怕输在起跑线上,第一学会孟母择邻,搬到高档社区去居住。除了盲目的跟风毁了自己这前半生,还毁了孩子的童年。这不是为孩子好,这只是增加自己的安全感罢了。这叫什么?自私的家长而已。

"起跑线"这个名词太早就已经被提出来,作为家长和学校督促和摧残孩子第一段人生的开始。琴棋书画,重力分子,天文地理,风土人情,早早的让孩子接触这些是没有错,培养气质,开发智力,又能先'别人家孩子'一步登上知识系统更高的位置。但是在这乍一看完全不用怀疑的答案里根据实际情况的不同有两个关键性的问题。

首先,第一个问题是关于动机。家长让孩子赢在起跑线上,是否真的全心全意为了孩子着想而并没有掺杂着一丝一毫的'面子问题'的因素?望子成龙,望女成凤,家长的苦心和用意并非不可理解,然而现在不得不面对的一些事实是,家长回到家就开始合计着给自家孩子报个班,凭什么自己家的孩子被比下去,多丢人。

　　"丢人"这个词才是一些家长鞭策孩子前进的动力因素。一旦这个因素被夹杂进来，整个事件的性质就发生了改变，从"对孩子好"变成了"这样我才有面子，反正对孩子也没坏处"。这是两个完全不一样的概念，是"利己"和"利他"的本质区别。这种区别是引起争议的最开始的导火索。

　　其次，如果家长说我让孩子学习完全没有私心，全心全意都是为孩子着想。那么对于这件事情的讨论就是一个概念的问题，即"起跑线是什么"。当然在讨论这个问题之前，需要先考虑孩子本身的"兴趣"因素，在这里就不再赘述。抛开"兴趣"因素不谈，"技多不压身"这个观念一直都深深影响着每一代人，尤其表现在长辈对晚辈的期许上。

　　然而，从专业来讲，将众多压力都堆积在孩子的童年并没有很大的意义。还有个孩子上节目时，表演的才艺是背北京地铁线路图，而他们家甚至都不住在北京。说句实话，即使他们居住在北京，这叫哪门子的才艺？地铁线路图哪里都有，让小孩背这个到底有什么意义？还有的小孩经常被家长勒令在亲戚面前猛背唐诗宋词。在孩子不能理解其感情的阶段里，任何诗文都只是连起来的音节而已。而到了能有所领悟的年纪，哪怕是小学时，这些东西也早就忘光了。

　　若不是想将孩子培养成术业有专攻的专职人员，"技艺"是什么时候学都不算迟的。打个比方，如果你并非想让孩子成为一个钢琴家，只是为了陶冶情操丰富生活，那么只要他想学，何时都不晚。话题绕回来，不要让孩子输在起跑线上，这句话并没有错。关键是什么样的"起跑线"：保持他们对世界的热爱和好奇心，如此他才能不断的去探索新鲜事物，去进步；锻炼他们坚韧的心性，这样他才能够在以后有足够的耐力和意志力走完并不简单的人生道路；激励他们的进取心，让他们在发现自己的不足后不懈前行；培养他们的创造力，让他能够去创造属于自己的不同寻常的生活方式，而不是庸碌一生；培养他们对世界的包容度，让他有能力去接受大千世界里不同的声音，理解别人，从而丰富自己；培养他们的主观意识，这样他才能真正的做自己。以上都是会伴随人们完整一生的品质，皆需从小培养。如此看来，真正的"起跑线"，比起知识技巧，它们应该是更加能够担当得起了。

　　教育就应该因材施教，每个孩子都有自己的特点，每个孩子都有自己的兴趣爱好，有的喜欢画画，有的喜欢数学，有的喜欢音乐，有的喜欢写作……千篇一律地教孩子就会抹杀孩子的天才。兴趣是最好的老师，让孩子做自己喜欢的事情，不去干涉他，教育就这么简单。

　　每个孩子都有着超凡的想象力和创造力，随着孩子慢慢长大成人，创新能力就开始下降。在儿童早期给孩子灌输知识性、技能性的东西会大大地扼杀孩子的学习兴趣和创造力。每个孩子都有自己的特点，每个孩子都有自己的兴趣爱好。家长应该注意，要仔细观察孩子，如果孩子喜欢画画，千万不要强迫他去跳舞，兴趣是最好的老师，让孩子做自己喜欢的事情，不去干涉他。

幼儿教育中，最重要的，不是学什么内容，而是用什么方法来引导儿童学习。因为儿童最开始习得的这些学习方法，会影响其余后的学习、思考和解决问题的方法。如果方法得当，儿童可以在背唐诗宋词的时候，学习到很多东西。比如"两只黄鹂鸣翠柳，一行白鹭上青天。窗含西岭千秋雪，门泊东吴万里船。"这首诗，可以教儿童认识方位词，上下里外，可以认识鸟类，用其他鸟类名词来替换"黄鹂""白鹭"，引出对大自然中雪山的认识，进而比较雪山和其他山的区别，一起探索"为什么雪山的雪不融化？"这又引出自然科学方面的兴趣。

还有交通工具"船"，可以通过问小朋友"为什么古代人去很远的地方不坐飞机、汽车？"引出他们对交通工具选择的了解和认识。唐诗最大的特点是具有画面感，但是又不会局限儿童的想象力，可以让儿童自由作画，自己增加或者减少诗词内容画一幅画，并给小伙伴或者父母介绍自己的画。所以，教学内容，真的不重要，重要的是教学方法，尤其是成人引导儿童思考的提问技术。

又比如说数学。数学在学前教育时期非常重要。因为早期的数学能力可以培养，在6岁后因为形成思维模式，所以会影响儿童后期的数学能力和思维能力。很多人会觉得数学成绩不重要，但是研究显示，数学能力影响成人后的收入和社会地位，因为数学能力是显示出一个人的认知能力，解决问题能力和逻辑能力等等。而6岁之前，数学的思维是可以培养的。早期数学能力的培养，更多是从认知发展上的进行培养，主要是以建立数学概念。

比如，2岁时期进行的颜色、形状的分类和配对，3岁时期进行相同物料的分类和pattern的规律总结，4岁时期进行数的规律的探索，5岁进行的简单运算等等。数学最难培养的地方是因为数学思维是一种思维方式，是靠儿童自身摸索出来的，而不是成人能够主动改变的。但是成人的作用也很大，可以引导幼儿思考，让儿童到达形成自己思维的点。

除了课程上面的学习，自理能力、社交能力、道德上面的培养都很重要。不要觉得小朋友太小，要相信小朋友，鼓励他们，他们就能慢慢做到。好习惯是从一开始培养的。在培养小朋友的自理能力过程中，增加了小朋友的自主性和自信心。当然，这对幼教的耐心和专业度要求高。社交能力也非常重要，要教育小朋友学会互相帮助、感恩和分享。

把小朋友的每个方面的发展分开来看，是很不科学的。正是因为如此，

249

所以国际上幼儿课程的主导理念被很多学者所质疑。因为小朋友的发展是一个整体，而不是分裂开来。在学习剪纸的同时，可以锻炼小肌肉，可以锻炼眼手协调性，可以锻炼注意力，可以锻炼审美，如果剪得漂亮，可以跟同学炫耀一下，又锻炼语文能力了，要是剪得仔细，会比对老师给出的模板，在比对的时候，看是长是短，数学思维可以得到锻炼。

这个活动中，每种能力占到的比例是多少？说不好，因为每个小朋友都不一样。在培养小朋友自理能力的时候，也可以训练小朋友的思维发展。比如，中午吃饭，请小朋友吃完饭自己收碗，把勺子放在勺子篮里面，碗放一起，杯子放在杯子处，对于2-3岁的小朋友，这就是在训练归类。幼儿教育还有一个重要的方面就是适应社会环境。

在所有的研究里面，都会加很重要的社会环境中的承上启下。美国有美国的社会特征，欧洲有欧洲的社会特征，中国也有中国的国情。美国的教育可以借鉴，但是必须要适应中国的情况，不然是死路一条。坊间很多"砖家""叫兽"就放几篇美国的研究，来说明别人的教育方式有多好。这些教育方式，放在中国的社会环境，就不一定适应，培养出来的儿童就不一定能适应中国的情况。我们以前小时候的学习方式，父母的教养方式，放在现在的儿童身上，也不一定适合。因为现在的小孩子面临的社会环境是不同的。我们不能因为小时候每天父母给我们1块钱，我们现在也用这样的方式来培养儿童的理财能力。但是，儿童升学或者工作，所面临的还是各种竞争，因为社会环境就是如此。教育并不是说凭一个家庭、一个教师或者一间学校就可以改变，而是整个社会每个人的共同努力，塑造一个良好的社会环境。

# 如何保持孩子的创造力

在6岁以前的阶段，孩子对艺术的感受力、创造力、兴趣才是最重要的，虽然她的技艺作笨拙，没有专业学习过的孩子表现得那么到位，但她可以无拘无束地表达、感受和创造，这就足够了。不要为了让孩子学一些条条框框讲出的技能而失去最宝贵的创造力，所有的技能在6岁以后，孩子更能轻而易举地学会，但是创造力是学不来的。

创造力只会展现在孩子有把握的方面，一个不敢唱歌的小孩是不可能自己哼哼着创作新儿歌的。因此，在孩子对某一个事物发生兴趣的时候，妈妈应该准确地把这个事物所对应的概念告诉孩子，让"概念"和"事物"配对。比如，当孩子痴痴地看着灯泡的时候，妈妈要不失时机地告诉孩子"灯"。这样孩子就把"灯"这个具体的"事物"和"概念"对上了。再如，大冬天的时候，寒风刺骨，孩子感觉到冷。这时可以导入"冷"的概念，孩子就可以把"冷"的概念和"冷"的感觉配上对。

不过，给孩子讲的东西一定要是准确的，不能给些错误的东西。如果你对你的答案不确定，那么你一定要查证后再给孩子。很多小孩的学习热情都因为不专业的家长或老师而改变了。比如带着方言腔念唐诗、英文，还说得那么一本正经，在孩子日后接触到正确做法后自然会不再信任家长，自己也羞于尝试了。有些自己都说不好英语的家长（包括某些老师），教孩子说英语，孩子说一口咱中国人听不懂、人家外国人也听不懂的"英语"。有的家长被孩子的某些问题问住了或者不便于回答，就随口敷衍孩子，很多孩子都问过"从哪里来"的问题，大多数家长以"从树上掉下来的""路上捡的""垃圾桶里捡的"等答案来敷衍孩子，造成对孩子的误导。

悦悦很好问，看到各种植物，她问"这是什么树""那是什么花"，妈妈会告诉她植物的名称和习性，很多答不上来的，妈妈就用手机查询后，再告诉孩子。有时候，她干脆带悦悦到植物园去找答案，那里有很多种树和花，每一株上面都挂了牌子，上面有植物的名称、产地、特性的介绍。到博物馆参观时也是这样，孩子一边看着专业知识，一边在脑海里形成了"文物"的概念，对"碗""瓶""盆"等容器的容量和材质也有了初步印象了。再后来，孩子回到家里，橡皮泥的捏法又多了很多种。虽然实际生活中不可能有半花瓶半花盆的容器，但孩子的创造力就是用来挑战不可能的。

几乎每一个孩子都好问，这种好奇自身就是创造力的来源。但创造力也要建立在事实基础上，比如有的孩子会幻想世界上有没有只能盛开一夜的花，沉浸在这个自以为神奇的想法里时，家长就可以巧妙地将昙花介绍给孩子。孩子懂得越多，创造力就越丰富，严谨准确的知识和创造力是不冲突的。否则，创造新科技的就不会是科学家，而是一帮用着尿布的婴儿了。

每个人的涉猎都是有限的，孩子的十万个为什么都会把家长问得无言以对，不知怎么回答孩子的问题。其实，孩子发问的时候，就表示孩子在思考，这正是好的教育机会！聪明的家长知道把握教育机会，耐心而详细地一一解答孩子的问题，不知道答案的会和孩子一起去书上或网络上或通过其他途径寻找答案。千万不能因孩子问得太多嫌烦，或是随便敷衍孩子，那样孩子会失去好问勤思的可贵品质。家长要不断地丰富自身的文化素养，广泛涉猎自然科学和社会科学。

最后，妈妈要和孩子一起享受探索的过程。

> 悦悦看到水里的观赏鲤鱼，好奇地问小鱼喜欢吃什么呀？于是妈妈带上面包、花生、米饭、菜叶等，和悦悦一起喂鱼，在喂食过程中，悦悦观察到了鱼吃小小的鱼食，而且每天不能多喂，最好只吃一顿。妈妈饲养过小鱼、乌龟、鸭子等小动物，栽种过大蒜、生姜、红薯、土豆等蔬菜，做过水变成冰、冰化成水、沉浮、什么东西会降解等实验。孩子在亲自动手体验的过程中，认知在发展，知识在累积。这比成人教的记忆得更深刻，也更有兴趣。
>
> 幼儿园经常有家长找老师提意见，说孩子没学到什么东西。一位年长的幼教老师反问他们："你们陪孩子一起做过小实验吗？陪孩子一起玩过吗？你了解你的孩子吗？"他们大多摇摇头。老师说："你们不和孩子一起探索，又怎能了解孩子学到了或者没学到什么呢？看得见的东西譬如唱几首歌、背几首唐诗、说两句英语，孩子是很容易学到的，但是看不见的东西譬如观察能力、逻辑推理能力、创造力等必须要家长陪同孩子一起探索，并且细心观察孩子才能了解到啊。"

有人说孩子是一张白纸，让成人去书写；还有人把孩子当一个容器，试图去把这个容器灌满。持这种观点的人都走进了一个误区，即成人是主导，孩子是成人教出来的。其实，孩子才是他自己的主导，每个孩子天生是大师，成人要对他们怀着敬畏之心，不要随意去教他们，因为妈妈实在是没有"教"的资格。妈妈能做的是适时而适度的引导。

不少成人容易犯"好为人师"的毛病，特别是对着小孩，不管做什么，成人总会觉得自己比孩子高明！成人的"教"只会给孩子锁上一个框框，牢牢束缚住孩子的思维，钳住孩子想象的翅膀。殊不知，孩子不需要妈妈"教"。

孩子不需要妈妈"教"，但并不是说妈妈可以不"管"，成人要和孩子一起享受探索和"学"的过程。成人要为孩子"学"准备一个自由、宽松、符合孩子年龄特点的环境，给孩子的东西一定要是准确的，不能给些错误的东西。

孩子对某一事物发生兴趣时，成人要准确地把这个事物所对应的概念告诉孩子，让"概念"和"事物"配对。在6岁以前的阶段，孩子对艺术的感受力、创造力、兴趣才是最重要的。孩子发问的时候，就表示孩子在思考，这正是好的教育机会。孩子的创造力与生俱来，非常惊人。那为何孩子越大反而失去创造力了呢？

先来看看成人是怎么来教孩子的。

有一次在朋友家玩，几个孩子聚在一起画画，大人们在一旁围观。悦悦是天马行空，想到哪儿画到哪儿，想怎么画就怎么画，想象大胆。另两个孩子则是小心翼翼的，唯恐画错。妈妈问他们的家长，以前是让孩子怎么画画的。一位家长说是让孩子照着画，另一位则是让孩子描着画，也就是用一张半透明的纸覆盖在画上，把画的内容拓印出来。孩子习惯了照着画或描着画，一旦离开范画就不知该怎么画了。在不少学校和幼儿园，教孩子画画都是用"临摹"的方式，不知家长们记不记得自己小时候上美术课是怎么学画画的，妈妈上学的时候就是照着范画画，这样"照着画"的后果是，如果不照着范画画，妈妈就画不出来。

"示范"也是很多父母和老师在教孩子时常用的方法，比如写字、唱歌、舞蹈甚至玩游戏，都是教育者先示范一遍，然后孩子跟着来一遍。一位妈妈就曾经非常热衷于事事示范，甚至在孩子玩沙的时候，她看见孩子做了个方形的沙子蛋糕，就坐不住了。她这样给孩子示范怎么做"生日蛋糕"：用铲子把沙拢成圆圆的一堆，再拍打得紧一点，再插上几根小木棍当作蜡烛。做好之后，她让孩子跟着学一遍。孩子很快就学会用沙子堆所谓"正确"的生日蛋糕了。她沾沾自喜，觉得孩子学得不错。可是就在不久后，她发现孩子不管做什么，都等着她示范，如果她不示范，孩子就不动手了。包括玩沙，孩子也只会照着她示范的方法去玩，完全想不出其他的玩法。她反而觉得自己孩子太笨，没以前聪明了。

成人的"示范"实际上是人为地设置了一个框框，把孩子的创造力禁锢了起来。且先不说很多国家，比如英美，长方形的蛋糕更为常见，根本不是不存在的；就算孩子把蛋糕做成方形而不是圆形的了，又怎样呢？三角形的蛋糕又怎样？凭什么蛋糕就"应该"且"必须"是圆的？那是你意识里的蛋糕，不是你孩子脑子里的蛋糕。你的孩子再往后的生活中有数十年的时间和世界上大多数的人一样，用同样的标准去做同样的事情，为什么在她小的时候想自己玩玩，你都要拿个标准模板引导她呢？

成人的示范在孩子的眼里会成为一个标准动作，成为孩子模仿的范本。这对创造力来说却是不利的。虽然模仿是孩子学习的一个主要途径，但模仿的学习缺少独立思考，因此往往会在不知不觉中左右了孩子的独立思考，丧失了创造力的发挥。而且，成人所做的示范大多是面对某问题时所运用的惯例，在这种情况下，一些新的想法和点子就被排除在外。很多人是非常主张模仿的。他们认为：先有模仿，后有创新！创新和模仿没有必然联系，有的模仿甚至会局限人的创新能力。

莱特兄弟制造飞机的时候，爱因斯坦创立相对论的时候，袁隆平研究出杂交稻的时候……他们没有模仿谁，最多不过是参考一些前人的经验。当然，不能完全反对模仿，毕竟模仿是孩子学习的主要途径，对于好的东西是需要模仿的，但是模仿不是简单的照搬，而应该在模仿的基础上，吸取别人的经验，并努力超越。所以，孩子年龄越大，创造力越差的一个原因就是：成人教得太多，让孩子模仿太多。不少孩子小时候很有灵气，上学后或上培训班后，技巧是学了不少，灵气却没了。拿固定的模板限制孩子的行为，势必会以牺牲孩子的创造力作为代价！

还有一个很重要的原因，就是成人喜欢控制孩子，孩子逐渐失去个性、丧失独立的人格。一个丧失个性、没有独立人格的人，怎么可能有创造力？前面说过，大多数成人认为听话才是好孩子，成人为了省心，认为孩子对自己言听计从就好。这种教育观之下教育出来的孩子是很听话、乖巧，但其代价是丧失孩子的个性和创造力。一个敢于创新的人必定是一个有着批判和质疑精神的人，敢于想别人不敢想的、做别人不敢做的，不迷信权威、不人云亦云。妈妈的教育最失败的一点就是，太不注意保护孩子的个性了，随着个性的被扼杀，创造力也被扼杀了。

创新能力是人类最重要的一种能力，人类的发展和进步全依赖于创新。创新能力缺失会造成很多恶果。对于企业来说，创新能力的缺乏便是缺乏自主知识产权。妈妈的"中国制造"多，"中国创造"少。从汽车到电视机、冰箱等家用电器，再到电脑、手机，以及其他生产生活用品，中国拥有独立自主知识产权的先进产品很少。由于没有自主知识产权，没有核心技术，所以即使中国目前已成为"世界工厂"，"中国制造"的商品销往全球，中国人赚取的只不过是一点可怜的加工费，利润中的一点小钱。没有创新的"中国制造"模式的直接恶果是，为全世界贡献了物美价廉的产品，而留给自己的，却是工人们少得可怜的工资待遇和日渐严重的环境污染。这不能不说是国家和民族的悲哀。

孩子的创造力与生俱来，不需"培养"，只需"保护"。家长要做的是尊重孩子，让孩子有足够的自由，保护孩子的个性健康发展，不要对孩子指手画脚，不以成人的定式思维去影响和评价孩子，欣赏并记录孩子的"奇思妙想"，保护孩子的创造力不被破坏。

1924年，鲁迅先生在北师大附中校友会上作了一次著名的演讲，题目叫"未有天才之前"，他说道："在要求天才产生之前，应该先要求可以使天才生长的民众。譬如想有乔木，想看好花，一定要有好土；没有土，便没有花木了。所以土实在较花木还重要。"每一个孩子都有可能成为天才，但是妈妈得给天才成长的土壤。民主和自由是天才诞生的土壤，专制和控制是扼杀天才的毒药。让妈妈每一个家长先给孩子成长为天才的土壤吧。

孩子越大反而失去创造力了。这跟成人怎么教孩子有密切关系——"临摹"（就是模仿）是父母教孩子的一种方式，"示范"也是很多父母和老师在教孩子时常用的方法。"临摹"和"示范"往往给孩子的创造力设定了一个框，把孩子创造力禁锢起来了。成人教得太多，让孩子模仿得太多，控制得太多，孩子就会丧失个性，丧失独立的人格。

孩子的创造力，其实只需要"保护"，孩子喜欢什么，孩子要画什么、怎么画，孩子玩什么、怎么玩……这些都由孩子自己决定。

# 孩子对父母的依赖性

悦悦一直没有离开妈妈出过远门。悦悦3岁的时候，外婆要回老家几天，晓晓热情邀请悦悦去她家玩，悦悦欣然应允，要求到外婆家去。妈妈很支持她，在去之前妈妈交代："不会跟你一起去，要是想妈妈了，可以打电话给妈妈。还有，晚上妈妈不在身边，外婆会陪你睡觉。"悦悦高兴地点点头。送她们上车的时候，悦悦坐在座位上，愉快地跟妈妈挥手再见。看着车子远去，妈妈有点小小的担心，不知悦悦第一次离开妈妈远行会不会心慌，会不会焦虑不安。

当天晚上，妈妈打电话过去，悦悦在电话里兴奋地说着在外婆家看到的一切，匆匆说了几句便玩去了，没有丝毫心慌。倒是妈妈，忙碌的时候不觉得，一旦空闲下来，心里就空落落的，突然少了个小人儿在身边唧唧喳喳，屋里安静得吓人。不过也好，妈妈不是一直希望她走向独立，可以离开妈妈吗？

第二天下午，妈妈打电话给悦悦，她说外婆出门喝喜酒去了，还没有回来。她有些想外婆了，问妈妈为什么还不去接她，说话间带了一点哭腔。

妈妈说："外婆可能已经在路上了，你耐心等等。妈妈要过几天才来接你，你如果想妈妈，可以随时打电话给妈妈。现在妈妈陪你说说话。这是你第一次离开妈妈，表现得这么坚强，悦悦是真的长大了。妈妈要把这件事情好好记在日记本上。"

听妈妈这么说，悦悦开心起来，跟妈妈在电话里说了半个多钟头。在电话那头，她稚嫩地说："妈妈，我今天去扯笋子了。笋子就是小时候的竹子，笋子长大了就是竹子，笋子是一节一节的，有的笋子有一个人那么高。我扯了很多笋子，不会全部吃完的，会留给爸爸妈妈吃……小山坡上有野花，野花穿的是绿色的裤子，野花的脸是紫色的，还有黄色的，很美丽，但是不能摘……"

说这些的时候，她的语调是轻松的，时不时发出一阵阵咯咯的笑声。妈妈问她："你在外婆家开心吗？"她愉快地说："开心。"

打这个电话时，悦悦一会儿左手拿手机，一会儿右手拿手机。最后说再见的时候，悦悦非常愉快和轻松，完全没有心慌了。

家长们都希望孩子能走向独立。孩子走向独立的两个必备条件：一是稳固的安全感，如果从小和父母建立了良好的依恋、稳固的安全感，孩子会觉得父母是可以信任的，继而推及他人是可以信任的，环境是可以信任的，从而慢慢走向独立。二是孩子真正自由，这个自由包括身体的自由和意志的自由。如果孩子能做自己的主人，能自由支配自己的身体和意志，不必听命于他人，不必看人脸色行事，他在别人面前是放松的，而不是紧张的，他不必讨好于他人，他可以按照自己的意愿行事。那么总有一天，孩子自然会走向独立，这个过程不必刻意培养。

对于孩子的独立性，家长容易走两个极端。

一个极端是过于保护，将孩子保护于自己的羽翼之下，对孩子离开自己非常忧虑。这样的家长内心深处对孩子的离开很恐惧。比如妈妈幼儿园的很多新生家长，在孩子刚来园时，不舍和焦虑之情溢于言表，好不容易把孩子交给老师，还恋恋不舍地站在院门外偷听，时不时跑到幼儿园来偷窥，看孩子是不是在哭。有的妈妈甚至和孩子齐声痛哭。连家长都如此焦虑、恐慌，孩子能不焦虑吗？这样又如何能让孩子走向独立？爱孩子，就是让孩子有一天可以离开你。

另一个极端是强行让孩子独立。不少家长由于工作等原因，把孩子送回老家，或者放到幼儿园全托。孩子刚开始的时候会痛苦、会焦虑，但是日子久了，孩子变得漠然，和妈妈分离的时候不再哭泣。这时家长还沾沾自喜，觉得自己的孩子独立性强。某些全托的孩子确实自理能力较强，但是他们不是真正的独立，他们的内心深处特别缺乏安全感，长期不和父母在一起，他们慢慢对父母变得淡漠。很多家长都想培养孩子的独立性，这是正确的，但是独立性的培养必须建立在获得安全感的基础上。如果孩子的安全感没有建立好，强行把孩子推向独立，结果会适得其反。

如果孩子和父母建立起良好的依恋关系，获得稳固的安全感，他自然会一步步走向独立。这个过程不必刻意培养，只要父母给孩子无条件的爱、最大限度的自由，相信他，然后放手就能做到。这样孩子就能离开父母的羽翼，成长为搏击长空的雄鹰。

父母总说"孩子离不开父母，到外公外婆家，才没待一天就想不在身边的爸爸妈妈了"，其实不是孩子离不开父母，而是父母离不开孩子。孩子离开了，很多家长会突然感觉不安，特别是小的孩子，父母总怕这怕那的，生怕孩子离开父母就会出问题。父母的焦虑和不信任，让孩子失去了独立的机会。

其实孩子总归还是要离开父母。如果孩子从小和父母建立了良好的依恋、稳固的安全感，孩子会觉得父母是可以信任的，继而推及他人是可以信任的，环境是可以信任的，从而慢慢走向独立。

父母不要因为"孩子离不开父母"或"父母离不开孩子"，而强行将孩子与自己隔离开，比如送幼儿园、放老家等，这样会造成孩子的冷漠、对父母不信任，进而不信任周围的环境。

# 怎样选择合适的教育场所

虽然越来越多的人都认识到每个家长在对孩子的教育中肩负着不可推卸的责任，但是仍然有相当一部分中国的父母认为教育孩子，培养孩子的智力、知识，培养孩子的良好品德，培养孩子完美的个性心理只是学校这个专门教育机构的事，"要不然要学校干吗？"不少人振振有词地说。还有不少家长认为孩子入学后就应当将教育的责任全归学校了，家长只负责供给就行了。请看下面的故事：

李萌的爸爸好像对学校有意见似的，老师布置了家庭作业，要求家长签字，爸爸总是不签，李萌只好求妈妈签。开家长座谈会，李萌把通知单交给爸爸，爸爸则说："你犯什么错误了？让妈妈去学校？"李萌给爸爸解释，开家长座谈会主要是沟通学校与家庭的联系，让家长了解学校对学生的要求，让老师了解学生在家里的情况，这样便于教育好子女。爸爸听了鼻子一哼说："教育不是学校的事吗？妈妈把你交给学校，是对学校的信任，相信他们能教好你。要不，让老师干啥？"还是妈妈去开了家长会，这事才了了。

李萌的爸爸对"教育"的理解显然是狭隘的。"教育"的内涵不单指学校教育。古人云："子不教，父之过"。教育好孩子不单靠学校，还必须有家庭教育这一环，少了这一环，便是教育的极大缺陷。李萌的爸爸没有意识到，在平凡的家庭生活中，实际上就存在着不少教育因子，它们对孩子或直接或间接地起着作用，影响着孩子的健康成长。如果李萌的爸爸意识到这些，并能适当利用这些因素对孩子施加影响，那么对孩子的成长必会大有好处。把孩子交给学校，让学校的教育环境对孩子起作用，自己则完全撒手不管，表明李萌的爸爸并没有意识到对孩子成长起作用的"教育"还应包含家庭教育，自己也应负起教子职责。把孩子的成长完全推给学校，是完全错误的。

对于家庭教育和学校教育的关系妈妈应该这样认识：

1. 婴儿坠地之后，他最初面临的世界就是家庭。一个少年儿童，生活中的三分之二的时间在家里度过。父母的一言一行、一举一动，对孩子来说都是示范，都是诱导。这种建立在父母血缘关系上的养育和教导，渗透着远比师生之间的爱来得自然亲近和持久的情爱因子。而这种面对面的个别教育，比正规学校的集体教育，更容易满足儿童的个性需求，也更容易为儿童在不知不觉中所接受，所以家庭教育对于孩子有其天然的合理性。

2. 从培养人才的角度讲，家庭教育是人才培养的奠基工程，只要家长善于为孩子提供适宜的条件，教育得法，几乎每个孩子都能得到良好的发展，显示出智慧和才能的光彩。国内外大量实验表明：大凡才智出众的人，追溯其成长过程，一般都受过良好的家庭教育。德国教育家爱尔维修说："即使再普通的孩子，只要教育方法得当，也会成为不平凡的人。"

3. 家庭教育与学校教育是相辅相成、互相配合的。但是在不同年龄段里，它们的各自作用是不同的，变化的。学龄前的儿童，已经存在差异，有的差异还很大。早期家庭教育正处在儿童智力发展最迅速的时期，通过家庭教育，培养和发展儿童智力，也是此后接受学校教育的前提。美国心理学家本杰明·布鲁姆的研究认为：若人在17岁所达到的智力水平为100%，那么儿童在4岁时已具备了其中的50%，4～8岁期间获得30%，而8～17岁这一阶段只增加了20%。

由此可见，家庭教育对早期智力开发的重要性。因此，可以说在学龄阶段，家庭教育显得尤为重要，它成为学校教育的必要前提与基础。到了学龄阶段，家庭教育与学校教育就成了密不可分的"孪生兄弟"，家庭教育则起着调整的作用。所以，许多教师和家长都认识到，对学业后进学生的"补差"和对智力超常学生的"超前教育"，在家庭中进行要比在学校中进行效果更好。虽然学校在培养学生方面起着主导的作用，但还需家庭的全面配合，充分利用诸多教育因素，进行广泛的教育，才能使学校教育取得最佳的教育效果。重视对孩子成材非常重要的非智力因素的培养，如情感、意志、目标、态度、性格、世界观等，就是对学校教育最大的配合，对孩子的成长极为有利。而目前的家庭教育状况却不够理想，有些家庭要么完全忽视，要么出现较大的偏差。

有的家长对纠正孩子的不良品行和错误思想重视不够，觉得孩子年纪小，长大懂事后自然变好。其实这种"树大自然直，人大自然好"的思想危害极为严重。孩子年龄小，可塑性极大，模仿能力强，是父母培养孩子良好品德的好时机。可是如果家长的教育不合理，孩子形成一些不良的思想和行为习惯，又不注意帮助孩子及时纠正，这将会给以后的教育带来几倍、几十倍的困难，严重危害孩子的健康成长。

如：年幼的孩子常常把一些小画书、小玩具之类的小东西拿回家，这些东西有的是别人送的或自己拣的，但有的是拿别人的。虽然孩子知识少，不知道拿别人的东西是一种不道德的行为，但家长如果对此不闻不问，不及时纠正，就会养成孩子拿别人东西的习惯。今天的小偷小摸行为很可能发展成明天的大偷大摸行为，常言说得好"小偷针，大偷金"。据对少管所在押少年犯的调查研究表明，许多青少年犯罪的重要原因之一就是小时候的不良思想和行为习惯没有得到及时纠正。"千里之堤，溃于蚁穴"。家长要想培养孩子的良好品德，就决不能姑息孩子的任何细小错误行为，要坚决把孩子的不良思想和错误行为消灭在萌芽状态。家长要及时让孩子认识到拿别人的东西是错误的，使孩子产生一种过失感、内疚感、羞耻感，认识到拿别人的东西是一种不光彩的行为。在父母的严格要求下，孩子会逐渐明确好与坏、是与非的界限，提高自己的认识，克制自己的错误思想，规范自己的行为，从小养成良好的行为习惯和道德品质。

"冰冻三尺，非一日之寒"。孩子良好的品德和行为习惯的形成不是一朝一夕的事情，它需要家长长期、精心的培养。因此家长应重视孩子早期的品德教育，既要抓得早，又要抓得严；既要纠正孩子的不良思想和行为，又要让孩子明白一定的道理，逐渐掌握是非、善恶的标准。

孩子的身心发展是一个完整的统一过程，不能割裂开来，孤立地逐个培养，也不能先培养这一方面后培养那一方面。家长要树立整体的观念，克服片面发展的思想，从体、智、德、美几方面综合培养，促进孩子的健康、和谐发展，为孩子以后的全面发展打好基础，为成才铺平道路。

由于对孩子的品行发展的忽视而酿成的悲剧在现实生活中比比皆是，每一个家长都应该警醒了，对于孩子品行的培养，千万不能忽视。

有这样一位家长，对孩子根本不管不问。当学校找到他告诉他孩子被拘留了，他竟然说：孩子进拘留所是对他的锻炼。抱着这种思想的家长对孩子极其不负责任，他们搓麻将、看黄色录像，从不管孩子，也不回避孩子。某校一名初中一年级学生，班主任家访时发现他在地上睡觉，原来家长经常外出打麻将，根本不管孩子的生活。另外一位家长看黄色录像，从不回避孩子，结果家长违法，孩子也被拘留。

有的家庭父母离异，孩子得不到及时有效的教育，有的父母是个体户，无暇顾及孩子，这些特殊的环境都会在孩子的心灵上重重地打上家庭的烙印。个体户整天忙着赚钱，很少关心孩子的成长。也许因为自己有钱，就给孩子买很多高档的玩具，给孩子雇保姆、请家教，但是这些都不能代替父母的关心和教育。

俗话说：玉不琢，不成器；人不学，不知义。孩子就像是一块未曾雕刻的璞玉，如果你精雕细琢，他就会成为一件很美的艺术品。反之，若采取放任自流的态度，孩子也就不可能成为一件人见人爱的"工艺品"。小的时候，父亲总是用小树苗打比方。孩子是树苗，家长和老师就是园丁，树苗在长成大树之前要经过许多次的修剪，不修剪或者修剪得不及时，就长不好，不能成材。育人和育树是同样的道理，人们不是常说"十年树木，百年树人"吗？常常听有些家长说："认识的经理、董事长有的就是初中毕业，所以孩子不必要求那么高，长大了自然就好了。"抱有这种观点的家长是目光短浅的，将来的人没有充分的实力就会遭到淘汰。

也有一些家长认为："三四岁的孩子懂得个啥！再大一点教育不是更好吗？"持这种观点的人比那些干脆不教育孩子的父母要好得多。但是，这也是一个认识的误区。从教育观点看，三四岁的孩子是教育开始的最佳年龄。妈妈不是常说："三岁看大，七岁看老"吗？！所以，孩子的教育应该从他刚刚懂事时就开始。特别是当孩子思想品德方面出现了某种不好的苗头时，要引起注意，他们的小脑瓜已经开始有复杂的思维活动了。如果"以恶小而为之"，原谅孩子，等"树大自然直"，让一种不好的思想和习惯在孩子身上积成恶习，这岂不是父母的过失？

如今的孩子大多数都是独生子女，不少父母对这棵独苗苗娇生惯养，溺爱娇纵。孩子说什么是什么，要什么给什么，对孩子的错误行为视而不见，任其发展，或者大事化小，小事化了。溺爱产生了一个个小皇帝，他们脾气暴躁，好吃懒做，不学无术，一旦不能满足他们的要求时，便铤而走险，不抢即偷。马卡连柯说得好："过分溺爱，虽然是一种伟大的情感，却会使子女遭到毁灭。"

爱子是人的天性，但作为父母要有理智、有目的地表达对孩子的爱，而不能只是沉溺于本能的爱。要选择适当的表达爱的方式，当然，这不是一件简单的事。如果妈妈在塑造一件雕塑，将要完工时，发现雕塑不理想，妈妈可以弃之重塑一件新的作品，而对妈妈的子女的塑造只有一次。妈妈要不断反思自己对孩子怎样做才是真正的爱而不是害。

事实上，孩子绝不会像一些人说的那样"船到桥头自然直"，认为不管孩子如今怎么样，长大了自然就会变好的。人的行为是受意识支配的，世界观的形成是从小一点一滴积累的。孩子的行为习惯、意志品质、思想道德如果不从小加以培养还待何时？俗话说："严是爱，宽是害。"今天的幼苗只有进行不断地修理、培育，让他们在风雨中锻炼自己，明天才能长成参天大树。

一些家长不注意培养孩子的集体意识，甚至反对孩子参加集体活动，造成孩子自私自利，缺少集体观念。孩子被选为班干部，这是老师、同学对他的信任，也是对他在班里学习、表现的肯定。孩子高高兴兴地回到家向家长报喜。父母听到这个消息不但没有笑容，而且很反感，认为当了班干部，班里会有很多事情落在孩子的肩上，会影响孩子学习的进步，于是对孩子讲："咱不干那傻事，只要学习好什么都行。哪天妈妈去找你们班主任，把你这个学习委员辞掉。"孩子迷惑不解，同学们都争着当班干部，父母为什么反对？再听父母讲当干部对学习不利，也没什么可辩解的了。持这种认识的家长并不少见。当选为班干部的学生，一般都是学习不错的孩子，越是一些学习不错的孩子的家庭，就越怕当了干部影响孩子的学习，并向孩子灌输这种观点。

这反映了父母缺少集体观念，而父母的这种认识又影响到了孩子，其结果使孩子的集体观念淡薄，增强了利己心理，马克思说："人是社会的产物。"人总是生活在集体里，个人与所在的集体有着千丝万缕的联系，不可能脱离这个社会独自生活。在如今的社会化大生产时代，人们总是在不断享受着集体或他人所给予的利益，作为集体中的一员，应该懂得如何关心、爱护这个集体，并为它做贡献。对于儿童，妈妈要从小培养他们的集体主义精神，为成为一个有益于集体、有益于社会的公民做准备。

培养集体主义观念，首先要培养孩子关心家庭这个集体。让孩子了解自己在家中的位置，了解父母的工作情况，了解家庭生活的状况。妈妈曾多次询问过5～10岁的儿童，你的父母在什么单位上班，做什么工作？有1/3的孩子不知父母在什么单位工作，有1/2的孩子不知父母做什么工作。父母不向孩子介绍自己的情况，孩子怎能理解父母？一个家庭有日常的家庭劳动，如做饭、洗衣、搞卫生、购物，都需要家人有计划、有步骤地不断去做。要让孩子不断了解家庭生活，并尽自己应尽的义务，使他们首先关心家庭这个集体，关心父母。

要使孩子关心班集体、关心学校、理解老师、关心同学，可以通过经常和孩子谈话向孩子询问班集体、学校、同学的情况，指导孩子尽自己应尽的义务。比如，搞教室里的卫生、维护集体荣誉等。让孩子担任小组长、班干部是培养孩子关心集体、关心他人、培训管理能力的最好途径，要鼓励孩子干好课代表、小组长、班长等工作，并不断帮助他们解决担任职务工作中出现的困难，使他们的工作能力不断加强，为班集体更好地开展工作。

要培养孩子热爱祖国，热爱中华民族这个大家庭。爱祖国、爱中华民族的教育与爱家庭、爱集体的教育是分不开的，儿童处在形象思维时期，一方面要通过对他们周围的事物的爱来逐步发展并体现出对祖国的爱。还要通过给孩子讲妈妈国几千年的文明史，讲妈妈国美丽富饶的大好河山，讲这个时代人们的创造，国家的建设发展等，培养孩子热爱祖国、热爱中华民族的品质。

2010年春节后，妈妈忙着给悦悦找幼儿园，妈妈理想中的幼儿园是一所尊重孩子、给孩子自由、注重孩子个性发展的幼儿园。妈妈希望悦悦上幼儿园之后，幼儿园老师能延续家里这种自由平等的教育方式，让孩子的个性能自由发展。没有诸多限制、压抑个性；让孩子事事有自己的思考，而不是盲从；让孩子有独立的意志，而不必听命于他人；保护孩子的创造力，而不是学习过多的知识和技能。由于以前已经看过不少幼儿园，这一次妈妈直奔开辟了蒙氏班或者号称引进了蒙氏理念的幼儿园。这些幼儿园都是民办幼儿园，每月收费1500元至3000元，属于长沙的高收费幼儿园了。一番寻找下来，妈妈的心里真是五味杂陈，一一记录下来，也好给广大即将择园的家长朋友以借鉴。

对于择园，真是"外行看热闹，内行看门道"。很多家长不知道如何择园，大多数家长还停留在看硬件设施的层面上。他们不知道从哪些方面观察，也不知道怎样的老师才是优秀的。选择幼儿园其实是选择老师，硬件条件并不需要有多么优越，只要活动空间大、安全，能满足孩子的需求就好。

其实幼儿园在儿童成长过程中的作用非常重要（当然，没有家庭重要）。家庭和幼儿园教育理念一致，让孩子保持一致或相近的生活节奏、活动方式，这是非常重要的。所以，幼儿园和家庭的相互配合就显得特别重要。而目前的常见现象:一种是幼儿园凌驾于家庭之上，幼儿教师对家长提出各种要求，家长被迫完成老师的任务，表面恭敬，内心充满抱怨，然后变成坊间、网络上对幼师的声讨;一种是家庭凌驾于幼儿园之上，家长对幼师毫不尊重，把老师当成私人保姆，孩子稍有不适就找老师麻烦，造成家校关系紧张。

刚上幼儿园不久的孩子必然会哭会闹，会抗拒去幼儿园，这是正常的，不能说明幼儿园不值得信任。毕竟，孩子并不是天生就对客体存在与客观事物之间的因果联结有概念的。妈妈去上班，孩子哭天抢地;送幼儿园初期，孩子在幼儿园门口恍若生离死别。周一上班，公交车上看到一个母亲劝她三岁左右的孩子去幼儿园，劝了一路，孩子全程抽泣——妈妈不断安抚:"妈妈等你中午一吃完饭就去接你，妈妈只是去上班，妈妈怎么会不要你呢?"为什么分离焦虑在这个阶段成为了众多家庭需要力克的一个难题?因为孩子与家长的情感联结极为紧密，与此同时，虽然已经有了稳定的客体永久性方面的觉知，但对"未知"这件事情本身的担忧带来了强烈的分离焦虑——在他们眼中，妈妈消失在视线里，那妈妈很大程度上就不能与自己随时保持感官的连接与线索的交换，而信息的缺失，带来了焦虑和困扰。

孩子对于母亲的第一次真挚的祝福与关怀一般出现在3～5岁。因为祈祷、祝福、威胁都是想象与逻辑的组合才导致的行为。这时候的孩子们可以初步领会神话、童话故事里圣诞老人、仙子、精灵，世界在他们眼里是个充满"为什么"和浅显逻辑的存在。

在这个阶段，家长有必要帮助孩子完成"你""我""他"三者的割裂，了解每个人都是独立个体，而每个人都有自己的鲜明感受，每个人都应当有属于自己的空间并赢得该有的尊重。有的孩子虐待小动物，就是不能很好地看待"他者"，没法对其他的生命个体感同身受，更谈不上向外界辐散关爱，长大了就更可能变成了拿浓硫酸泼熊的人。而一些到了别人家就乱翻东西，毫无礼节的熊孩子，也是不能很好割裂自身与环境，在意识中仍然认为我即环境，环境即我——怎样主宰都可以。

实验室的桌子上摆着两个盒子，一个盒子上面画着红十字，一个盒子没有画任何东西。专家们问了小朋友这样一个问题:"叔叔现在要找个创可贴，小朋友，叔叔应该在哪个盒子里找啊？"绝大多数的孩子都指向了画了红十字的那个盒子。我们当着孩子们的面打开了桌上的两个盒子——有红十字的那个空空如也，什么都没画的那个里面放着一打创可贴。我们合上两个盒子，换了一个人来问："阿姨现在要找个创可贴，小朋友，可不可以告诉阿姨在哪个盒子里找啊。"如你所料，孩子们纷纷指向了没有标识的盒子。而后，由第三个实验者带着一个玩具熊走进实验室，把玩具熊放在小朋友旁边的椅子上面向两个盒子，对小朋友说："小朋友你好，这是我的朋友胖胖熊，他是来找创可贴的，你猜猜，他现在认为创可贴在哪个盒子里？"绝大多数三岁的孩子会指向没有标识的盒子，但是四岁末期的孩子基本上都会指向那个画着红十字的盒子。

这个实验很典型地说明了，孩子们在这个年龄段学会了站在别的角度看待世界与问题，而这，恰恰就是社交功能与道德养成的重要基础。事实上，日常生活中他们也是这么做的。过家家的时候，就是最典型的角色扮演，即站在另一个角度展现角色与约束行为。

"家长不懂教育"是很多民办园的共同难点，这让真正办教育的幼儿园难以招到生源，很多民办幼儿园为了生存和盈利，不得不迎合家长，这样的后果是打着科学教育的幌子，实施的是落后教育。而家长的教育水平不提高，教育效果就会大打折扣。而高昂的场地租金让幼儿园的举办者不得不提高学费、压低老师的工资，而优秀的蒙氏老师更是罕见。这种状况导致：就算家长付出高昂的学费，却未必能让孩子接受到高质量的教育。更多家长以为"贵的就是好的"，择园时只知道看硬件条件，不懂得识别怎样的老师才是合格的。这样的"需求"也导致幼儿园把金钱和精力放在硬件条件的创设上，忽略了师资的培训和再教育。其实，一所幼儿园好不好，其关键不是多么豪华的装修、多么先进的设施，而在于是否拥有一支优秀的师资队伍。

# 幼儿园时期需要看重哪些方面

首先是以"延迟满足"为首的自控能力。这个能力号称是绝无仅有的可以在统计学意义上预测孩子未来成功与否的心理能力。这个能力，3岁以下的孩子就不要多奢望了，基本上绝大多数孩子是不会有什么表现的——但是一过了3岁，这个能力在人群中会出现了像身高一般的极为分散的增长。有的人自控能力在短短两年内提升到了非常高的层次，有的人却长进平平。不同的孩子们选择的自控策略不同，有的会刻意转移注意力，有的会到房间的其他角落高声唱歌，有的会进入自言自语的状态自己给自己打气。

自控，归根结底还是对情绪的把握和对逻辑的觉知，它只是一个对孩子而言具体的困难情景，面对这种情景，自控的表现好坏，的确算得上是对我们上面提到过的多个方面的一种综合考量。身为家长，我们能做什么。你是孩子最重要的刺激源之一。有你没你，或者不管你注重或者不注重培养，一般情况下，孩子依然都能学会语言，发展出抽象思维，形成更多更全的主客体概念。但是，只要有你，进一步说，只要你正确关注，就能发展地更快、更好、更健全。

在绝大多数家庭里，父母双亲对孩子来说是重要的刺激源，是导致孩子生活多样化的最主要和最直接的因由。大城市里的父母，最典型的跟孩子的问题之一就是有效陪伴不足。你要致力于把自己塑造成一个窗口，孩子可以透过你看到更多的鲜活元素，而非满世界雾霾。你是孩子最重要的反馈源，没有之一。你家孩子在幼儿园里面得到了小红花，找谁去报喜？——找你。他/她不会大马路上随便找个人跟人家炫耀去。

在幼儿园时期，最应该培养的是同理心的能力。3、4岁左右的孩子已经拥有了心智理论，即是了解对方的想法与情感，可以从对方的角度考虑问题。而5岁的孩子，在心智理论上有一个很大的进步，在他人心智解读的方面几乎可以做到零失误。伴随着心智理论的发展，儿童在此时也逐渐发展出同理心的能力，一方面是了解对方的想法与情感，另一方面是可以与对方感受到一样的情感，比如对方的伤感能让自己同样感到伤感。

同理心，作为一种理解与感受他人想法与情感的能力，可以说是亲社会行为的根基，也是减少校园暴力与社会犯罪率十分有效的方法。当一个人具备理解他人痛苦的能力，能够假设自己是受伤害的一方，并且感受到受害方的痛苦，便会立即停止伤害他人的行为。同理心也是高情商者必备的能力，一个可以成功从他人角度考虑问题的人，是知道说什么，做什么来让对方感到舒适与轻松的。所以，将对同理心的培养加入学校的思想品德教育，是十分必要的。

研究表明，4到7岁是发展同理心的关键期。有暴力倾向的儿童在7岁之前一般只缺乏冲动控制的能力，在同理心的层面上与其他儿童相类似。然而，7岁之后，有暴力倾向的儿童开始逐渐减少同理心。如果在7岁以后，甚至是中学阶段再进行同理心的教育，效果就会大大减少。而校园暴力中的施暴者，通常因为缺乏对他人痛苦的体会能力，而对实行暴力行为（包括身体与语言）感受不到愧疚。因此，在幼儿园阶段，全面进行同理心教育十分重要与必要。有了同理心的孩子会显得更有爱心、有耐心，也会更容易与家长、老师建立良好的关系。当他们犯错时，也会更好地理解来自家长的训导，而不是一味抗拒。而现在校园暴力泛滥，正折射了我们同理心教育的缺失。在培养同理心的关键幼儿时期，我们要尽快把这类内容融入到日常课程当中，让年幼的孩子们明白同伴们的想法与心情，知道要分享他人的快乐与感受他人的痛苦。只有当同理心深深扎根在儿童的心理世界里，我们未来领导者才会是一个亲社会与富有同情心的群体。

上幼儿园，是孩子人生中的重大转折。这是孩子第一次离开家，走入社会，意义非常重大。每年的新学期，都会有一些家长为孩子不适应幼儿园而苦恼，大多数家长不知道怎样才能让孩子轻松适应幼儿园生活。

3岁的兰兰是妈妈一个朋友的小侄女，上幼儿园时遇到了困难。从上幼儿园的第一天起，兰兰就不愿意去，前面两次送去，都是老师掰开手抱进去的，下午接她的时候，眼睛都是红红的。后来，兰兰早晨干脆不肯出门了，害怕上幼儿园。夜里惊醒后，她嘴里喃喃地念："不去幼儿园，我不去幼儿园。"

兰兰妈找到悦悦的妈妈，询问该怎么办。悦悦的妈妈问她孩子入园前做了准备没有，她说没有。妈妈说："没有做任何准备工作，就把孩子直接扔到幼儿园，孩子来到一个陌生环境，看不见爸爸妈妈，周围都是不认识的人，她的心里有一种恐慌感，她感到非常害怕，非常焦虑。她很想回到妈妈身边，再也不到这个地方来了。"

如果家长不做任何准备，突然把孩子送到幼儿园，会让孩子产生巨大的焦虑和恐惧心理，可能对孩子的心理造成一定伤害。如果做足了准备，孩子完全可以轻松愉快地适应幼儿园生活。悦悦入园的时候，妈妈做足了准备，悦悦没有哭过，很顺利地适应了幼儿园生活。

要让孩子憧憬上幼儿园。悦悦上幼儿园之前，妈妈常在她面前说，悦悦长大了，可以上幼儿园了，只有大孩子才可以上幼儿园哦。这样让孩子产生一种自豪感，因为自己长大了，才上幼儿园，而不是因为爸爸妈妈忙，没时间陪她才把她丢在幼儿园。入园前，妈妈带悦悦到幼儿园参观、玩耍，熟悉幼儿园，让她觉得幼儿园是一个开心的地方，对幼儿园产生向往之情。要提醒家长一点，妈妈对孩子说话要谨慎，不要有负面暗示，比如"不听话就把你送去幼儿园""让幼儿园的老师来收拾你"，有的成人喜欢逗孩子说"还没关到幼儿园去呀"等等，这些话都会给孩子负面的心理暗示，让孩子觉得幼儿园是一个不好的、可怕的地方，对幼儿园产生抗拒感。

在孩子入园前，要给孩子一个过渡期，让孩子来熟悉幼儿园环境，这个过渡期至少需要一到两个星期。让她在旁边观看幼儿园小朋友的活动，了解自己来幼儿园后可以干什么。在入园前三天，妈妈每天都带悦悦到幼儿园玩，进一步解除陌生感。入园的那天，可以领着悦悦，告诉她睡哪张床，她的书包、玩具、安慰物等可以放到哪个柜子，厕所、水杯、毛巾在哪儿。孩子对未知的环境、事物是恐慌的、犹疑的，如果能让他了解幼儿园这个未知的环境，知道自己在这里能做什么，便可以减少孩子的恐慌感。

老师的家访是必不可少的，对于拉近孩子和老师之间的距离有巨大的作用！家访可以让孩子和老师熟悉了解，家长可以将孩子的性格、喜欢的活动、身体状况等情况和老师交流，让老师熟悉了解你的孩子。老师来家访，也是孩子和老师零距离交流的一次机会，会减少陌生感。

除了上面这些准备工作之外，家长的心理准备也非常重要。孩子入园了，家长免不了心里有些不安：孩子会不会在幼儿园哭？老师会不会耐心地照顾孩子？如果孩子哭了，老师会怎么办？这些都是家长们担忧和困惑的问题。尤其是孩子早上入园的那一刻，哭得凄惨，不亚于生离死别，家长的心都会悬到嗓子眼。有的家长看到孩子哭哭啼啼，自己也是满脸焦虑、万分不舍，一步三回头，舍不得离开。

"爱孩子，就是让孩子离开自己"，让孩子离开，不把孩子绑在自己身边，这样的爱才是真正的爱。家长们要明白这一点，孩子不可能在父母的羽翼下生活一辈子，总是要离开父母的，上幼儿园就是孩子离开家庭、跨向社会的第一步。

在择园的时候，妈妈可以千般质疑、万般打探，但一旦选定了老师，妈妈就应该充分信任老师，不要再有怀疑。因为只有你建立了对老师的信任，你才会心安。如果你完全信任老师，你的焦虑会减轻许多，甚至不会焦虑。孩子刚入园有轻度的焦虑是正常的，如果孩子哭泣，家长要接纳孩子的情绪，理解他恐慌、焦虑的感受，并鼓励孩子勇敢面对，千万不可以强迫、哄骗的方式让孩子入园。

悦悦入园三天之后，新鲜劲过后有些不愿意上幼儿园，妈妈跟她说："一旦开始了就不要轻易放弃，妈妈坚持每天上幼儿园好吗？"悦悦说："你不要强迫我上幼儿园。"妈妈说："不强迫你，妈妈一起去幼儿园，如果你觉得不好玩了，你就回来；如果你觉得愿意在幼儿园，你就在那里。"结果每次到了幼儿园，老师都会给悦悦拥抱或者好玩的活动，她最终还是选择待在幼儿园。

家长的满脸焦虑和不舍会影响孩子，让孩子更焦虑。所以，家长一定要保持轻松愉快的心情，哪怕有不舍，也要藏在心里，不要挂在脸上。孩子刚入园时，家长可以跟孩子约定：妈妈在你吃过午饭（或者是吃过晚饭）的时候就去接你。让孩子知道，妈妈不是把自己扔到这里就不管了，而是会准点来接。还有，如果邀上孩子熟悉的伙伴一起上幼儿园，孩子有一个熟悉的同伴陪伴，可以在一定程度上减轻陌生感，更容易适应幼儿园生活。

如果准备不足，孩子可能会要用2个星期甚至1个月以上才能适应，而且这样会在孩子的心中产生阴影。只要准备工作充分，坚持入园一个星期左右，孩子会顺利自然地过渡到幼儿园生活。

对小孩来说，上幼儿园意味着他从家庭环境去了一个陌生的大的幼儿园社会环境，对小孩心理影响极大。活泼开朗的孩子，也许能够比较好地与人交往、性格会进一步完善；比较胆小、有依赖心理的孩子，去了一个陌生的环境，会无法适应新环境，变得更加沉默、胆小，因为焦虑而抗拒去幼儿园。这样上幼儿园对孩子来说反倒成了一件坏事。

因此，父母在孩子入园之前应该做一些准备工作。首先要让孩子憧憬上幼儿园；在孩子入园前，要给孩子一个过渡期，让孩子来熟悉幼儿园环境；让老师来做家访，让孩子先与老师熟悉一下；家长对孩子上幼儿园要抱有期待的态度，因为家长的满脸焦虑和不舍会影响孩子，让孩子更焦虑。

# 如何和幼儿园配合

孩子上幼儿园后，很多家长会走入一个误区：孩子上幼儿园后，教育的担子就交给了幼儿园，自己"无事一身轻"了。殊不知，父母对孩子的影响远远超过老师，父母的言传身教是任何人都无法替代的。如果只靠幼儿园，家长不和幼儿园沟通配合，教育就达不到良好的效果。在妈妈多年的幼儿园工作历程中，真正做到和幼儿园保持良好沟通，并积极配合的家长寥寥无几。那些配合较好的父母教育理念都很好且非常耐心，主动和幼儿园老师沟通，积极参加幼儿园的各项活动，他们的孩子各方面都发展得比其他孩子要好。

幼儿园有个小女孩叫晨晨，4岁，是从别的幼儿园转来的。来园的时候，她妈妈对悦悦的妈妈说："这孩子都4岁了，还是什么事情都要靠我，吃饭要喂，衣来伸手，出门要抱。我想纠正她这个坏毛病，让她独立点，自己的事情自己做。"悦悦的妈妈说："没问题，不过需要家长的配合。"晨晨的妈妈连连点头表示一定配合。

晨晨刚来幼儿园时，确实像一只"懒猫"，什么都不干，等着老师帮她。比如，开饭的时候，别的小朋友都拿起勺子吃了，她坐在那里一动不动，等着老师喂；起床时，别的小朋友都自己穿衣服了，她也是一动不动，眼巴巴瞅着老师，等着老师给她穿。刚来园时，晨晨妈妈一切都顺着她，给她喂饭、帮她穿衣叠被，让她感受到老师是爱她的，并不会因为她什么都不会干而轻视她。

没多久，晨晨适应了幼儿园生活，悦悦的妈妈觉得培养自理能力的时机已经成熟，于是把她领到无人处，悄悄地对她说："晨晨，老师觉得你很聪明，会很多本领，老师知道的就有画画和唱歌，不知道你还有别的本领吗？"晨晨得意地说："还会跳舞，还会讲故事呢！"悦悦妈妈继续诱导，"还有吗？"晨晨想了一下，接着说："还会认数字。"悦悦的妈妈循循善诱，"你会这么多本领啊，真能干！今天老师还要教你更多的本领，想不想学？"晨晨一下子来兴趣了，说："想学。"就这样，在悦悦的妈妈的"诱惑"下，晨晨愉快地跟自己的妈妈学习各项生活技能，没多久就学会了穿衣服、叠被子、收拾餐具等，而自己吃饭她原本早就会了。晨晨每次独立做好自己的事情后，她的妈妈都及时给予肯定，晨晨更来劲了，慢慢地形成了自己的事情自己做的习惯。

晨晨以前在家里就是另外一个样子了，因为妈妈爸爸忙于工作，经常要加班，主要是奶奶负责她的日常生活。奶奶还是传统思想，要吃饱，怕冻着。晨晨少吃一点饭，奶奶就要追着再塞点；穿衣服慢一点，奶奶生怕冻着宝贝孙女，夺过来赶紧给她穿上；至于收拾整理就更不用说，说晨晨添乱，怕晨晨打破碗！因为家庭的不配合，晨晨就成了"两面人"：在幼儿园，什么都是自己来；在家，什么都不干！

这样的例子还有很多。妈妈可以看出，孩子上幼儿园后，主要的教育任务还在于家庭，家庭对孩子的影响要大于幼儿园。那么妈妈如何和幼儿园保持良好沟通，做好家、园共育呢？

择园的时候，要选择符合自己教育理念的幼儿园，入园时就教育理念和老师仔细沟通，也借此了解老师的教育方式，交换意见。把孩子的性格特点、习惯、爱好、体质等情况和老师进行详细的沟通，最好写在纸上交给老师保存，让老师尽快了解你的孩子。

孩子入园后，定期和老师当面交流，了解孩子在幼儿园的情况，尤其是孩子的情绪、行为习惯、和其他孩子相处等方面，不要简单地询问"学了什么"就了事，实际上很多隐性的东西比如性格变化、能力的提高等是无法用语言来描述的，只能靠家长细心观察方能了解。如果孩子是坐校车上学，家长没有机会经常接触老师，可以通过电话、网络等方式和老师沟通。孩子有任何情绪上的变化都要第一时间和幼儿园沟通，共同寻找原因，探求解决方案。

悦悦入园后，几乎每天妈妈都会跟老师通电话或者当面沟通，向老师了解悦悦在幼儿园的情绪状态、和小朋友相处的情况，以及每一丁点的进步。有一天，老师向妈妈介绍，悦悦在幼儿园当了小组长，给小朋友摆碗和筷子，几个小朋友就摆几套碗筷，悦悦做得很好。妈妈非常高兴，悦悦能为别的孩子服务。妈妈不仅希望悦悦在幼儿园能得到别的小朋友的照顾，妈妈也希望她能慢慢学会照顾别人。老师非常赞同妈妈的观点，她们也是这么实施的。就是在这种融洽的沟通中，妈妈和幼儿园老师配合得非常好。

关注幼儿园的家、园联系栏并积极投稿，认真填写每期的家、园联系手册，把孩子在家的微小变化（包括情绪、性格、习惯、能力、健康等方面）详细向老师汇报，有什么希望老师配合的地方也可以写下来。譬如悦悦刚入园的时候，妈妈就在家、园联系手册上面写了，悦悦的沟通协调能力还有待加强，遇到和同伴间的冲突和矛盾，大多是以哭闹、打、抢夺的方式来解决，希望老师配合引导，在幼儿园的集体生活中，使沟通协调能力得到提高。家长最为了解自己的孩子，家长们有任何需要老师配合的，或者希望得到老师指点和帮助的，都可以写在联系手册上，和老师进行沟通，以便老师配合进行引导。

积极完成老师布置的请家长在家里和孩子共同完成的小实验、小游戏或是户外体验（比如和孩子一起做水变成冰的实验、做手工、观察秋天的变化等）。积极参加幼儿园举办的各项活动，比如"六一"庆祝活动、家长会、家长开放日、户外亲子郊游、园内亲子活动、运动会，等等。幼儿园需要家长帮忙的地方，比如庆典活动的摄像、化妆，外出活动的看护、提供车辆等，家长能做到的要尽全力协助。积极参与到幼儿园的教学活动中来，比如有的幼儿园需要家长给小朋友讲解职业（比如医生、消防员等）的特点，家长可以利用自己的优势，积极和幼儿园合作。

总之，孩子入园后，家长的教育重担并没有卸下，孩子的成长需要家长和幼儿园的紧密配合，配合越好，孩子也成长得越好。

# 课外补习有必要吗

教育焦虑是个全世界范围内的普遍现象，只是相比之下，中国的父母更焦虑一些。中国提倡的是全民教育，目的是让更多的人接受到更高的教育。这个国策，培养了一大批高素质的劳动力，为近十年中国经济的腾飞提供了动力，将人口红利发挥到极致。对比一亿人口十亿牲口的印度，就会明白，人口红利并不单指绝对人口数量，而是指受教育的人口。

美国则提倡精英教育，很多自媒体文章中的美国小学生三点放学，没有家庭作业，各种轻松，其实是真的，大多数美国小学生都这样。最近一次美国政府关闭，其实只影响到了8万多人。如果你研究过美国的种族，就会发现，任何一个种族来美国的时候，当初都是穷困潦倒。现在的美国社会，犹太人、日本人、中国人都混得不错，而这些混得好的民族，有个共同点，就是重视教育。全民教育的社会，整个社会都在焦虑；精英教育的社会，一小撮人在焦虑。所以，总体而言，中国的父母更焦虑些。

但是作为个体而言，你的交际圈就那么大。人嘛，都喜欢扎堆，中国人还是喜欢和中国人待一起。所以，虽然美国整个社会没那么教育焦虑，但是华人父母的焦虑，一点不比国内父母少多少。教育焦虑，在给娃选择兴趣班这事上，展现得淋漓尽致。幼儿园就开始有各种兴趣班推荐了，要不要这么早去？要的话怎么选科目？怎么找到孩子真正感兴趣的方向？怎么选到好的机构好的老师？兴趣班什么时候以什么理由停掉呢？一讨论起兴趣班，各种问题络绎不绝。

最近这些年来，各种兴趣班火暴并呈现低龄化趋势，学龄前儿童已成主力军。妈妈周围的孩子有的学舞蹈，有的学轮滑，有的学书法，有的学英语，有的学钢琴……凡是4岁以上的孩子大多数都参加了一个或多个兴趣班，还有少数两三岁的孩子也报了兴趣班。一个孩子同时赶场多个兴趣班的不在少数。

5岁的孩子小宇一口气报了5个兴趣班：轮滑、小制作、英语、美术、跆拳道，逢周末就赶场般来往于各培训机构，忙碌得跟小蜜蜂一样，连玩耍的时间都没有了。有媒体报道，一位11岁的孩子5年内上了30个兴趣班，由于压力太大，竟然满头白发！兴趣班原本应该是孩子热爱和感兴趣的，现在却演变成孩子的一种负担了。

名目繁多的兴趣班，让孩子上，还是不上？要搞清楚这个问题，妈妈先要弄清楚一个问题：为什么要给孩子上兴趣班？是培养兴趣，还是看别的孩子都在上，唯恐自家孩子落后？抑或是攀比心理作怪，让孩子琴棋书画样样精通来给自己挣面子？

很多家长不知道自己为什么要给孩子报兴趣班，对于孩子对什么有兴趣、上兴趣班有什么利与弊，他们很迷茫。他们只知道别人都在报，自己不报就会让孩子"输在起跑线上"，这种危机感让他们很惶恐，索性掏出银子给孩子随便报一个班。这是典型的盲从。

有的家长则爱攀比，小宇他妈妈给他报了5个兴趣班，小宇奶奶心疼孩子负担太重，几乎没了玩的时间，劝说小宇妈少报几个班。小宇妈反驳："孩子不学习几门特长怎么行？别家孩子都在学，一个个能唱会跳、能写会画的，就咱家孩子带出去什么都不会，让妈妈面子往哪儿搁呀！"

这样的家长不在少数，眼见别人的孩子会唱歌、会画画、会识字、会钢琴什么的就沉不住气了，也想让自家孩子学学"特长"就好。说得难听点，这种想法非常愚蠢，骨子里是虚荣心作怪。每个孩子都有自己的特质，有自己的优势，何必和别人去攀比？学习本来是件快乐的事，可如果是为了给家长挣面子，孩子的学习就变得索然无味了。孩子在这种情况下勉强上兴趣班，也许给家长挣了面子，丢失的却是孩子的学习兴趣，还可能让孩子学会攀比和虚荣。

还有一类家长给孩子报兴趣班"目标明确"，他们是为了让孩子日后具备一定的竞争优势，不管孩子喜不喜欢，高考能加分的就报。比如让孩子学习美术、音乐等就是为了以后参加考级、加分，为升学增加优势。家长不懂孩子的身心发展规律，急于看到成果，看到孩子喜欢画画，就想让孩子能拿出像样的作品；孩子喜欢舞蹈，就想让孩子能上台表演；孩子喜欢乐器，就想让孩子能演奏名曲。孩子做任何事情，过程才是最重要的，只要孩子保持浓厚的兴趣，持之以恒地去做某件事，出成果是早晚的事。功利心太强了，结果会适得其反。

孩子上兴趣班并非坏事，让孩子拥有一两门特长是好事。报辅导班肯定是针对成绩的提升有好处的，不过也要从孩子的角度入手。不能强加给孩子。选择辅导班也非常重要，可以去当地辅导班参观然后看孩子的表现在进行选择。

这样孩子也不会有逆反心理，学习起来也会更好。但是，如果家长的心态不端正，很容易让好事变坏事。况且，现在的兴趣班五花八门、良莠不齐，大多是注重技巧学习的，对于6岁前的孩子并不适合。还有些兴趣班是超前教育，对孩子弊大于利，可能花了钱却害了孩子。

6岁以前的孩子主要任务是构建自我，发展独立个性，保护孩子的创造力，不是学习各项技能。很多兴趣班迎合家长急于看到成果的心理，培训内容就是学习技巧。比如有些美术班就是学习各种美术技法。

> 悦悦很喜欢画画，经常一画就是2个钟头，见她如此喜欢画画，妈妈原本打算让悦悦上美术培训班。但是妈妈考察了多家美术培训机构，试听过他们的美术课之后，发现现在的美术班基本上以教"美术技能"为主，评价孩子的画以"像"与"不像"为标准。
>
> 孩子在这样的课堂上，不能发挥想象力和创造力，只有模仿美术技法。有的美术班声称教育理念是培养孩子的想象力和创造力，但是在实践之中很难做到，还是传统的教法。对于6岁前的孩子来说，保护创造力比什么都重要，至于画画的技巧，到了6岁以后再学不迟。与其把孩子送去学习"技法"，不如让她在家里信马由缰地涂鸦，思想和心灵都不受束缚。鉴于此，妈妈放弃了报美术班。

老师不当的教育方法不仅会扼杀孩子的创造力，而且会打击孩子的学习兴趣。譬如学英语，传统的学语法、背单词的教学方法会让孩子背上沉重的负担，厌恶学习。英语其实就是一种工具，学这个东西是需要语境的，打个简单的比方，如果你家人一个是说中文的，一个是说英语的，孩子无须特意学习，会轻松掌握中英文两门语言。有的老师是这样教孩子的，"猫"的英语是cat，让孩子看到一个东西，先在头脑里反应出中文，再"翻译"成英文。如果没有英语交流的环境，纯粹要靠死记硬背单词，孩子这样学英语会非常费力，而且没有丝毫乐趣。

有些兴趣班纯粹是迎合部分家长望子成龙、急功近利的心态，搞超前教育，拔苗助长。这种不符合儿童身心发展规律的兴趣班有害无益。比如所谓的"珠心算"，就是珠算式心算，就是老师引导孩子在脑袋里想象有一个算盘，老师给出加减运算题后，他就在心里形象地拨动那个虚拟算盘，然后根据算盘珠的位置报出最后的数字。即使数报对了，孩子们对于十、百、千、万的概念也是不明白的，完全是机械的记忆。这对于他今后的数学学习一点帮助都没有，而家长却被孩子表现出超出其年龄的运算能力表象蒙蔽了。珠心算让孩子知其然不知其所以然，背诵那些口诀，然后在脑子里把算盘的珠子记住。在孩子还没明白加减法意义的时候，通过背诵大量的口诀，让孩子得出计算的结果。孩子尽管算出结果了，但他根本不懂这个结果是怎么得来的。

更有某些识字班，声称可以让孩子在3个月内学会一到两千字。这种突击式的灌输法让孩子背上沉重的负担，对识字失去了兴趣。识字，对于孩子来说其实不难，只要孩子进入文字敏感期，对文字非常感兴趣了，在日常生活中抓住孩子的兴趣点，结合实物教孩子，孩子在玩耍中就轻轻松松学会了，没有必要送到识字班去"突击"识字。在孩子的文字敏感期到来之前去学识字，就是提前学习。打个不太贴切的比方，好比一个人只能举起50公斤，你强行要他举起80公斤，这是会出问题的。

兴趣班也不是不能上，但是一定要在适合的时间段选择适合的班。第一，要符合孩子年龄段的特点，比如在音乐、美术的敏感期内学习乐器和绘画，在4岁以前就不适合学器乐和舞蹈，因为孩子的成熟度达不到要求。6岁前的孩子不要上学习技巧的兴趣班，以免扼杀孩子的创造力，毁灭孩子的学习兴趣。

第二，要尊重孩子的意愿，在孩子感兴趣的基础上，依孩子的特长和天赋来选择。如果孩子上的兴趣班不是他所感兴趣的，那就是一种痛苦。悦悦妈妈有一次在幼儿园接悦悦的时候，看见和悦悦一样大的一个男孩子，原本在教室里操作教具，玩得挺开心的。老师突然过来提醒他该去上跆拳道课了，男孩的眼圈红了，一边流泪一边说："不想学跆拳道。"那种不情愿、被迫的样子悦悦妈妈记忆非常深刻。很多家长就是这样，不是按孩子的兴趣报名，而是按自己的想法为孩子报名。上还是不上，上哪一个兴趣班，家长一定要尊重孩子，让孩子自己决定。家长要细心观察孩子，善于发现孩子的兴趣所在，比如孩子专注于画画，一画就是一两个小时甚至大半天，这样的孩子可以试试美术班；语言能力强的孩子可以学英语；有音乐细胞的孩子可以学乐器、舞蹈；逻辑、数理型的孩子可以学围棋、象棋；运动能力强的孩子可以学乒乓球、跆拳道、游泳等。如果孩子不愿意学，不应该强迫孩子。

第三，选老师，看老师的教育方法是否科学。前面说过，不适当的教学方法会扼杀孩子的创造力，毁灭孩子的学习兴趣，所以老师是不是懂孩子、是不是懂教育、有没有好的教学方法非常重要。

最后，一定不要贪多求全。给孩子选兴趣班，应坚持"适量"原则，让孩子拥有一两门特长是好事，但是，把所有的好东西都强加在孩子身上，孩子也会不堪重负。贪多求全、盲目跟风的做法不可取，弄不好可能花了钱、花了时间，却竹篮打水一场空，甚至破坏了孩子以后学习的信心，得不偿失。所以，父母要重在保护孩子的兴趣，给孩子选兴趣班最好不超过2个班。

给孩子上兴趣班，首先要明确上兴趣班的目的，一定要是以培养孩子兴趣为目的，不能随波逐流或者为了跟别家的孩子攀比。

在明确目的之后，要了解孩子，孩子对什么有兴趣，上这些兴趣班对孩子有什么利与弊。一定要在适合的时间段选择适合的班。

第一，兴趣班要符合孩子年龄段的特点。

第二，要尊重孩子的意愿，在孩子感兴趣的基础上，依孩子的特长和天赋来选择。

第三，选老师，看老师的教育方法是否科学。

最后，一定不要贪多求全。给孩子选兴趣班，应坚持"适量"原则，让孩子拥有一两门特长是好事，但是，把所有的好东西都强加在孩子身上，孩子也会不堪重负。

孩子做任何事情，过程才是最重要的，只要孩子保持浓厚的兴趣，持之以恒地去做某件事，出成果是早晚的事。

从孩子刚出生开始，就应该观察自己的孩子对什么感兴趣。每个孩子都有自己的天赋，就看做家长我们会不会挖掘了。如果孩子听到音乐很亢奋，而且喜欢扭动，还总是能卡对节奏，那肯定是可以送去学音乐相关的兴趣班。如果孩子拿起画笔就可以自己涂涂抹抹一两个小时不带停，而且颜色配的很好看，那么一定是要带孩子去学美术相关的兴趣班了。

要尊重难就难在，很多家长说：我孩子什么都不感兴趣，就喜欢吃。哎呀，那多好啊。说不定培养培养，将来你家的饭菜都你儿子给你做了，多幸福啊。还有家长说：我孩子什么都不感兴趣，就喜欢出去抓虫子。哎呀，那多好啊。说不定培养培养，将来你儿子就是下一个达尔文呢。所以啊，兴趣班不是那种可以考级的，可以考证书的，才叫兴趣。什么都兴趣，没有"高级"和"低级"的分别，尊重孩子最重要。

孩子的任何一种兴趣如果能够得到适当的引导和投入，将来一定会创造出来超出你想象的价值。真的不必拘泥于那种去培训班里上课的才叫兴趣班。——要量力而行有时候，孩子的兴趣，刚好很贵。比如，学钢琴。学钢琴的投入相当大。买琴也贵，上课也贵，接送孩子也特别费时费力。有些家长说，孩子喜欢，有条件要学，没条件也要学。尊重这些家长的精神，但是凡事量力而行最好。买不起贵的钢琴就买练习琴，上不起很贵的学校就选个便宜的，上不起私教上大课。总之，根据自己的能力来安排。不要明明没有这个条件，非把自己往死里逼。否则，一旦孩子学得不如你意，你就很容易抓狂：我为你付出那么多，你为什么怎么样怎样。

拜托，谁让你非要付出那么多。你满足的不是孩子，而是你自己。当然，如果你把自己往死里逼以后，孩子没有学出个什么你想要的结果，你也能很坦然的面对，那么，请随意。

> 女儿小提琴考级没过，坐在饭馆里愁眉苦脸，爸爸看到以后说：宝贝，我带你学小提琴，不是为了让你考级的。我是为了让你有一天当我不在你身边的时候，你可以拉拉小提琴，然后你就会回忆起我陪伴你学琴的时光，小提琴就可以代替爸爸一辈子陪着你了。

这才是家长带孩子学习任何兴趣班的好心态。不要为了追逐所谓的考级、证书，而让孩子不能真正获得学习的快乐。考级本身没有错，因为这是检验学习成果的一种方式，但是为了考级而考，就没有任何意义了。毕竟，就算真的有钢琴十级，真的，就会让你荷包鼓一点？完全没用吧？还是其实，当你在自己烦闷的时候，弹一首自己心爱的曲子就会让自己开心起来更重要呢？

> 有一个小男孩在钢琴前乱弹琴。妈妈摸着他的头说：喜欢吗？孩子说：喜欢。妈妈，我想学。妈妈说：你能坚持吗？如果你能坚持，我就带你学。孩子：不假思索，毫不犹豫，斩钉截铁的说：能。

可是，这位家长问一个三四岁的孩子能不能坚持学钢琴，就跟问一个三四岁的孩子你能不能赚一百万给妈妈花一样不靠谱。孩子哪里知道坚持学钢琴意味着什么？他连坚持的意义都还不懂。但是，既然我们让孩子学习了某种技艺，我们一定是希望他们坚持下来的。但是这个过程太辛苦，毕竟，任何美都是要付出辛苦的劳动才能获得的。而小孩子定力都不太强，很容易就想要放弃。（其实大人也一样）。

面对这个问题，很多家长就采用威逼利诱的方式让孩子去坚持。也许会有效果，但是给孩子带来的心理上的负面影响也不容小觑。所以，一定要有好的方法帮助孩子去坚持下来。每个孩子都是不一样的，做父母的首先得用心，才有可能发现最适合你家孩子的好方法是什么。你想让孩子坚持学习什么，你自己就先坚持学习什么。榜样的力量是巨大的。

说实在的，父母投入金钱给小朋友报兴趣班，花时间接送陪伴，自然是对上兴趣班有所期待。但一个客观的现实是，现在上兴趣班的孩子，没有几个大了会从事对应的职业，就算要成为特长生，在升学时获得加分，都是极少数天赋异禀的孩子才有可能。

那我们到底抱有一个什么程度的期待才合适呢？我个人以为，不管什么兴趣班，如果能让孩子了解这件事情的门道，发现这件事情闪光点，未来成为更好的观众，那么这个兴趣班就没白上。"成为更好的观众"听起来好像不是什么特别高的要求，但其实不然。常言道，外行看热闹，内行看门道。

这样的例子真的太多了，比如我们这些普通人看体操比赛最喜欢看人在空中飞，落地站没站稳，而对十字支撑、连接加分往往没有感觉；看跳水比赛就知道看看水花大不大，而对其他的一无所知；看乒乓球比赛，可能也根本看不出来哪个球是弧圈球，只能欣赏扣杀；买张票去听交响乐，散场后除了好听二字，再也说不出什么来……所以说，观众并不是那么容易当的！

而很多事情，要成为内行，最有效率的办法，就是亲自去参与。你参与了，才知道那些专业人士看起来波澜不惊的行为，往往普通人怎么也做不到，进而才能知道什么地方是值得欣赏的！一个人一辈子能有几样和谋生无关的事情，有能力深入进去，让自己获得快乐，是一件幸运又幸福的事情！我希望能给小孩子创造更多的机会，让他接触更大的世界，然后有能力选择自己喜欢的。